Das große Rätsel-Lexikon

Das große Rätsel-Lexikon

Ratgeber
für Rätselfreunde

NAUMANN & GÖBEL

Schutzumschlag: Hermann Bischoff
Gesamtherstellung: Mainpresse Richterdruck Würzburg
Printed in West Germany

Hinweise für die Benutzung

Will man sich darüber unterrichten, welche Sachgebiete das Lexikon umfaßt, so werfe man zuerst einen Blick auf das Inhaltsverzeichnis (Seiten 377 bis 380). An Hand des abschließenden Sachregisters kann der gesuchte Begriff ermittelt und nachgeschlagen werden.

Eine weitere Hilfe bilden die am Kopf jeder Seite eingedruckten Leitwörter: auf linken Seiten die Überschriften der Hauptabteilungen, auf rechten Seiten die der Unterabschnitte.

Die über jeder Wortgruppe angebrachten Ziffern geben die Buchstabenanzahl der darunter aufgeführten Wörter an.

Innerhalb der Gruppen sind die Wörter alphabetisch angeordnet. Die Erklärungen stehen in Schrägschrift unmittelbar neben den Begriffen. Verwendete Abkürzungen sind am Anfang jedes Kapitels oder Unterabschnitts erklärt.

Gibt es von einem Begriff zwei oder mehr verschiedene Schreibungen, so wird er auch mehrfach aufgeführt, jeweils an der entsprechenden Stelle; ausgenommen die Wörter, die man wahlweise mit c oder k schreiben kann.

Die Umlaute ä, ö und ü sind jeweils in zwei Buchstaben (ae, oe, ue) aufgelöst.

Wissenschaften

Astronomie

1 Astronomische Begriffe

3

Hof *Ring zB um die Sonne*
Pol *Achsenpunkt*

4

Azur *Himmelsblau*
Eros *Planetoid*
Halo *Sonnen- und Mondring*
Koma *Kometenkopf*
Mond *Erdbegleiter*

5

Aphel *Erdbahnpunkt(Sonnenferne)*
Komet *Schweifstern*
Monde *Planetenbegleiter*
Nadir *Fußpunkt*
Orion *Sternbild*
Phase *wechselnde Gestalt der Himmelskörper*
Solar *die Sonne betreffend*
Sonne *Fixstern*
Stern *Fixstern*
Stern *Planet*
Zenit *Scheitelpunkt*

6

Aspekt *Stellung von Sonne, Mond und Planeten zueinander*
Astral *auf die Sterne bezogen*
Himmel *scheinbares Gewölbe über der Erde*
Hyaden *Sterngruppe am Stier*
Meteor *kosmischer Kleinkörper*
Planet *Himmelskörper*

7

Apsiden *Abstandspunkte*
Aureole *Hof um den Mond*
Aureole *Hof um die Sonne*
Eklipse *Mondfinsternis*
Eklipse *Sonnenfinsternis*
Luzifer *Morgenstern*
Messier *Sternhaufen im Herkules*
Neumond *Mondphase*
Perihel *Erdbahnpunkt (Sonnennähe)*
Periode *Sternumlaufzeit*
Trabant *Planetenbegleiter*

8

Aphelium *großer Sonnenabstand*
Apogaeum *erdfernster Punkt des Mondes*
Asteroid *Planetoid*
Ekliptik *scheinbare jährliche Sonnenbahn*
Fixstern *Himmelskörper*
Halbmond *Mondphase*
Horizont *scheinbare Trennungslinie zw Erde und Himmelsgewölbe*
Jungfrau *Sternbild*
Leoniden *Sternschnuppenschwarm*
Meteorit *Sternschnuppenteil*
Nutation *Erdachsenschwankung*
Plejaden *Sternhaufen im Stier*
Praesepe *Sternhaufen im Krebs*
Satellit *begleitender Mond*
Schlange *Sternbild am Äquator*
Vollmond *Mondphase*

9
Firmament *Himmelsgewölbe*
Haarstern *Komet*
Heliostat *System von Planspiegeln*
Libration *Schwanken des Mondes*
Lichtjahr *Strecke, die das Licht in einem Jahr zurücklegt*
Lichtzeit *Zeit, in der das Sonnenlicht zur Erde gelangt*
Nordstern *Polarstern*
Perigaeum *erdnächster Punkt des Mondes*
Perseiden *Sternschnuppenschwarm*
Planetoid *kleinster Planet*
Sternbild *Fixsterngruppe*
Zepheiden *Riesensterne*

10
Abendstern *Planet Venus*
Asterismen *Sternbilder*
Asteroiden *kleine Planeten*
Solstitien *Wendekreispunkte*
Perihelium *kleinster Sonnenabstand*

11
Astrophysik *Teilgebiet der Astronomie*
Ephemeriden *astronom. Tafeln*
Morgenstern *Planet Venus*
Wandelstern *Planet*

12
Aequinoktium *Tagundnachtgleiche*
Doppelsterne *benachbarte Sterne*
Dunkelwolken *sternarme Gegend*
Milchstraße *Gürtel um die Himmelskugel*
Schweifstern *Komet*

13
Konstellation *Stellung der Himmelskörper*
Siebengestirn *Sternhaufen im Stier*
Sternschnuppe *Körper aus dem Weltall*

14
Andromedanebel *Spiralnebel*
Mondfinsternis *Bedeckung des Mondes durch Erdschatten*

16
Schlangentraeger *Sternbild am Äquator*

2 Sterne

a Am nördlichen Himmel

4
Baer
Lyra

5
Adler
Fuchs
Krebs
Leier
Luchs
Stier

6
Bootes
Drache
Schwan
Widder

7
Cepheus
Delphin
Fuellen
Giraffe
Kepheus
Pegasus
Perseus
Sextant

8
Eidechse
Fuhrmann
Herkules

9
Andromeda
Zwillinge

10
Kassiopeia

11
Grosser Baer
Kleiner Baer
Kleiner Hund

12
Grosser Loewe
Kleiner Loewe

15
Noerdliche Krone

b Am südlichen Himmel

4
Hase
Pfau
Rabe
Wolf

5
Waage

6
Becher
Oktant

7
Einhorn
Kranich
Phoenix
Zentaur

8
Eridanus
Schuetze
Skorpion
Walfisch

9
Steinbock

10
Schiff Argo
Wassermann
Wasserschlange

11
Grosser Hund

14
Suedliche Krone

15
Kreuz des Suedens
Suedlicher Fisch
Suedliches Kreuz

c Sterne von Sternbildern

4
Mira *Walfisch*
Wega *Leier*

5
Akrab *Skorpion*
Algol *Perseus*
Baten *Walfisch*
Deneb *Schwan*
Gemma *nördl. Krone*
Rigel *Orion*
Spica *Jungfrau*
Spika *Jungfrau*
Velox *Schlangenträger*

6
Altair *Adler*
Arktur *Bootes*
Castor *Zwillinge*
Kastor *Zwillinge*
Markab *Pegasus*
Pollux *Zwillinge*
Scheat *Pegasus*
Sirius *Großer Hund*

7
Albireo *Schwan*
Algenib *Pegasus*
Algorab *Rabe*
Alkyone *Siebengestirn*
Alphard *Wasserschlange*
Antares *Skorpion*
Capella *Fuhrmann*
Kanopus *Schiff Argo*
Kapella *Fuhrmann*
Prokyon *Kleiner Hund*
Regulus *Großer Löwe*

8
Achernar *Eridanus*
Arkturus *Bootes*

9
Aldebaran *Stier*
Bellatrix *Orion*
Fomalhaut *südl. Fisch*

10
Beteigeuze *Orion*
Polarstern *Kleiner Bär*

11
Deneb Kaitos *Walfisch*

13
Siebengestirn *Stier*

d Tierkreiszeichen

5
Krebs
Loewe
Stier
Waage
Fische

Widder

8
Jungfrau
Schuetze
Skorpion

9
Steinbock
Zwillinge

10
Wassermann

3 Planeten

4
Erde
Mars

5
Pluto
Venus

6
Merkur
Neptun
Saturn
Uranus

7
Jupiter

4 Monde der Planeten

2
Jo *Jupiter*

4
Mond *Erde*
Rhea *Saturn*

5
Ariel *Uranus*
Dione *Saturn*
Mimas *Saturn*
Titan *Saturn*

6
Deimos *Mars*
Europa *Jupiter*
Neried *Neptun*
Oberon *Uranus*
Phobos *Mars*
Phoebe *Saturn*
Tethys *Saturn*
Triton *Neptun*

7
Ganymed *Jupiter*
Japetus *Saturn*
Miranda *Uranus*
Titania *Uranus*
Umbriel *Uranus*

8
Hyperion *Saturn*
Kallisto *Jupiter*

9
Enceladus *Saturn*

Biologie

4
Alge *niedere Pflanze*
Bast *Rindenzellengewebe*
Hefe *einzellige Pilze*
Holz *Grundmasse der Stämme*
Kern *Bestandteil der Zelle*
Kork *pflanzl. Oberflächengewebe*
Mark *Zellgewebe*

5
Borke *Rindenteil*
Rinde *äußere Gewebeschicht*
Virus *Krankheitserreger*

6
Amoebe *Wechseltierchen*
Kokken *Bakterien*
Plasma *lebender Teil der Zelle*

7
Kambium *pflanzl. Gewebeart*
Parasit *Schmarotzer*
Staerke *Kohlehydrat*
Zwitter *doppelgeschlechtliches Lebewesen*

8
Bazillen *Gruppe der Bakterien, Krankheitsträger*

9
Bakterien *einzellige Pflanzen*
Chromatin *Zellkernbestandteil*
Chromosom *Kernschleife*
Spirillen *Bakterien*
Zellulose *Kohlehydrat*

10
Kopulation *Geschlechtszellenverschmelzung*

11
Chlorophyll *grüner Pflanzenfarbstoff*
Protoplasma *lebender Stoff der Zelle*
Xanthophyll *Pflanzenfarbstoff*

12
Assimilation *Nahrungsumwandlung*

13
Wurzelfuesser *Urtierchen*

14
Chromatophoren *Farbstoffträger*
Sporentierchen *Urtierchen*
Wimpertierchen *Urtierchen*

15
Geisseltierchen *Urtierchen*

Botanik

1 Botanische Begriffe

3
Ast *Teil des Baumes*

4
Bast *innere Rindenschicht*
Dorn *stechender Pflanzenteil*
Rebe *Zweig des Weinstockes*
Reis *Sprößling*

5
Achse *Teil der Pflanze*
Aehre *Blütenstand*
Blatt *Teil der Pflanze*
Dolde *Blütenstand*
Flora *Pflanzenwelt eines Gebietes*
Kelch *Teil der Blüte*
Krone *Teil des Baumes*
Narbe *Teil des Stempels*
Tolle *männl. Fortpflanzungszelle der Blütenpflanzen*
Ranke *Klammerorgane der Kletterpflanzen*
Rispe *Blütenstand*
Samen *Teil der Blütenpflanze*
Spore *Fortpflanzungskörper*
Stamm *Teil des Baumes*
Zweig *Teil des Baumes*

6
Bluete *Teil der Pflanze*
Frucht *Samenbehälter*
Kapsel *Streufrucht*
Knolle *Teil der Wurzel*
Knospe *Blüte vor der Entfaltung*
Knoten *Verdickung am Stengel*
Kolben *Blütenstand*
Pollen *Blütenstaub*
Schaft *Teil der Pflanze*
Schote *Fruchtform*
Traube *Blütenstand*
Wickel *Blütenstand*
Wipfel *Teil des Baumes*
Wurzel *Teil der Pflanze*

7
Griffel *Teil des Stempels*
Knorren *Auswüchse am Baum*
Stempel *Teil der Blüte*
Stengel *Teil der Pflanze*
Zwiebel *Teil der Pflanze*

9
Ableger *junge Pflanze aus Zweigen der Mutterpflanze*
Kaetzchen *Blütenstand*
Koepfchen *Blütenstand*
Koerbchen *Blütenstand*
Schraubel *Blütenstand*
Trugdolde *Blütenstand*

11
Bluetenlose *Pflanze ohne Blüten*
Kryptogamen *Pflanzen ohne Blüten*
Wurzelstock *Teil der Pflanze*

12
Fruchtknoten *Teil der Blüte*

13
Staubgefaesse *Teil der Blüte*

14
Sporenpflanze *Pflanze ohne Blüten*

2 Bäume

a Laubbäume

4
Erle
Espe
Ulme

5
Ahorn
Birke
Buche
Eiche
Esche
Linde

6
Akazie
Baobab
Citrus
Gingko
Ginkgo
Mispel
Pappel

7
Lorbeer
Oelbaum
Ruester

8
Hornbaum
Kastanie
Magnolie
Nussbaum
Pistazie
Weichsel
Zimtbaum

9
Ambrabaum
Buchsbaum
Eberesche
Gummibaum
Hainbuche
Judasbaum
Judenbaum
Kakaobaum
Mangobaum
Tamarinde

10
Feigenbaum
Kaffeebaum
Papayabaum
Tulpenbaum

11
Zuergelbaum
Goetterbaum
Gleditschie

12
Maulbeerbaum

13
Kornelkirsche

14
Muskatnussbaum

b Nadelhölzer

4
Arve
Eibe

5
Pinie
Tanne
Taxus
Zeder

6
Fichte
Foehre
Kiefer
Zirbel

7
Laerche
Latsche

8
Sadebaum
Zypresse

9
Araukaria
Legfoehre
Wacholder

10
Lebensbaum
Mammutbaum

c Palmen

6
Kentia
Rotang

7
Phoenix

8
Dumpalme
Oelpalme
Pandanus

9
Bergpalme
Rohrpalme
Sagopalme
Weinpalme

10
Brennpalme
Kokospalme
Zwergpalme

11
Dattelpalme
Schirmpalme
Zuckerpalme

12
Faecherpalme
Koenigspalme

13
Schattenpalme

3 Farne

8
Adiantum
Aspidium
Haarfarn
Wurmfarn

9
Adlerfarn
Mondraute
Venushaar

10
Engelsuess
Frauenhaar
Polypodium
Schildfarn
Zungenfarn

11
Hirschzunge
Koenigsfarn
Natterzunge
Straussfarn
Tuepfelfarn

14
Walpurgiskraut

4 Grasarten

5
Segge

6
Bambus
Quecke
Schilf

7
Raygras
Schmele

8
Bartgras
Kammgras
Riedgras
Ruchgras
Schmiele
Wollgras

9
Bocksbart
Bocksgras
Schwingel

10
Rispengras
Zittergras

11
Borstengras
Strandhafer
Straussgras
Taumellolch

12
Fuchsschwanz
Kanariengras
Maeusegerste
Strandgerste

5 Getreidearten

4
Mais
Reis

5
Emmer
Hafer
Hirse
Spelt
Spelz

6
Dinkel
Gerste
Roggen
Weizen

7
Einkorn
Kukuruz

6 Obstarten

5
Apfel
Birne
Feige

6
Ananas
Banane
Limone
Mispel
Orange
Quitte
Traube

7
Kirsche
Marille
Pflaume
Renette
Ribisel
Zitrone

8
Amarelle
Aprikose
Erdbeere
Himbeere
Pfirsich
Reinette
Zwetsche

9
Apfelsine
Blaubeere
Brombeere
Mandarine
Mirabelle
Moosbeere
Pomeranze
Reneklode
Rhabarber
Ringlotte
Zwetschge

10
Weintraube

11
Heidelbeere

12
Preiselbeere
Stachelbeere

13
Johannisbeere

7 Pilze

6
Bovist

7
Kuhpilz
Lorchel
Morchel
Parasol
Reizker
Saupilz

8
Blutpilz
Brotpilz
Dickfuss
Drehling
Egerling
Eichpilz
Erdstern
Gelbling
Musseron
Perlpilz
Rehgeiss
Rotkappe
Trueffel

9
Bauchpilz
Braetling
Duerrbein
Faserkopf
Gruenling
Hexenpilz
Honigpilz
Krempling
Leberpilz
Milchling
Roehrling
Roessling
Staubpilz
Steinpilz
Suessling
Taeubling
Teufelsei

10
Birkenpilz
Bitterling
Buchenpilz
Butterpilz
Champignon
Dotterpilz
Gallenpilz
Hallimasch
Herrenpilz
Hirschling
Kaiserling
Kaiserpilz
Ritschling
Ritterling
Satanspilz
Schafeuter
Schirmpilz
Schmerling
Semmelpilz
Speiteufel
Staeubling
Ziegenbart
Zungenpilz

11
Baerentatze
Eierschwamm
Fliegenpilz
Giftreizker
Maronenpilz
Mordschwamm
Pantherpilz
Pfifferling
Schweinsohr
Schwindling
Stoppelpilz
Ziegenlippe

12
Feuerschwamm
Habichtspilz
Korallenpilz
Lauchschwamm
Nagelschwamm
Schusterpilz
Schwefelkopf
Stinkmorchel
Stockmorchel
Stockschwamm
Trichterling

13
Birkenreizker
Faltenschwamm
Hufritterling
Kaiserschwamm
Kapuzinerschwamm
Kapuzinerpilz
Perlenschwamm
Pomonaschwamm
Speitaeubling
Wiesenschwamm

14
Bischofsmuetze
Fleischschwamm
Fliegenschwamm
Pantherschwamm
Parasolschwamm

15
Bueschelschwamm
Gallenroehrling
Habichtsschwamm
Jungfernschwamm
Kartoffelbovist

8 Kakteen

5
Cereus

7
Opuntie

10
Igelkaktus

11
Blattkaktus
Kugelkaktus

12
Feigenkaktus
Fackeldistel
Warzenkaktus

13
Fluegelkaktus
Melonenkaktus
Saeulenkaktus
Seeigelkaktus

14
Bischofsmuetze
Korallenkaktus

15
Kastanienkaktus
Schlangenkaktus

9 Liliengewächse

4
Aloe

5
Binse
Lilie
Tulpe
Yucca

6
Scilla

7
Spargel

8
Grasbaum
Maiblume

9
Blaustern
Goldstern
Hyazinthe
Weisswurz

10
Aspidistra
Feuerlinie

11
Baerenlauch

Drachenbaum
Kaiserkrone
Meerzwiebel
Tuerkenbund

13
Maigloeckchen
Schattenblume

14
Herbstzeitlose

10 Lippenblütler

4
Ysop

5
Minze
Ziest

6
Salbei

7
Majoran
Melisse
Quendel
Thymian

8
Brunelle
Gamander
Hohlzahn
Lavendel

10
Goldnessel
Gundermann
Taubnessel

11
Bohnenkraut

12
Pfefferkraut

13
Basilienkraut
Schwarznessel

11 Schmetterlingsblütler

4
Klee

5
Bohne
Erbse
Linse
Wicke

6
Lupine

7
Erdnuss
Ginster
Luzerne
Robinie
Tragant

8
Hornklee
Saubohne
Wundklee

9
Geissklee
Goldregen
Hauhechel
Steinklee
Vogelklee
Weissklee

10
Esparsette
Feuerbohne
Geissraute
Serradella
Wiesenklee

11
Kichererbse

12
Besenginster
Gemuesebohne

12 Korbblütler

5
Aster

6
Arnika
Dahlie
Distel
Klette
Saflor
Zinnie

7	Goldrute	10	Sonnenblume
Beifuss	Masslieb	Huflattich	Wucherblume
Endivie	Zichorie	Knopfkraut	
Kamille		Loewenzahn	12
Lattich	9	Marg(u)erite	Flockenblume
Wermut	Artemisia	Schafgarbe	Massliebchen
	Bocksbart		
8	Edelweiss	11	13
Eberwurz	Kornblume	Gaenseblume	Chrysanthemum
Estragon		Kugeldistel	Studentenblume
Georgine		Ringelblume	

13 Orchideen

6	9	13
Orchis	Zahnlippe	Kuckucksblume
		Kuckuckskraut
7	10	Waldhyazinthe
Vanille	Venusschuh	
8	11	
Cattleya	Frauenschuh	
Nestwurz	Knabenkraut	

14 Andere Pflanzen

(G: Gewächs; Gt: Gattung; P: Pflanze)

4	5
Alge *niedere Pflanze*	Agave *Narzissengewächs*
Anis *Doldengewächs*	Calla *Arongewächs*
Efeu *Kletterstrauch*	Erika *Heidekraut*
Ilex *Stechpalme*	Liane *holzige Kletterpflanze*
Mohn *Mohngewächs*	Melde *Gänsefußgewächs*
Raps *Kreuzblütler*	Phlox *Gartenzierpflanze*
Rose *stachl. Strauch mit gr. Blüten*	Sedum *Dickblattgewächs*
Tang *Meeresalge*	Tabak *Nachtschattengewächs*

6
Akelei *Hahnenfußgewächs*
Akazie *Mimosengewächs*
Ampfer *Knöterichgewächs*
Clivia *Narzissengewächs*
Cobaea *Schlingpflanzen-Gt*
Diptam *Rautengewächs*
Enzian *Gebirgspflanze*
Flachs *krautige Pflanze*
Jasmin *Zierstrauch*
Kaktus *dickfleischiges G*
Kerbel *Doldengewächs*
Kresse *Kreuzblütler-Gt*
Krokus *Schwertlilien-G*
Maniok *Wolfsmilch-G*
Mimose *Hülsenfrüchtler-Gt*
Primel *Schlüsselblumen-Gt*
Safran *Schwertlilien-Gt*
Sanddorn *Dornstrauch*

7
Anemone *Hahnenfuß-G*
Aurikel *Primelgattung*
Begonie *krautige Pflanze*
Eibisch *Malvengewächs*
Fenchel *Doldengewächs*
Flieder *Oelbaum-G-Gt*
Fuchsie *Nachtkerzen-G*
Giersch *Doldenblütler*
Levkoje *Kreuzblütler*
Manihot *Wolfsmilch-G*
Ruebsen *Kreuzblütler*
Schlehe *Steinobststrauch*
Seerose *Wasserpflanze*
Taennel *Wasserpflanze*
Zyklame *Alpenveilchen*

8
Beinwell *Borretschgewächs*
Eisenhut *Hahnenfußgewächs*
Erdrauch *Mohn-G, Unkraut*
Erdraute *Mohn-G, Unkraut*
Gentiana *Enzian*
Gladiole *Schwertlilien-G*
Gloxinie *Knollengewächs*
Hauswurz *Dickblattgewächs*
Holunder *Geißblattgewächs*
Kornrade *Getreideunkraut*
Labkraut *Wald- und Wiesen-P*
Nieswurz *Hahnenfußgewächs*
Oleander *giftiger Strauch*
Torfmoos *Laubmoosgattung*
Tuberose *Narzissen-G*
Veilchen *krautige Pflanze*
Wegerich *Weg- und Wiesen-P*

9
Almrausch *Beifußgewächs*
Alpenrose *Gebirgsstrauch*
Balsamine *Springkraut-G*
Echeverie *Dickblattgewächs*
Fetthenne *Dickblattgewächs*
Fingerhut *Rachenblütler-Gt*
Geissfuss *Doldenblütler*
Gauchheil *Primelgewächs*
Gipskraut *Nelkengewächs*
Heliotrop *Borretschgewächs*
Herzblatt *Steinbrech-G*
Hornblatt *Wasserpflanze*
Hortensie *Steinbrech-G*
Leinkraut *Rachenblütler-Gt*
Mannstreu *Doldengewächs*
Pechnelke *Nelkengewächs*
Sauerklee *Waldpflanze*
Schwertel *Schwertlilien-G*
Wollkraut *Rachenblütler*

10
Augentrost *Rachenblütler*
Baerenklau *Doldengewächs*
Berberitze *Dornstrauch*
Blasentang *Braunalge*
Eukalyptus *Myrtengewächs*
Froschbiss *Schwimmpflanze*
Gaensefuss *Kräutergewächs*
Hundszunge *Borretsch-G*
Immergruen *Staudengewächs*
Kuhschelle *Anemonen-Gt*

Lichtnelke *Nelkengewächs*
Loewenmaul *Zierpflanze*
Lotosblume *Seerosenart*
Nachtkerze *Krautpflanze*
Nachtviole *Kreuzblütler*
Natterkopf *Borretsch-G*
Pelargonie *Storchschnabel-G*
Pimpinelle *Doldengewächs*
Rohrkolben *schilfähnl. Pflanze*
Seidelbast *Giftstrauch*
Soldanelle *Primelgewächs*
Stechapfel *Nachtschatten-G*
Trollblume *Hahnenfuß-G*
Waldkerbel *Doldengewächs*
Wassernuss *Schwimmpflanze*
Wasserpest *Wasserpflanze*
Wasserrose *Wasserpflanze*
Wolfsmilch *krautige Pflanze*
Zentifolie *Rosenart*
Zuckerrohr *Sumpfgras*

11

Bilsenkraut *Nachtschatten-G*
Bingelkraut *Wolfsmilch-G*
Dotterblume *Hahnenfuß-G*
Fingerkraut *Rosenblütler-G*
Glasschmalz *Strandpflanze*
Lungenkraut *Frühlings-P*
Maerzbecher *Zwiebelgewächs*
Rittersporn *Hahnenfuß-G*
Schaumkraut *Kreuzblütler*
Seifenkraut *Nelkengewächs*
Spritzgurke *Mittelmeer-P*
Tannenwedel *Wasserpflanze*
Teufelsbart *Hahnenfußgewächs*
Tollkirsche *Nachtschatten-G*
Waldmeister *Labkraut-G*
Wasserfeder *Sumpfpflanze*

12

Frauenmantel *Rosenblütler*
Gauklerblume *Rachenblütler*
Kaelberkropf *Doldengewächs*
Koenigskerze *Rachenblütler-Gt*
Liebstoeckel *Doldengewächs*
Loeffelkraut *Kreuzblütler*
Rhododendron *Gebirgsstrauch*
Schuppenwurz *Schmarotzer*
Schwertlilie *Irisgewächs*
Stranddistel *Doldengewächs*

13

Alpenveilchen *Primelgewächs*
Brunnenkresse *Kreuzblütler-G*
Kuckucksnelke *Nelkengewächs*
Schachtelhalm *Sporenpflanze*
Spitzwegerich *Wiesenunkraut*
Teufelskralle *Glockenblumen-G*

14

Kuechenschelle *Anemonen-Gt*
Pantoffelblume *Rachenblütler*
Reiherschnabel *Storchschnabel-G*
Wasserschlauch *Schwimmpflanze*
Weidenroeschen *Nachtkerzen-G*

15

Renntierflechte *Strauchflechte*
Schluesselblume *Primelart*

16

Himmelschluessel *Wald- und Wiesen-P*
Schneegloeckchen *Zwiebel-G*
Stiefmuetterchen *Veilchenart*
Sumpfdotterblume *Hahnenfuß-G*
Vergissmeinnicht *Borretsch-G*

Chemie

1 Chemische Elemente

3

Bor
Jod
Zer

4

Blei
Brom
Gold
Neon
Niob
Uran
Zink
Zinn

5

Argon
Arsen
Chlor
Chrom
Eisen
Fluor
Radon
Selen
Titan
Xenon

6

Barium
Curium
Erbium
Helium
Indium
Kalium
Kobalt
Kupfer
Mangan
Neodym
Nickel
Osmium
Platin
Radium
Silber
Tantal
Tellur
Wismut

7

Antimon
Gallium
Hafnium
Holmium
Iridium
Kadmium
Kalzium
Krypton
Lanthan
Lithium
Natrium
Rhenium
Rhodium
Terbium
Thorium
Thulium
Wolfram
Yttrium
Zaesium

8

Aktinium
Astatium
Europium
Francium
Lutetium
Phosphor
Polonium
Rubidium
Samarium
Schwefel
Silizium
Skandium
Thallium
Vanadium

9

Aluminium
Americium
Berkelium
Beryllium
Germanium
Magnesium
Molybdaen
Neptunium
Palladium
Plutonium
Praseodym
Ruthenium
Strontium
Ytterbium
Zirkonium

10

Dysprosium
Gadolinium
Promethium
Sauerstoff
Stickstoff
Technetium

11

Einsteinium
Kalifornium
Kassiopeium
Kohlenstoff
Mendelevium
Quecksilber
Wasserstoff

12

Protaktinium

2 Abkürzungen der Elemente

B *Bor*
C *Kohlenstoff*
E *Einsteinium*
F *Fluor*
H *Wasserstoff*
J *Jod*
K *Kalium*
N *Stickstoff*
O *Sauerstoff*
P *Phosphor*
S *Schwefel*
U *Uran*
V *Vanadium*
W *Wolfram*
X *Xenon*
Y *Yttrium*
Ac *Aktinium*
Ag *Silber*
Al *Aluminium*
Am *Americium*
Ar *Argon*
As *Arsen*
At *Astatium*
Au *Gold*
Ba *Barium*
Be *Beryllium*
Bi *Wismut*
Bk *Berkelium*
Br *Brom*
Ca *Calzium*
Cd *Cadmium*
Ce *Zer*
Cf *Kalifornium*
Cl *Chlor*
Cm *Curium*
Co *Kobalt*
Cr *Chrom*
Cs *Zäsium*
Cu *Kupfer*
Dy *Dysprosium*
Er *Erbium*
Eu *Europium*
Fe *Eisen*
Fm *Fermium*
Fr *Frankium*
Ga *Gallium*
Gd *Gadolinium*
Ge *Germanium*
He *Helium*
Hf *Hafnium*
Hg *Quecksilber*
Ho *Holmium*
In *Indium*
Ir *Iridium*
Kr *Krypton*
La *Lanthan*
Li *Lithium*
Lu *Lutetium*
Me *Mendelevium*
Mg *Magnesium*
Mn *Mangan*
Mo *Molybdän*
N *Natrium*
Nb *Niob*
Nd *Neodym*
Ne *Neon*
Ni *Nickel*
Np *Neptunium*
Os *Osmium*
Pa *Protaktinium*
Pb *Blei*
Pd *Palladium*
Pm *Promethium*
Po *Polonium*
Pr *Praseodym*
Pt *Platin*
Pu *Plutonium*
Ra *Radium*
Rb *Rubidium*
Re *Rhenium*
Rh *Rhodium*
Rn *Radon*
Ru *Ruthenium*
Sb *Antimon*
Sc *Scandium*
Se *Selen*
Si *Silizium*
Sm *Samarium*
Sn *Zinn*
Sr *Strontium*
Ta *Tantal*
Tb *Terbium*
Tc *Technetium*
Te *Tellur*
Th *Thorium*
Ti *Titan*
Tl *Thallium*
Tm *Thulium*
Yb *Ytterbium*
Zn *Zink*
Zr *Zirkonium*

3 Metalle

3
Zer

4
Blei
Gold
Niob
Uran
Zink
Zinn

5
Chrom
Eisen
Titan

6
Barium
Indium
Kalium
Kobalt
Kupfer
Mangan
Nickel
Osmium
Platin
Radium
Silber
Tantal
Tellur
Wismut

7
Antimon
Cadmium
Calzium
Gallium
Hafnium
Iridium
Lanthan
Natrium
Rhenium
Rhodium
Stellit
Terbium
Thorium
Wolfram
Yttrium
Zaesium

8
Polonium
Rubidium
Scandium
Thallium
Vanadium

9
Aluminium
Beryllium
Germanium
Magnesium
Molybdaen
Palladium
Ytterbium
Zirkonium

10
Technetium

11
Quecksilber

4 Edelgase

4
Neon

5
Argon
Radon
Xenon

6
Helium

7
Krypton

5 Halogene

3
Jod

4
Brom

5
Chlor
Fluor

8
Astatium

6 Transurane

6
Curium

9
Americium
Berkelium
Neptunium
Plutonium

11
Kalifornium

7 Edelmetalle

4
Gold

6
Osmium

Platin
Silber

7
Iridium
Rhodium

9
Palladium
Ruthenium

8 Andere chemische Begriffe

(S: Salz, Salze; V: Verbindung)

3
Eis *fester Zustand des Wassers*
Erz *metallhaltiges Mineral*
Gas *Aggregatzustand*

4
Amid *Ammoniakverbindung*
Amin *Ammoniakverbindung*
Atom *kleinster Teil der chemischen Grundstoffe*
Base *Verbindung, die mit Säure Salz bildet*
Buna *künstlicher Kautschuk*
Leim *Klebmasse aus tierischen Stoffen*
Luft *Gemenge aus Stickstoff und Sauerstoff*
Oxyd *V mit Sauerstoff*
Pech *Rückstand aus Steinkohlenteer*
Rost *Ferrohydroxydbildung auf Eisen*
Sals *Metall-V einer Säure*
Soda *Natriumkarbonat*
Sole *Salzlösung*
Teer *Destillationsprodukt aus Kohle*
Zyan *giftiges Gas*

5
Abbau *Zerlegung einer V*
Alkyl *einwertiger Kohlenwasserstoff*
Asche *Verbrennungsrückstand*
Blume *Niederschlag aus Dämpfen*
Borat *S der Borsäure*
Borax *Waschmittel*
Dampf *gasförmiger Zustand eines Stoffes*
Essig *Würz- und Konservierungsmittel*
Ester *Alkoholverbindung*
Gummi *erhärteter Saft verschiedener Pflanzen*
Lauge *Alkalihydroxydlösung*
Lysol *Desinfektionsmittel*
Olein *organische Säure*
Oleum *rauchende Schwefelsäure*
Orlon *Chemiefaser*
Pinen *ein Kohlenwasserstoff*
Purin *Kohlenwasserstoff-V*
Seife *Salze der Öl- und Fett-Säuren*
Vinyl *einwertige ungesättigte Atomgruppe*

6
Aethan *gasförmiger Kohlenwasserstoff*

Aether *Anhydrid des Alkohols*
Aethyl *einwertige Alkylgruppe*
Alkali *Karbonate der Alkalimetalle*
Azetat *S der Essigsäure*
Azeton *Farblösemittel*
Ballon *Säuregefäß*
Benzin *Erdöldestillationsprodukt*
Benzol *flüssiger Kohlenwasserstoff*
Bronze *rotgelbe Kupfer-Zinn-Legierung*
Chinon *aus Kohlenwasserstoff entstandene V*
Essenz *Auszug aus Naturstoffen*
Firnis *Leinöl*
Formel *chemisches Zeichen*
Glutin *Eiweißstoff*
Glykol *zweiwertiger Alkohol*
Hydrat *durch Wasser entstandene V*
Hydrid *Metall-Wasserstoff-V*
Isotop *Grundstoffabart*
Karbid *Kohlenstoff-V*
Kasein *Eiweißkörper*
Kresol *V im Steinkohlenteer*
Lipase *fettspaltendes Ferment*
Mastix *Harz des Mastix-Baumes*
Mensur *Flüssigkeitsmeßgerät*
Methan *Kohlenwasserstoff*
Methyl *einwertige Alkylgruppe*
Natron *doppelkohlensaures Natrium*
Nitrat *S der Salpetersäure*
Nitrid *Metall-Stickstoff-V*
Nitrit *S der salpetrigen Säure*
Osmose *Konzentrationsausgleich*
Oxydul *sauerstoffarmes Oxyd*
Patina *Edelrost*
Pentan *isomerer Kohlenwasserstoff*
Pepsin *eiweißspaltendes Ferment*
Phenol *aromatische V*
Saeure *Wasserstoff enthaltende V*
Sieden *Verwandeln einer Flüssigkeit in Dampf*
Smalte *Kalium-Kobaltsilikat*
Styrol *Benzolderivat*
Sulfat *S der Schwefelsäure*
Sulfid *S des Schwefelwasserstoffs*
Sulfit *S der schwefeligen Säure*
Tannin *Gerbsäure*
Terpen *Kohlenwasserstoff im Terpentin*
Toluol *Methylbenzol*
Valenz *Wertigkeit*
Xylole *Dimethylbenzol*
Xylose *Holzzucker*
Zellon *zelluloidähnlicher Stoff*
Zymase *Ferment in der Hefe*

7

Aldehyd *organische V*
Alkohol *gegorene zuckerhaltige Flüssigkeit*
Amalgam *Metall-Legierung mit Quecksilber*
Bakelit *Kunstharz*
Chlorat *S der Chlorsäure*
Chlorid *S der Salzsäure*
Chollin *organische Base*
Derivat *organische V*
Dextrin *Kohlehydrat*
Dialyse *Trennungsverfahren*
Dynamit *Sprengstoff*
Ekrasit *Pikrinsäure*
Element *Grundstoff*
Gaerung *Spaltung einer organischen Verbindung*
Glukose *Traubenzucker*
Holzgas *Generatorgas aus Holz*
Isopren *flüssiger Kohlenwasserstoff*
Kalorie *Maßeinheit der Wärmemenge*
Koffein *Verbindung in der Kaffeebohne*
Kreosot *Flüssigkeit im Teer*
Lackmus *Säuren- und Basenanzeiger*
Lanolin *Grundlage für Salben*
Loesung *flüssiges Stoffgemisch*

Maltose *Malzzucker*
Materie *Gesamtheit der Verbindungen und Elemente*
Mennige *Bleioxyd*
Molekel *kleinstes Teilchen einer Verbindung*
Nikotin *Alkaloid des Tabaks*
Nuklein *stickstoffhaltige V*
Olefine *Gruppe ungesättigter Kohlenwasserstoffe*
Phosgen *Gas aus Chlor und Kohlenoxyd*
Protein *einfacher Eiweißkörper*
Pyridin *organische Base*
Radikal *in Vn vorkommender Atomkomplex*
Retorte *Destillationsgefäß*
Salmiak *Ammoniumchlorid*
Silikat *S der Kieselsäure*
Silikon *Kunststoff*
Silumin *Aluminium-Silizium-Legierung*
Staerke *Kohlehydrat*
Tartrat *S der Weinsäure*
Tonerde *Aluminiumoxyd*
Trypsin *eiweißspaltendes Ferment*
Vaselin *Erdöldestillationsrückstand*
Versuch *Experiment*
Vitriol *in Wasser lösliches Sulfat*
Zeolith *Natrium-Aluminium-Silikat*

8

Aethylen *ungesättigter Kohlenwasserstoff*
Alkaloid *pflanzliche Base*
Ammoniak *farbloses Gas*
Ammonium *Stickstoffverbindung*
Anhydrid *durch Abspaltung entstandene V*
Azetylen *ungesättigter Kohlenwasserstoff*
Chinolin *farblose Flüssigkeit im Teer*
Dextrose *Traubenzucker*
Emulsion *Verteilung eines unlöslichen Stoffes in Wasser*
Gelatine *Knochenleim*
Geraniol *Bestandteil der Öle*
Glykogen *Zuckerart*
Glyzerin *sirupartige Flüssigkeit*
Hydrazin *farblose Flüssigkeit*
Hydroxyd *V eines Metalles*
Jodoform *desinfizierende Jodverbindung*
Karbonat *S der Kohlensäure*
Kleesalz *S der Kleesäure*
Kleister *Klebstoff*
Knallgas *Gemisch aus Sauer- und Wasserstoff*
Kochsalz *Natriumchlorid*
Methylen *zweiwertige Alkylgruppe*
Molekuel *kleinstes Teilchen einer Verbindung*
Novokain *Kokainersatz*
Paraffin *Gemisch fester Kohlenwasserstoffe*
Perborat *S aus Borsäure*
Phosphat *S der Phosphorsäure*
Reaktion *Einwirkung eines Stoffes auf einen anderen*
Sacharin *künstlicher Süßstoff*
Salpeter *S der Salpetersäure*
Spiritus *Äthylalkohol*
Sublimat *Erzeugnis einer Sublimation*
Substanz *Stoff*
Synthese *Aufbau einer V*
Trolitul *Kunststoff*
Zementit *Eisenkarbid*
Zyankali *giftiges Salz*

9

Adhaesion *Aneinanderhaften verschiedener Stoffe*
Bleiglanz *grauglänzendes Bleierz*
Flintglas *Art des Bleiglases*
Grubengas *Methan*

Holzgeist *Methylalkohol*
Holzkohle *Kohle aus Holzverkohlung*
Hydrolyse *Spaltung einer V*
Indikator *beschaffenheitsanzeigender Stoff*
Karnallit *Kalisalz*
Kohaesion *Anziehungskraft der Moleküle*
Magnalium *Aluminium-Magnesium-Legierung*
Oelsaeure *organische Säure*
Oxydation *Vereinigung eines Stoffes mit Sauerstoff*
Perhydrol *Wasserstoffperoxydlösung*
Petroleum *Erdöldestillationsprodukt*
Plastilin *knetbare Masse*
Pottasche *Kaliumkarbonat*
Raffinade *reinster Zucker*
Reduktion *Sauerstoffwegnahme aus einer V*
Sa(c)charin *künstlicher Süßstoff*
Schellack *Harzart*
Silikagel *Siliziumdioxyd*
Titration *Methode der Maßanalyse*
Verwesung *Stoffzersetzung*
Wassergas *Heizgasart*
Zellstoff *Stoff aus Zellulose*
Zelluloid *Zellhorn, Kunststoff*
Zellulose *Kohlehydrat*
Zellwolle *Kunstseidentextilfaser*

10

Absorption *Lösung eines Gases in Flüssigkeit*
Aetherisch *flüchtig*
Affinieren *Gold und Silber trennen*
Affinitaet *Umsetzungskraft*
Blausaeure *giftige Säure*
Chloroform *Betäubungsmittel*
Essigester *Essigsäure-V*
Experiment *Versuch*
Gerbsaeure *V in Gerbstoffen*
Kalkwasser *schwache Base*
Knochenoel *Schmiermittel*
Kohlenoxyd *farbloses Gas*
Naphthalin *Kohlenwasserstoff*
Oxalsaeure *organische Säure*
Plastilina *knetbare Masse*
Polystrol *Kunststoff*
Salzsaeure *Chlorwasserstofflösung*
Sulfonamid *organische V*
Thomasmehl *Abfall bei der Stahlproduktion*
Wasserglas *Kaliumsilikat*
Wasserglas *Natriumsilikat*
Weinsaeure *Säure im Traubensaft*
Wertigkeit *Valenz*
Zyankalium *giftiges Salz*

11

Aminosaeure *organische Säure*
Benzaldehyd *Bittermandelöl*
Chlorsilber *Niederschlag aus Silbersalzlösung*
Essigsaeure *organische Säure*
Formaldehyd *farbloses Gas*
Glaubersalz *kristallisiertes Natriumsulfat*
Kohlehydrat *stickstofffreie organ. V*
Kolophonium *Geigenharz*
Mesothorium *Isotop des Radiums*
Mutterlauge *Lösungsrückstand*
Nitrobenzol *Flüssigkeit aus Benzol*
Sublimation *Verdampfung eines festen Stoffes*
Verbrennung *V eines Stoffes mit Sauerstoff*
Verdunstung *Übergang einer Flüssigkeit in gasförmigen Zustand*
Xanthophyll *Pflanzenfarbstoff*
Zitronenoel *ätherisches Öl*

12

Destillation *Trennungsverfahren*

Destillieren *trennen*
Gefrierpunkt *Erstarrungstemperatur einer Flüssigkeit*
Hoellenstein *Silbernitrat*
Kieselsaeure *unbeständige Säure*
Kohlendioxyd *farbloses Gas*
Kohlensaeure *schwache Säure*
Kondensation *Verdichtung von Gasen*
Petrolaether *Benzingemisch*
Pikrinsaeure *Sprengstoff*
Terpentinoel *farblose Flüssigkeit*
Waschflasche *Flasche zum Reinigen von Gasen*
Zuckersaeure *organische Säure*

13

Ameisensaeure *organische Säure*
Aethylchlorid *Flüssigkeit*
Chloralhydrat *Betäubungsmittel*
Kaliumchlorat *chlorsaures Kali*
Kohlenmonoxyd *farbloses Gas*
Methylalkohol *einfachster Alkohol*
Nitroglyzerin *explosible Flüssigkeit*
Salizylsaeure *organische Säure*
Traubenzucker *Dextrose*

14

Kaliumkarbonat *Pottasche*
Natriumchlorid *Kochsalz*
Nitrozellulose *explosibler Stoff*
Palmitinsaeure *organische Säure*
Polymerisation *Molekülzusammenschluß*
Salpetersaeure *anorganische Säure*
Schwefelsaeure *anorganische Säure*
Trinitrophenol *Pikrinsäure*
Trinitrotoluol *Derivat des Toluols*
Zitronensaeure *organische Säure*

15

Phenolphtalein *Indikator*
Zyanwasserstoff *Blausäure*

16

Chlorwasserstoff *Salzsäure*

Erdkunde

I Allgemeine geographische Begriffe

2

Au *Flußlandschaft*

3

Amt *Verwaltungsbezirk*
Bai *Meeresbucht*
Col *Paß (franz. und ital.)*
Elf *Fluß (schwedisch)*
Elv *Fluß (norwegisch)*
Gau *Landschaft, Landesteil*
Ile *Insel (französisch)*
Kap *Vorgebirge*
Kar *Gebirgsschlucht*
Lac *See (französisch)*
Ort *Ansiedlung*
Pic *Bergspitze (französisch)*
Pik *Bergspitze, spitzer Berg*
Piz *Bergspitze (romanisch)*
Ras *Vorgebirge (arabisch)*
Roc *Felsen (französisch)*
Tal *Bergeinschnitt*

4

Areg *Sandwüste*
Bahr *Meer (arabisch)*
Berg *Bodenerhebung*
Cabo *Kap (spanisch)*
Cape *Kap (englisch)*
Côte *Küste (französisch)*
Dent *Gipfel (französisch)*
Dorf *Ansiedlung*
Erog *Sandwüste*
Fehn *Sumpf, Moor*
Fenn *Sumpf, Moor*
Filz *Moor (Süddeutschland)*
Fluh *steile Felswand*
Furt *seichte Stelle im Fluß*
Grat *oberste Bergkante*
Haff *Strandsee an der Ostsee*
Kamm *Gebirgsrücken*
Kamp *Flußinsel*
Kees *Gletscher (Ostalpen)*
Kolm *abgerundeter Berggipfel*
Koog *eingedeichtes Küstenland*
Kulm *einzelner runder Berggipfel*
Laen *schwed. Verwaltungsgebiet*
Lago *See (ital. und span.)*
Lake *See (englisch)*
Lido *Nehrung (ital.)*
Maar *Explosivkrater*
Mare *Meer (ital. u. latein.)*
Mont *Berg (franz.)*
Moor *Sumpfgebiet*
Neer *Untiefe*
Neer *Wasserstrudel*
Oase *Wüstenstelle mit Wasser*
Pass *Gebirgsübergang*
Peak *Bergspitze (englisch)*
Pico *Gipfel (spanisch)*
Ried *Sumpfland, Moor*
Riff *Klippe im Meer*
Ufer *Küste, Gewässerrand*
Veen *Moor (holländisch)*
Venn *Sumpf, Moor*
Wadi *ausgetrockn. Wüstenflußtal*
Watt *seichte Küstenstelle der Nordsee*
Wiek *flache Ostseebucht*
Zone *Erdstrich, Gebiet*

5

Areal *Flächenraum*
Atoll *ringförm. Koralleninsel*
Barre *Untiefe vor Flußmündung*
Buehl *Hügel*
Buhne *Flußregulierungsbau*
Bruch *Moor, Sumpf*
Cañon *Flußtal (spanisch)*
Creek *austr. Flußlauf zur Regenzeit*
Deich *Schutzdamm am Meer*
Delta *Flußmündungsart*
Duene *Sandhügel am Meer*
Duene *Sandhügel in der Wüste*
Ebene *Flachland*
Etang *Strandsee*
Firth *Fjord (schottisch)*
Fjeld *skandinavische Hochfläche*
Fjell *skandinavische Hochfläche*
Fjord *schmale Meeresbucht*
Fleet *Kanal (bes. Hamburg)*
Getto *Judenviertel*
Igidi *Sandwüste*
Insel *Eiland*
Karru *Steppe in Südafrika*
Karst *Kalkgebirge in Jugoslawien*
Kegel *Bergform*
Klamm *steilwandige Schlucht*
Kofel *kegelförmiger Gipfel (Ostalpen)*
Kogel *kegelförmiger Gipfel (Ostalpen)*
Kuppe *Berggipfel*
Liman *Strandsee (türkisch)*
Llano *Grassteppe im trop. Amerika*
Monte *Berg (italienisch)*
Mount *Berg (englisch)*
Pampa *Grassteppe in Südamerika*
Pizzo *Bergspitze (italienisch)*
Polje *zeitw. überschwemmtes Karsttal*
Priel *Fahrwasserrinne im Wattenmeer*
Punas *Hochebenen in Bolivien u. Peru*
Remel *Sandwüste*
Remla *Sandwüste*
Schan *Berg, Gebirge (chinesisch)*
Serir *Kieswüste*
Serra *Gebirgszug (portugiesisch)*
Stadt *Ansiedlung*
Taiga *sibirischer Wald*
Takyr *Lehmwüste*
Tobel *Waldschlucht*

6

Bruehl *morastiger Ort*
Doline *Karsttrichter*
Ferner *Gletscher in Tirol*
Fjaell *Hochfläche in Schweden*
Foerde *Meeresbucht*
Ghetto *Judenviertel*
Gracht *Kanal (holländisch)*
Hamada *Steinwüste*
Huegel *Bodenerhebung*
Kanton *Bezirk in der Schweiz*
Klippe *Felsen an der Meeresoberfläche*
Krater *Vulkanöffnung*
Lagune *Strandsee*
Llanos *Grassteppen in Südamerika*
Massiv *Gebirgsstock*
Orient *Morgenland*
Polder *dem Meer abgewonnenes Marschland*
Pussta *Flachland in Ungarn*
Region *Gegend, Bezirk, Gebiet*
Sebcha *Salzsümpfe in der Wüste*
Sierra *Gebirgszug (spanisch)*
Steppe *baumlose, trockene Ebene*
Tasili *Felswüste*
Tundra *Landschaft n. d. Baumgrenze*
Vulkan *feuerspeiender Berg*
Wueste *niederschlagsarmes Gebiet*

7

Gebirge *Gruppe hoher Berge*
Hammada *Steinwüste*

Isthmus *Landenge*
Moraene *Schutt am Gletscher*
Nehrung *Landschaft zwischen Lagune und Meer*
Plateau *Hochebene*
Praerie *Steppengebiet in Nordamerika*
Savanne *Grassteppe*
Schaere *kleine Felseninsel*
Untiefe *geringe Wassertiefe*
Waechte *überhängende Schneemasse*

8
Archipel *Inselgruppe*
Dschebel *Felswüste*
Eurasien *Europa und Asien*
Halligen *kleine Inseln im Wattenmeer*
Meerauge *Gebirgssee in den Karpaten*
Okzident *Abendland*

9
Abendland *Mittel- und Westeuropa*
Gletscher *Eisstrom im Hochgebirge*
Gletscher *Eisstrom i. d. Polarländern*
Golfstrom *Strömung im Atlantik*
Kontinent *Erdteil*
Kuro Schio *Strom im Stillen Ozean*
Metropole *Hauptstadt*

10
Marschland *Schwemmland in NW-Deutschland*
Morgenland *Länder östlich des Mittelmeers*

II Historische Erdkunde

(a. N.: alter Name)

3
Rha *a. N. der Wolga*

4
Abae *altgriech. Stadt in Phokis*
Elam *altes Reich am Tigris*
Elis *altgriech. Provinz*
Eris *a. N. für Irland*
Gaur *einst. Hauptstadt von Bengalen*
Kutu *antike Stadt bei Babylon*
Mosa *a. N. für Maas*
Roma *a. N. für Rom*
Rura *a. N. für Ruhr*
Saba *alte Landschaft in Südarabien*
Sala *a. N. für Saale*

5
Aenus *a. N. für Inn*
Albis *a. N. für Elbe*
Arnus *a. N. für Arno*
Aulis *altgriech. Hafenstadt*
Bonna *a. N. für Bonn*
Doris *altgriech. Provinz*
Isara *a. N. für Isar u. Isère*
Ister *Donau (Unterlauf)*
Larsa *a. Stadt in Mesopotamien*
Licus *a. N. für Lech*
Liger *a. N. für Loire*
Limes *Grenzwall d. Römischen Reiches*
Malis *altgriech. Provinz*
Milet *kleinasiatische Stadt*
Murus *a. N. für Mur*

Nicer *a. N. für Neckar*
Padus *a. N. für Po*
Tagus *a. N. für Tajo*
Thule *Inselland im Norden*
Troas *Landschaft in Kleinasien*
Troja *Hauptstadt von Troas*

6

Achaia *altgriech. Provinz*
Albion *a. N. für Großbritannien*
Amisia *a. N. für Ems*
Apulia *altröm. Provinz*
Attika *altgriech. Provinz*
Baktra *Hauptstadt Baktriens*
Dacien *altröm. Provinz*
Dravus *a. N. für Drau*
Dubris *a. N. für Dover*
Epirus *altgriech. Provinz*
Geneva *a. N. für Genf*
Iberus *a. N. für Ebro*
Judaea *Landschaft im alten Palästina*
Latium *altröm. Provinz*
Moenus *a. N. für Main*
Mykene *Stadt am Peloponnes*
Nicaea *a. N. für Nizza*
Phokis *altgriech. Provinz*
Raetia *altröm. Provinz*
Regina *a. N. für Regensburg*
Tamesa *a. N. für Themse*
Tolosa *a. N. für Toulouse*
Umbria *altröm. Provinz*
Viadua *a. N. für Oder*

7

Aemilia *altröm. Provinz*
Aetolia *altgriech. Provinz*
Arelate *a. N. für Arles*
Argolis *altgriech. Provinz*
Arkadia *altgriech. Provinz*
Athenae *a. N. für Athen*
Athesis *a. N. für Etsch*
Barcino *a. N. für Barcelona*
Basilia *a. N. für Basel*
Boeotia *altgriech. Provinz*
Bononia *a. N. für für Bologna*
Ephesus *kleinasiatische Stadt*
Etruria *altröm. Provinz*
Gallien *Land der Kelten*
Iberien *a. N. der Pyrenäen-Halbinsel*
Ivernia *a. N. für Irland*
Juvavum *a. N. für Salzburg*
Kolchis *Landschaft a. Schwarzen Meer*
Liguria *altröm. Provinz*
Lucania *altröm. Provinz*
Lutetia *a. N. für Paris*
Mosella *a. N. für Mosel*
Mykenae *Stadt am Peloponnes*
Noricum *altröm. Provinz*
Olisipo *a. N. für Lissabon*
Picenum *altröm. Provinz*
Pompeji *Stadt in Kampanien*
Samnium *altröm. Provinz*
Scaldis *a. N. für Schelde*
Sequana *a. N. für Seine*
Serdica *a. N. für Sofia*
Sicilia *altröm. Provinz*
Stabiae *Stadt in Kampanien*
Tamesis *a. N. für Themse*
Tiberis *a. N. für Tiber*
Venetia *altröm. Provinz*
Viadrus *a. N. für Oder*
Vigenna *a. N. für Vienne*
Vistula *a. N. für Weichsel*

8

Aegyptus *a. N. für Ägypten*
Aeniania *altgriech. Provinz*
Atlantis *sagenhaftes versunkenes Land*
Baktrien *altpers. Landschaft*
Bauzanum *a. N. für Bozen*
Bruttium *altröm. Provinz*
Calabria *altröm. Provinz*
Campania *altröm. Provinz*
Carthago *Stadt in Nordafrika*

Chaldaea *Landschaft in Mesopotamien*
Danuvius *a. N. für Donau*
Etrurien *Landschaft in Italien*
Galilaea *Landschaft in Palästina*
Hispalis *a. N. für Sevilla*
Karthago *Stadt in Nordafrika*
Lakonika *altgriech. Provinz*
Lugdunum *a. N. für Lyon*
Massilia *a. N. für Marseille*
Messenia *altgriech. Provinz*
Neapolis *a. N. für Neapel*
Pannonia *altröm. Provinz*
Panormus *a. N. für Palermo*
Patavium *a. N. für Padua*
Phrygien *Landschaft in Kleinasien*
Rhodanus *a. N. für Rhône*
Tergeste *a. N. für Triest*
Visurgis *a. N. für Werra*
Visurgis *a. N. für Weser*

9
Akarnania *altgriech. Provinz*
Brigantia *a. N. für Bregenz*
Britannia *a. N. für England*
Burdigala *a. N. für Bordeaux*
Caledonia *a. N. für Schottland*
Carnuntum *röm. Stadt bei Wien*
Epidauros *Stadt in Argolis*
Florentia *a. N. für Florenz*
Londinium *a. N. für London*
Makedonia *altgriech. Provinz*
Mancunium *a. N. für Manchester*
Propontis *a. N. für Marmarameer*
Thessalia *altgriech. Provinz*
Vindobona *a. N. für Wien*
Virodunum *a. N. für Verdun*

10
Aquitanien *gall. Provinz*
Flevo Lacus *a. N. für Zuidersee*
Genezareth *See in Palästina*
Hellespont *a. N. für Dardanellen*
Lokopuntia *altgriech. Provinz*
Mauretania *altröm. Prov. in Marokko*
Mediolanum *a. N. für Mailand*
Phoenizien *a. Land am Mittelmeer*

11
Confluentes *a. N. für Koblenz*
Herculaneum *Stadt in Kampanien*
Hierosolyma *a. N. für Jerusalem*
Mare Aegaeum *a. N. f. Ägäisches Meer*
Mare Ionicum *a. N. f. Ionisches Meer*
Thermopylen *Paß in Griechenland*
Transpadana *altröm. Provinz*

12
Castra Batava *a. N. für Passau*
Mare Suebicum *a. N. für Ostsee*
Mongantiacum *a. N. für Mainz*

13
Helikarnassos *Kolonie in Kleinasien*
Pontus Euxinus *a. N. für Schwarzes Meer*

14
Fretum Gallicum *a. N. für Straße von Dover*

16
Colonia Agrippina *a. N. für Köln*

17
Lutetia Parisiorum *a. N. für Paris*

III Neuzeitliche Erdkunde

1 Staaten

a Europa

3
ČSR

5
Polen
UdSSR

6
Cypern
Irland
Island
Monaco
Ungarn

7
Andorra
Belgien
England
Holland
Italien
Schweiz
Spanien

8
Albanien
Finnland
Norwegen
Portugal
Schweden

9
Bulgarien
Daenemark
Luxemburg
Rumaenien
San Marino

10
Frankreich

11
Deutschland
Jugoslawien
Niederlande
Oesterreich
Sowjetunion

12
Griechenland
Vatikanstaat
Vatikanstadt

13
Liechtenstein

15
Grossbritannien

16
Tschechoslowakei

b Afrika

4
Misr
Togo

5
Ghana
Kongo
Niger
Sudan

6
Guinea
Libyen
Syrien

7
Dahomey
Kamerun
Liberia
Marokko
Nigeria
Senegal
Somalia

8
Aegypten
Tunesien

10
Abessinien
Aethiopien
Somaliland

11
Mauretanien
Sierra Leone

15
Elfenbeinkueste

c Amerika

3
USA

4
Cuba
Peru

5
Chile
Haiti

6
Kanada
Mexiko
Panama

7
Ecuador
Uruguay

8
Bolivien
Honduras

Paraguay

9
Brasilien
Costa Rica
Guatemala
Kolumbien

Nicaragua
Venezuela

10
Argentinien
El Salvador

d Asien

4
Irak
Iran
Laos
Oman

5
Burma
China
Japan
Jemen
Korea

Nepal
UdSSR
Tibet

6
Bharat
Bhutan
Ceylon
Cypern
Indien
Israel
Kuwait

Malaya
Maskat
Syrien

7
Libanon
Persien
Tuerkei
Vietnam

8
Pakistan

Singapur
Thailand

9
Jordanien
Malediven
Nord-Korea
Sued-Korea

10
Indonesien
Kambodscha

11
Afghanistan
Nord-Vietnam
Philippinen
Sowjetunion
Sued-Vietnam

12
Saudi-Arabien

2 Provinzen, Landesteile, Departements usw.

a Deutschland

4
Baar *Landschaft in Südwest-Deutschland*
Saar *deutsches Bundesland*

5
Baden *deutsches Bundesland*
Hegau *Landschaft in Südbaden*
Lippe *Teil Nordrhein-Westfalens*
Pfalz *Bez. von Rheinland-Pfalz*

6
Angeln *Landschaft in Schleswig*
Anhalt *Teil Sachsen-Anhalts*
Barnim *Landschaft in Brandenburg*
Bayern *deutsches Bundesland*
Bremen *deutsches Bundesland*
Hadeln *Landschaft an der Elbmündung*
Hessen *deutsches Bundesland*

7
Allgaeu *Landschaft in S-Bayern*
Altmark *Landschaft im Bez. Magdeburg*

Emsland *Teil Niedersachsens*
Ermland *Landschaft in Ostpreußen*
Franken *Landschaft in Bayern*
Hamburg *deutsches Bundesland*
Hellweg *westfälische Landschaft*
Kurmark *Teil Brandenburgs*
Lausitz *Landschaft zwischen Elbe und Bober*
Linzgau *Landschaft nördlich vom Bodensee*
Masuren *Landschaft Ostpreußens*
Neumark *Teil Brandenburgs*
Pommern *Landschaft an der Ostsee*
Sachsen *mitteldeutsches Land*
Samland *Landschaft Ostpreußens*
Wagrien *Teil Holsteins*

8

Breisgau *Landschaft SW-Deutschlands*
Flaeming *brandenbg. Höhenzug*
Holstein *Landschaft N-Deutschlands*
Lechfeld *schwäbisch-bayer. Hochebene*
Prignitz *Teil Brandenburgs*
Rheingau *Hügelland am Rhein*
Saarland *deutsches Bundesland*
Schwaben *Bezirk Bayerns*
Stormarn *Landschaft Schleswig-Holsteins*
Vogtland *Landschaft Mitteldeutschlands*
Wetterau *Ebene in Hessen*

9

Altes Land *Marschland der Unterelbe*
Kraichgau *Hügelland in Baden-Württ.*
Loessnitz *Landschaft bei Dresden*
Nordbaden *Bezirk in Baden-Württ.*
Oberpfalz *Bezirk Bayerns*
Rheinland *Landschaft am Rhein*
Sauerland *Landschaft in Nordrhein-Westfalen*
Schleswig *Landschaft an der Oder*
Suedbaden *Bezirk in Baden-Württ.*

10

Oberbayern *Bezirk Bayerns*
Oberhessen *Teil Hessens*
Soederland *Landschaft in Nordrhein-Westfalen*
Thueringen *mitteldeutsches Land*

11

Brandenburg *norddeutsches Land*
Butjadingen *Landschaft in Oldenburg*
Mecklenburg *norddeutsches Land*
Oberfranken *Bezirk Bayerns*
Ostpreussen *poln. verwaltetes dt. Land*
Rheinhessen *Bez. v. Rheinland-Pfalz*
Schwarzwald *Landschaft in Baden-Württ.*

12

Braunschweig *Bezirk in Niedersachsen*
Dithmarschen *Landschaft in Holstein*
Hohenzollern *Teil v. Baden-Württ.*
Niederbayern *Bezirk Bayerns*
Ostfriesland *Landschaft a. d. Nordsee*
Unterfranken *Bezirk Bayerns*
Westpreussen *poln. verwalt. dt. Land*
Wuerttemberg *deutsche Landschaft*

13

Mittelfranken *Bezirk Bayerns*

Niedersachsen *deutsches Bundesland*
Nordfriesland *Marschland i. Schleswig*
Sachsen-Anhalt *mitteldeutsches Land*

14
Rheinland-Pfalz *deutsches Bundesland*

17
Baden-Wuerttemberg *deutsches Bundesland*

b Belgien

5
Namur
Campine
Limburg

7
Brabant

8
Hennegau
Luettich

9
Antwerpen
Luxemburg

11
Ostflandern

12
Westflandern

c Frankreich (Departements)

3
Ain
Lot
Var

4
Aube
Aude
Cher
Eure
Gard
Gers
Jura
Nord
Oise
Orne
Tarn

5
Aisne
Corse
Doubs
Drôme
Indre
Isère
Loire
Marne
Meuse
Rhône
Seine
Somme
Yonne

6
Allier
Ariège
Cantal
Creuse
Landes
Loiret
Lozère
Manche
Nièvre
Sarthe
Savoie
Vendée
Vienne
Vosges

7
Ardèche
Aveyron
Bas-Rhin
Belfort
Corrèze
Côte d'Or
Gironde
Hérault
Mayenne
Moselle

8
Ardennes
Calvados
Charente
Dordogne
Haut-Rhin
Morbihan
Vaucluse

9
Finistère
Puy-de-Dôme

10
Deux-Sèvres
Eure-et-Loir
Haute-Loire
Haute-Marne
Haute-Saône
Loir-et-Cher

11
Basses-Alpes
Côtes-du-Nord
Hautes-Alpes
Haute-Savoie
Haute-Vienne
Pas-de-Calais
Seine-et-Oise

12
Haute-Garonne
Indre-et-Loire
Lot-et-Garonne
Maine-et-Loire
Saône-et-Loire
Seine-et-Marne

13
Ille-et-Vilaine
Tarn-et-Garonne

14
Alpes-Maritimes

Basses-Pyrénées
Bouches-du-Rhône
Hautes-Pyrénées

15
Loire-Inférieure
Seine-Inférieure

16
Meurthe-et-Moselle

d Großbritannien (Grafschaften)

England

4
Kent

5
Essex

6
Durham
London
Surrey

7
Norfolk

8
Cheshire
Cornwall

9
Berkshire
Hampshire
Isle of Ely
Middlesex
Wittshire
Yorkshire

10
Cumberland
Derbyshire
Devonshire
East Sussex
Lancashire
Shropshire
West Sussex

11
Dorsetshire
East Suffolk
Isle of Wight
Oxfordshire
Westmorland
West Suffolk

12
Bedfordshire
Lincolnshire
Warwickshire
Rutlandshire

13
Herefordshire
Hertfordshire
Staffordshire
Somersetshire

14
Cambridgeshire
Leicestershire
Northumberland
Worcestershire

15
Buckinghamshire
Gloucestershire
Huntingdonshire
Nottinghamshire

16
Northamptonshire

18
Soke of Peterborough

Wales

8
Anglesey

10
Flintshire

11
Radnorshire

12
Denbighshire

13
Cardiganshire
Monmouthshire
Pembrokeshire

14
Brecknockshire
Glamorganshire
Merionethshire

15
Caernarvonshire
Carmarthenshire
Montgomeryshire

Schottland

3
Ayr

4
Bute
Fife

5
Angus
Moray
Nairn

6
Orkney

7
Kinross
Renfrew
Selkirk

8
Ayrshire
Roxburgh
Stirling

9
Caithness

10
Banffshire
Midlothian
Perthshire
Sutherland

11
Argyllshire
Clackmannan
East Lothian
Lanarkshire
West Lothian

12
Berwickshire
Peeblesshire
Ross-Cromarty
Wigtownshire

13
Aberdeenshire
Dumfriesshire
Invernesshire

14
Dumbartonshire

15
Kincardineshire

e Irland (Provinzen)

4
Down
Mayo

5
Clare
Kerry
Louth
Meath

6
Offaly
Tyrone

7
Donegal
Kildare
Leitrim
Munster

8
Laoighis
Leinster

9
Connaught
Fermanagh
Westmeath

f Italien (Landschaften)

6
Friaul
Latium
Marken
Molise

7
Apulien
Piemont
Romagna
Toscana
Umbrien

8
Abruzzen
Aostatal
Ligurien
Sizilien
Venetien

9
Kalabrien
Kampanien
Lombardei
Sardinien

10
Basilikata

13
Emilia-Romagna

15
Trient-Oberetsch

g Jugoslawien (Republiken)

7
Bosnien
Serbien

8
Kroatien

9
Slowenien

10
Mazedonien
Montenegro

11
Herzegowina

h Norwegen (Ämter)

5
Troms

7
Hedmark
Oppland

8
Akershus
Buskerud
Finnmark
Nordland
Oestfold
Rogaland
Telemark
Vestfold

9
Aust Agder
Hordaland
Vest Agder

14
Moere og Romsdal
Nord Troendelag
Sogn og Fjordane
Soer Troendelag

i Österreich

4
Wien *Bundesland*

5
Tirol *Bundesland*

6
Pongau *Ldsch. in Salzburg*

7
Pinzgau *Ldsch. in Salzburg*

8
Kaernten *Bundesland*
Salzburg *Bundesland*

9
Marchfeld *Tiefebene in Niederösterreich*

10
Burgenland *Bundesland*
Innviertel *Ldsch. in Oberrösterreich*
Steiermark *Bundesland*
Vorarlberg *Bundesland*

11
Waldviertel *Ldsch. in Niederösterreich*
Weinviertel *Ldsch. in Niederösterreich*

12
Muehlviertel *Ldsch. in Oberösterreich*

13
Salzkammergut *Ldsch. in Oberösterreich, Salzburg und Steiermark*

15
Oberoesterreich *Bundesland*

17
Niederoesterreich *Bundesland*

j Schweden (Kreise)

7
Gotland
Halland

8
Blekinge

9
Aelvsborg
Jaemtland
Kronoberg
Malmoehus
Skaraborg
Vaermland

10
Gaevleborg
Kopparberg
Norrbotten

13
Soedermanland
Vaesterbotten

14
Oestergoetland
Vaestermanland

15
Vaesternorrland

k Schweiz (Kantone)

3
Uri
Zug

4
Bern
Genf

5
Basel
Waadt

6
Aargau
Glarus
Luzern
Schwyz
Tessin
Wallis

7
Thurgau
Zuerich

8
Freiburg
Obwalden

9
Appenzell
Neuenburg
Nidwalden
Solothurn

11
Graubuenden
Sankt Gallen

12
Schaffhausen

l Sowjetunion (Republiken)

6
Moldau

7
Estland
Litauen
Ukraine

8
Armenien
Georgien
Lettland
Turkmenien
Usbekistan

10
Kasachstan

11
Kirgisistan

13
Aserbeidschan
Tadschikistan
Weißrußland

14
Karelofinnland

m Spanien

Provinzen

4
Jaén
León
Lugo

5
Alava
Avila
Cádiz
Soria

6
Burgos
Cuenca
Gerona
Huelva
Huesca
Lérida
Madrid
Málaga
Murcia
Orense
Oviedo
Ternel
Toledo
Zamora

7
Almeria
Badajoz
Cáceres
Cordoba
Granada
Lagroño
Navarra
Segovia
Sevilla
Vizcaya

8
Albacete
Alicante
Baleares
La Coruña
Valencia
Zaragoza

9
Barcelona
Castellón
Guipúzcoa
Las Palmas
Plasencia
Salamanca
Santander
Tarragona

10
Ciudad Real
Pontevedra
Valladolid

11
Guadalajara

Landschaften

6
Oviedo

8
Asturien
Galicien

9
Aragonien

10
Andalusien
Katalonien

11
Estremadura

12
Altkastilien
Neukastilien

n Andere Landesteile usw. in Europa

3
Dal *schwedische Grenzlandschaft*

4
Brie *Landschaft in Frankreich*
Banat *Landschaft in Rumänien und Jugoslawien*
Krain *Landschaft in Jugoslawien*
Wales *Teil Großbritanniens*

6
Drente *Provinz der Niederlande*
Moldau *Landschaft in Rumänien*

7
Brabant *Provinz Belgiens*
Burgund *Landschaft in Frankreich*
Engadin *Schweizer Hochtal*
England *Teil Großbritanniens*
Geldern *Provinz der Niederlande*
Kurland *Landschaft in Lettland*
Limburg *Provinz der Niederlande*
Livland *baltische Landschaft*
Schonen *Landschaft in Schweden*
Seeland *Provinz der Niederlande*

8
Arkadien *Landschaft in Griechenland*
Batschka *Landschaft in Jugoslawien*
Bukowina *Landschaft in der Sowjetunion und in Rumänien*
Emmental *Landschaft in der Schweiz*
Flandern *Nordseelandschaft in Holland, Belgien und Frankreich*
Galizien *Landschaft in der Sowjetunion und in Polen*
Hennegau *Landschaft in Belgien und in N-Frankreich*
Karelien *Landschaft in NO-Europa*
Thrazien *sö Teil der Balkanhalbinsel*
Walachei *Landschaft in Rumänien*

9
Amselfeld *Landschaft in Serbien*
Champagne *Landschaft in Frankreich*
Dalmatien *Landschaft in Jugoslawien*
Friesland *Provinz der Niederlande*
Kastilien *spanisches Hochland*
Slawonien *Teil Kroatiens*

10
Dobrudscha *Landschaft in Rumänien und in Bulgarien*
Overijssel *Provinz der Niederlande*
Schottland *Teil Großbritanniens*
Thessalien *Landschaft in Griechenland*
Vintschgau *Tal in Südtirol*

11
Nordholland *Provinz der Niederlande*
Ostflandern *Provinz Belgiens*

12
Westflandern *Provinz Belgiens*

13
Siebenbuergen *rumänisches Hochland*

o Brasilien (Staaten)

4
Acre
Pará

5
Amapá
Bahia
Ceará
Goiás
Piaui

6
Paraná

7
Alagôas
Guaporé
Paraiba
Sergipe

8
Amazonas
Maranhão

9
Rio Branco

10
Mato Grosso
Pernambuco

11
Minas Geraîs

12
Rio de Janeiro

13
Espirito Santo

14
Rio Grande do Sul

Santa Catharina

16
Rio Grande do Norte

p Chile (Provinzen)

5
Aysen
Maule
Nuble

6
Arauco
Bio-Bio
Cautin
Chiloé

7
Atacamá
Malecco

8
Coquimbo
Tarapacá

9
Aconcagua
Colchagua

10
Llanquihuë

q China (Provinzen)

4
Hupe

5
Honan
Hopei
Hunan

Hupei
Kansu

6
Ahnwei
Fukien
Sikang

7
Juennan
Kiangsi
Kiangsu
Kuangsi
Kwangsi
Schansi
Schensi

8
Dschehol
Sinkiang

9
Kuangtung
Kwangtung
Schantung

Sungkiang

10
Kueitschou
Kweitschou
Szetschuan
Tschekiang
Tschinghai

r Ecuador (Provinzen)

5
Azuay
Cañár
El Oro

6
Carchi

Guayas
Manabi

7
Bolivar
Los Rios

8
Cotopaxi
Imbabura

9
Pichincha

10
Chimborazo
Tungaruhua

11
Napo-Pastaza

s Indien (Staaten)

4
Kurg

5
Assam
Bihar

6
Katsch
Orissa
Punjab

7
Manipur
Tripura

8
Kaschmir

9
Pandschab

11
Radschastan

t Kanada (Provinzen)

6
Quebec

7
Alberta
Ontario

8
Manitoba

11
Neufundland

13
Neuschottland
Saskatschewan

15
Neubraunschweig

u Kolumbien (Landesteile)

4
Meta

5
Cauca
Chocó
Huila

6
Boyacá
Caldas
Nariño
Tolima
Vaupés

7
Bolivar
Caquetá
Guajira
Vichada

8
Amazonas
Putumayo

9
Antioquia
Atlántico
Magdalena
Santander

11
Cudinamarca

v Mexiko (Staaten)

6
Colima
México
Oaxaca
Puebla
Sonora

7
Durango
Hidalgo
Chiapas
Jalisco
Morelos
Nayarit
Sinaloa
Tabasco
Yucatán

8
Campeche
Coáhuila
Guerrero
Quintana
Tlaxcala
Veracruz

9
Chihuahua
Nuevo León
Michoacán
Querétaro
Zacatecas

10
Guanajnato
Tamaulipas

11
Islas Marias

13
San Luis Potosi

14
Aguascalients

w Vereinigte Staaten von Nordamerika (Staaten)

4
Iowa
Ohio
Utah

5
Idaho
Maine
Texas

6
Alaska
Hawaii
Kansas
Nevada
Oregon

7
Alabama
Arizona
Florida
Georgia
Indiana
Montana
New York
Vermont
Wyoming

8
Arkansas
Colorado
Delaware
Illinois
Kentucky
Maryland
Michigan
Missouri
Nebraska
Oklahoma
Virginia

9
Louisiana
Minnesota
New Jersey
New Mexico
Tennessee
Wisconsin

10
California
Washington

11
Connecticut
Mississippi
North Dakota
Rhode Island
South Dakota

12
New Hampshire
Pennsylvania
West Virginia

13
Massachusetts
North Carolina
South Carolina

x Abkürzungen der Staaten der USA

1
O *Ohio*

2
DC *Distrikt von Columbia*
Ga *Georgia*
Ia *Iowa*
Id *Idaho*
Ky *Kentucky*
La *Louisiana*
Md *Maryland*
Me *Maine*
Mo *Missouri*
NC *North Carolina*
ND *North Dakota*
NH *New Hampshire*
NJ *New Jersey*
NM *New Mexiko*
NY New York
Pa *Pennsylvania*
RI *Rhode Island*
SC *South Carolina*
SD *South Dakota*
TH *Hawaii*
Uh *Utah*
Va *Virginia*
Vt *Vermont*

3
Ala *Alabama*
Ark *Arkansas*
Cal *Californien*
Col *Colorado*
Del *Delaware*
Fla *Florida*
Ill *Illinois*
Ind *Indiana*
Nev *Nevada*
Ore *Oregon*
Tex *Texas*
Wis *Wisconsin*
WVa *West Virginia*
Wyo *Wyoming*

4
Alas *Alaska*
Ariz *Arizona*
Conn *Connecticut*
Kans *Kansas*
Mass *Massachusetts*
Mich *Michigan*
Minn *Minnesota*
Miss *Mississippi*
Mont *Montana*
Nebr *Nebraska*
Okla *Oklahoma*
Tenn *Tennessee*
Wash *Washington*

y Venezuela (Staaten)

4	6		8
Lara	Aragua	Guárico	Carabobo
	Falcón	Miranda	
5		Monagas	10
Apure	7	Táchira	Anzoátegui
Sucre	Bolivar	Yaracuy	Portuguesa
Zulia	Cojedes		

z Andere Landesteile usw. in außereuropäischen Staaten

3
Air *Gebirgsland in der Sahara*
Sus *Landschaft in Marokko*

4
Asir *Landsch. in Saudi-Arabien*
Beni *Bezirk Boliviens*
Kiwu *Provinz Kongos*

5
Coclé *Provinz Panamas*
Junin *Bezirk Perus*
Kasai *Provinz Kongos*
Kedah *Malayischer Bundesstaat*
Ladak *Landschaft in Kaschmir*
Natal *Provinz der Südafrik. Union*
Pando *Bezirk Boliviens*
Perak *Malayischer Bundesstaat*

6
Amhara *Landschaft in Äthiopien*
Ancash *Bezirk Perus*
Arktis *Nordpolargebiet*
Darien *Provinz Panamas*
Flores *Bezirk von Uruguay*
Loreto *Bezirk Perus*
Nubien *Landschaft am Nil*
Pahang *Malayischer Bundesstaat*
Perlis *Malayischer Bundesstaat*
Punjab *Gebiet in Indien und Pakistan*
Sorina *Bezirk von Uruguay*

7
Herrera *Provinz von Panama*
Kapland *Provinz der Südafrik. Union*
Katanga *Provinz Kongos*

8
Amazonas *Bezirk in Nord-Peru*
Amazonas *Gebiet in Süd-Venezuela*
Apurimac *Bezirk von Peru*
Chiriqui *Provinz Panamas*
Kelantan *Malayischer Bundesstaat*
Selangor *Malayischer Bundesstaat*
Veraguas *Provinz Panamas*
Victoria *Australischer Bundesstaat*

9
Equatoria *Provinz des Sudans*
Hadramaut *Östlicher Teil des Brit. Protektorats Aden*
Pandschab *Gebiet in Pakistan und Indien*
Lavalleja *Bezirk Uruguays*
San Martin *Bezirk von Peru*
Tasmanien *Australischer Bundesstaat*
Transvaal *Provinz der Südafrik. Union*

Trengganu *Malayischer Bundesstaat*

10
Chuquisaca *Bezirk Boliviens*
Guanacaste *Provinz Costaricas*
Kleinasien *Halbinsel am Ägäischen Meer*
La Libertad *Bezirk Perus*
Lambayeque *Bezirk Perus*
Queensland *Australischer Bundesstaat*

11
Mandschurei *Nordöstlicher Teil Chinas*

12
Neusuedwales *Australischer Bundesstaat*
Ubangi-Schari *Teil der Union der Zentralafrik. Republiken*

15
Oranjefreistaat *Provinz der Südafrik. Union*

3 Kolonien, Protektorate usw.

3
Gôa *Portug. Kolonie in Asien*

4
Aden *Brit. Kronkolonie in Südarabien*

5
Katar *Brit. Protektorat in Asien*
Kenia *Brit. Kolonie in Afrika*
Macao *Portug. Kolonie in Asien*

6
Angola *Portug. Kolonie in Westafrika*
Brunei *Brit. Protektorat*
Gambia *Brit. Protektorat in Afrika*
Guinea *(Port. Guinea) Kolonie in Afrika*
Guinea *(Span. Guinea) Kolonie in Afrika*
Uganda *Brit. Protektorat in Afrika*

7
Guayana *Brit. Dominion in Südamerika*
Guayana *(Franz. Guayana) Franz. Prov. in Südamerika*
Sarawak *Britische Kronkolonie auf Borneo*

8
Algerien *Franz. Kolonie in N-Afrika*
Hongkong *Brit. Kronkolonie in Asien*
Mosambik *Portug. Kolonie in O-Afrika*
Surinam *Niederl. Kolonie in Südamerika*

9
Gibraltar *Brit. Kronkolonie*
Hadramaut *Brit. Protektorat in Südarabien*

10
Somaliland *(Franz. Somaliland) Kolonie in Afrika*
Tanganjika *Brit. Treuhandgebiet in Afrika*

4 Hauptstädte

A Hauptstädte von Staaten

a Europa

3
Rom *Italien*

4
Bern *Schweiz*
Bonn *Bundesrepublik Deutschland*
Oslo *Norwegen*
Prag *Tschechoslowakei*
Wien *Österreich*

5
Athen *Griechenland*
Sofia *Bulgarien*
Paris *Frankreich*
Vaduz *Liechtenstein*

6
Berlin *Deutschland*
Dublin *Irland*
London *Großbritannien*
Madrid *Spanien*
Monaco *Monaco*
Moskau *Sowjetunion*
Tirana *Albanien*

7
Belgrad *Jugoslawien*
Den Haag *Niederlande*

8
Bruessel *Belgien*
Budapest *Ungarn*
Bukarest *Rumänien*
Helsinki *Finnland*
Lissabon *Portugal*
Warschau *Polen*

9
Luxemburg *Luxemburg*
Reykjavik *Island*
San Marino *San Marino*
Stockholm *Schweden*

10
Kopenhagen *Dänemark*

14
Andorra la Vieja *Andorra*

b Afrika

4
Lome *Togo*

5
Accra *Ghana*
Dakar *Senegal*
Kairo *Ägypten*
Lagos *Nigeria*
Rabat *Marokko*
Tunis *Tunesien*

6
Jaunde *Kamerun*
Niamey *Niger*

7
Conakry *Guinea*
El Beida *Libyen*
Khartum *Sudan*

8
Damaskus *Syrien*
Freetown *Sierra Leone*
Monrovia *Liberia*
Pretoria *Südafrik. Union*

9
Abidschan *Elfenbeinküste*
Porto Novo *Dahomey*

10
Addis Abeba *Äthiopien*

Mogadiscio *Somalia*
Nuakschott *Mauretanien*

12
Leopoldville *Kongo*

c Amerika

4
Lima *Peru*

5
La Paz *Bolivien*
Quito *Ecuador*

6
Bogotá *Kolumbien*
Habana Cuba
Ottawa *Kanada*
Panama *Panama*

7
Caracas *Venezuela*
Managua *Nicaragua*
San José *Costarica*

8
Asuncion *Paraguay*
Brasilia *Brasilien*
Santiago *Chile*

9
Guatemala *Guatemala*

10
Mexiko City *Mexiko*
Montevideo *Uruguay*
Washington *USA*

11
Buenos Aires *Argentinien*
San Salvador *El Salvador*
Tegucigalpa *Honduras*

12
Port-au-Prince *Haiti*

d Asien

4
Male *Malediven*
Sana *Jemen*

5
Amman *Jordanien*
Delhi *Indien*
Hanoi *Nord-Vietnam*
Kabul *Afghanistan*
Lhasa *Tibet*
Seoul *Südkorea*
Tokio *Japan*

6
Ankara *Türkei*
Bagdad *Irak*
Beirut *Libanon*
Manila *Philippinen*
Maskat *Oman*
Peking *China*
Rangun *Burma*
Saigon *Süd-Vietnam*

7
Bangkok *Thailand*
Er Rijad *Saudi-Arabien*
Karachi *Pakistan*
Teheran *Iran*

8
Bumthang *Bhutan*
Damaskus *Syrien*
Djakarta *Indonesien*
Katmandu *Nepal*
Pnom-Penh *Kambodscha*

9
Jerusalem *Israel*

Ulan Bator *Mongolische Volksrepublik*

10
Kuala Lumpur *Malaya*
Pjoengjang *Nordkorea*

12
Luang Prabang *Laos*

e Australien

8
Canberra *Australischer Bund*

B Hauptstädte von Landesteilen, Provinzen, Kolonien, Protektoraten

a Deutschland

4
Kiel *Schleswig-Holstein*

5
Halle *Sachsen-Anhalt*
Mainz *Rheinland-Pfalz*

6
Dessau *Anhalt*
Erfurt *Thüringen*

7
Ansbach *Mittelfranken*
Dresden *Sachsen*
Giessen *Oberhessen*
Kempten *Allgäu*
Potsdam *Brandenburg*
Stendal *Altmark*

8
Bayreuth *Oberfranken*
Hannover *Niedersachsen*
Kuestrin *Neumark*
Muenchen *Bayern*
Schwerin *Mecklenburg*

9
Stuttgart *Baden-Württemberg*
Wiesbaden *Hessen*
Wuerzburg *Unterfranken*

10
Regensburg *Oberpfalz*

11
Duesseldorf *Nordrhein-Westfalen*

12
Saarbruecken *Saarland*

b Belgien

4
Gent *Ostflandern*
Mons *Hennegau*

5
Arlon *Luxemburg*
Namur *Namur*

7
Bruegge *Westflandern*
Hasselt *Limburg*

8
Bruessel *Brabant*
Luettich *Lüttich*

9
Antwerpen *Antwerpen*

c Frankreich

3
Gap *Hautes Alpes*
Pau *Basses Pyrénées*

4
Agen *Lot-et-Garonne*
Albi *Tarn*
Auch *Gers*
Caen *Calvados*
Foix *Ariège*
Laon *Aisne*
Lyon *Rhône*
Metz *Moselle*

5
Arras *Pas-de-Calais*
Blois *Loir-et-Cher*
Digne *Basses Alpes*
Dijon *Côte-d'Or*
Laval *Mayenne*
Le Puy *Haute-Loire*
Lille *Nord*
Mâcon *Saône-et-Loire*
Melun *Seine-et-Marne*
Mende *Lozère*
Nancy *Meurthe-et-Moselle*
Nîmes *Gard*
Niort *Deux-Sèvres*
Nizza *Alpes-Maritimes*
Paris *Seine*
Rodez *Aveyron*
Rouen *Seine-Inférieure*
Tours *Indre-et-Loire*
Tulle *Corrèze*

6
Amiens *Somme*
Angers *Maine-et-Loire*
Annecy *Haute-Savoie*
Cahors *Lot*
Colmar *Haut-Rhin*
Epinal *Vosges*
Evreux *Eure*
Guéret *Creuse*
Le Mans *Sarthe*
Nantes *Loire-Inférieure*
Nevers *Nièvre*
Privas *Ardèche*
Rennes *Ille-et-Vilaine*
Tarbes *Hautes-Pyrénées*
Troyes *Aube*
Vannes *Morbihan*
Vesoul *Haute-Saône*

7
Ajaccio *Corse*
Alençon *Orne*
Auxerre *Yonne*
Avignon *Vaucluse*
Belfort *Belfort*
Bourges *Cher*
Limoges *Haute-Vienne*

Moulins *Allier*
Orléans *Loiret*
Quimper *Finistère*
Saint-Lô *Manche*
Valence *Drôme*

8
Aurillac *Cantal*
Bar-le-Duc *Meuse*
Beauvais *Oise*
Besançon *Doubs*
Bordeaux *Gironde*
Chambéry *Savoie*
Chartres *Eure-et-Loire*
Chaumont *Haute-Marne*
Grenoble *Isère*
Mézières *Ardennes*
Poitiers *Vienne*
Toulouse *Haute-Garonne*

9
Angoulême *Charente*
Marseille *Bouches-du-Rhône*
Montauban *Tarn-et-Garonne*
Périgueux *Dordogne*
Perpignan *Pyrénées-Orient*

10
Carcassone *Aude*
Draguignan *Var*
La Rochelle *Charente-Maritime*
Strasbourg *Bas-Rhin*
Versailles *Seine-et-Oise*

11
Châteauroux *Indre*
Montpellier *Hérault*
Saint Brieuc *Côtes-du-Nord*

12
Mont-de-Marson *Landes*
Saint-Etienne *Loire*

13
Bourg-et-Bresse *Ain*
La Roche-sur-Yon *Vendée*
Lons-le-Saumier *Jura*

15
Châlons-sur-Marne *Marne*
Clermont-Ferrand *Puy-de-Dôme*

d Großbritannien

England

5
Derby *Derbyshire*
Lewes *East Sussex*
March *Isle of Ely*
Truro *Cornwall*

6
Boston *Holland*
Durham *Durham*
Exeter *Devonshire*
Kendal *Westmorland*
London *London*
Oakham *Rutland*
Oxford *Oxfordshire*

7
Bedford *Bedfordshire*
Chester *Cheshire*
Ipswich *East Suffolk*
Lincoln *Lindsey*
Newport *Isle of Wight*
Norwich *Norfolk*
Preston *Lancashire*

Reading *Berkshire*
Taunton *Somerset*

8
Beverley *East Riding*
Carlisle *Cumberland*
Hereford *Herefordshire*
Hertford *Hertfordshire*
Sleaford *Kesteven*
Stafford *Staffordshire*

9
Aylesbury *Buckinghamshire*
Cambridge *Cambridgeshire*
Leicester *Leicestershire*
Maidstone *Kent*
Wakefield *West Riding*
Worcester *Worcestershire*

10
Chelmsford *Essex*
Chichester *West Sussex*
Dorchester *Dorsetshire*
Gloucester *Cloucestershire*
Huntington *Huntingtonshire*
Nottingham *Nottinghamshire*
Shrewsbury *Shropshire*
Trowbridge *Wittshire*
Winchester *Hampshire*

11
Northampton *Northamptonshire*
Westminster *Middlessex*

12
Peterborough *Soke of Peterborough*

13
Northallerton *North Riding*

15
Newcastle-on-Tyne *Northumberland*

16
Kingston-on-Thames *Surrey*

Schottland

3
Ayr *Ayrshire*

4
Duns *Caithness*
Wick *Caithness*

5
Alloa *Clackmannan*
Banff *Banffshire*
Cupar *Fife*
Moray *Elgin*
Nairn *Nairn*
Perth *Perthshire*

6
Forfar *Angus*
Glasgow *Lanarkshire*
Golspie *Sutherland*
Kinross *Kinross*
Lerwick *Zetland*
Paisley *Renfrew*
Peebles *Peeblesshire*
Selkirk *Selkirk*

8
Aberdeen *Aberdeenshire*
Dingwall *Ross and Cromarty*
Dumfries *Dumfriesshire*

Kirkwall *Orkney*
Rothesay *Bute*
Stirling *Stirling*

9
Dumbarton *Dumbartonshire*
Edinburgh *Midlothian*
Inverness *Invernesshire*
Stanraer *Wightownshire*

10
Haddington *East Lothian*
Linlithgow *West Lothian*
Stonehaven *Kincardineshire*

12
Lochgilpheas *Argyllshire*

13
Kirkcudbright *Kirkcudbrightshire*

Wales

4
Mold *Flintshire*

6
Brecon *Brecknockshire*
Ruthin *Denbighshire*

7
Cardiff *Glamorganshire*
Newport *Monmoutshire*

9
Dolgelley *Merionethshire*
Llangefni *Anglesey*
Welshpool *Montgomeryshire*

10
Caernarvon *Caernarvonshire*
Carmarthen *Carmarthenshire*

11
Aberystwyth *Cardiganshire*

13
Haverfordwest *Pembrokeshire*

16
Llandrindod Wells *Radnorshire*

e Irland

4
Naas *Kildare*

5
Ennis *Clare*
Navan *Meath*
Omagh *Tyrone*

6
Dublin *Leinster*
Galway *Connaught*
Tralee *Kerry*

7
Dundalk *Louth*
Lifford *Donegal*

8
Limerick *Munster*

9
Castlebal *Mayo*
Mullingar *Westmeath*
Tullamore *Offaly*

11
Downpatrick *Down*
Enniskillen *Fermanagh*
Maryborough *Laoighis*

f Italien

3
Rom *Latium*

4
Bari *Apulien*

5
Aosta *Aostatal*
Bozen *Trient-Oberetsch*
Genua *Ligurien*
Turin *Piemont*
Udine *Friaul-Julisches Venetien*

6
Ancona *Marken*
Aquila *Abruzzen und Molise*
Napoli *Kampanien*
Neapel *Kampanien*
Reggio *Kalabrien*

7
Bologna *Emilia-Romagna*
Florenz *Toskana*
Mailand *Lombardei*
Palermo *Sizilien*
Perugia *Umbrien*
Potenza *Basilikata*
Venedig *Venetien*

8
Cagliari *Sardinien*

g Jugoslawien

6
Zagreb *Kroatien*

7
Belgrad *Serbien*
Skoplje *Mazedonien*

8
Sarajewo *Bosnien-Herzegowina*
Titograd *Montenegro*

9
Ljubljana *Slowenien*

h Norwegen

4
Moss *Östfold*
Oslo *Akershus*

5
Bodoe *Nordland*
Hamar *Hedmark*
Molde *Möre og Romsdal*
Skien *Telemark*

6
Bergen *Hordaland*
Tromso *Troms*
Vadsoe *Finnmark*

7
Arendal *Aust Agder*
Drammen *Buskerund*

9
Drontheim *Sör Tröndelag*
Leikanger *Sogn og Fjordane*
Toensberg *Vestfold*
Trondheim *Sör Tröndelag*
Stavanger *Rogaland*

10
Steinkjaer *Nord Tröndelag*

11
Lillehammer *Oppland*

12
Kristiansand *Vest Agder*

i Österreich

4
Graz *Steiermark*
Linz *Oberösterreich*
Ried *Innviertel*

7
Bregenz *Vorarlberg*

8
Bad Ischl *Salzkammergut*
Salzburg *Salzburg*

9
Freistadt *Mühlviertel*
Innsbruck *Tirol*
Zell am See *Pinzgau*

10
Eisenstadt *Burgenland*
Klagenfurt *Kärnten*

12
Sankt Poelten *Niederösterreich*

j Schweden

4
Umeå *Västerbotten*
Falun *Kopparberg*

5
Luleå *Norrbotten*
Visby *Gotland*

6
Gaevle *Gaevleborg*
Malmoe *Malmöhus*

7
Vaexjoe *Kronoberg*

8
Karlstad *Värmland*

9
Mariestad *Skaraborg*
Nykoeping *Södermanland*
Vaesterås *Västermanland*

10
Karlskrona *Blekinge*
Linkoeping *Östergötland*
Oestersund *Jämtland*

11
Haernoesand *Västernorrland*
Vaenersborg *Älvsborg*

k Schweiz

3
Zug *Zug*

4
Bern *Bern*
Chur *Graubünden*
Genf *Genf*
Sion *Wallis*

5
Aarau *Aargau*
Basel *Basel-Stadt*
Stans *Nidwalden*

6
Glarus *Glarus*
Luzern *Luzern*
Sarnen *Obwalden*
Schwyz *Schwyz*

7
Altdorf *Uri*
Herisau *Appenzell-Außerrhoden*
Liestal *Basel-Land*
Zuerich *Zürich*

8
Freiburg *Freiburg*
Lausanne *Waadt*

9
Appenzell *Appenzell-Innerrhoden*
Neuenburg *Neuenburg*
Solothurn *Solothurn*

10
Bellinzona *Tessin*
Frauenfeld *Thurgau*

11
Sankt Gallen *Sankt Gallen*

12
Schaffhausen *Schaffhausen*

l Sowjetunion

4
Baku *Aserbeidschan*
Kiew *Ukraine*
Riga *Lettland*

5
Minsk *Weißrußland*
Reval *Estland*
Wilna *Litauen*

6
Eriwan *Armenien*
Frunse *Kirgisistan*

7
Alma-Ata *Kasachstan*

8
Tbilissi *Georgien*

9
Kischinew *Moldau*
Taschkent *Usbekistan*

10
Aschchabad *Turkmenien*
Stalinabad *Tadschikistan*

12
Petrosawodsk *Karelofinnland*

m Spanien

5
Palma *Baleares*

6
Bilbao *Vizcaya*

7
Victoria *Alava*

8
Pamplona *Navarra*

9
Barcelona *Katalonien*

12
San Sebastian *Guipúzooa*

n China

5
Tihua *Sinkiang*

6
Sining *Tschinghai*
Tsinan *Schantung*

7
Charbin *Sungkiang*
Kunming *Jünnan*
Nanking *Kiangsu*
Paoting *Hopei*

8
Futschou *Fukien*
Kaifoeng *Honan*
Kweijang *Kweitschou*

9
Wutschang *Hupei*

10
Hangtschou *Tschekiang*

11
Tschangscha *Hunan*

o Kanada

6
Quebec *Quebec*
Regina *Saskatschewan*

7
Halifax *Neuschottland*
Toronto *Ontario*

8
Edmonton *Alberta*
Victoria *Brit. Kolumbien*
Winnipeg *Manitoba*

10
Saint Johns *Neufundland*

11
Fredericton *Neubraunschweig*

13
Charlottentown *Prinz-Eduard-Insel*

p Vereinigte Staaten von Amerika

5
Boise *Idaho*
Dover *Delaware*
Salem *Oregon*

6
Albany *New York*
Austin *Texas*
Boston *Massachusetts*
Denver *Colorado*
Helena *Montana*
Juneau *Alaska*
Pierre *South Dakota*
Topeka *Kansas*

7
Atlanta *Georgia*
Augusta *Maine*
Concord *New Hampshire*
Jackson *Mississippi*
Lansing *Michigan*
Lincoln *Nebraska*
Madison *Wisconsin*
Olympia *Washington*
Phoenix *Arizona*
Raleigh *North Carolina*
Santa Fé *New Mexiko*
Trenton *New Yersey*

8
Bismarck *North Dakota*
Cheyenne *Wyoming*
Columbia *South Carolina*
Columbus *Ohio*
Hartford *Connecticut*
Honolulu *Hawaii*
Richmond *Virginia*

9
Annapolis *Maryland*
Des Moines *Iowa*
Frankfort *Kentucky*
Nashville *Tennessee*
Saint Paul *Minnesota*

10
Baton Rouge *Louisiana*
Carson City *Nevada*
Charleston *West Virginia*
Harrisbury *Pennsylvania*
Little Rock *Arkansas*
Montgomery *Alabama*
Montpelier *Vermont*
Providence *Rhode Island*
Sacramento *California*

11
Springfield *Illinois*
Tallahassee *Florida*

12
Indianapolis *Indiana*
Oklahoma City *Oklahoma*
Salt Lake City *Utah*

13
Jefferson City *Missouri*

q Übrige Welt

4
Juba *Equatoria*
Taiping *Perak*
Windhuk *SW-Afrika*

5
Ancud *Chiloé*
Belém *Pará*
Dacca *O-Pakistan*
David *Chiriqui*
Minas *Lavalleja*
Perth *W-Australien*
Zomba *Njassaland*

6
Algier *f Algerien*
Bangui *Ubangi-Scharf*
Bissau *pt Guinea*
Gondar *Amhara*
Hobart *Tasmanien*
Huaráz *Ancash*
Kangar *Perlis*
Lahore *Pandschab*
Lahore *Punjab*
Lusaka *N-Rhodesien*
Manáos *Amazonas*
Maseru *Basutoland*
Mérida *Yucatán*
Recife *Pernambuco*
Sydney *Neu-Süd-Wales*

7
Abancay *Apurimac*
Berbera *b Somaliland*
Cayenne *f Guayana*
Entebbe *Uganda*
Iquitos *Loreto*
Karachi *W-Pakistan*
La Palma *Darien*
Lusambo *Kasai*
Makalla *Hadramaut*
Mbabane *Swasiland*
Nairobi *Kenia*
Sinking *Mandschurei*

8
Adelaide *S-Australien*
Alor Star *Kedah*
Bathurst *Gambia*
Brisbane *Queensland*
Culiacán *Sinaloa*
Curitiba *Paraná*
Fort Lamy *Tschad*
Freetown *Sierra Leone*
Hsinking *Mandschurei*
Kapstadt *Kapland*
Mafeking *Betschuanaland*
Medellin *Antioquia*
Mercedes *Sorina*
Penonomé *Coclé*
Pretoria *Transvaal*
Santiago *Veraguas*
Trujillo *La Libertad*
Victoria *Hongkong*

9
Dschibuti *f Somaliland*
Fortaleza *Ceará*
Guayaquil *Guayas*
Kota-Bharu *Kelantan*
Maracaibo *Zulia*
Melbourne *Victoria*
Monterrey *Nuevo León*
Porto Novo *Dahome*
Salisbury *S-Rhodesien*

10
Dar-es-Salam *Tanganjika*
Georgetown *b Guayana*
Georgetown *Penang*
Kuala Lupis *Pahang*
Libreville *Gabun*
Paramaribo *nd Guayana*
Port Darwin *N-Australien*

11
Guadalajara *Jalisco*
Kuala Lumpur *Selangor*
Pointe-Noire *Mittel-Kongo*
Pôrto Alegre *Rio Grande do Sul*
San Salvador *Bahia*

12
Bloemfontein *Oranjefreistaat*
Ouaghadougou *Ober-Volta*

13
Villa Cisneros *sp W-Afrika*

14
Bello Horizonte *Minas Gerais*
Elisabethville *Katanga*

15
Costermansville *Kiwu*

16
Pietermaritzburg *Natal*

5 Städte

A Städte

a **Deutschland** (einschließlich der Ostgebiete)

(Die vorgesetzten Leitzahlen bezeichnen das jeweilige Land, in dem sich die betreffende Stadt befindet. 101: Baden-Württemberg; 102: Bayern; 103: Brandenburg; 104: Hessen; 105: Mecklenburg; 106: Niedersachsen; 107: Nordrhein-Westfalen; 108: Ostpreußen; 109: Pommern; 110: Rheinland-Pfalz; 111: Saarland; 112: Sachsen; 113: Sachsen-Anhalt; 114: Schlesien; 115: Schleswig-Holstein; 116: Thüringen; 117: Freie Hansestädte der BRD)

2
102 Au
107 Au

3
102 Aub
112 Aue
110 Auw
104 Elm
106 Elm
110 Ems
107 Epe
107 Erp
107 Hau
102 Hof
102 Lam
101 Oos
104 Orb
104 Rod
101 Ulm

4
113 Aken
112 Auma
109 Bahn
107 Bonn
110 Buer
113 Burg
101 Calw
102 Cham
116 Gera
107 Goch
107 Haan
101 Hall
107 Hamm
101 Horb
116 Jena
101 Kehl
115 Kiel
107 Lage
101 Lahr
115 Leck
106 Leer
102 Lohr
102 Luhe
107 Marl
115 Noer
114 Oels
106 Okel
107 Olpe
101 Owen
110 Pelm
105 Plau
107 Porz
107 Rees
110 Reil

102 Ried
102 Rohr
101 Ruit
102 Saal
105 Saal
110 Salm
102 Seeg
102 Selb
107 Selm
104 Solz
116 Suhl
114 Tost
107 Unna
107 Werl
102 Zeil

5

101 Aalen
107 Ahlen
107 Beuel
112 Borna
102 Bruck
113 Calbe
106 Celle
106 Emden
107 Essen
115 Eutin
104 Fulda
116 Gotha
112 Greiz
107 Hagen
113 Halle
104 Hanau
107 Herne
115 Husum
106 Jever
107 Kamen
107 Kleve
107 Koeln
103 Lagow
105 Laage
109 Labes
107 Lemgo
110 Mainz
110 Mayen
107 Mende
107 Moers
103 Nauen
107 Neuss
107 Oelde
112 Pausa
112 Pirna
113 Ploen
114 Poppe
110 Pruem
102 Regen
107 Rheda
106 Riepe
112 Riesa
113 Rotha
114 Sagan
113 Serno
107 Soest
102 Spalt
106 Stade
102 Stein
101 Stein
113 Stein
114 Sulau
115 Tanne
101 Taxis
110 Trier
106 Varel
116 Weida
107 Werne
107 Wesel
107 Wiehl
110 Worms

6

107 Aachen
106 Alfeld
102 Amberg
116 Apolda
106 Aurich
Berlin
103 Bernau
110 Bingen
107 Bochum
117 Bremen
102 Coburg
113 Coswig
102 Dachau
113 Dessau
107 Dueren
116 Erfurt
102 Fuerth
107 Gronau
106 Hameln
107 Hilden
107 Honnef
107 Huerth
112 Kamenz
104 Kassel
107 Kempen
110 Landau
104 Langen
106 Lehrte
102 Lindau
106 Lingen
107 Luenen
106 Meppen
107 Minden
115 Moelln
114 Neisse
102 Neu-Ulm
106 Norden
102 Passau
112 Plauen
107 Rheine
107 Rheydt
105 Rubkow
109 Ruhnow
110 Seifen
107 Siegen
101 Singen
106 Soltau
110 Speyer
112 Taucha
102 Tettau
108 Tilsit
113 Torgau
106 Uelzen
103 Velten
106 Verden
107 Walsum
102 Weiden
116 Weimar
107 Wetter
107 Witten
107 Xanten

7

107 Alsdorf
102 Ansbach
102 Bamberg
110 Bendorf
114 Beuthen
107 Bocholt
107 Bottrop
114 Breslau
103 Cottbus
107 Datteln
107 Detmold
112 Dresden
112 Freital
104 Giessen
117 Hamburg
107 Homberg
104 Homburg
107 Hoexter
116 Ilmenau
115 Itzehoe
107 Juelich
102 Kelheim
102 Kempten
110 Koblenz
113 Koethen
107 Krefeld
112 Leipzig
112 Limbach
104 Limburg
115 Luebeck
115 Malente
104 Marburg
112 Meerane

112 Meissen
102 Neuburg
110 Neuwied
116 Oberhof
107 Opladen
112 Oschatz
103 Potsdam
101 Rastatt
107 Rondorf
105 Rostock
107 Schwelm
113 Stendal
109 Stettin
107 Velbert
107 Waltrop
104 Wetzlar
112 Zwickau

8

116 Arnstadt
107 Arnsberg
102 Augsburg
101 Backnang
102 Bayreuth
113 Bernburg
107 Bensberg
104 Bensheim
101 Biberach
101 Bruchsal
112 Chemnitz
106 Cuxhaven
107 Dortmund
107 Duisburg
116 Eisenach
113 Eisleben
115 Elmshorn
102 Erlangen
104 Eschwege
101 Fellbach
112 Freiberg
101 Freiburg
114 Freiburg
107 Gladbeck
114 Gleiwitz
112 Goerlitz
105 Guestrow
106 Hannover
104 Hersfeld
107 Iserlohn
101 Konstanz
102 Kulmbach
102 Landshut
114 Liegnitz
101 Loerrach
101 Mannheim
107 Muelheim
102 Muenchen
107 Muenster
116 Naumburg
102 Neustadt
110 Neustadt
114 Neustadt
115 Neustadt
116 Neustadt
106 Nienburg
106 Nordhorn
112 Radebeul
107 Ratingen
101 Rottweil
116 Saalfeld
102 Schoenau
114 Schoenow
105 Schwerin
107 Schwerte
107 Siegburg
107 Solingen
107 Stolberg
112 Waldheim
106 Walsrode
107 Weidenau
114 Weidenau
101 Weilheim
102 Weilheim
101 Weinheim

9

112 Altenburg
110 Andernach
107 Bielefeld
107 Borghorst
106 Buxtehude
104 Darmstadt
107 Dinslaken
116 Eisenberg
107 Emsdetten
101 Esslingen
101 Ettlingen
115 Flensburg
103 Frankfurt
104 Frankfurt
104 Friedberg
104 Gernsheim
107 Hattingen
101 Heilbronn
106 Helmstedt
107 Herringen
101 Karlsruhe
102 Kitzingen
107 Lengerich
107 Lippstadt
106 Lueneburg
113 Magdeburg
101 Meersburg
116 Meiningen
113 Merseburg
112 Mittweida
102 Muehldorf
106 Nordenham
102 Nuernberg
110 Oberwesel
104 Offenbach
106 Oldenburg
107 Paderborn
106 Papenburg
101 Pforzheim
115 Pinneberg
110 Pirmasens
116 Poessneck
107 Remscheid
115 Rendsburg
102 Rosenheim
104 Rosenthal

106 Rotenburg
111 Saarlouis
113 Salzwedel
115 Schleswig
102 Schwabach
116 Soemmerda
116 Sonneberg
113 Stassfurt
112 Stollberg
105 Stralsund
102 Straubing
101 Stuttgart
101 Tuebingen
101 Villingen
104 Wiesbaden
107 Wuerselen
102 Wuerzburg
107 Wuppertal

10
108 Allenstein
101 Baden-Baden
104 Bad Homburg
104 Bad Nauheim
102 Deggendorf
102 Eichstaett
107 Eschweiler
115 Geesthacht
101 Geislingen
101 Goeppingen
106 Goettingen
105 Greifswald
107 Guetersloh
101 Heidelberg
101 Heidenheim
104 Heppenheim
106 Hildesheim
102 Ingolstadt
108 Insterburg
102 Kaufbeuren
107 Kohlscheid
107 Langenfeld
107 Leverkusen
101 Nuertingen

107 Oberhausen
106 Osnabrueck
101 Ravensburg
102 Regensburg
101 Reutlingen
102 Rothenburg
116 Rudolfstadt
104 Ruedesheim
112 Schneeberg
101 Schorndorf
102 Schwandorf
103 Strausberg
101 Tuttlingen
101 Waiblingen
114 Waldenburg
113 Wittenberg
116 Zeulenroda

11
103 Angermuende
103 Brandenburg
117 Bremerhaven
106 Cloppenburg
106 Delmenhorst
107 Duesseldorf
115 Glueckstadt
107 Gummersbach
108 Koenigsberg
103 Luckenwalde
101 Ludwigsburg
101 Mergentheim
116 Muehlhausen
115 Neumuenster
102 Noerdlingen
103 Oranienburg
113 Quedlinburg
107 Rheinhausen
116 Schulpforta
113 Schoenbeck
102 Schweinfurt
103 Senftenberg
115 Travemuende
111 Voelklingen
102 Weissenburg

116 Weissenfels
113 Wernigerode
103 Wittenberge
116 Zella-Mehlis

12
113 Aschersleben
107 Bad Godesberg
107 Bad Salzuflen
106 Braunschweig
115 Eckernfoerde
112 Finsterwalde
101 Freudenstadt
107 Grevenbroich
101 Kornwestheim
107 Luedenscheid
110 Ludwigshafen
104 Ruesselsheim
111 Saarbruecken
104 Schluechtern
116 Schmalkalden
101 Schwenningen
101 Schwetzingen
101 Sindelfingen
107 Wattenscheid
107 Wiedenbrueck
110 Zweibruecken

13
102 Aschaffenburg
106 Barsinghausen
102 Berchtesgaden
103 Fuerstenwalde
107 Gelsenkirchen
110 Idar-Oberstein
107 Koenigswinter
113 Sangershausen
116 Sondershausen
106 Wilhelmshaven
106 Wolfenbuettel

14
101 Donaueschingen
110 Kaiserslautern

107 Recklinghausen
107 Wermelskirchen

15
101 Friedrichshafen
107 Oer-Erkenschwick

b Österreich

3
Egg
Erl
Laa
See

4
Enns
Graz
Haag
Hall
Haus
Igls
Imst
Lech
Lend
Linz
Lunz
Melk
Oetz
Pack
Perg
Puch
Retz
Vent
Weer
Wels
Wien
Wies
Ybbs
Zell

5
Aigen
Amras
Baden
Bruck
Grein
Gries
Gurgl
Ischl
Krems
Lienz
Murau
Telfs

6
Admont
Aflenz
Aspang
Gmuend
Kaprun
Krimml
Leoben
Liezen
Matrei
Peggau
Pfunds
Rauris
Reutte
Rohrau
Schwaz
Strobl
Urfahr
Velden
Werfen
Woergl

7
Attnang
Bludenz
Braunau
Bregenz
Ebensee
Ehrwald
Gmunden
Hallein
Hohenau
Jenbach
Koessen
Lambach
Landeck
Leogang
Mauthen
Nauders
Seefeld
Sillian
Spittal
Villach
Ybbsitz

8
Bleiburg
Doelsach
Dornbirn
Eisenerz
Hainburg
Kufstein
Leibnitz
Pertisau
Poysdorf
Salzburg
Walchsee
Winklern
Wolfsegg

9
Amstetten
Feldkirch
Fohnsdorf
Gloggnitz
Hallstatt
Innsbruck
Judenburg
Mariazell
Millstatt
Poechlarn
Scharnitz
Spielfeld
Stockerau
Taxenbach
Voitsberg
Waidhofen

10
Bad Gastein
Boeckstein
Eisenstadt
Hofgastein
Kapfenberg
Kitzbuehel
Klagenfurt
Koetschach
Korneuburg
Mauthausen
Mistelbach
Mittersill
Nassereith
Saalfelden
Sankt Anton
Schaerding
Westendorf

11
Knittelfeld
Neunkirchen
Poertschach
Zistersdorf

12
Gaenserndorf
Gleichenberg
Heiligenblut
Voecklabruck

13
Muerzzuschlag

c Übriges Europa

(Bedeutung der Leitzahlen: 201: Albanien; 202: Andorra; 203: Belgien; 204: Bulgarien; 205: Dänemark; 206: Finnland; 207: Frankreich; 208: Griechenland; 209: Großbritannien; 210: Irland; 211: Island; 212: Italien; 213: Jugoslawien; 214: Liechtenstein; 215: Luxemburg; 216: Niederlande; 217: Norwegen; 218: Polen; 219: Portugal; 220: Rumänien; 221: Schweden; 222: Schweiz; 223: Sowjetunion; 224: Spanien; 225: Tschechoslowakei; 226: Ungarn)

2

207 Ax
207 Ay
221 Ed
207 Eu
207 Gy
206 Ii
217 Mo
227 Os

3

206 Abo
207 Aix
212 Ala
207 Apt
203 Ath
219 Avo
222 Bex
213 Bor
205 Bov
212 Bra
218 Buk
207 Dax
225 Dux
221 Eda
222 Elm
209 Ely
216 Epe
207 Gap
207 Gex
203 Hal
203 Huy
221 Lit
221 Los
207 Luz
212 Mis
212 Nus
223 Oni
207 Pau
212 Rho
203 Spa
217 Tau
212 Ton
224 Tuy
223 Ufa
223 Uil
226 Vác
209 Wem
222 Wil
222 Zug

4

212 Acri
207 Agen
220 Arad
212 Asti
212 Atri
212 Auer
212 Avio
219 Aviz
226 Baja
223 Baku
212 Bari
226 Bata
209 Bath
222 Bern
222 Biel
222 Brig
225 Brno
213 Brod
207 Caën
212 Ceva
225 Chep
220 Cluj
212 Como
210 Cork
212 Dego
225 Eger
216 Elst
209 Eton
212 Fano
217 Flam
207 Foix
222 Genf
216 Goor
209 Hull
223 Kiew
209 Leek
216 Leek
218 Lida
218 Lódź
223 Luga
221 Lund
207 Lyon
217 Lyse
218 Lyse
212 Mais
207 Metz
207 Mèze
218 Most
221 Nora
216 Norg
224 Olot
223 Orel
222 Oron
218 Osie
224 Osma
217 Otta
219 Ovar
209 Over
226 Pápa
222 Pfyn
212 Pino
212 Pisa
225 Plan
212 Prad
213 Pula
218 Reda
207 Riez
222 Root
222 Sion
213 Ston
223 Stry
223 Sumy
217 Tana
225 Tepl
222 Thun
224 Toro
207 Toul
223 Tula
222 Trub
223 Uman
223 Urda
218 Urle
212 Vals
224 Vigo
222 Worb
209 York

5

222 Aarau
213 Agram
212 Aosta
222 Arosa
212 Arsie
222 Baden
222 Basel
212 Bozen
216 Breda
207 Brest
223 Brest
224 Cadiz
209 Crewe
222 Davos
216 Delft
209 Derby
207 Dijon
209 Dover
213 Dowje
216 Eelde
213 Fiume
212 Genua
224 Gijon
223 Gomel
223 Gorki
212 Gries
226 Gyoer
222 Henau
224 Jerez
223 Kasan

223 Kirow
213 Kotor
207 Lagny
209 Leeds
224 Lerma
207 Lille
222 Lorca
212 Lucca
212 Mauls
207 Melum
212 Meran
218 Miala
223 Minsk
207 Nancy
207 Nîmes
213 Nisch
207 Nizza
207 Nuits
221 Nybro
224 Ocaña
222 Olten
218 Opole
212 Padua
207 Paris
212 Pavia
212 Penne
225 Pisek
225 Planà
225 Plzen
218 Posen
218 Radom
222 Ragaz
203 Recht
216 Reden
207 Reims
205 Ringe
207 Rouen
222 Rueti
204 Russe
221 Sabrå
213 Sadar
222 Salux
220 Sarat
217 Sauda
225 Semil
213 Semun
213 Senje
212 Seren
219 Serpa
212 Servo
220 Sibiu
212 Siena
218 Silno
219 Sines
217 Skien
216 Sneek
224 Sória
219 Soure
216 Speek
213 Split
222 Stans
222 Stein
225 Stein
225 Tarna
218 Tczew
212 Terni
226 Tokaj
207 Tours
212 Turin
223 Turka
213 Tusla
212 Udine
206 Vaasa
224 Valls
222 Vevey
208 Wolos

6

216 Aalten
205 Aarhus
207 Amiens
212 Ancona
212 Andria
207 Angers
212 Aquila
212 Arezzo
216 Arnhem
221 Avesta
209 Barrow
217 Bergen
224 Bilbao
225 Bilina
220 Braila
225 Bruenn
207 Calais
207 Cannes
210 Dublin
209 Druden
209 Dundee
209 Durham
212 Foggia
220 Galatz
222 Glarus
223 Kaluga
225 Kladno
225 Košice
218 Krakau
216 Leiden
218 Lublin
222 Lugano
222 Luzern
224 Malaga
221 Malmoe
212 Mestre
212 Modena
212 Módica
221 Moelle
224 Murcia
207 Nantes
217 Narvik
212 Neapel
212 Novara
213 Ochrid
209 Oldham
219 Oporto
220 Oradea
224 Oviedo
208 Patras
225 Pilsen
218 Poznan
213 Ragusa
212 Reggio
207 Rennes
212 Rimini
213 Rijeka
225 Rybare
223 Rostow
222 Saanen
223 Sambor
222 Sarnen
207 Saumur
212 Savona
222 Schwyz
212 Sexten
222 Siders
220 Sinaia
213 Sombor
226 Sopron
212 Stresa
226 Szeged
223 Tambow
208 Theben
207 Toulon
226 Ujpest
212 Urbino
212 Verona
213 Zagreb
216 Zwolle

7

205 Aalborg
212 Alassio
222 Altdorf
207 Avignon
210 Belfast
207 Belfort
212 Belluno
212 Bergamo
212 Bologna
212 Brescia
203 Bruegge
209 Burnley
209 Cardiff
212 Caserta
212 Catania
223 Charkow

218 Chelmno
218 Chelmza
223 Cherson
209 Chester
224 Cordoba
212 Cremona
212 Ferrara
212 Florenz
209 Glasgow
224 Granada
209 Grimbsby
216 Haarlem
222 Herisau
223 Ishewsk
223 Kalinin
208 Kawalla
223 Kertsch
226 Kispest
224 La Linea
224 La Palma
207 La Havre
222 Liestal
207 Limoges
212 Livorno
222 Locarno
212 Mailand
207 Mentone
212 Messina
226 Miskólc
223 Molotow
209 Newport
209 Norwich
221 Oerébro
213 Opatija
207 Orléans
203 Ostende
212 Perugia
223 Poltawa
212 Ravenna
212 Salerno
212 San Remo
223 Saratow
224 Sevilla
213 Skoplje
225 Sokolov
212 Sorrent
206 Tampere
226 Tapolca
216 Tilburg
221 Uppsala
216 Utrecht
212 Venedig
212 Vicenza
223 Winniza
223 Witebsk
222 Yverdon
222 Zuerich

8

209 Aberdeen
224 Alicante
207 Bordeaux
209 Bradford
220 Braschow
209 Brighton
222 Burgdorf
218 Chojnice
225 Chomutov
226 Debrecen
216 Enschede
222 Freiburg
226 Kaposvár
218 Katowice
223 Kostroma
224 La Coruña
222 Lausanne
203 Luettich
203 Mechelen
222 Montreux
216 Nijmwegen
212 Piacenza
212 Pinerolo
212 Pontebba
218 Przemyšl
208 Saloniki
213 Sarajewo
223 Smolensk
209 Stockton
207 Toulouse
224 Valencia
224 Zaragoza

9

203 Antwerpen
216 Apeldoorn
222 Appenzell
223 Astrachan
224 Barcelona
218 Bydgoszcz
209 Cambridge
224 Cartagena
203 Charleroi
216 Dordrecht
213 Dubrovnik
209 Edinburgh
216 Eindhoven
216 Groningen
218 Grundziadz
216 Hilversum
223 Jaroslawl
226 Kecskemét
209 Leicester
209 Liverpool
213 Ljubljana
207 Marseille
222 Neuenburg
209 Newcastle
223 Nikolajew
207 Perpignan
225 Pressburg
222 Rorschach
216 Rotterdam
224 Santander
222 Solothurn
217 Stavanger
223 Stawropol
217 Trondheim
223 Tschkalow
223 Uljanowsk
209 Worcester

10

203 Anderlecht
222 Bellinzona
209 Birmingham
203 Borgerhout
225 Bratislava
223 Dsershinsk
222 Frauenfeld
209 Gloucester
218 Inowroclaw
223 Kischinjow
223 Kirowograd
221 Linkoeping
216 Maastricht
209 Manchester
216 Middelburg
223 Simferopol
223 Stalingrad
209 Sunderland
224 Valladolid
207 Versailles
222 Winterthur

11

223 Archangelsk
207 Châteauroux
225 Karlovy Vary
221 Norrkoeping
209 Northampton
226 Nyiregyhaza
222 Sankt Gallen
220 Timischoara
221 Traelleborg

12

212 Castellamare
223 Petrosawodsk
224 San Sebastian
222 Schaffhausen
207 Villeurbanne

13

209 Middlesbrough

d Afrika

3
Fes *Marokko*
Ibo *Port. Ostafrika*
Tor *Ägypten*

4
Adua *Abessinien*
Bone *Algerien*
Buea *Kamerun*
Sues *Ägypten*
Suez *Ägypten*

5
Dakar *Senegal*
Derma *Libyen*
Duala *Kamerun*
Giseh *Ägypten*
Singa *Sudan*
Tanta *Ägypten*

6
Asmara *Abessinien*
Assiut *Ägypten*
Assuan *Ägypten*
Berber *Sudan*
Durban *Südafrik. Union*
Harrar *Abessinien*
Kankan *Guinea*
Kindia *Guinea*
Meknes *Marokko*
Mursuk *Libyen*
Sennar *Ägypten*
Tanger *Marokko*

7
Beng(h)asi *Libyen*
Kakamas *Südafrik. Union*
Khartum *Sudan*
Massaua *Abessinien*
Mehalla *Abessinien*

8
Kapstadt *Südafrik. Union*
Omdurman *Sudan*
Port Said *Ägypten*

9
Germiston *Südafrik. Union*
Kimberley *Südafrik. Union*

10
Alexandria *Ägypten*
Marrakesch *Marokko*

12
Johannesburg *Südafrik. Union*

13
Port Elizabeth *Südafrik. Union*

e Amerika

(Bedeutung der Leitzahlen: 301: Alaska; 302: Argentinien; 303: Bolivien; 304: Brasilien; 305: Chile; 306: Costa Rica; 307: Ecuador; 308: Guatemala; 309: Guayana; 310: Honduras; 311: Kanada; 312: Kolumbien; 313: Mexiko; 314: Nicaragua; 315: Panama; 316: Paraguay; 317: Peru; 318: Uruguay; 319: Venezuela; 320: Vereinigte Staaten von Nordamerika)

4
312 Cali
320 Erie
320 Gary
313 León
314 León
320 Napa
301 Nome
308 Ocos
315 Paya
302 Pila
315 Pina
310 Tela
305 Tome
320 York

5
304 Belem
315 Colón
317 Cuzco
313 La Paz
320 Miami
304 Natal
320 Omaha
303 Oruru
305 Puoio
318 Salto
305 Talca
320 Tampa

6
315 Balboa
317 Callao
305 Cliloé
304 Cuiabá
320 Dallas
320 Dayton
320 Duluth
313 Jalapa
311 London
304 Manaos
313 Merida
320 Mobile
320 Newark
302 Parana
303 Potosí
313 Puebla
311 Quebec
304 Recife
304 Santos
305 Sewell
320 Silver
320 Tacoma
305 Temuco
302 Viedma

7
320 Buffalo
311 Calgary
320 Chicago
305 Cillán
302 Córdoba
320 Detroit
311 Halifax
320 Houston
317 Iquitos
320 Memphis
302 Mendoza
320 New York
320 Norfolk
320 Oakland
302 Rosario
302 Santa Fé
320 Seattle
320 Spokane
313 Tampico
311 Toronto
302 Tucumán
320 Wichita

8
313 Acapulco
317 Arequipa
304 Blumenau
304 Campinas
313 Culiacán
304 Curitiba
311 Edmonton
311 Hamilton
305 La Serena
313 Mazatlan
312 Medellin
311 Montreal
318 Paysandu
320 Portland
320 San Diego
304 São Paulo
317 Trujillo
305 Valdivia
319 Valencia
313 Vera Cruz
311 Winnipeg

9
320 Baltimore
320 Cleveland
304 Fortaleza
320 Long Beach
319 Maracaibo
320 Milwaukee
313 Monterrey
320 Pittsburg
304 Rio Grande
311 Vancouver

10
320 Birmingham
320 Cincinnati
303 Cochobamba
305 Concepción
302 Corrientes
304 Diamentina
313 Hermosillo
320 Kansas City
320 Los Angeles
305 Magallanes
320 New Orleans
320 Saint Louis
320 San Antonio
305 Wellington
305 Valparaiso

11
311 Fredericton
313 Guadalajara
320 Minneapolis
304 Porto Allegre
302 Río Gallegos

12
319 Barquisimeto
320 Jacksonville
320 Philadelphia
320 San Francisco

f Asien

(Bedeutung der Leitzahlen: 401: Afghanistan; 402: Arabien; 403: Burma; 404: China; 405: Indien; 406: Vietnam; 407: Irak; 408: Iran; 409: Israel; 410: Japan; 411: Korea; 412: Libanon; 413: Pakistan; 414: Syrien; 415: Sowjetunion; 416: Tibet; 417: Türkei)

3
405 Abu
408 Bam
405 Bod
405 Diu
416 Ghe
406 Hue
404 Kia
408 Kum
416 Pal
415 Ufa
417 Wan

4
415 Ajon
409 Akka
408 Amol
404 Amoy
415 Bisk
417 Boli
409 Gaza
410 Gifu
410 Hagu
414 Hama
414 Homs
410 Kobe
405 Mhow
410 Mito
405 Qudh
415 Omsk
405 Pali
403 Pegu
405 Puna
415 Seja
410 Seto
404 Sian
405 Sign
402 Tais
404 Taku
415 Tara
417 Tire
405 Tura
417 Urla
417 Wise
404 Wuhu
404 Wusi

5
417 Adana
415 Aldan
407 Basra
415 Belum
417 Bursa
415 Chiwa
413 Dacca
404 Dalni
405 Delhi
401 Haleb
409 Haifa
401 Herat
404 Hukou
417 Ismir
410 Kioto
402 Mekka
407 Mosul
410 Osaka
410 Otaru
405 Patna
411 Pusan
405 Sagar
405 Salem
405 Seoni
417 Sinop
405 Sipri
405 Surat
415 Tiksi
415 Witim

6
414 Aleppo
405 Bombay
402 Djidda
404 Hankou
404 Kanton
413 Lahore
405 Madras
405 Madura
402 Medina
404 Mukden
413 Multan
405 Mysore
410 Nagoja
405 Nagpur
404 Ningpo
405 Pakala
404 Peking
410 Sasebo
410 Sendai
404 Swatou
404 Tsinan

7
405 Benares
405 Calicut
405 Colombo
410 Fukuoka
408 Hamadan
404 Jarkand
404 Kweilin
405 Lucknow
401 Maimene
410 Modschi
404 Nanking
410 Niigata
415 Ochotsk
410 Sapporo
408 Schiras
408 Taebris

8
405 Calcutta
405 Cawnpore
406 Haiphong
410 Hakodate
410 Jokohama
410 Jokosuka
401 Kandahar
410 Nagasaki
410 Schikoku
404 Shanghai
404 Tientsin
404 Tsingtau

9
405 Allahabad
405 Ahmadabad
405 Bangalore
413 Hyderabad
410 Kanassawa
405 Kathiawar
404 Schanghai

10
405 Haidarabad
410 Hiroschima
410 Kagoschima

11
415 Wladiwostok

g Australien

5
Perth

6
Albany
Condon
Hobart
Sydney

7
Geelong

8
Adelaide
Bathurst
Brisbane

9
Melbourne
Newcastle
Toowoomba

10
Port Darwin
Townsville

B Städte an Flüssen

a Deutschland

2
Au *Abens*
Au *Sieg*

3
Elm *Ostsee*
Ems *Lahn*
Hof *Saale*
Ulm *Donau*

4
Aken *Elbe*
Bonn *Rhein*
Jena *Saale*
Lohr *Main*
Porz *Rhein*
Saal *Donau*

5
Aalen *Kocher*
Ahlen *Werse*
Beuel *Rhein*
Celle *Aller*
Halle *Saale*
Koeln *Rhein*
Mainz *Rhein*
Trier *Mosel*
Worms *Rhein*

6
Alfeld *Leine*
Amberg *Vils*
Berlin *Spree/Havel*
Bingen *Nahe*
Bingen *Rhein*
Bremen *Weser*
Coburg *Itz*
Dessau *Elbe*
Dessau *Mulde*
Dueren *Rur*
Erfurt *Gera*
Honnef *Rhein*
Kassel *Fulda*
Koesen *Saale*
Neu-Ulm *Donau*
Passau *Donau*
Passau *Ilz*
Passau *Inn*
Rheine *Ems*
Siegen *Sieg*
Speyer *Rhein*
Weimar *Ilm*
Witten *Ruhr*

7
Bautzen *Spree*
Cottbus *Spree*
Dresden *Elbe*
Giessen *Lahn*
Hamburg *Elbe*

Kempten *Iller*
Koblenz *Rhein/Mosel*
Luebeck *Trave*
Marburg *Lahn*
Meissen *Elbe*
Neuwied *Rhein*
Potsdam *Havel*

8
Augsburg *Lech*
Augsburg *Wertach*
Bayreuth *Roter Main*
Bernburg *Saale*
Duisburg *Rhein*
Duisburg *Ruhr*
Eisenach *Hörsel*
Hannover *Leine*
Landshut *Isar*
Mannheim *Neckar*
Mannheim *Rhein*
Muelheim *Ruhr*
Muenchen *Isar*
Muenster *Aa*

9
Andernach *Rhein*
Esslingen *Neckar*
Frankfurt *Main*
Frankfurt *Oder*
Heilbronn *Neckar*
Lueneburg *Ilmenau*
Nuernberg *Pegnitz*
Offenbach *Main*
Oldenburg *Hunte*
Straubing *Donau*
Stuttgart *Neckar*
Tuebingen *Neckar*
Wuppertal *Wupper*
Wuerzburg *Main*

10
Crailsheim *Jagst*
Goeppingen *Fils*
Goettingen *Leine*
Heidelberg *Neckar*
Heidenheim *Brenz*
Ingolstadt *Donau*
Leverkusen *Rhein*
Oberhausen *Emscher*
Osnabrueck *Hase*
Regensburg *Donau*
Rothenburg *Tauber*
Ruedesheim *Rhein*

11
Brandenburg *Havel*
Duesseldorf *Rhein*
Muehlhausen *Unstrut*
Schweinfurt *Main*

12
Braunschweig *Oker*
Bad Godesberg *Rhein*
Saarbruecken *Saar*

13
Aschaffenburg *Main*

14
Donaueschingen *Donau*

b Übriges Europa

5
Ham *Somme*
Huy *Maas*
Laa *Thaya*
Mir *Njemen*
Rom *Tiber*
Rum *Raab*
Zug *Lech*

4
Bern *Aare*
Cluj *Somesch*
Gent *Schelde/Leie*
Graz *Mur*
Kiew *Dnjepr*
Linz *Donau*
Lyon *Rhône*
Lyon *Saône*
Melk *Donau*
Orel *Oka*
Prag *Moldau*
Ried *Inn*
Ybbs *Donau*
Wien *Donau*

5
Aaran *Aare*
Basel *Rhein*
Bozen *Eisack/Etsch*
Bruck *Leitha*
Bruck *Mur*
Bruck *Salzach*
Gorki *Oka*
Gorki *Wolga*
Grein *Donau*
Krems *Donau*
Namur *Maas/Sambre*
Paris *Seine/Marne*
Meran *Etsch*
Rouen *Seine*
Russe *Donau*
Stans *Inn*
Stein *Donau*
Thorn *Wechsel*
Tours *Loire*
Tulln *Donau*
Turin *Po*

6
Arnheim *Niederrhein*
Aussig *Elbe*

Braila *Untere Donau*
Galatz *Untere Donau*
Krakau *Weichsel*
Leiden *Alter Rhein*
Leoben *Mur*
London *Themse*
Madrid *Manzanares*
Moskau *Moskwa*
Rostow *Don*
Szeged *Theiß*
Verona *Etsch*
Zagreb *Save*

7
Belgrad *Donau*
Belgrad *Save*
Braunau *Inn*
Córdoba *Guadalquivir*
Glasgow *Clyde*
Hallein *Salzach*
Limoges *Vienne*
Neusatz (Novi Sad) *Donau*
Plowdiw (Filibe) *Maritza*
Saratow *Wolga*
Sevilla *Guadalquivir*
Skoplje (Üsküb) *Wardar*

Spittal *Drau*
Villach *Drau*

8
Bordeaux *Garonne*
Bruessel *Senne*
Budapest *Donau*
Grenoble *Isère*
Salzburg *Salzach*
Smolensk *Dnjepr*
Toulouse *Garonne*
Warschau *Weichsel*

9
Antwerpen *Niederschelde*
Innsbruck *Inn*
Leningrad *Newa*
Pressburg *Donau*
Woronesch *Don*

10
Schaerding *Inn*
Stalingrad *Wolga*

12
Schaffhausen *Rhein*

c Andere Erdteile

2
Hu *Nil*

3
Hou *Nil*

4
Agra *Djumna*
Hama *Orontes*
Homs *Orontes*

5
Akron *Ohio*
Belém *Rio Perá*
Delhi *Djumna*
Giseh *Nil*
Kairo *Nil*
Mosul *Tigris*
Omaha *Missouri*
Patna *Ganges*
Tomsk *Ob*
Tulsa *Arkansas-River*
Utica *Mohawk-River*

6
Albany *Hudson*
Assuan *Nil*
Austin *Colorado*
Bagdad *Tigris*
Camden *Delaware*
Denver *Platte-River*
Kanton *Perlfluß*
Mysore *Cauvery*
Ottawa *St.-Lorenz-Strom*
Quebec *St.-Lorenz-Strom*
Swatou *Kwangtung*

7
Benares *Ganges*
Charbin *Sungari*
Houston *Buffalo-River*
Iguitos *Marañon*

Khartum *Nil*
Memphis *Mississippi*
Nanking *Jangtsekiang*
Rangoon *Irawadi*
Rosario *Paraná*
Torreón *Rio Nazas*
Trenton *Delaware*

8
Adelaide *Murray*
Cawnpore *Ganges*
Columbus *Scioto*
Kalkutta *Ganges*
Mandalay *Irawadi*
Montreal *St.-Lorenz-Strom*
San Louis *Missouri*
Winnebeg *Red River*

9
Allentown *Lehigh*
Pittsburg *Ohio*
Saint Paul *Mississippi*
Worcester *Blackstone-River*

10
Baton Rouge *Mississippi*
Cincinnati *Ohio*
Dijarbakir *Tigris*
Evansville *Ohio*
Louisville *Ohio*
Tschunking *Jangtsekiang*
Washington *Potomac*

11
Buenos Aires *La Plata*
Minneapolis *Mississippi*
Tschinkiang *Jangtsekiang*

12
Philadelphia *Delaware*

C Städte an Meeren

a Europa

4
Bari *Adriatisches Meer*
Kiel *Ostsee*
Noli *Ligurisches Meer*
Oslo *Skagerrak*
Oulu *Bottnischer Meerbusen*
Vado *Ligurisches Meer*

5
Cádiz *Straße von Gibraltar*
Dover *Straße von Dover*
Fiume *Adriatisches Meer*
Genua *Golf von Genua*
Nizza *Ligurisches Meer*
Recco *Golf von Genua*
Split *Adriatisches Meer*
Turku *Bottnischer Meerbusen*
Vaasa *Bottnischer Meerbusen*

6
Aarhus *Kattegatt*
Ancona *Adriatisches Meer*
Burgas *Schwarzes Meer*
Calais *Straße von Dover*
Cannes *Ligurisches Meer*
Danzig *Ostsee*
Dublin *Irische See*
Malaga *Mittelmeer*
Malmoe *Sund*
Neapel *Golf von Neapel*
Odessa *Schwarzes Meer*
Ragusa *Adriatisches Meer*
Rijeka *Adriatisches Meer*
Rimini *Adriatisches Meer*
Stalin *Schwarzes Meer*
Toulon *Mittelmeer*
Triest *Adriatisches Meer*
Zoppot *Danziger Bucht*

7
Ahlbeck *Ostsee*
Le Havre *Atlantik*
Messina *Mittelmeer*
Palermo *Mittelmeer*
Rostock *Ostsee*
San Remo *Ligurisches Meer*
Sorrent *Golf von Neapel*
Venedig *Adriatisches Meer*

8
Alicante *Mittelmeer*
Brighton *Kanal*
Brindis *Adriatisches Meer*
Helsinki *Finnischer Meerbusen*
Plymouth *Kanal*
Riccione *Adriat. Meer*
Valencia *Mittelmeer*

9
Barcelona *Mittelmeer*
Blackpool *Irische See*
Dubrovnik *Adriatisches Meer*
Edinburgh *Firth of Forth*
Gibraltar *Mittelmeer*
Goeteborg *Kattegat*
Konstanza *Schwarzes Meer*
Marseille *Mittelmeer*
Santander *Golf von Biscaya*

10
Kopenhagen *Ostsee*
Portsmouth *Kanal*

11
Travemuende *Ostsee*

12
San Sebastian *Golf von Biscaya*

b Andere Erdteile

3
Ada *Atlantik*

4
Amoy *Fukienstraße*
Bône *Mittelmeer*
Oran *Mittelmeer*

5
Basra *Persischer Golf*
Ceuta *Straße von Gibraltar*
Colón *Atlantik*
Dakar *Atlantik*
Haifa *Mittelmeer*
Ismir *Ägäisches Meer*
Jaffa *Mittelmeer*
Miami *Floridastraße*
Pusan *Koreastraße*
Rabat *Atlantik*
Tampa *Golf von Mexiko*
Tunis *Mittelmeer*

6
Albany *Indischer Ozean*
Algier *Mittelmeer*
Balboa *Stiller Ozean*
Bombay *Arabisches Meer*
Callao *Stiller Ozean*
Djidda *Rotes Meer*
Durban *Indischer Ozean*
Habana *Golf von Mexiko*
Madras *Golf von Bengalen*
Mobile *Golf von Mexiko*
Recife *Atlantik*
Samsun *Schwarzes Meer*
Santos *Atlantik*

7
Biserta *Mittelmeer*
Bizerte *Mittelmeer*
Cayenne *Atlantik*
Latakia *Mittelmeer*
Norfolk *Atlantik*

Oakland *Bucht von San Francisco*
Seattle *Stiller Ozean*

8
Kapstadt *Ind. Ozean*
Lissabon *Atlantik*
Monrovia *Atlantik*
Moulmein *Golf von Bengalen*
San Diego *Stiller Ozean*
Santiago *Stiller Ozean*
Singapur *Südchines. Meer*
Tien-Tsin *Gelbes Meer*
Trujillo *Stiller Ozean*
Vera Cruz *Golf von Campeche*
Valdivia *Stiller Ozean*

9
Fortalzea *Atlantik*
Long Beach *Stiller Ozean*
Port Sudan *Rotes Meer*

10
Alexandria *Mittelmeer*
Casablanca *Atlantik*
Los Angeles *Stiller Ozean*
Paramaribo *Atlantik*
Valparaiso *Stiller Ozean*

12
Rio de Janeiro *Atlantik*
San Francisco *Stiller Ozean*

D Städte auf Inseln

a Europa

3
Bug *Rügen*
Wyk *Föhr*

4
Binz *Rügen*
Burg *Fehmarn*
Garz *Rügen*
List *Sylt*
Naro *Sizilien*
Noto *Sizilien*
Wiek *Rügen*

5
Baabe *Rügen*
Cowes *Wight*
Kanea *Kreta*
Lohme *Rügen*
Nuoro *Sardinien*
Palma *Mallorca*
Visby *Gotland*

6
Gedser *Falster*
Kandia *Kreta*
Módica *Sizilien*
Neksoe *Bornholm*
Odense *Fünen*
Putbus *Rügen*
Roenne *Bornholm*
Sellin *Rügen*

7
Ahlbeck *Usedom*
Ajaccio *Korsika*
Catania *Sizilien*
Douglas *Man*
Goehren *Rügen*
Kirkeby *Röm*
Marsala *Sizilien*
Messina *Sizilien*
Palermo *Sizilien*
Trapani *Sizilien*

8
Agrigent *Sizilien*
Borghom *Öland*
Cagliari *Sardinien*
Sassnitz *Rügen*
Taormina *Sizilien*
Siracusa *Sizilien*

9
La Valetta *Malta*
Reykjavik *Island*

10
Kopenhagen *Seeland*
Westerland *Sylt*

11
Heringsdorf *Usedom*
Saint Helier *Jersey*
Soenderburg *Alsen*
Swinemuende *Usedom*

b Andere Erdteile

4
Hilo *Hawaii*
Miri *Borneo*
Sibu *Borneo*

5
Davao *Mindanao*
Lauag *Luzon*
Medan *Sumatra*
Otaru *Hokkaido*
Ponce *Portoriko*
Seibo *Haiti*

6
Brunei *Borneo*
Habana *Cuba*
Havana *Cuba*
Hobart *Tasmanien*
Manila *Lzon*
Menado *Celebes*
Napier *Neuseeland*
Sasebo *Kiuschiu*
Tainan *Formosa*
Taipeh *Formosa*

7
Colombo *Ceylon*
Fukuoka *Kiuschiu*
Funchal *Madeira*
Ivigtut *Grönland*
Modschi *Kiuschiu*
Nikosia *Cypern*
Papeete *Tahiti*
San Juan *Portoriko*
Sapporo *Hokkaido*

8
Djakarta *Java*
Godthaab *Grönland*
Hakodate *Hokkaido*
Honolulu *Oahu*
Kingston *Jamaika*
Kumamoto *Kiuschiu*
Makassar *Celebes*
Nagasaki *Kiuschiu*
Tamatave *Madagaskar*

9
Palembang *Sumatra*
Port Louis *Mauritius*

10
Kagoschima *Kiuschiu*
Tananarivo *Madagaskar*
Wellington *Neuseeland*

11
Port of Spain *Trinidad*

12
Port-au-Prince *Haiti*
Alexandrowsk *Sachalin*

6 Stadtteile

a Berliner Verwaltungsbezirke

5
Mitte

6
Pankow

7
Spandau
Treptow
Wedding

8
Steglitz

9
Koepenick
Kreuzberg
Neukoelln
Tempelhof

10
Tiergarten
Weissensee
Zehlendorf

11
Lichtenberg
Schoeneberg
Wilmersdorf

13
Reinickendorf

14
Charlottenburg
Friedrichshain
Prenzlauer Berg

b Hamburger Stadtteile

4
Hamm

6
Altona
Eilbek
Neuhof
Veddel

7
Barmbek

8
Ottensen
Wandsbek

9
Borgfelde
Eppendorf

10
Bahrenfeld
Blankenese
Hohenfelde
Othmarschen
Rother Baum
Sankt Georg
Sankt Pauli
Stellingen
Uhlenhorst
Winterhude

11
Eimsbuettel
Oevelgoenne
Steinwerder

12
Harvestehude

c Wiener Bezirke

6
Neubau
Wieden

7
Hernals
Liesing
Penzing

8
Doebling
Hietzing
Meidling
Waehring

9
Favoriten
Fuenfhaus
Mariahilf
Ottakring
Simmering

10
Alsergrund
Donaustadt
Josefstadt
Margareten

11
Brigittenau
Floridsdorf
Innere Stadt
Landstrasse

12
Leopoldstadt

d Londoner Stadtteile

4
City

5
Acton
Stoke

6
Ealing
Eltham
Harrow
Hendon
Ilford

7
Barking
Brixton
Bromley
Chelsea
Croydon
Eastend
Eastham
Hackney
Mitcham
Norwood
Westend
Westham

8
Chiswick
Kingston
Richmond
Surbiton
Sydenham
Woolwich

9
Beckenham
Brentford
Greenwich
Hampstead
Islington
Newington
Southwark
Stratford
Willesden

10
Kensington
Teddington
Twickenham

11
Walthamstow

e Pariser Stadtteile

4
Ivry

5
Bercey
Passy

6
Clichy
Meudon
Pantin
Vauves

7
Auteuil
Neuilly
Puteaux
Reuilly

8
Bagnolet
Boulogne
Charonne
Gentilly
Grenelle
Malakoff

9
Charenton
Montrouge
Vaugirard

10
Belleville
Courbevoie
Montmartre

11
Batignolles
Billancourt
Romainville

12
Menilmontant

f New Yorker Stadtteile

5
Bronx

6
Queens

8
Brooklyn
Richmond

9
Manhattan

7 Berge und Gebirgszüge

(B: Berg; BGr: Berggruppe; Br: Bergrücken; BSt: Bergstock, BZ: Bergzug; G: Gipfel; Gb: Gebirge; GbK: Gebirgskette; GbSt: Gebirgsstock; GbZ: Gebirgszug; Gr: Gruppe; HZ: Höhenzug)

A Nach geographischer Lage

a Deutschland

3
Elm *HZ bei Braunschweig*
Ith *Br zw Weser und Leine*

4
Haar *HZ im Sauerland*
Harz *Gb in Norddeutschland*
Hils *BZ im Weserbergland*
Jura *GbZ in Mitteleuropa*

5
Finne *HZ in Thüringen*
Hardt *Gb-Rand der Oberrheinischen Tiefebene*
Rhoen *Gb in Hessen*

6
Haardt *Gb-Rand der Oberrheinischen Tiefebene*

7
Belchen *mehrere Schwarzwald-G*
Deister *Gb südwestl. Hannover*
Malchen *B im Odenwald*
Suentel *Br an der Weser*

8
Flaeming *HZ an der mittleren Elbe*
Meissner *B südöstl. Kassel*
Odenwald *Gb in SW-Deutschland*
Spessart *Gb in Mittel-D*

9
Hassberge *HZ in Mainfranken*
Melibokus *B im Odenwald*

10
Hohentwiel *B im Hegau*
Hoher Goell *G bei Berchtesgaden*
Vogelsberg *Gb in Hessen*

11
Boehmerwald *bayr.-böhm. Grenz-Gb*
Donnersberg *BGr in der Pfalz*
Frankenwald *Gb in Mittel-D*
Hoerselberg *HZ in Thüringen*
Kaiserstuhl *B im Breisgau*
Koenigstuhl *B bei Heidelberg*
Kyffhaeuser *Gb in Mittel-D*
Landeskrone *B bei Görlitz*
Schwarzwald *GbZ in SW-D*
Steigerwald *Gb in Franken*

12
Hohenstaufen *Vorberg der Schwäbischen Alb*
Wesergebirge *BZ an der Weser*

13
Elstergebirge *Gb sächs.-böhm. Grenze*
Weserbergland *BZ an der Weser*

14
Bayrischer Wald *HZ in Ostbayern*
Fichtelgebirge *Gb in Oberfranken*
Fraenkische Alb *Gb im nördl. Bayern*
Rothaargebirge *GbZ im Sauerland*
Thueringer Wald *Gb in M-Deutschland*

15
Schwaebische Alb *GbZ in Württemberg*
Teutoburger Wald *HZ in Westfalen*

b Österreich

4
Isel *B südl. Innsbruck*

7
Wechsel *Gb in O-Österreich*

8
Berg Isel *B südl. Innsbruck*
Hausruck *Gb in Oberösterreich*
Oetscher *Gb in Niederösterreich*
Pfaender *B bei Bregenz*

9
Dachstein *GbZ im Salzkammergut*
Schafberg *BSt im Salzkammergut*

13
Leitha-Gebirge *Br in Nieder-Ö*
Seetaler Alpen *GbZ in der Steierm.*

14
Hoellengebirge *GbZ im Salzkammergut*

16
Fischbacher Alpen *GbZ in der Steiermark*

c Übriges Europa

2
Ot *G bei Samaden (Schweiz)*

3
Ala *B auf Sardinien*
Alv *B in Graubünden*
Kru *Bergmassiv am Isonzo*

4
Jura *GbZ in Mitteleuropa*
Oeta *GbSt in Griechenland*
Ossa *Gb in Griechenland*
Rigi *Gb am Vierwaldstättersee*
Ural *Gb in der Sowjetunion*
Ural *europ./asiat. Grenzgebirge*

5
Albis *Br am Züricher See*
Alpen *europ. Hochgebirge*
Karst *jugosl. Kalkgebirge*
Matra *BGr nördl. Budapest*
Olymp *GbSt in Griechenland*

6
Balkan *Gb Bulgariens*
Pindos *Gb in Griechenland*

7
Apennin *Gb in Italien*
Sudeten *GbZ in Mitteleuropa*
Vogesen *Gb in NO-Frankreich*

8
Ardennen *Gb in W-Europa*
Argonnen *Hochfläche in N-Frankreich*
Cevennen *GbZ in S-Frankreich*
Estrella *GbK in Portugal*
Karpaten *Gb in Mitteleuropa*
Mont Doré *BSt im französ. Zentralplateau*
Taygetos *GbZ in Griechenland*

9
Pyrenaeen *französ.-span. Grenzgebirge*
Rhaetikon *schweiz.-österr. Grenzgebirge*
Weisshorn *mehrere Berge in den Schweizer Alpen*

10
Erzgebirge *sächs.-böhm. Grenzgebirge*
Montserrat *BSt in Spanien*

11
Boehmer Wald *bayr.-böhm. Grenzgebirge*

12
Monte Cassino *B in Mittelitalien*

14
Banater Gebirge *Gb in Rumänien*
Rhodopegebirge *Gb in SW-Bulgarien*
Sabiner Gebirge *GbZ in Mittelitalien*

d Andere Erdteile

3
Abu *B in V.-Indien*
Adu *GbZ an der Elfenbeinküste*
Gor *Gb in Afghanistan*
Rif *Gb in Marokko*

4
Alai *Gb in Zentralasien*
Ghor *Gb in Afghanistan*

5
Altai *Gb in Zentralasien*
Anden *Gb in Südamerika*
Atlas *marokkanisches Gb*
Sinai *GbSt in Ägypten*
Tabor *B in Palästina*

6
Hoggar *Hochland in der Sahara*
Elburs *Gb in Nordiran*
Karmel *Gb in Palästina*
Taurus *Gb in Kleinasien*

7
Ahaggar *Hochland in der Sahara*
Libanon *Gb in Syrien*
Nilgiri *GbK in Vorderindien*
Oelberg *B östl. Jerusalems*

8
Adamspik *B auf Ceylon*
Himalaya *Gb zw Indien und Tibet*
Himalaya *höchstes Gb der Welt (Südasien)*
Kaukasus *Gb zw Kaspischem und Schwarzem Meer*

9
Adams Peak *B auf Ceylon*
Eliasberg *G in Alaska*
Gran Cañon *Gb in den USA*
Karakorum *GbZ in Zentralasien*
Ruwenzori *GbSt in Äquatorialafrika*
Tafelberg *B bei Kapstadt*
Zuckerhut *Berg in der Bucht von Rio de Janeiro*

10
Antitaurus *Gb in Kleinasien*
Appalachen *GbZ in N-Amerika*
Black Hills *B-Land im NW der USA*

11
Alaigebirge *Gb in Zentralasien*
Antilibanon *GbZ östl. des Libanon*
Coast Ranges *Küsten-Gb im Westen Nordamerikas*
Kordilleren *Gb in S-Amerika*
Mount Wilson *B in Kalifornien*

12
Mount Palomar *B in Kalifornien*

13
Transhimalaya *Hochgebirge in Tibet*

B Teile und Gipfel von Gebirgen

a Deutschland

5

Eifel *Teil des Rheinischen Schiefergebirges*

6

Rachel *B im Böhmerwald*
Taunus *Teil des Rheinischen Schiefergebirges*

7

Belchen *mehrere Gipfel des Schwarzwaldes*
Heuberg *Teil der Schwäbischen Alb*
Kniebis *BSt des Schwarzwaldes*

8

Watzmann *Berg der Berchtesgadener Alpen*

9

Hohes Venn *Hochfläche des Rheinischen Schiefergebirges*
Hunsrueck *Teil des Rheinischen Schiefergebirges*
Nebelhorn *B in den Allgäuer Alpen*

10

Westerwald *Teil des Rheinischen Schiefergebirges*

11

Bueckeberge *Teil des Weserberglandes*
Drachenfels *G des Siebengebirges*
Schnee-Eifel *HZ in der Eifel*
Tafelfichte *G des Isergebirges*
Wendelstein *G der Bayerischen Alpen*

b Österreich

3

Rax *BSt der nördl. Kalkalpen*

7

Ankogel *B der Hohen Tauern*
Olperer *B der Zillertaler Alpen*
Raxalpe *BSt der nördl. Kalkalpen*
Saualpe *GbZ der Lavanttaler Alpen*

8

Hochobir *B in den Karawanken*

9

Nordkette *Teil des Karwendel-Gb*
Silvretta *GbGr der Rhätischen Alpen*
Sonnblick *B in der Goldberg-Gr*
Tribulaun *G der Stubaier Alpen*

10

Hochschwab *GbZ der steirischen Kalkalpen*
Hohe Tauern *Gr der Ostalpen*
Schneeberg *BSt der nördl. Kalkalpen*
Untersberg *BSt der Salzburger Kalkalpen*

11

Moenchsberg *B der Salzburger Kalkalpen*
Zuckerhuetl *G der Stubaier Alpen*

12
Wilder Kaiser *Teil des Kaiser-Gb*
Zahmer Kaiser *Teil des Kaiser-Gb*

13
Fervallgruppe *GbGr der Rhätischen Alpen*
Kaisergebirge *GbSt der Nordtiroler Kalkalpen*
Kitzsteinhorn *G der Glockner-Gr*
Niedere Tauern *GbZ der Ostalpen*
Schobergruppe *GbGr der Hohen Tauern*
Stubaier Alpen *Gr der Ostalpen*
Tennengebirge *GbSt in den Salzburger Kalkalpen*

14
Gailtaler Alpen *Teil der Karnischen Alpen*
Glocknergruppe *Gr der Hohen Tauern*
Gurktaler Alpen *GbZ der Zentral-Alpen*
Lechtaler Alpen *GbZ der nördl. Kalkalpen*
Oetztaler Alpen *Gr der Ostalpen*
Steinernes Meer *GbZ der Salzburger Kalkalpen*

15
Edelweiss-Spitze *G des Groß-Glockner-Massivs*
Venediger Gruppe *Gr der Hohen Tauern*

16
Dreiherrenspitze *B i. d. Venediger Gr.*
Karwendelgebirge *GbZ der N-Tiroler Kalkalpen*
Penninische Alpen *Teil der Westalpen*
Zillertaler Alpen *Gr der Ostalpen*

18
Wettersteingebirge *Teil der Nordtiroler Kalkalpen*

c Übriges Europa

4
Buet *G der Savoyer Alpen*
Ossa *GbSt in Griechenland*

5
Adula *Gr der Graubündener Alpen*
Donon *G der Vogesen*
Eiger *G in den Berner Alpen*
Negoi *B der Transsylvan. Alpen*
Tatra *GbZ in den Karpaten*
Toedi *GbSt der Glarner Alpen*

6
Mandra *G der Transsilvanischen Alpen*
Moench *B in den Berner Alpen*
Mythen *G der Glarner Alpen*
Pizlad *G des Engadins*
Titlis *BSt der Berner Alpen*

7
Belchen *mehrere G der Vogesen*
Bernina *Gr der Ostalpen*
Engadin *GbGr der NOstschweiz*
Pilatus *GbSt der Berner Alpen*
Piz Buin *G der Silvretta-Gr*
Saentis *B im Säntisgebirge*

8
Abruzzen *Teil des Apennin*
Beskiden *Teil der Westkarpaten*
Faulhorn *G der Berner Alpen*

Jungfrau *B in den Berner Alpen*
Lysa Góra *HZ in Polen*
Piz Palue *B der Bernina-Gr*

9
Czornebog *B im Lausitzer Gb*
Czorneboh *B im Lausitzer Gb*
Dolomiten *GbGr der südl. Kalkalpen*
Gran Sasso *G der Abruzzen*
Hohe Tatra *GbZ der Karpaten*
Langkofel *G der Dolomiten*
Maladetta *Teil der Pyrenäen*
Marmolata *GbSt der Dolomiten*
Meeralpen *Teil der Westalpen*
Mont Perdu *G der Pyrenäen*
Monte Rosa *Gb-Massiv in den Walliser Alpen*

10
Dammastock *GbSt der Urner Alpen*
Drei Zinnen *BGr der Dolomiten*
Gornergrat *Grat im Monte-Rosa-Massiv*
Iwan Sattel *Teil der Dinar. Alpen*
Karawanken *Teil der südl. Kalkalpen*

11
Adulagruppe *G der Graubündener A*
Berner Alpen *Gr der Westalpen*
Bluemlisalp *GSt der Berner Alpen*
Churfirsten *GbZ in den St. Gallener A*
Fichtelberg *G des Erzgebirges*
Rosengarten *BGr der Dolomiten*

12
Eulengebirge *GbZ der Sudeten*
Glarner Alpen *Gr der Westalpen*
Niedere Tatra *GbZ der Karpaten*
Sierra Morena *Teil des Kastilischen Hochlandes*

13
Riesengebirge *Teil der Sudeten*
Tessiner Alpen *Gr der Lepontinischen Alpen*
Walliser Alpen *Gr der Westalpen*

14
Kottische Alpen *Kette der Westalpen*

15
Ligurische Alpen *Teil der Westalpen*

16
Lausitzer Gebirge *GbZ der Sudeten*

d Andere Erdteile

6
Elbrus *Berg im Kaukasus*
Kasbek *Berg im Kaukasus*

7
Illampu *B in den Kordilleren*
Mawensi *G des Kilimandscharo*

8
Illimani *B der Cordillera Real*

11
Alleghanies *Teil der Appalachen*
Gaurisankar *Berg im Himalaja*
Sierra Madre *Teil der Kordilleren*

Squaw Valley *Teil des Colorado-gebirges*

14
Rocky Mountains *Teil der N-Amerikanischen Kordilleren*

C Höchste Gipfel von Gebirgen

a Deutschland

5
Arber *Böhmer Wald*

6
Kalmit *Hardt, Haardt*

7
Brocken *Harz*

8
Feldberg *Schwarzwald*
Feldberg *Taunus*
Hohe Acht *Eifel*
Wildhorn *Freiburger Alpen*

9
Zugspitze *höchster B Deutschlands*
Zugspitze *Wettersteingebirge*

10
Hohes Licht *Allgäuer Alpen*
Inselsberg *Thür. Wald*
Schneeberg *Fichtelgebirge*

11
Fuchskauten *Westerwald*
Schneekoppe *Riesengebirge*
Wasserkuppe *Rhön*

12
Einoedriegel *Bayerischer Wald*
Katzenbuckel *Odenwald*

15
Grosser Beerberg *Thüringer Wald*
Grosser Feldberg *Taunus*

b Österreich

4
Obir *Karawanken*

7
Reckner *Tuxer Alpen*

8
Eisenhut *Norische Alpen*
Goesseck *Eisenerzer Alpen*
Heukuppe *Raxalpe*
Schoepfl *Wiener Wald*
Stuhleck *Fischbacher Alpen*

9
Hohe Warte *Karnische Alpen*
Piz Linard *Silvretta*

10
Hochfeiler *Zillertaler Alpen*
Hochkoenig *Übergossene Alm*
Scesaplana *Rhätikon*
Wildspitze *Ötztaler Alpen*

11
Hochgolling *Niedere Tauern*
Zuckerhuetl *Stubaier Alpen*

12
Ellmauer Halt *Kaisergebirge*
Grosser Priel *Totes Gebirge*

13
Birkkarspitze *Karwendelgebirge*
Grossglockner *Glockner-Gr*
Grossglockner *Hohe Tauern*
Grossglockner *höchster B Österreichs*
Hochalmspitze *Ankogelgruppe*
Klosterwappen *Schneeberg*

14
Grossvenediger *Venediger Gr*
Parseier Spitze *Lechtaler Alpen*

c Übriges Europa

3
Dom *Mischabel-Gruppe*
Esel *Pilatus*

5
Negoi *Transsilvanische Alpen*

6
Musala *Rila Planina*
Nollen *Titlis*
Ortler *Ortler-Alpen*

7
Djumbir *Niedere Tatra*
Dumbier *Niedere Tatra*
Triglav *Julische Alpen*

8
Ben Nevis *Grampians*
Ben Nevis *höchster B Groß-britanniens*
Mulhacen *höchster B Spaniens*

9
Babia Góro *Beskiden*
Cross Fell *Pennisches Gebirge*
Hochstuhl *Karawanken*
Marmolata *Dolomiten*
Montblanc *Savoysche Alpen*
Montblanc *höchster B Europas*
Monte Viso *Kottische Alpen*

10
Kebnekajse *höchster B Schwedens*
Kebnekajse *Skandinavisches Gb*
Monte Corno *Gran Sasso d'Italia*
Pico d'Aneto *Maladetta*
Piz Bernina *Berninagruppe*
Presanella *Adamellogruppe*

11
Gerlachovka *Hohe Tatra*
Glittertind *höchster B Skandinaviens*
Grand Ballon *Vogesen*
Pizzo di Coca *Bergamasker Alpen*

12
Dufourspitze *Monte Rosa*
Gran Paradiso *Grajische Alpen*
Jumruktschal *Balkan*

13
Rheinwaldhorn *Adula Alpen*

14
Finsteraarhorn *Berner Alpen*

d Andere Erdteile

4
Kibo *Kilimandscharo*

6
Elbrus *Kaukasus*

7
Dapsang *Karakorum*

8
Bjelucha *Altai*
Demawend *Elburs*
Itatiaja *Serrada Mantiquieira*

9
Aconcagua *Argentinische Anden*
Aconcagua *höchster Berg Amerikas*
Mount Cook *höchster B Neuseelands*

11
Lunpogangri *Transhimalaja*

12
Godwin Austen *Karakorum*
Mount Everest *Himalaja*
Mount Everest *höchster B der Welt*
Mount Whitney *Sierra Nevada*

13
Mount Mitchell *Appalachen*
Mount Townsend *höchster B Australiens*
Tschomolungma *tibetanischer Name des Mount Everest*

14
Mount Mac Kinley *höchster B N-Amerikas*

8 Gebirgspässe

5
Gemmi *Kandertal/Wallis*

6
Maloja *Bergell/Engadin*

7
Arlberg *Tirol/Vorarlberg*
Brenner *Stubaier-/Zillertaler Alpen*
Viamala *Hinterrhein (Engpaß)*

8
Fernpass *Loisachtal/Inntal*
Ofenpass *Unterengadin/Münstertal*
Pass Luegg *Pongau (Salzachschlucht)*

9
Achenpass *Tirol/Bayern*
Duklapass *in den Ostbeskiden*
Furkapass *Reußtal/Rhônetal*
Gemmipass *Kandertal/Wallis*
Loiblpass *in den Karawanken*
Pyhrnpass *Oberösterreich/Steiermark*
Semmering *Niederösterreich/Steiermark*

10
Albulapass *Engadin/Bergün*

Fluelapass *Davos/Unterengadin*
Gerlospass *Gerlostal/Salzachtal*
Jaufenpass *Eisacktal/Passeiertal*
Julierpass *Oberengadin/ Oberhalbstein*
Perdoijoch *Fassatal/Ampezzotal*
Schoberpass *Steiermark*
Tauernpass *Kärnten*
Tonalepass *Ortlergruppe/ Adamellogruppe*
Vulkanpass *in den westlichen Transsylvanischen Alpen*

11
Berninapass *Inntal/Addatal*
Grimselpass *Aaretal/Rhônetal*
Khaiberpass *Afghanistan/ Pakistan*
Nufenenpass *Rhônetal/Tessintal*
Simplonpass *Schweiz/Italien*
Theodulpass *Pfad über das Matterjoch*

12
Col de Fordaz *Schweiz*
Col de l'Iseran *Schweiz/Frankreich*
Groednerjoch *Ampezzotal (Dolomiten)*
Karerseepass *in den Dolomiten*
Ploeckenpass *in den Karnischen Alpen*
Spluegenpass *Hinterrheintal/ Lirotal*
Stilfser Joch *Vintschgau/Addatal*

13
Col de la Perche *Frankreich/ Spanien*
Sankt Bernhard *Schweiz/Italien*
Sankt Gotthard *Schweiz/Italien*
Uspallatapass *Argentinien/Chile (in den Anden)*

14
Katschbergpass *Salzburg/Kärnten*

16
Finstermuenzpass *Engpaß des Inntales*
Reschenscheideck *Inntal/Etschtal*

9 Vulkane

3
Apo *auf Mindanao*

4
Gede *auf Java*
Meru *in Ostafrika*

5
Aetna *auf Sizilien*
Hekla *auf Island*
Mayon *auf Luzon*
Misti *in Peru*
Vesuv *in Italien*

6
Ararat *in Armenien*
Colima *in Mexiko*
Cumbal *in Kolumbien*
Erebus *auf der Roßinsel*
Katmai *in Alaska*
Merapi *auf Java*
Sajama *in Bolivien*
Tolima *in Kolumbien*

7
Alagoes *in Armenien*
Fujisan *auf Hondo (Japan)*
Mont Dore *in Frankreich*

8
Antisane *in Ecuador*
Chiriqui *in Panama*
Chirripo *in Costarica*
Cotopaxi *in Ecuador*
Krakatau *auf Krakatau*
Mont Pelé *auf Martinique*
Mauna Kea *auf Hawaii*
Mauna Loa *auf Hawaii*

9
Asamajama *auf Hondo (Japan)*
Stromboli *auf Stromboli*
Tajamulco *in Guatemala*

10
Chimborazo *in Ecuador*
Fudschisan *auf Hondo (Japan)*
Lassen Peak *Kalifornien (USA)*

11
Chimborasso *in Ecuador*
Fudschijama *auf Hondo (Japan)*
Kamerunberg *in Kamerun*
Kaiserstuhl *in der Oberrheinischen Tiefebene*

12
Citlaltepetl *in Mexiko*
Iztaccihuatl *in Mexiko*
Mount Rainier *in Washington (USA)*
Popocatepetl *in Mexiko*

13
Pico de Orizaba *in Mexiko*

14
Kilimandscharo *in Ostafrika*

10 Wüsten

4
Gila *USA*
Gobi *Innerasien*

5
Namib *Südwestafrika*
Nefud *Arabien*

6
Sahara *Afrika*

7
Karakum *Sowjetunion*

8
Kalahari *Südafrika*

10
Wueste Gobi *Innerasien*

11
Wueste Nefud *Arabien*

14
Nubische Wueste *Arabien*

15
Arabische Wueste *Ägypten*

11 Flüsse und Ströme

A Hauptflüsse

a Europa

2
Aa *Sowjetunion*
Il *Finnland*
Po *Italien*

3
Dee *Schottland*
Don *Sowjetunion*
Eem *Niederlande*
Ems *Deutschland*
Esk *Nord-England*
Gay *Schottland*
Nea *Norwegen*
Nen *England*
Ore *Schweden*
Tay *Schottland*
Ter *Spanien*
Var *Frankreich*
Wye *England*

4
Agri *Italien*
Drin *Albanien*
Dyle *Belgien*
Ebro *Spanien*
Elbe *Deutschland*
Eman *Schweden*
Kuma *Sowjetunion*
Leba *Deutschland*
Luga *Sowjetunion*
Maas *Frankreich, Belgien und Niederlande*
Miño *Spanien*
Oder *Deutschland*
Orbe *Schweiz*
Orne *Frankreich*
Otra *Norwegen*
Ouse *England*
Reda *Polen*
Reno *Italien*
Rion *Sowjetunion*
Sado *Portugal*
Sele *Italien*
Tajo *Spanien*
Tees *England*
Tejo *Portugal*
Toce *Italien*
Tyne *England*
Umba *Sowjetunion*
Ural *Sowjetunion*
Wear *England*
Yser *Belgien und Frankreich*

5
Adour *Frankreich*
Argen *Deutschland*
Clyde *Schottland*
Donau *Europ. Strom*
Douro *Portugal*
Duero *Spanien*
Dwina *Sowjetunion*
Eider *Deutschland*
Etsch *Italien*
Forth *Schottland*
Jucar *Spanien*
Kuban *Sowjetunion*
Loire *Frankreich*
Mesen *Sowjetunion*
Minho *Portugal*
Odiel *Spanien*
Piave *Italien*
Rhein *Europ. Strom*
Rhône *Frankreich*
Seine *Frankreich*

Somme *Frankreich*
Terek *Sowjetunion*
Tiber *Italien*
Trave *Deutschland*
Trent *England*
Tweed *Schottland*
Urbas *Jugoslawien*
Weser *Deutschland*
Wolga *Sowjetunion*

6
Brenta *Italien*
Dnjepr *Sowjetunion*
Eisack *Italien*
Isonzo *Italien*
Severn *England*
Themse *England*
Tronto *Italien*

7
Busento *Italien*
Dnjestr *Sowjetunion*
Garonne *Frankreich*
Glommen *Norwegen*
Maritza *Bulgarien*
Neretwa *Jugoslawien*

8
Charente *Frankreich*
Guadiana *Spanien*
Volturno *Italien*
Weichsel *Polen*

9
Petschora *Sowjetunion*

10
Indals Aelv *Schweden*
Manzanares *Spanien*

11
Guadalaviar *Spanien*

12
Guadalquivir *Spanien*

b Andere Erdteile

2
Ob *Sibirien*
Ui *Sibirien*

3
Amu *Tukrestan*
Fly *Neuguinea*
Ené *Peru*
Ili *Chin. Turkestan*
Nil *Ägypten*
Omo *Abessinien*
Omu *Westafrika*
Tas *Sibiren*

4
Amur *Sibirien*
Aras *Armenien*
Beni *Bolivien*
Jalu *zwischen Korea und Mandschurei*
Juba *Ostafrika*
Kura *Transkaukasien*
Lena *Sibirien*
Tapu *Indien*

5
Indus *Vorderindien*
Jukon *Alaska*
Kongo *Mittelfafrika*
Menam *Hinterindien*
Niger *Westafrika*
Peiho *China*
Roper *Australien*
Tarim *Ostturkestan*

Volta *Westafrika*
Yukon *Alaska*

6
Coanza *Angola*
Gambia *Westafrika*
Ganges *Vorderindien*
Hudson *Nordamerika*
Jordan *Palästina*
Kaweri *Vorderindien*
Kolyma *Sibirien*
Kuanza *Angola*
Kunene *Westafrika*
Liauho *Mandschurei*
Mekong *Hinterindien*
Murgab *Vorderasien*
Murray *Australien*
Parana *Südamerika*
Penner *Indien*
Saluën *Hinterindien*
Schari *Sudan*
Songka *Hinterindien*
Sonora *Mexiko*
Tigris *Vorderasien*

7
Euphrat *Vorderasien*
Hoangho *China*
Irawadi *Burma*
Limpopo *Südafrika*
Narbada *Vorderindien*
Orinoco *Südamerika*
Sambesi *Südafrika*
Senegal *Westafrika*
Sikiang *China*

8
Amazonas *Südamerika*
Amudarja *Mittelasien*
Chatanga *Sibirien*
Colorado *Argentinien*
Colorado *USA*
Columbia *USA*
Delaware *USA*
Godavari *Indien*
Jenissei *Sibirien*
Syr Darja *Zentralasien*

9
Athabasca *Kanada*
Churchill *Kanada*
Indigirka *Sibirien*
Mackenzie *Kanada*

11
Brahmaputra *Vorderindien*
Mississippi *USA*
Oranjefluß *Südafrika*
Rio Colorado *Argentinien*

12
Jangtsekiang *China*

13
Colorado River *USA*

15
Magdalenenstrom *Kolumbien*
Sacramento River *USA*

B Rechte Nebenflüsse

a Europa

2
Aa *Yssel*
Ik *Sakmara*

3
Ain *Rhône*
Alb *Rhein*
Bug *Weichsel*
Elz *Neckar*
Elz *Rhein*
Ill *Rhein*
Ilm *Donau*
Inn *Donau*

Ise *Aller*
Itz *Main*
Lim *Dwina*
Lot *Garonne*
Oka *Wolga*
Rur *Maas*
San *Weichsel*
Sau *Donau*

4
Alle *Pregel*
Arva *Waag*
Aube *Seine*
Bobr *Narew*
Dill *Lahn*
Drau *Donau*
Drut *Dnjepr*
Egau *Nadeb*
Enns *Donau*
Esla *Duero*
Fils *Neckar*
Gail *Drau*
Gard *Rhone*
Glan *Nahe*
Gurk *Save*
Ihle *Elbe*
Ihna *Oder*
Ille *Vilaine*
Isar *Donau*
Iser *Elbe*
Lahn *Rhein*
Lech *Donau*
Lune *Unterweser*
Main *Rhein*
Murg *Rhein*
Murr *Neckar*
Oise *Seine*
Olsa *Oder*
Orla *Bartsch*
Orla *Saale*
Paar *Donau*
Pesa *Mesen*
Prut *Donau*
Raab *Donau*
Rems *Neckar*
Reno *Po*
Rhin *Havel*
Roer *Maas*
Riss *Isar*
Ruda *Oder*
Ruhr *Rhein*
Saar *Mosel*
Sajó *Theiß*
Salm *Mosel*
Save *Donau*
Sieg *Rhein*
Sill *Inn*
Sura *Wolga*
Taro *Po*
Urft *Roer*
Vils *Donau*
Vils *Nab*
Wied *Rhein*
Wien *Donau*
Ybbs *Donau*

5
Agger *Sieg*
Aller *Weser*
Dosse *Weser*
Havel *Elbe*
Iller *Donau*
Itter *Neckar*
Jagst *Neckar*
Lesse *Maas*
Lippe *Rhein*
Narew *Bug*
Netze *Warthe*
Reuss *Aare*
Salza *Enns*
Stoer *Elbe*
Thaya *March*
Traun *Donau*
Wehra *Rhein*
Wiese *Rhein*
Wrbas *Save*

6
Ariègo *Garonne*
Kinzig *Main*
Kinzig *Rhein*
Kocher *Neckar*
Leitha *Donau*
Minzel *Oder*
Moehne *Ruhr*
Morawa *Donau*
Neckar *Rhein*
Ourthe *Maas*
Seille *Mosel*
Warthe *Oder*
Wetter *Nidda*
Wupper *Rhein*
Wutach *Rhein*
Ziller *Inn*

7
Drewenz *Weichsel*
Emscher *Rhein*
Hoersel *Werra*
Salzach *Inn*

8
Beresina *Dnjepr*
Dordogne *Garonne*
Innerste *Leine*
Klodnitz *Oder*

10
Wytschegda *Dwina*

b Andere Erdteile

2
Ik *Tobol*

3
Ket *Ob*
Tom *Ob*

4
Bane *Niger*
Rubi *Kongo*
Vaal *Oranje*

5
Aldan *Lena*
Jauru *Paraguay*
Jurua *Amazonas*
Purus *Amazonas*
Sanga *Kongo*
Witim *Lena*
Xingu *Amazonas*

6
Kansas *Missouri*
Olekma *Lena*
Ubangi *Kongo*
Ussuri *Amur*

7
Aruwimi *Kongo*
Darling *Murray*
Madeira *Amazonas*

Sungari *Amur*
Tapajoz *Amazonas*
Ucayali *Amazonas*

8
Arkansas *Mississippi*

Missouri *Mississippi*
Red River *Mississippi*

9
Pilcomayo *Paraguay*
Tocantins *Amazonas*

11
Yellowstone *Missouri*

C Linke Nebenflüsse

a Europa

2
Ik *Kama*

3
Aar *Lahn*
Aar *Rhein*
Ahr *Rhein*
Alf *Mosel*
Alt *Donau*
Aue *Weser*
Elz *Mosel*
Ems *Lahn*
Enz *Neckar*
Ill *Rhein*
Ilm *Saale*
Ilz *Donau*
Lan *Tripjet*
Mur *Drau*
Nab *Donau*
Ohe *Ilz*
Ohm *Lahn*
Our *Sauer*
Sal *Don*

4
Ache *Inn*
Adda *Po*
Aare *Rhein*
Aich *Neckar*
Alle *Pregel*
Arve Rhône
Aupa *Elbe*
Birs *Rhein*
Bode *Saale*
Cher *Loire*
Dona *Po*
Eder *Fulda*
Egau *Donau*
Eger *Elbe*
Eltz *Mosel*
Erft *Rhein*
Eure *Seine*
Fuse *Aller*
Geer *Maas*
Gers *Garonne*
Gran *Donau*
Isel *Drau*
Kamp *Donau*
Kyll *Mosel*
Lohe *Oder*
Naab *Donau*
Nahe *Rhein*
Ohle *Oder*
Oker *Aller*
Oppa *Oder*
Orco *Po*
Ossa *Oder*
Oste *Elbe*
Rott *Inn*
Sahn *Save*
Sula *Dnjepr*
Thur *Rhein*
Vils *Donau*
Vils *Nab*
Waag *Donau*
Weil *Lahn*
Wurm *Roer*

5
Adler *Elbe*
Agout *Tarn*
Aisch *Regnitz*
Aisne *Oise*
Aland *Elbe*
Allia *Tiber*
Aluta *Donau*
Ammer *Neckar*
Amper *Isar*
Bober *Oder*
Brahe *Weichsel*
Brenz *Donau*
Desna *Dnjepr*
Doubs *Saône*
Eipel *Donau*
Glatt *Rhein*
Hunte *Weser*
Isère *Rhône*
Leine *Aller*
Lenne *Ruhr*
March *Donau*
Mosel *Rhein*
Mulde *Elbe*
Muerz *Mur*
Neger *Ruhr*
Nette *Rhein*
Oglio *Po*
Pruem *Sauer*
Pruth *Donau*
Regen *Donau*
Saale *Elbe*
Sauer *Mosel*
Sesia *Po*
Sevre *Loire*
Spree *Havel*
Welse *Oder*
Yonne *Seine*
Zinna *Oder*

6
Aniene *Tiber*
Diemel *Weser*
Lauter *Rhein*
Lavant *Donau*
Mincio *Po*
Moldau *Elbe*
Moskwa *Oka*
Neutra *Donau*
Piliga *Weichsel*
Prosna *Warthe*
Sambre *Maas*
Tamina *Rhein*
Tauber *Main*
Theiss *Donau*
Vienne *Loire*

7
Durance *Rhône*
Ilmenau *Elbe*

Koeroes *Theiß*
Regnitz *Main*
Saalach *Salzach*
Unstrut *Saale*

8
Altmuehl *Donau*
Katzbach *Oder*
Mangfall *Inn*

10
Weisseritz *Elbe*

b Andere Erdteile

2
Ui *Tobol*

3
Ica *Amazonas*
Kur *Amor*

4
Gila *Colorado*
Meta *Orinoko*
Napo *Amazonas*
Ohio *Mississippi*
Paru *Amazonas*
Ruki *Kongo*
Seja *Amur*

5
Amgun *Amur*
Tobol *Iritsch*

6
Boloko *Kongo*
Bureja *Amur*
Japura *Amazonas*
Kassai *Kongo*
Lomami *Kongo*
Ottawa *St.-Lorenz-Strom*
Schire *Sambesi*
Wiljuj *Lena*

7
Irtisch *Ob*

8
Illinois *Mississippi*
Niobrara *Missouri*
Putumayo *Amazonas*
Rio Negro *Amazonas*

9
Rio Branco *Rio Negro*
Trombetas *Amazonas*

D Quellflüsse, Mündungsarme und dgl.

3
Lek *Rheinmündungsarm*

4
Aach *unterirdischer Abfluß der Donau (Immendingen)*
Baro *Quellfluß des Sobat (Abess.)*
Newa *Abfluß des Ladogasees*
Vaal *Oranjequellfluß*
Waal *Rheinmündungsarm*

5
Brege *Donauquellfluß*
Kilia *Donaumündungsarm*
Lepsa *Zufluß des Blachaschsees*
Nogat *Weichselmündungsarm*

6
Kagera *Hauptzufluß des Viktoriasees*
Kander *Zufluß des Thuner Sees*
Lukuga *Kongoquellfluß*
Sulina *Donaumündungsarm*

7
Brigach *Donauquellfluß*
Lualaba *Kongoquellfluß*
Luapula *Kongoquellfluß*
Marañon *Oberlauf des Amazonas*
Merwede *Rheinmündungsarm*
Niagara *Abfluß des Eriesees*
Tsangpo *Oberlauf des Brahmaputra*

9
Alleghany *Ohioquellfluß*
Neue Issel *Rheinmündungsarm*

10
Alter Rhein *Rheinmündungsarm*
Sankt Georg *Donaumündungsarm*

11
Hinter-Rhein *Rheinquellfluß*
Mangongahela *Ohioquellfluß*
Vorder-Rhein *Rheinquellfluß*

12
Schat-el-Arab *Unterlauf des Euphrat und Tigris*

12 Seen

a Deutschland

6
Eibsee *Bayern*

7
Dieksee *Schleswig-Holstein*
Ebnisee *Baden-Württemberg*
Lebasee *Pommern*
Titisee *Baden-Württemberg*
Wildsee *Baden-Württemberg*
Wilmsee *Pommern*
Wannsee *Berlin*

8
Ammersee *Bayern*
Bodensee *Süddeutschland*
Chiemsee *Bayern*
Maduesee *Pommern*
Mauersee *Ostpreußen*
Stocksee *Schleswig-Holstein*
Wuermsee *Bayern*

9
Behler See *Schleswig-Holstein*
Keller See *Schleswig-Holstein*
Kochelsee *Bayern*
Krakowsee *Mecklenburg*
Lanker See *Schleswig-Holstein*
Plauer See *Brandenburg*
Plauer See *Mecklenburg*
Tegernsee *Bayern*

10
Dratzigsee *Pommern*
Duemmer See *Niedersachsen*
Fleesensee *Mecklenburg*
Koelpinsee *Mecklenburg*
Koenigssee *Bayern*
Laacher See *Rheinland-Pfalz*
Mueritzsee *Mecklenburg*
Mueggelsee *Berlin*
Ploener See *Schleswig-Holstein*
Schliersee *Bayern*
Staffelsee *Bayern*
Tegeler See *Berlin*
Walchensee *Bayern*

11
Selenter See *Schleswig-Holstein*
Tollensesee *Mecklenburg*

12
Loewentinsee *Ostpreußen*
Malchiner See *Mecklenburg*
Werbellinsee *Brandenburg*

13
Kummerower See *Mecklenburg*
Schweriner See *Mecklenburg*

14
Ratzeburger See *Schleswig-Holstein*
Starnberger See *Bayern*
Steinhuder Meer *Niedersachsen*

15
Scharmuetzelsee *Brandenburg*

b Österreich

7
Mattsee
Mondsee

8
Achensee
Attersee
Traunsee

9
Faakersee
Grundlsee
Trumer See
Waller See
Zeller See

10
Weissensee

11
Woerther See
Wolfgangsee

12
Klopeiner See
Ossiacher See

13
Alt-Ausseer See
Neusiedler See

15
Hallstaetter See
Millstaetter See

c Übriges Europa

6
Saimaa *Finnland*
Topsee *Sowjetunion*

7
Idro See *Italien*
Iseo See *Italien*
Nordsee *Norwegen*
Oulu See *Finnland*
Stor See *Schweden*
Wodl See *Sowjetunion*

8
Comer See *Italien*
Enare See *Finnland*
Gardasee *Italien*
Ilmensee *Sowjetunion*
Inari See *Finnland*
Kuito See *Sowjetunion*
Lac Léman *Schweiz*
Lough See *Irland*
Mjoes See *Norwegen*
Onega See *Sowjetunion*
Pjaew See *Sowjetunion*
Saima See *Finnland*
Sasik See *Sowjetunion*
Stoer See *Norwegen*
Uchta See *Sowjetunion*
Urner See *Schweiz*
Zuger See *Schweiz*

9
Beloje See *Sowjetunion*
Bieler See *Schweiz*
Genfer See *Schweiz*
Kunduk See *Sowjetunion*
Ladoga-See *Sowjetunion*
Lago Cusio *Italien*
Lage d'Orta *Italien*
Langensee *Italien/Schweiz*
Lough Derg *Irland*
Lough Erne *Irland*

Lujawr See *Sowjetunion*
Maelarsee *Schweden*
Peipussee *Sowjetunion*
Presba See *Jugoslawien/ Griechenland*
Siljan See *Schweden*
Skadar See *Albanien/ Jugoslawien*
Thuner See *Schweiz*
Vaenar See *Schweden*
Wallensee *Schweiz*

10
Imandra See *Sowjetunion*
Lakscha See *Sowjetunion*
Lough Neagh *Irland*
Luganer See *Italien/Schweiz*
Mjoesen See *Norwegen*
Ochrida See *Albanien/Jugoslawien*
Paeijaenne *Finnland*
Plattensee *Ungarn*
Seliger See *Sowjetunion*
Shkodra See *Albanien/Jugoslawien*
Skutari See *Albanien/ Jugoslawien*
Waetter See *Schweden*

11
Brienzer See *Schweiz*
Misurinasee *Italien*
Murtener See *Schweiz*

12
Bracciano See *Italien*
Lago Maggiore *Italien/Schweiz*
Ochridsko See *Albanien/ Jugoslawien*
Zuericher See *Schweiz*

14
Neuenburger See *Schweiz*

d Andere Erdteile

6
Tai See *China*

7
Aralsee *Sibirien*
Erie See *Kanada/USA*
Eyre See *Australien*
Kuku-nor *Tibet*
Meru See *Zentralafrika*
Tana See *Abessinien*

8
Kaspi See *Europa/Asien*
Huron See *Kanada/USA*
Issykkul *Sowjetunion*
Tsiao See *China*
Tungting *China*
Urmia See *Persien*

9
Albertsee *Ostafrika*
Baikalsee *Sibirien*
Eduardsee *Innerafrika*
Edwardsee *Innerafrika*
Njassa See *Ostafrika*
Oberer See *Kanada/USA*
Rudolfsee *Ostafrika*
Totes Meer *Palästina*
Tschad See *Sudan*

10
Chapala See *Mexiko*
Ontario See *Kanada/USA*
Torrens See *Australien*

11
Balkasch See *Innerasien*

Michigan See *USA*
Titicaca See *Peru/Bolivien*
Tungting See *China*
Victoria See *Ostafrika*
Winnipeg See *Kanada*

12
Athabasca See *Kanada*
Balchasch See *Innerasien*
Bangweolo See *Ostafrika*
Champlain See *USA*
Nicaragua See *Nicaragua*

13
Kaspischer See *Europa/Asien*
Tanganjika See *Afrika*

14
Großer Salzsee *USA*
Kaspisches Meer *Europa/Asien*

16
Großer Baerensee *Kanada*

13 Meere

(BM: Binnenmeer; M: Meer; NM: Nebenmeer; RM: Randmeer; O: Ozean)

A Meere und Meeresteile

5
Adria *NM des Mittelmeeres*
Indik *der Indische Ozean*

6
Ostsee *europ. Binnenmeer*

7
Javasee *RM des Stillen Ozeans*
Karasee *Teil des Nördl. Eis-M*
Nordsee *RM des Atlantik*
Suedsee *alter Name des Stillen Ozeans*
Sulusee *Teil des Stillen Ozeans*

8
Bandasee *Teil des Stillen Ozeans*
China See *RM des Stillen Ozeans*
Rossmeer *Teil des Stillen Ozeans*
Sundasee *Teil des Stillen Ozeans*

9
Baffin Bai *Teil des Nördl. Eis-M*
Hudson Bai *N-Amerikan. BM*
Laptewsee *Teil des Nördl. Eis-M*
Rotes Meer *BM des Indischen O*
Tasmansee *RM des Stillen Ozeans*

10
Barentssee *Teil des Nordpolar-M*
Beringmeer *RM des Stillen Ozeans*
Celebessee *Teil des Stillen Ozeans*
Gelbes Meer *Teil des Ostchines. M*
Irische See *Teil des Atlantik*
Mittelmeer *BM zw Europa, Afrika und Asien*

11
Sargassosee *Teil des Atlantik*
Weddelmeer *RM des Atlantik*
Weisses Meer *NW der Barentssee*

12
Bristolkanal *Bucht in W-England*
Korallenmeer *Teil des Stillen Ozeans*
Sargassomeer *Teil des Atlantik*

13
Asowsches Meer *NM des Schwarzen Meeres*
Golf von Mexiko *NM des Atlantik*
Nordpolarmeer *M in der Arktis*
Schwarzes Meer *NM des Mittelmeeres*

14
Arabisches Meer *Teil des Indischen Ozeans*
Arktisches Meer *M der Arktis*
Persischer Golf *NM des Indischen Ozeans*

15
Aegaeisches Meer *NM des Mittel-M*
Japanisches Meer *RM des Stillen Ozeans*
Karibisches Meer *M zw Zentral- und S-Amerika*
Ligurisches Meer *Teil des Tyrrhenischen Meeres*
Pazifisches Meer *der Stille O*

26
Adriatisches Meer *NM des Mittelmeeres*
Karibisches Meer *M zw Zentral- und S-Amerika*

B Ozeane

7
Pazifik

8
Atlantik

12
Grosser Ozean
Stiller Ozean

14
Indischer Ozean

15
Atlantischer Ozean

C Meeresstraßen und -engen

4
Belt *Ostsee*
Sund *Seeland/Schweden*

8
Bosporus *europ./asiat. Türkei*
Der Kanal *England/Frankreich*
Kattegatt *Jütland/Seeland/Schweden*
Oeresund *Seeland/Schweden*

9
Nordkanal *Schottland/Irland*
Skagerrak *Norwegen/Jütland*

10
Foxstraße *Baffinland/Southampton-Insel*

11
Aermelkanal *England/Frankreich*

Bab-el-Mandeb *Rotes Meer/Golf von Aden*
Bass Straße *Australien/Tasmanien*
Cook Straße *N und S Neuseeland*
Dardanellen *europ./asiat. Türkei*
Grosser Belt *Fünen/Seeland*
Kleiner Belt *Fünen/Jütland*
Palk Straße *Indien/Ceylon*

12
Banks Strasse *Banks Land/Melville Land*
Cabot Strasse *Neufundland/Neuschottland*
Davis Strasse *Grönland/Kanada*
Korea Strasse *Korea/Japan*
Osumi Strasse *Osumi/Kiuschiu*

13
Bering Strasse *Alaska/Sibirien*
Fukien Strasse *China/Formosa*
Hudson Strasse *Baffinland/Labrador*
Torres Strasse *Neu Guinea/Australien*

14
Florida Strasse *Florida/Cuba*
Formosa Strasse *Formosa/China*
Foveaux Strasse *S-Neuseeland/Steward Insel*
Tsugaru Strasse *Hokkaido/Hondo*
Yukatan Strasse *Yukatan/Cuba*

15
Magellan Strasse *Südam./Feuerland*
Makassar Strasse *Borneo/Celebes*
Nordwest Passage *Nordamerika/Ostasien*
Molukken Straße *Halmahera/Celebes*
Strasse von Dover *England/Frankreich*
Strasse von Ormus *Persien/Arabien*
Windward Passage *Cuba/Haiti*

16
Belle Isle Strasse *Neufundland/Labrador*
Magalhães Strasse *Südam./Feuerland*
Sankt Georgs Kanal *Irland/Wales*

14 Inseln und Inselgruppen

A Inseln in Meeren

3
Aix *französische Atlantik-Küste*
Als *Nordsee*
Aru *Stiller Ozean*
Bua *Adria*
Eli *Rotes Meer*
Kos *Ägäisches Meer*
Fyn *Ostsee*
Man *Irische See*
Yen *Atlantik*

4
Arbe *Adria*
Ebon *Stiller Ozean*
Elba *Mittelmeer*
Moen *Ostsee*

Poel *Ostsee*
Swan *Karibisches Meer*
Vilm *Rügenscher Bodden*
Wake *Stiller Ozean*

5
Alsen *Kleiner Belt*
Arran *Firth of Clyde*
Capri *Golf von Neapel*
Chios *Ägäisches Meer*
Dagos *Ostsee*
Fanoe *Nordsee*
Imroz *Ägäisches Meer*
Juist *Nordsee*
Kreta *Mittelmeer*
Malta *Mittelmeer*
Nauru *Stiller Ozean*
Oesel *Ostsee*
Samos *Ägäisches Meer*
Wight *Kanal*

6
Aegina *Golf von Ägina*
Ceylon *Indischer Ozean*
Cypern *Mittelmeer*
Euboea *Ägäisches Meer*
Fuenen *Ostsee*
Imbros *Ägäisches Meer*
Ischia *Golf von Neapel*
Island *Atlantik*
Lemnos *Ägäisches Meer*
Lesbos *Ägäisches Meer*
Limnos *Ägäisches Meer*
Mellum *Nordsee*
Oeland *Ostsee*
Ruegen *Ostsee*
Taiwan *Stiller Ozean*
Usedom *Ostsee*
Wollin *Ostsee*

7
Corsica *Mittelmeer*
England *Atlantik*
Fehmarn *Ostsee*
Formosa *Stiller Ozean*
Gotland *Ostsee*
Hiiumaa *Ostsee*
Korsika *Mittelmeer*
Kythira *Ägäisches Meer*
Madeira *Atlantik*
São Tomé *Golf von Guinea*
Sokatra *Indischer Ozean*
Thassos *Ägäisches Meer*

8
Anglesey *Irische See*
Billiton *Java See*
Bornholm *Ostsee*
Jan Mayen *Nördliches Eismeer*
Kolgujew *Nördliches Eismeer*
Krakatau *Sundastraße*
Mytilini *Ägäisches Meer*
Saaremaa *Ostsee*
Sachalin *Ochotskisches Meer*
Sizilien *Mittelmeer*

9
Anticosti *St.-Lorenz-Golf*
Ascension *Atlantik*
Helgoland *Nordsee*
Lampedusa *Mittelmeer*
Langeland *Ostsee*
Margarita *Karibisches Meer*
Neuguinea *Stiller Ozean*
Sardinien *Mittelmeer*
Tsuschima *Koreastraße*

10
Baffinland *Arktis*
Madagaskar *Indischer Ozean*
Samothraki *Ägäisches Meer*
Spiekeroog *Nordsee*

11
Baereninsel *Arktis*
Bouvet-Insel *Atlantik*
Pantelleria *Mittelmeer*
Sankt Helena *Atlantik*

12
Victorialand *Arktis*
Wrangelinsel *Arktis*

13
Ellesmere-Land *Arktis*
Neukaledonien *Stiller Ozean*

14
Tristan da Cunha *Atlantik*

15
Christmas Island *Indischer Ozean*
Grossbritannien *Atlantik*
Weihnachtsinsel *Indischer Ozean*

B Inseln in Inselgruppen

3
Aur *Marshall-I*
Hoy *Orkney-I*
Ios *Kykladen*
Kea *Kykladen*
Kos *Sporaden*
Krk *Dalmatinische I*
Nio *Kykladen*
Obi *Molukken*
Pag *Dalmatinische I*
Rab *Dalmatinische I*
Rum *Hebriden*
Wis *Dalmatinische I*
Yap *Karolinen*

4
Anaa *Gesellschafts-I*
Arno *Marshall-I*
Atka *Alëuten*
Bali *Kl. Sunda-I*
Cres *Dalmatinische I*
Cuba *Gr. Antillen*
Ebon *Marshall-I*
Guam *Marianen*
Hwar *Dalmatinische I*
Iona *Hebriden*
Java *Gr. Sunda-I*
Keos *Kykladen*
Kuba *Gr. Antillen*
Maui *Hawaii-I*
Moen *Dänische I*
Mull *Hebriden*
Oahu *Hawaii-I*
Roem *Nordfriesische I*
Skye *Hebriden*
Sylt *Nordfriesische I*
Syra *Kykladen*
Unst *Shetland-I*
Yell *Shetland-I*
Zebu *Philippinen*

5
Amrum *Nordfriesische I*
Banka *Indonesien*
Ceram *Molukken*
Delos *Kykladen*
Efate *Neue Hebriden*
Fanoe *Nordfriesische I*
Fayal *Azoren*
Foehr *Nordsee I*
Haiti *Gr. Antillen*
Hondo *Japanische I*
Ibiza *Pityusen*
Jesso *Japanische I*
Juist *Ostfriesische I*
Kauai *Hawaii-I*
Korfu *Ionische I*
Lanai *Hawaii-I*
Leros *Sporaden*
Lewis *Hebriden*
Leyte *Philippinen*
Luzon *Philippinen*
Manua *Samoa-I*
Melos *Kykladen*
Milos *Kykladen*
Naxos *Kykladen*

Paros *Kykladen*
Ponza *Pontinische I*
Psara *Sporaden*
Sulet *Dalmatinische I*
Sumba *Kl. Sunda-I*
Syros *Kykladen*
Texel *Westfriesische I*
Thira *Kykladen*
Timor *Kl. Sunda-I*
Tinos *Kykladen*
Upolu *Samoa-I*
Zante *Ionische I*

6
Andros *Kykladen*
Bangka *Indonesien*
Borkum *Ostfries. I*
Borneo *Gr. Sunda-I*
Flores *Kl. Sunda-I*
Fuenen *Dänische I*
Hawaii *Hawaii-I*
Irland *Britische I*
Ithaki *Ionische I*
Jersey *Kanal-I*
Lipari *Liparische I*
Lombok *Kl. Sunda-I*
Majuru *Marshall-I*
Negros *Philippinen*
Nippon *Japan*
Pomona *Orkney-I*
Ponape *Karolinen*
Rhodos *Sporaden*
Saline *Liparische I*
Sawaii *Samoa-I*
Skyros *Sporaden*
Tahiti *Gesellschafts-I*

7
Ameland *Westfriesische I*
Amorgos *Kykladen*
Baltrum *Ostfriesische I*
Celebes *Gr. Sunda-I*
Falster *Dänische I*
Jamaika *Gr. Antillen*
Kythira *Ionische I*
Laaland *Dänische I*
Menorca *Balearen*
Nikaria *Sporaden*
Okinawa *Riu-kui-I*
Palawan *Philippinen*
Réunion *Makarenen*
Seeland *Dänische I*
Sumatra *Gr. Sunda-I*
Sumbawa *Kl. Sunda-I*
Tutuila *Samoa-I*
Vulkano *Liparische I*

8
Bornholm *Dänische I*
Guernsey *Kanal-I*
Kiuschiu *Japanische I*
Langeoog *Ostfriesische I*
Mainland *Shetland-I*
Mallorca *Balearen*
Mindanao *Philippinen*
Nukuhiwa *Marquesas-I*
Schikoku *Japanische I*
Viti Levu *Fidschi-I*
Vlieland *Westfriesische I*

9
Guanahani *Bahama-I*
Halmahera *Molukken*
Helgoland *Nordfriesische I*
Karpathos *Dodekanes*
Mauritius *Maskarenen*
Norderney *Ostfriesische I*
Rodriguez *Maskarenen*
Stromboli *Liparische I*
Teneriffa *Kanarische I*
Vanua Levu *Fidschi-I*
Zakynthos *Ionische I*

10
New Ireland *Bismarckarchipel*
Nordstrand *Nordfriesische I*
Osterinsel *Polynesien*
Puerto Rico *Gr. Antillen*

Spiekeroog *Ostfriesische I*
Wangerooge *Ostfriesische I*

11
Bering-Insel *Kommandeur-I*
Kephallinia *Ionische I*
Rottumeroog *Westfriesische I*

12
Terschelling *Westfriesische I*

15
Schiermonnikoog *Westfriesische I*

C Inselgruppen als Teile größerer Inselgruppen

7
Paumotu *Polynesien*
Tuamoto *Polynesien*

8
Marianen *Mikronesien*
Molukken *Indonesien*

9
Dodekanes *südliche Sporaden*
Karolinen *Ozeanien*
Salomonen *Melanesien*

10
Alor-Inseln *Kl. Sunda-I*
Cook-Inseln *Ozeanien*
Melanesien *Ozeanien*
Polynesien *Ozeanien*
Sulu-Inseln *Philippinen*

11
Mikronesien *Ozeanien*
Palau-Inseln *Mikronesien*
Samoa-Inseln *Polynesien*

12
Bahama-Inseln *Westindien*
Bikini-Inseln *Marshall-Inseln*
Caicos-Inseln *Bahama-Inseln*
Cayman-Inseln *Westindien*
Neue Hebriden *Melanesien*
Tubuai-Inseln *Polynesien*

13
Austral-Inseln *Polynesien*
Fanning-Inseln *Ozeanien*
Fidschi-Inseln *Ozeanien*
Gewuerzinseln *Indonesien*
Phoenix-Inseln *Ozeanien*
Salomon-Inseln *Melanesien*

14
Jungfern-Inseln *Kl. Antillen*
Kermadec-Inseln *Neuseeland*
Marshall-Inseln *Mikronesien*
Windward-Inseln *Kl. Antillen*

D Inselgruppen in Meeren

6
Azoren *Atlantik*

8
Balearen *Mittelmeer*
Kykladen *Ägäisches Meer*
Ozeanien *Stiller Ozean*
Pityusen *Mittelmeer*

9
Amiranten *Indischer Ozean*
Andamanen *Indischer Ozean*
Kerguelen *Indischer Ozean*

10
Lakkadiven *Arabisches Meer*
Maskarenen *Indischer Ozean*

11
Kanalinseln *Kanal*
Kokosinseln *Indischer Ozean*
Parry-Inseln *Arktis*
Sunda-Inseln *Sunda-See*

12
Ålandsinseln *Bottnischer Meerbusen*
Ellice-Inseln *Stiller Ozean*
Hawaii-Inseln *Stiller Ozean*
Orkney-Inseln *Atlantik*

13
Bahrein-Inseln *Persischer Golf*
Bermuda-Inseln *Atlantik*
Gilbert-Inseln *Stiller Ozean*
Keeling-Inseln *Indischer Ozean*
Ljachow-Inseln *Nördl. Eismeer*
Norfolk-Inseln *Stiller Ozean*

14
Ionische Inseln *Ionisches Meer*
Sandwich-Inseln *Stiller Ozean*
Tschagos-Inseln *Indischer Ozean*

15
Aeolische Inseln *Tyrrhenisches Meer*
Galápagos-Inseln *Stiller Ozean*
Kerguelen-Inseln *Indischer Ozean*

16
Kanarische Inseln *Atlantik*
Liparische Inseln *Tyrrhenisches Meer*

E Verschiedene Inseln

(IGr: Inselgruppe)

6
Hainan *I vor der chinesischen Küste*
Labuan *I vor Borneo*
Liukiu *I-Bogen zwischen Kiuschiu und Formosa*
Mainau *I im Überlinger See (Bodensee)*
Ruikiu *I-Bogen zwischen Kiuschiu und Fomosa*
Ufenau *I im Züricher See*

7
Alëuten *IGr zwischen Stillem Ozean und Beringmeer*
Kurilen *I-Bogen im Stillen Ozean*
Lofoten *IGr vor der Nordküste Norwegens*

8
Antillen *I-Bogen zwischen Nord- und Südamerika*
Hebriden *IGr vor der australischen Ostküste*
Valentia *I an der SW-Küste Irlands*

9
Feuerland *IGr vor der Südspitze Südamerikas*
Groenland *I zwischen Atlantik und Arktischem Meer*
Malediven *IGr sw von Ceylon*
Nikobaren *Archipel im Bengalischen Meerbusen*
Reichenau *I im Zellersee (Bodensee)*

Tasmanien *I im Süden Australiens*
Walcheren *I an der Scheldemündung*

10
Grahamland *zwei I in der Arktis*
Long Island *I mit Stadtteil von New York*
Neuseeland *Doppel-I im Stillen O*

11
Haueninsel *I im Chiemsee*
Herreninsel *I im Chiemsee*

12
Frauenwoerth *I im Chiemsee*
Herrenwoerth *I im Chiemsee*
Liukiu-Inseln *I-Bogen zw Kiuschiu und Formosa*

Nowaja-Semlja *Doppel-I im Nördl. Eismeer*
Riukiu-Inseln *I-Bogen zw Kiuschiu und Formosa*

13
Western-Inseln *IGr vor der schottischen Westküste*

14
Falkland-Inseln *Archipel im südl. Atlantik*

15
Margareteninsel *I in der Donau (Budapest)*

16
Bismarck-Archipel *IGr vor Neu-Guinea*

15 Halbinseln

4
Aden *Arabien*
Balz *Frankreich*
Hela *Polen*
Kola *Sowjetunion*
Krim *Sowjetunion*
Krym *Sowjetunion*
York *Australien*

5
Kanin *Sowjetunion*
Korea *Ostasien*
Sinai *Ägypten*
Wales *Großbritannien*

6
Attika *Griechenland*
Taimyr *Nordasien*

7
Argolis *Peloponnes*
Florida *USA*
Istrien *Italien/Jugoslawien*
Yukatan *Mexiko*

8
Bretagne *Frankreich*
Cornwall *Großbritannien*
Cotentin *Frankreich*
Galloway *Schottland*
Labrador *Nordamerika*
Liautung *Mandschurei*

9
Apscheron *Kaspischer See*

10
Holderness *Großbritannien*
Kleinasien *Türkei*
Peloponnes *Griechenland*

11
Kamtschatka *Nordostasien*

17
Niederkalifornien *Mexiko*

Völkerkunde

1 Völkernamen

(G: Gruppe; NSt: Negerstamm; NV: Negervolk; St: Stamm; V: Volk, Völker,VF: Völkerfamilie; VG: Völkergruppe; VS: Völkerschaft; VSt: Volksstamm; Z: Zweig)

3

Aul *Nomadensippe*
Bil *Indianerstamm*
Bur *holl Ansiedler in Südafrika*
Dor *St der Sundanneger*
Fan *St der Bantuneger*
Ire *keltischer VSt*
Mam *VGr der Maya*
Mao *asiatischer VSt*
Rus *St der Waräger*
Sumo *Indianerstamm in Mittelamerika*
Susu *VSt in Guinea*
Tano *nordamer. Indianerstamm*
Teda *VSt in der Sahara*
Thai *VF der Indochinesen*
Tibu *V in der Sahara*
Toda *drawidischer Stamm*
Tuda *drawidischer Stamm*
Zulu *Kaffernstamm*

4

Aeta *G der Negrito*
Afer *St der äthiop. Hamiten*
Andi *kaukasiches V*
Asra *arab. V*
Baia *NSt im Sudan*
Belu *Stamm der Beni Amer*
Bugi *malaiisches Volk*
Dama *südafrikanisches Volk*
Gond *drawidischer Stamm*
Iren *kelt. VSt in Großbritannien*
Kolh *drawidischer Stamm*
Maya *mittelamer. Indianerstamm*
Nama *G der Hottentotten*
Proo *Stamm der Karen*
Saho *hamitischer Stamm*
Sgau *Stamm der Karen*
Slul *arab. Stamm der Krumir*
Sulu *Kaffernstamm*

5

Abaka *afrikanisches V*
Adali *Danakilstamm*
Aimak *mongolischer Stamm*
Alani *sarmat. Reitervolk*
Arier *Zweig der Indogermanen*
Asega *Tscherkessenstamm*
Asgar *Stamm der Tuareg*
Asser *israelitischer Stamm*
Batak *altmalaiisches V*
Bghai *St der Karen*
Bojer *keltisches V*
Dajak *malaiischer VSt*
Dardu *arischer VSt*
Dorer *ein Haupt-St des griech. V*
Esten *V der Finnen*
Fanti *westafrikan. NV*
Goten *germanisches V*

Habak *afrikan. VSt*
Hassa *St der Beni Amer*
Hotti *Albanesenstamm*
Karen *VSt der Lohitavölker*
Kuren *mongolenähnl. VSt*
Liven *V des finnischen St*
Magar *St der Himalaya-V*
Munda *Drawidastamm*
Murmi *St der Himalaya-V*
Nevar *St der Himalaya-V*
Oraon *Drawidastamm*
Oroma *Hamitenstamm*
Osker *indogermanischer VSt*
Polen *slawischer VSt*
Pondo *Kaffernstamm*
Rhind *St der Belutschen*
Sakei *Negritogruppe*
Saken *St der Skythen*
Schan *St der Tai*
Somal *hamitischer VSt*
Swasi *Kaffernstamm*
Teeke *Turkmenenstamm*
Tembu *Kaffernstamm*
Temne *Negerstamm*
Ubier *germanisches V*
Ubisa *afrikanisches V*
Watua *afrikanisches Zwergvolk*
Watwa *afrikanisches Zwergvolk*

6

Adaiel *Danakilstamm*
Aequer *altitalisches V*
Alanen *sarmatisches Reiter-V*
Angeln *germanisches V*
Arussi *St der Galla*
Avaren *tatarisches V*
Awaren *tatarisches V*
Badaga *drawidischer St*
Basuto *St der Bantu*
Bedaui *St der Beni Amer*
Berber *VSt der Hamiten*
Bisaya *VSt der Philippinen*
Bojken *ruthenischer VSt*
Brakna *Berberstamm*
Chiaia *arabischer Stamm der Krumir*
Darden *arischer VSt*
Dorier *ein Haupt-St des griech. V*
Finnen *uralaltaischer VSt*
Flamen *germanischer VSt*
Gurung *St der Himalaya-V*
Haggar *St der Tuareg*
Herero *VSt der Bantu*
Hessen *altes deutsches V*
Hunnen *nomadisches Reitervolk*
Iberer *nichtindogermanischer St*
Ionier *St des griech. V*
Kalang *G der Negrito*
Katten *germanischer VSt*
Kelten *indogermanischer St*
Korana *VSt der Hottentotten*
Kwaphi *VSt der Lohitavölker*
Lappen *V des finn./ugr. VSt*
Letten *indogermanischer St*
Ligier *suevisches V*
Lygier *suevisches V*
Mafiti *Sulustamm*
Mselma *arabischer St der Krumir*
Nebtab *St der Beni Amer*
Nharui *St der Belutschen*
Ovambo *Bantuvolk*
Ovanpo *Bantuvolk*
Pikten *keltischer St*
Quaden *germanisches V*
Russen *slawisches V*
Salier *St der Franken*
Santal *V der Drawida*
Semang *G der Negrito*
Serben *südslawisches V*
Sciren *germanisches V*
Skyren *germanisches V*
Slawen *indogerm. VG*
Somali *VSt der Hamiten*
Sunwar *St der Himalaya-V*
Tuareg *Berberstamm*
Tungri *germanische Völkerschaft*
Umbrer *altitalisches V*
Wahuma *hamitischer VSt*

Waluta *Sulustamm*
Watuta *den Sulu verwandtes V*
Wepsen *St der Tschuden*

7

Abanten *illyrischer St*
Achaeer *St des hellenischen V*
Aeolier *St des griech. V*
Albaner *indogermanischer St*
Alfuren *G der Negrito*
Amakosa *Kaffernstamm*
Awarier *lisghischer St*
Bakairi *Karaibenstamm*
Barotse *Bantustamm*
Bataver *germanischer St*
Bedscha *afrikanischer St*
Bissaya *St der Philippinen*
Budscha *afrikanischer VSt*
Bugisen *malaiischer VSt*
Chalcha *ostmongolischer St*
Cimbern *germanischer VSt*
Danakil *hamitischer VSt*
Franken *westgermanischer St*
Friesen *germanischer VSt*
Gallier *keltisches V*
Gepiden *germanischer St*
Heruler *germanisches V*
Huzulen *ruthenischer VSt*
Jakuten *Z der türkischen Mongolen*
Jazygen *Sarmatenstamm*
Kaffern *G der Bantuneger*
Kavaren *keltischer VSt*
Kimbern *germanischer VSt*
Kumanen *V des türkischen St*
Latiner *altitalisches V*
Masuren *polnischer VSt*
Negrito *negerähnliches Zwergvolk*
Nervier *keltisches V*
Osseten *Rest der Alanen*
Sabiner *indogermanisches V*
Sachsen *germanisches V*
Skythen *V des Altertums*
Solonen *tungusischer VSt*
Sonthal *V der Drawidarasse*
Szekler *ungarischer VSt*
Tibeter *mongolischer VSt*
Timmene *Negerstamm*
Tudavar *drawidischer St*
Tuerken *Z des altaiischen V*
Tungrer *germanischer VSt*
Uiguren *türkisches V*
Umbrier *altitalisches V*
Usbeken *turktatarisches V*
Uzbeken *turktatarisches V*
Veneden *Sarmatenstamm*
Volsker *indogermanischer St*
Waganda *Bantustamm*
Wogulen *V der finn./ugr.G*
Zimbern *germanischer VSt*

8

Abchasen *Tscherkessenstamm*
Amatonga *Kaffernstamm*
Amoriter *VSt der Kamaaniter*
Arverner *keltisches V*
Aschanti *Negervolk*
Beduinen *arabischer St*
Beni Amer *hamitischer VSt*
Beni Asra *arabischer VSt*
Chasaren *türkisches V*
Dorboten *Kalmückenstamm*
Dunganen *türk./tatar. V*
Falascha *VSt der Agau*
Felascha *VSt der Agau*
Georgier *V des kaukasischen St*
Giljaken *VSt der Arktiker*
Kirgisen *türkisches V*
Magyaren *finn./ugr. VSt*
Makalaka *Betschuanenstamm*
Mandschu *Tungusenstamm*
Molosser *hellenischer VSt*
Mongolen *uralaltai. Nomadenvolk*
Moungoni *den Sulu verwandtes V*
Namneten *keltisches V*
Negritos *negerähnliches Zwergvolk*
Niam-Niam *VSt der Nubavölker*
Ostjaken *finn./ugr. V*
Parisier *keltisches V*

Pelasger *indogermanischer St*
Pygmaeen *afrikanisches Zwergvolk*
Sarmaten *VSt der Skythen*
Schelluh *Berberstamm*
Skoloten *Z der Skythen*
Slowenen *südslawischer VSt*
Tanguten *mongolisch-tibetisches V*
Teutonen *germanisches V*
Tiki-Tiki *Zwergvolk*
Tolteken *amerikanischer VSt*
Torgoten *Kalmückenstamm*
Tschuden *G der baltischen Finnen*
Tungusen *altaischer VSt*
Ukrainer *slawisches V*
Usipeter *germanisches V*
Vandalen *germanisches V*
Wotjaken *germ./finn. VS*

9

Alemannen *germanisches V*
Ammoniter *semitisches Hirtenvolk*
Bajuvaren *germanisches V*
Bastarner *germanischer VSt*
Basterner *germanisches VSt*
Buginesen *malaiisches V*
Burgunder *germanischer St*
Burjaeten *mongolisches V*
Cherusker *germanisches V*
Chewsuren *VSt der Karthwelier*
Dsungaren *Kalmückenstamm*
Igorroten *malaiischer VSt*
Kaptschak *türkischer VSt*
Mattiaker *germanische VS*
Negritier *Sudanneger*
Obotriten *slawische VS*
Pondomisi *Kaffernstamm*
Samojeden *V des uralaltai. G*
Tiguriner *keltisches V*
Tschechen *westslawischer VSt*
Turkmenen *turktatar. VSt*
Tyrrhener *pelasgischer VSt*
Wassegeju *hamitische VS*
Westgoten *St der Goten*

10

Amalekiter *arabisches V*
Baschkiren *türk./tatar. V*
Choschoten *Kalmückenstamm*
Kabardiner *Tscherkessenstamm*
Kalmuecken *Z der Mongolen*
Massageten *Nomaden-V im Altertum*
Myrmidonen *achäischer VS*

11

Betschuanen *V der Bantu*
Kaninefaten *batavischer VSt*
Langobarden *westgermanischer St*
Markomannen *germanische VS*
Seldschuken *türkischer St*
Tschoudoren *turkmen. St.*

12

Bessermianen *tatar. Mischvolk*
Tscherkessen *VSt der Kaukasus-V*
Tschuwaschen *V des türk./tatar. Z*

13

Bessermjaenen *tatar. Mischvolk*

14

Tschetschenzen *VS der Kaukasus-V*

2 Völker in Ländern

3

Ado *afrikanisches NV in Nigerien*
Aka *VG in Tibet*
Bre *VSt in Hinterindien*
Bur *holländische Kolonisten in Südafrika*
Dor *NV in Äquatorialafrika*
Efé *Zwergvolk in Innerafrika*
Fan *VSt am Kongo*
Ibo *V in Nordwestafrika*
Kha *VG in Hinterindien*
Kol *V in Vorderindien*
Kru *NV in Nordwestafrika*
Lao *VSt in Siam*
Moi *St in Anam*
Ona *VSt auf Feuerland*
Tai *V in Hinterindien*
Yao *VSt in Ostafrika*
Koto *NV am Niger*
Krik *Indianer-St in Nordamerika*
Kroo *NV in NW-Afrika*
Kuci *VSt in Montenegro*
Lawa *VSt VSt in Siam*
Maba *Urvolk im Sudan*
Madi *NV in Zentralafrika*
Naga *VSt in Indien*
Nuba *VG in der östlichen Sahara*
Paez *Indianer St in Südamerika*
Paya *Indianer St in Honduras*
Pima *Indianer St in Nordamerika*
Piro *Indianer St in Südamerika*
Saho *V in Abessinien*
Sema *VSt in Indien*
Susu *Negerstamm in Westafrika*
Tebu *V in der östlichen Sahara*
Thai *V in Hinterindien*

4

Agau *VSt in Abessinien*
Aino *V in Ostasien*
Ainu *V in Ostasien*
Akka *Zwergvolk in Innerafrika*
Andi *V in Kaukasien*
Baia *NSt im Sudan*
Bali *NSt in Kamerun*
Bara *NSt auf Madagaskar*
Bari *NV am Weißen Nil*
Bata *malai. V auf Sumatra*
Chol *Maya-St in Yukatan*
Cree *Indianer-St in Nordamerika*
Dama *NSt in SW-Afrika*
Dasa *V in Nordafrika*
Doko *Zwergvolk in Abessinien*
Gola *NSt in Liberia*
Gond *Volksstamm in Indien*
Hova *V auf Madagaskar*
Howa *V auf Madagaskar*
Igbo *V in Nordwestafrika*
Inka *St in Peru*

5

Abasa *V in Kuban*
Afifi *Zwergvolk in Innerafrika*
Baële *VSt in Afrika*
Bantu *NV in Afrika*
Batak *V auf Sumatra*
Batta *V auf Sumatra*
Batua *Zwergvolk im Kongobecken*
Bojer *kelt. V in Oberitalien*
Bongo *NV in Äquatorialafrika*
Buren *holl. Kolonisten in Südafrika*
Dajak *VSt auf Borneo*
Dinka *NV am Weißen Nil*
Esten *VSt in Rußland*
Fanti *NV an der Goldküste*
Fulbe *V in Mittelafrika*
Galla *hamit. V in Nordostafrika*
Geten *V an der Unteren Donau*
Glebo *Negerstamm in NW-Afrika*
Grebo *Negerstamm in NW-Afrika*
Karen *VSt in Hinterindien*

Khmer *V in Hinterindien*
Khond *drawid. VSt in O-Indien*
Kondh *drawid. VSt in O-Indien*
Lasen *VSt am Schwarzen Meer*
Limbu *VSt in Nepal*
Masai *VSt in Äquatorialafrika*
Meder *V in Vorderasien*
Muang *St in Anam*
Moriu *Zwergvolk in Innerafrika*
Tibbu *V in der östlichen Sahara*
Wayao *VSt in Ostafrika*

6

Abongo *Zwergvolk am Kongo*
Aeduer *VS im kelt. Gallien*
Afridi *V in Afghanistan*
Alanen *Reitervolk am Kaukasus*
Bakuba *Negerstamm am Kongo*
Bakutu *NV im Kongogebiet*
Basken *Volk in Spanien*
Bateke *Negerstamm am Kongo*
Battak *malai. V auf Sumatra*
Brahui *V in Belutschistan*
Drusen *V in Syrien*
Dualla *Negerstamm in Kamerun*
Eskimo *VG in der Arktis*
Gedebo *Negerstamm in NW-Afrika*
Haussa *NV in NW-Afrika*
Kanori *V in Mittelafrika*
Kanuri *V in Mittelafrika*
Khâmtî *VS in Birma*
Krumir *VS in Tunis*
Lappen *VSt im nördlichen Europa*
Letten *VSt in Rußland*
Marser *altes V in Mittelitalien*
Massai *VSt in Äquatorialafrika*
Mbongo *Zwergvolk am Kongo*
Nubier *VG in der östlichen Sahara*
Obongo *Zwergvolk am Kongo*
Ovambo *Bantu-V in SW-Afrika*
Ovampo *Bantu-V in SW-Afrika*
Pahuin *VSt am Kongo*
Pangwe *VSt am Kongo*
Rugier *V in Germanien*
Schebâ *V in Südarabien*
Semang *VSt auf Malakka*
Slawen *VG in O- und SO-Europa*
Tapuri *VSt in NO-Persien*
Ubangi *NSt am Kongo*

7

Bangala *NSt am Kongo*
Basundi *NSt am Kongo*
Bataver *german. V in Gallien*
Bedscha *VSt östlich vom Nil*
Budscha *VSt östlich vom Nil*
Chauken *VS in Germanien*
Chepang *VSt in Nepal*
Galater *kelt. V in Galatien*
Haeduer *VSt im kelt. Gallien*
Kutschi *VSt in Montenegro*
Oscheba *VSt am Kongo*
Sabaeer *V in Südarabien*
Suaheli *Misch-V in O-Afrika*
Wagunya *Misch-V in O-Afrika*
Wambugo *V in O-Afrika*

8

Abasiner *Berg-V in Kuba*
Afghanen *V in Afghanistan*
Aschanti *NV in Westafrika*
Babuckur *NV in Innerafrika*
Mandingo *NV in Westafrika*
Mandinka *NV in Westafrika*
Marathen *V in Indien*
Moabiter *V sö. des Toten Meeres*
Tukuloer *Misch-V am Senegal*
Watatura *VS in Ostafrika*

9

Bachtiari *V in Persien*
Bischarin *VSt östlich vom Nil*
Mahratten *V in Indien*
Sakalaven *NSt auf Madagaskar*

10
Brigantier *V am Bodensee*
Wagwangara *VSt in Ostafrika*

11
Bachtijaren *V in Persien*
Betschuanen *Bantu-V in S-Afrika*
Tschuwanzen *VSt in Sibirien*

12
Buschmaenner *V in SW-Afrika*

3 Namen der Bevölkerung

(B: Bewohner; E: Eingeborene; UB: Ureinwohner, Urbevölkerung)

4
Agau *UB Abessiniens*
Ainau *UB von Japan*
Maba *UB von Wadai (Sudan)*

5
Maori *E Neuseelands*
Papua *UB Neuguineas*
Vedda *UB Ceylons*
Wedda *UB Ceylons*

6
Araber *B Arabiens*
Danaer *B von Argos*
Flamen *B germanischer Abkunft in Nordbelgien*
Jueten *B Jütlands*
Korsen *B Korsikas*
Pikten *UB Kaledoniens*
Sarten *iran. UB Turkistans*
Vlamen *B germanischer Abkunft in Nordbelgien*

7
Alfuren *UB des östlichen Inselindiens*
Argeier *B von Argos*
Argiver *B von Argos*
Azteken *UB Mexikos*
Drawida *UB Vorderindiens*
Ladiner *roman. B der Schweiz*
Sabiner *UB Mittelitaliens*
Volsker *UB Italiens*
Waganda *B Ugandas*

8
Bretonen *B der Bretagne*
Etrusker *B Etruriens*
Indianer *UB Amerikas*
Malteser *B Maltas*
Negritos *UB der Philippinen*
Pelasger *UB Griechenlands*
Siamesen *B Siams*
Wallonen *B Südbelgiens*
Wallonen *B Nordfrankreichs*

9
Chaldaeer *B Babylons*
Normannen *germ. B Skandinaviens*

10
Monegassen *B Monacos*

4 Indianerstämme

3
Akt
Kri
Ute

4
Chol
Cree
Ixil
Krik
Mama
Maya
Mojo
Moxo
Pani
Paya
Pima
Puri
Rama
Sumo
Tano
Tupi
Ulva
Yuma
Zuni

5
Caddo
Choco
Haida
Kenai
Kinai
Kiowa
Lules
Makah
Makka
Modok
Nutka
Omaha
Otomi
Ponka
Piute
Sioux
Sitka
Tinne
Umaua
Yunka

6
Arawak
Aymara
Blanco
Cayapo
Chango
Chinca
Choles
Chorti
Dakota
Kansas
Karajo
Kechua
Kioway
Mandan
Mangue
Matago
Mohave
Mohawk
Mojave
Omagua
Osagen
Othomi
Paezes
Pahute
Parexi
Pueblo
Quapaw
Quappa
Quiche
Salish
Taense
Tapuja
Tikuna
Tinneh
Timote
Tnaina

7
Apachen
Atacama
Beothuk
Chibcha
Chontal
Guarani
Huronen
Kariben
Lenguas
Mohegan
Natchez
Pah Utah
Parecis
Pokoman
Puquina
Quechua
Quichua
Selisch
Tarasca
Tarasco
Thnaina
Tlingit
Tlinkit
Tsendal
Umasayu
Wyandot

8
Abiponen
Algonkin
Aquateka
Barbacoa
Chiquito
Coconuco
Cotanera
Guayanas
Guaycuru
Huasteca
Huaxteca
Irokesen
Ketschua
Kwatkiutl
Mixteken
Mosquito
Otomaken
Pokonchi
Sahaptin
Sitsekai
Thlinkit
Totonako
Tzendals
Winebago

9
Apatschen
Araukaner
Arinagoto
Blackfeet
Botokuden
Changuina
Chepewyan
Cotapampa
Delawaren
Flatheads
Janahuara
Koloschen
Mohikaner
Talamanca
Tzendalen
Urpanteca
Yurucares
Xicalanca
Zapoteken

10
Athabasken
Chapaneken

Patagonier
Tsimschian

11
Assiniboine
Chinanteken
Komantschen
Schoschonen

Tschepewain
Tschibtscha

12
Feuerlaender
Tscherokesen
Tschirokesen

13
Snakeindianer

14
Pampasindianer

15
Kraehenindianer

5 Verschiedenes

(ML: Mischling; MV: Mischvolk)

4
Aino *Rest der japanischen Urbev.*
Ainu *Rest der japanischen Urbev.*
Inka *die alten Herrscher in Peru*

5
Chino *ML zw Indianer und Neger in Peru*
Cholo *ML zw Weißen und Indianern in den Anden*

6
Kazike *Indianerdorfhäuptling*
Kopten *Nachkommen der alten Ägypter*
Mustio *Nachkomme eines Weißen und einer Mulattin*

7
Mestize *ML zw Weißen und Indianern*
Mulatte *ML von Weißen und Negerin*
Nomaden *herumziehende Hirtenvölker*
Papoose *Indianerkind in Nordamerika*

8
Eurasier *ML zw Europäer und Hindu oder Japanerin in Ostindien*
Zigeuner *rätselhaftes Wandervolk*

9
Fellachen *Bauern in Ägypten*

10
Afrikander *in Afrika geborener Weißer*

12
Angelsachsen *MV aus Angeln, Jüten und Sachsen*
Hottentotten *MV aus Hamiten und Buschmännern*

Mathematik

1 Zahlen

3
elf

4
acht
drei
eins
neun
null
vier
zehn
zwei

5
fuenf
sechs

6
sieben
zwoelf

7
achtzig
Billion
hundert
Million
neunzig
sechzig
siebzig
tausend
vierzig
zwanzig

8
achtzehn
dreissig
dreizehn
fuenfzig
neunzehn
sechzehn
siebzehn
Trillion
vierzehn

9
fuenfzehn
Milliarde

11
Quadrillion
Quintillion

2 Mathematische Begriffe

(K: Körper; P: Parallelogramm)

3
Lot *senkrechte Gerade*

4
Plus *Additionszeichen*

5
Achse *Mittellinie*
Areal *Flächeninhalt*
Basis *Grundlinie oder -fläche*
Bogen *Teil einer krummen Linie*
Bruch *Verhältnis zw. zwei Zahlen*
Kugel *geschlossene krumme Fläche*
Kurve *gekrümmte Linie*
Linie *eindimens. Längenausdehnung*
Minus *weniger, abzüglich*
Summe *Zusammenfassung*
Raute *schiefwinkeliges P*
Sehne *Gerade, die zwei Punkte einer Kurve verbindet*
Sinus *Winkelfunktion*
Walze *K mit zwei runden Grundflächen*

6
Gerade *gerade Linie*
konkav *nach innen gekrümmt*
konvex *nach außen gekrümmt*
linear *eindimensional*
Nenner *Zahl unter dem Bruchstrich*
Potenz *Produkt gleicher Faktoren*
Prisma *K mit vieleckigen gleichen Grundflächen*

Quader *von sechs Rechtecken begrenzter K*
Radius *Halbmesser*
Sektor *Kreisausschnitt*
Trapez *Viereck*
Winkel *Neigung zweier Geraden zueinander*

7
Algebra *Lehre von den Gleichungen*
Analyse *Zergliederung*
Cosinus *Winkelfunktion*
Deltoid *Viereck aus zwei gleichschenkligen Dreiecken*
Dreieck *von drei Seiten begrenzte Figur*
Ellipse *geschlossene Kurve*
Ellipse *Kegelschnitt*
Flaeche *Raumgröße*
Hexagon *Sechseck*
Kalotte *Oberfläche eines Kugelabschnittes*
Kathete *Dreiecksseite*
konisch *kegelförmig*
Minimum *kleinstmöglicher Wert*
Obelisk *vierkantiger K mit Pyramidenspitze*
Oktogon *Achteck*
Parabel *Kegelschnitt*
Polygon *gradliniges Vieleck*
Produkt *Ergebnis einer Multiplikation*
Quadrat *Viereck mit gleichen Seiten*
Rhombus *schiefwinkeliges, gleichseitiges P*
Segment *Abschnitt*
Sekante *Schnittlinie*
Spirale *krumme Linie*
Tangens *Winkelfunktion*
Vieleck *Figur mit mehr als vier Seiten*
Viereck *Figur mit vier geraden Seiten*
Volumen *Rauminhalt eines Körpers*
Wuerfel *Körperart*

8
Addition *Zusammenzählung*
Division *Teilung*
Hexaeder *Würfel*
Hyperbel *Kegelschnitt*
Hyperbel *Kurve*
Oktaeder *von acht Dreiecken eingeschlossener K*
Pentagon *Fünfeck*
Polyeder *Vielflächner*
Pyramide *Spitzkörper mit vieleckiger Grundfläche*
Quadrant *Viertelkreis*
Quotient *Ergebnis der Division*
Rechteck *rechtwinkeliges P*
Rhomboid *schiefwinkeliges, ungleichseitiges P*
Scheitel *Winkelspitze*
Scheitel *Schnittpunkt einer Kurve*
Schenkel *Gerade des Winkels*
Tangente *Berührungslinie*
Zykloide *Kurve*
Zylinder *Walze*

9
Abschnitt *Segment*
Cotangens *Winkelfunktion*
Diagonale *Gerade zw. zwei Ecken*
Differenz *Ergebnis der Subtraktion*
Dimension *Ausdehnung*
Ellipsoid *geschlossene krumme Fläche*
Geometrie *Gesetzmäßigkeitslehre der Linien, Flächen und Körper*
Ikosaeder *Zwanzigflächner*
Parallele *mit einer anderen gleichlaufende Gerade*
Tetraeder *Vierflächner*

10
Arithmetik *Zahlenlehre*
Ausschnitt *Sektor*
Dodekaeder *Zwölfflächner*
Hypotenuse *längste Seite im rechtwinkligen Dreieck*
Paraboloid *gekrümmte Fläche*
Peripherie *Umfang einer Figur*

11
Hyperboloid *gekrümmte Fläche*

12
Ähnlichkeit *Gleichheit der Figur*

14
Parallelogramm *ebenes Viereck*

Medizin

1 Krankheiten

a Ansteckende Krankheiten

4
Lues
Pest
Ruhr

5
Lepra
Mumps

6
Grippe
Masern
Pocken
Typhus

7
Aussatz
Cholera
Malaria
Roeteln
Tollwut
Tripper

8
Blattern
Syphilis

9
Influenza
Milzbrand
Scharlach

10
Diphtherie
Gelbfieber
Paratyphus
Windpocken

11
Fleckfieber
Keuchhusten
Spitzpocken
Starrkrampf
Stickhusten
Tuberkulose

12
Genickstarre

13
Wechselfieber

14
Kinderlaehmung

15
Rueckfallfieber
Schlafkrankheit

b Kinderkrankheiten

5
Krupp
Mumps

6
Masern

7
Fraisen
Roeteln

8
Rachitis

9
Scharlach

10
Diphtherie
Windpocken

11
Keuchhusten
Spitzpocken
Stickhusten

14
Kinderlaehmung

c Andere Krankheiten und körperliche Störungen

3
Alp *Angsttraum*
Tic *krampfartiges Zucken*

4
Akne *eitriges Hautknötchen*
Bubo *Lymphknötchenanschwellung*
Myom *gutartige Geschwulst*
Soor *Hautpilzkrankheit*
Star *Augenkrankheit*
Wolf *Wundsein der Haut*
Wurm *Fingerentzündung*

5
Beule *Geschwulst*
Brand *Tod eines Organteiles*
Bruch *Fraktur*
Bruch *Hindurchtreten der Eingeweide*
Ekzem *nässende Flechte*
Gicht *Stoffwechselkrankheit*
Ileus *Darmverschluß*
Kolik *krampfartige Schmerzanfälle*
Krebs *bösartiges Geschwür*
Kropf *vergrößerte Schilddrüse*
Krupp *Kehlkopfdiphtherie*
Lipom *Fettgeschwulst*
Lupus *Hauttuberkulose*
Manie *Geisteskrankheit*
Oedem *Wassersucht*
Polyp *gutartige Schleimhautwucherung*
Puste *Eiterbläschen*
Tumor *Geschwulst, Geschwür*
Ulcus *Geschwür*
Warze *gutartige Wucherung*
Zyste *gutartige Geschwulst*

6
Angina *Mandelentzündung*
Asthma *anfallweise Atemnot*
Buckel *Wirbelsäulenverkrümmung*
Caries *Knochen-, Zahnfäule*
Chorea *Veitstanz*
Fieber *erhöhte Körpertemperatur*
Fistel *Hohlgeschwür*
Hernie *Eingeweidebruch*
Iritis *Entzündung der Regenbogenhaut*
Karies *Knochen-, Zahnfäule*
Koller *plötzlicher Wutausbruch*
Krampf *Muskelzusammenziehung*
Lichen *knötchenförmiger Ausschlag*
Myopie *Kurzsichtigkeit*
Otitis *Gehörorganentzündung*
Pustel *Eiterbläschen*
Rheuma *Gliederreißen*
Sarkom *bösartige Geschwulst*
Schock *plötzliche Nervensystemerschütterung*
Sepsis *Blutvergiftung*
Varize *Krampfader*
Xerose *Bindehautentzündung*

7
Abszess *eitergefüllte Höhle*
Amnesie *Gedächtnisstörung*
Anaemie *Blutarmut*
Anopsie *Schielen nach oben*
Anopsie *Blindheit*
Basedow *Erkrankung der Schilddrüse*
Blutung *Austreten von Blut aus der Blutbahn*
Colitis *Dickdarmentzündung*
Embolie *Verstopfung der Blutgefäße*
Exsudat *Gewebsflüssigkeitsansammlung*
Fraktur *Knochenbruch*
Idiotie *Schwachsinn*
Ikterus *Gelbsucht*
Infarkt *Schlagaderverstopfung*

Ischias *Hüftweh*
Katarrh *Schleimhautentzündung*
Kaverne *Hohlraum in der Lunge*
Kollaps *Ohnmacht, Schock*
Kraetze *Hautkrankheit*
Kyphose *Wirbelsäulenverbiegung*
Lumbago *Hexenschuß*
Malaria *Wechselfieber*
Neurose *Nervenkrankheit*
Otalgie *Ohrenschmerz*
Podagra *Fußgicht*
Pyaemie *allgemeine Blutvergiftung*
Quaddel *Hautkrankheit*
Rotlauf *Hautkrankheit*
Scabies *Krätze*
Skorbut *Mangelkrankheit*
Tetanie *fallweise Muskelkrämpfe*
Tetanus *Wundstarrkrampf*
Trachom *Augenkrankheit*

8

Asthenie *Kraftlosigkeit*
Atrophie *Schwund eines Körperteiles*
Beriberi *Mangelkrankheit*
Chlorose *Bleichsucht*
Diarrhoe *Durchfall*
Emphysem *Luftansammlung in einem Organ*
Furunkel *Unterhautentzündung*
Hautwolf *Wundsein der Haut*
Hysterie *körperlich-seelische Störung*
Karditis *Herzentzündung*
Karzinom *bösartige Geschwulst*
Luxation *Verrenkung*
Migraene *Kopfschmerzanfall*
Myelitis *Rückenmarkentzündung*
Myxoedem *teigige Hautschwellung*
Nephrose *Nierenentzündung*
Neuritis *Nervenentzündung*
Ohnmacht *Bewußtlosigkeit*
Paralyse *Gehirnerkrankung*
Paranoia *Verfolgungswahn*
Pellagra *Mangelkrankheit*
Psychose *Geisteskrankheit*
Pulmonie *Lungenentzündung*
Pyelitis *Nierenbeckenentzündung*
Rachitis *englische Krankheit*
Schwiele *Hornschichtverdickung der Haut*
Sklerose *Verkalkung*
Stottern *Sprachstörung*
Taubheit *Hörunfähigkeit*

9

Apoplexie *Gehirnschlag*
Arthritis *Gelenkentzündung*
Blutarmut *Anämie*
Dyspepsie *Verdauungsstörung*
Enteritis *Darmentzündung*
Epilepsie *Fallsucht*
Fettsucht *Fettleibigkeit*
Gastritis *Magenschleimhautentzündung*
Hautkrebs *Hautwucherungen*
Heufieber *Katarrh*
Karbunkel *Geschwür*
Katatonie *Spannungsirresein*
Klumpfuss *Fußmißbildung*
Kontusion *Quetschung*
Lethargie *Geistesträgheit*
Leukaemie *Erkrankung der blutbildenden Gewebe*
Nephritis *Nierenentzündung*
Phlegmone *Zellgewebsentzündung*
Pneumonie *Lungenentzündung*
Schnupfen *Schwellung der Nasenschleimhaut*
Schwindel *Gleichgewichtsstörung*
Thrombose *Pfropfen in den Blutgefäßen*
Veitstanz *Erbkrankheit*

10

Amoklaufen *plötzliche Geistesstörung*
Bluterguß *Blutaustritt*

Bronchitis *Entzündung der Schleimhaut oder der Bronchien*
Distorsion *Verdrehung, Verrenkung*
Erotomanie *Liebeswahnsinn*
Herzasthma *Herzerkrankung*
Hyperaemie *Blutüberfüllung eines Körperteiles*
Katalepsie *Starrsucht*
Kongestion *Blutandrang*
Konvulsion *Krampfanfall*
Meningitis *Gehirnhautentzündung*
Quetschung *Verletzung mit stumpfem Gegenstand*
Sodbrennen *Brennen in der Speiseröhre*
Vergiftung *Erkrankung durch Gifteinwirkung*
Verrenkung *Auskugelung*
Zipperlein *Gicht*

11

Bartflechte *Haarbalgentzündung*
Bleichsucht *Blutarmut*
Darmkatarrh *leichte Darmentzündung*
Gerstenkorn *Wimperntalgdrüsenentzündung*
Guertelrose *Bläschenausschlag*
Hexenschuss *plötzlicher Kreuzschmerz*
Kleptomanie *krankhafter Stehltrieb*
Melancholie *Schwermut*
Myokarditis *Herzmuskelentzündung*
Nervosität *Zustand erhöhter Reizbarkeit*
Nesselsucht *Hautausschlag*
Wanderniere *Nierensenkung*
Wassersucht *Flüssigkeitsansammlung*
Wolfsrachen *Gaumenspalte*

12

Appendizitis *Entzündung des Wurmfortsatzes*
Hasenscharte *Lippenspalte*
Heuschnupfen *Katarrh*
Inflammation *Entzündung*
Nesselfieber *Hautausschlag*
Neurasthenie *Nervenschwäche*
Osteomalazie *Knochenerweichung*
Rheumatismus *Gliederreißen*
Verstauchung *Gelenkbänderdehnung*

13

Schizophrenie *Geisteskrankheit*
Seitenstechen *Schmerz in der Rippengegend*
Taubstummheit *fehlendes Sprechvermögen infolge angeborener Taubheit*

14

Angina pectoris *Herzkrankheit*
Guertelflechte *Bläschenausschlag*
Kindbettfieber *Erkrankung der Geburtswunde*
Sommersprossen *Hautflecken*
Somnambulismus *Schlafwandeln*

15

Arteriosklerose *Arterienverkalkung*
Halsentzündung *Entzündung im Hals*
Herzerweiterung *Herzkrankheit*
Nesselausschlag *Hautausschlag*
Saeuferwahnsinn *Geistesstörung*
Zuckerkrankheit *Stoffwechselkrankheit*

16

Bronchialkatarrh *Entzündung der Schleimhaut der Bronchien*
Schwerhoerigkeit *Schwächung des Hörvermögens*

2 Medizinische Begriffe

a Anatomische Begriffe

3

Arm *Körperteil*
Lid *Augendeckel*
Ohr *Sitz des Gehörs*

4

Ader *Blutgefäß*
Auge *Sinnesorgan*
Bein *Knochen*
Bein *Körperteil*
Darm *Verdauungswerkzeug*
Elle *Unterarmknochen*
Fuss *Teil des Beines*
Haar *Oberhautgebilde*
Hals *Körperteil*
Hand *Teil des Armes*
Haut *äußere Körperbedeckung*
Herz *inneres Organ*
Iris *Regenbogenhaut im Auge*
Knie *Gelenk zw. Ober- und Unterschenkel*
Kopf *Körperteil*
Mark *Gewebe in den Knochen*
Milz *Bildungsstätte der weißen Blutkörperchen*
Mund *Eingang des Magen-Darm-Kanals*
Mund *Sprechorgan*
Nase *Geruchsorgan*
Nerv *Empfindungsorgan*
Pore *Hautöffnung*
Rist *Fußrücken, Spann*
Rist *Handrücken*
Vene *Blutader*
Wade *Teil des Unterschenkels*
Zahn *knochiger Mundteil*
Zehe *Teil des Fußes*

5

After *Mastdarmöffnung*
Aorta *Hauptschlagader*
Atlas *erster Halswirbel*
Bauch *Teil des Rumpfes*
Blase *Sack zur Harnansammlung*
Brust *Teil des Rumpfes*
Ferse *Teil des Fußes*
Kehle *Teil des Halses*
Krone *Zahnoberteil*
Kropf *Anschwellung im Hals*
Leber *größte Drüse*
Linse *Teil des Auges*
Lippe *Teil der Mundumrandung*
Lunge *Atmungsorgan*
Magen *Erweiterung des Verdauungskanals*
Nabel *Narbe in der Bauchmitte*
Niere *Harnabsonderungsorgan*
Podex *Gesäß*
Pulpa *Zahnmark*
Rippe *Teil des Brustkorbes*
Rumpf *kopfloser Körper*
Sehne *Bindegewebestrang*
Stirn *Teil des Gesichtes*
Zunge *Organ in der Mundhöhle*

6

Achsel *Teil des Oberkörpers*
Amboss *Teil des Ohres*
Becken *Knochengerüstring*
Bizeps *Unterarmmuskel*
Daumen *Teil der Hand*
Druese *Organ*
Fessel *Teil über dem Knöchel*
Finger *Teil der Hand*
Gaumen *Decke der Mundhöhle*

Gebiss *Gesamtheit der Zähne*
Gehirn *Mittelpunkt des Nervensystems*
Gelenk *Verbindung von Knochen*
Hammer *Gehörknöchelchen*
Huefte *Körperteil*
Kiefer *zähnetragendes Knochengebilde*
Leiste *Teil der Bauchdecke*
Mandel *Organ im Rachen*
Muskel *fleischiger Körperteil*
Rachen *Hohlraum ü. d. Speiseröhre*
Retina *Netzhaut*
Wimper *Haar am Augenrand*

7

Arterie *Schlagader*
Flechse *Bindegewebestrang*
Gesicht *Kopfvorderfläche*
Knochen *Teil des Skeletts*
Knorpel *Stützgewebe*
Patella *Kniescheibe*
Periost *Knochenhaut*
Pupille *Sehloch im Auge*
Schlund *Teil des Rachens*
Sehnerv *Teil des Auges*
Skelett *Körpergerüst*
Speiche *Unterarmknochen*

8

Appendix *Wurmfortsatz des Blinddarmes*
Dickdarm *Teil des Darmes*
Ellbogen *Fortsatz der Elle*
Gekroese *Bauchfellfalte*
Hornhaut *Teil des Auges*
Jochbein *Knochen unterhalb des Auges*
Kehlkopf *Luftröhreneingang*
Keilbein *Fußwurzelknochen*
Keilbein *Schädelbodenknochen*
Mastdarm *Teil des Darmes*
Meniskus *Kniegelenkknorpel*
Netzhaut *Teil des Auges*
Schaedel *Knochengerüst des Kopfes*
Schnecke *Teil des inneren Ohres*
Schulter *Rumpfoberteil*

9

Bindehaut *Teil des Auges*
Blinddarm *Teil des Dickdarms*
Bronchien *Luftröhrenäste*
Brustfell *Rippenfell*
Duenndarm *Teil des Darmes*
Epidermis *Oberhaut*
Harnblase *Sack zur Harnansammlung*
Kreuzbein *Wirbelsäulenknochen*
Labyrinth *inneres Ohr*
Magenmund *Mageneingang*
Pfoertner *Magenausgang*
Rueckgrat *Wirbelsäule*
Tonsillen *Mandeln*
Widerrist *Teil des Rückens beim Haustier*

10

Adamsapfel *Knorpel am Hals*
Luftröhre *Verbindung zwischen Lunge und Kehlkopf*
Muskulatur *Gesamtheit der Muskeln*
Rippenfell *Haut an der Brustkorbinnenfläche*
Schlagader *Blutgefäß*
Steissbein *Teil der Wirbelsäule*
Zwerchfell *Scheidewand zwischen Brust- und Bauchhöhle*

11

Deltamuskel *Schultergelenkmuskel*
Kniescheibe *Teil des Knies*
Lymphdruese *Filter der Lymphwege*
Rueckenmark *Teil des Zentralnervensystems*

Trommelfell *Teil des Ohres*
Zeigefinger *Teil der Hand*

12
Schilddrüse *Drüse am Hals*
Wirbelsaeule *Rückgrat*

13
Achillessehne *Sehne am Wadenmuskel*
Extremitaeten *Gliedmaßen*
Schulterblatt *Teil der Schulter*

Traenendruese *Drüse am Augenlid*
Unterschenkel *Teil des Beines*

14
Regenbogenhaut *Teil des Auges*
Schluesselbein *Knochen zwischen Brustbein und Schultergelenk*

16
Zwoelffingerdarm *Teil des Dünndarms*

b Andere medizinische Begriffe

3
Kur *Heilbehandlung*
Lab *Magensaft*

4
Harn *Nierenausscheidung*
Koma *tiefe Bewußtlosigkeit*
Mull *Verbandstoff*
Puls *Schlagaderbewegung*
Urin *Nierenausscheidung*

5
Diaet *Krankenkost*
Dosis *vorgeschriebene Arzneimenge*
Eiter *Absonderung*
Galle *Leberzellenabsonderung*
Grind *Kruste auf einer Wunde*
Krise *Wendepunkt im Befinden*
Lysol *Desinfektionsmittel*
Narbe *Rückstand der Wundheilung*
Salbe *Heilmittel*
Serum *Bestandteil der Körperflüssigkeit*
Sonde *Stäbchen zur Wunduntersuchung*

6
Aether *Narkotikum*
Agonie *Todeskampf*
Catgut *Wundnähmittel*
Chinin *Mittel gegen Fieber*
Evipan *Betäubungsmittel*
Exitus *Tod*
Fibrin *Blutfaserstoff*
impfen *Serum einspritzen*
lumbal *die Lenden betreffend*
Lymphe *Gewebsflüssigkeit*
marode *ermattet, krank*
mental *geistig*
Mixtur *Arzneimischung*
Rezept *ärztl. Verschreibung*
Schorf *Kruste auf der Wunde*
Sekret *Drüsenabsonderung*
Seuche *weitverbreitete Krankheit, Epidemie*
Tampon *Mull-, Wattebausch*

7
Ampulle *Glasfläschchen für Einspritzungsflüssigkeit*
Aspirin *Mittel gegen Fieber und Schmerzen*
Bandage *Stützbinde*
Blessur *Verwundung*
Elixier *Heiltrank*

Endemie *Krankheit in bestimmtem Gebiet*
Insulin *Heilmittel gegen Zuckerkrankheit*
Insulin *Hormon der Bauchspeicheldrüse*
Kadaver *Leichnam*
Kanuele *Hohlnadel für Injektionen*
Lachgas *Betäubungsmittel*
Massage *Heilbehandlung*
Narkose *Betäubung*
Patient *Kranker*
Pigment *Gewebszellenfarbstoff*
Symptom *Krankheitsanzeichen*
Veronal *Schlafmittel*

8

Aderlass *Blutabnahme*
Asthenie *Kraftlosigkeit*
Delirium *geistige Störung*
Diagnose *Erkennen einer Krankheit*
Epidemie *häufiges Auftreten einer Krankheit*
Feuermal *Muttermal*
guttural *kehlig*
Haematin *Teil des Blutfarbstoffes*
Infusion *Einführung von Flüssigkeitsmengen*
Jodoform *Antiseptikum*
Karzinom *Krebsbildung*
Katheter *Instrument zur Flüssigkeitsabnahme*
Lanzette *ärztliches Messer*
Morphium *schmerzstillendes Mittel*
Mutation *Änderung der erblichen Merkmale*
Paralyse *Bewegungslähmung*
sezieren *Leiche öffnen und zergliedern*
Skalpell *ärztliches Messer*
Speichel *Absonderung der Speicheldrüse*
Therapie *Krankheitsbehandlung*

9

Abstinenz *Enthaltsamkeit*
Antitoxin *Gegengift*
Digestion *Verdauung*
Infektion *Ansteckung*
Injektion *Einspritzung*
Kompresse *feuchter Umschlag*
Muttermal *Hautveränderung*
Obduktion *Leichenöffnung*
Operation *ärztlicher Eingriff*
Prosektur *pathol. Abt. eines Krankenhauses*
Resektion *Herausschneiden eines Körperteiles*
Scheintod *scheinbar erloschenes Leben*
Sekretion *Absonderung*
Tannalbin *Mittel gegen Durchfall*
Ueberbein *kugelige Geschwulst*
Verdauung *Nahrungsstoffumwandlung*

10

Absorption *Aufsaugung*
Allopathie *Behandlungsart*
Amputation *Abtrennung eines Körperteiles*
Chloroform *Betäubungsmittel*
Diathermie *Wärmebehandlung*
Exaltation *Gefühlsüberspannung*
Indikation *Heilanzeige*
infektioes *ansteckend*
infizieren *anstecken*
Inhalation *Einatmung*
Konvulsion *krampfhafte Zuckung*
Medikament *Arzneimittel*
Narkotikum *Betäubungsmittel*
Ordination *ärztliche Sprechstunde*
Pathologie *Krankheitslehre*
Penicillin *Heilmittel*
Sanatorium *Heilanstalt*
Simulation *Vortäuschung einer Krankheit*

11
Anaesthesie *Betäubung*
Haemoglobin *Blutfarbstoff*
Respiration *Atmung*
Transfusion *Blutübertragung*

12
Einspritzung *Injektion*
indisponiert *unpäßlich*
Tracheotomie *Luftröhrenschnitt*

13
Indisposition *Unpäßlichkeit*
Transpiration *Wasserabgabe durch Schweiß*

14
Lumbalpunktion *Entnahme von Nervenwasser*

15
Bluttransfusion *Blutübertragung*
Elektrotherapie *Elektrizität für Heilzwecke*
Transplantation *Haut- oder Zellgewebsverpflanzung*

16
Lokalanaesthesie *örtliche Betäubung*

Mineralogie

1 Gesteine

4
Gips
Kalk
Spat

5
Albit
Augit
Baryt
Bolus
Dazit
Dunit
Gneis
Ophit
Pyrit
Quarz
Rutil

6
Apatit
Asbest
Basalt
Bauxit
Diorit
Gabbro
Granat
Granit
Jadeit
Jaspis
Kalzit
Kaolin
Korund
Kreide
Leuzit
Marmor
Mullit
Olivin
Pikrit
Syenit
Sylvin

7
Achroit
Borazit
Chlorit
Dolomit
Fluorit
Galenit
Glimmer
Graphit
Monazit
Nephrit
Porphyr
Realgar
Serizit
Spinell
Titanit
Trachyt

8
Amphibol
Anhydrit
Anorthit
Aragonit
Enstatit
Erdwachs
Feldspat
Haematit
Kalkspat
Kobaltin
Kryolith
Labrador
Magnesit
Magnetit
Millerit
Nickelin
Obsidian
Ozokerit
Rubellit
Tridymit
Turmalin
Vivianit
Witherit
Zinnober

9
Alabaster
Bleiglanz
Chalkosin
Kalkstein
Mikroklin
Orthoklas
Redruthil
Sandstein
Schmirgel
Serpentin
Sphalerit
Zoelestin

10
Agglomerat
Chloanthit
Chrysolith
Feuerstein
Hornblende
Kobaltkies
Kupferkies
Magnetkies
Meerschaum
Nickelkies
Pechblende
Phosphorit
Rauchwacke
Schwerspat
Zinkblende
Zinkbluete

11
Chalkopyrit
Hydrozinkit
Kobaltglanz
Kupferglanz
Tonschiefer
Uranpecherz

12
Quarzporphyr
Schwefelkies

13
Porzellanerde

14
Magneteisenerz

15
Glimmerschiefer

16
Magneteisenstein

2 Edel- und Schmucksteine

4
Jade
Onyx
Opal

5
Achat
Gagat
Pyrop
Quarz
Rubin
Topas

6
Adular
Beryll
Citrin
Epidot
Granat
Jadeit
Jaspis
Korund
Prasem
Saphir
Zirkon
Zitrin
Zyanit

7
Diamant
Girasol
Karneol
Lasurit
Nephrit
Smaragd
Spinell
Tuerkis

8
Almandin
Amethyst
Edelopal
Haematit
Heliodor
Hyazinth
Kaprubin
Labrador
Malachit
Markesit
Rhodonit
Sardonyx
Turmalin

9
Aquamarin
Avanturin
Bernstein
Chalzedon
Feueropal
Goldtopas
Grossular
Heliotrop
Hydrophan
Karfunkel
Mondstein
Tigerauge

10
Alexandrit
Chrysolith
Chrysopras
Katzenauge
Labradorit
Lasurstein
Rauchquarz
Rauchtopas
Rosenquarz
Wasseropal

11
Lapislazuli
Nierenstein

12
Bergkristall
Chrysoberyll

13
Amazonenstein
Labradorstein

Physik

(e: elektrisch; E: Einheit)

3

Dyn *physikalische Kraft-E*
Erg *Einheit der Energie*
Ion *e geladenes Atom*
Ohm *E des e Widerstandes*
Pol *Stelle am Magnet*

4

Atom *kleinster Teil chemischer Grundstoffe*
Grad *Teil der Temperaturskala*
Volt *E der e Spannung*
Watt *E der e Leistung*

5

Anode *positive Elektrode*
Fokus *Brennpunkt*
Hebel *um einen Stützpunkt drehbare Stange*
Meson *Elementarteilchen des Atomkerns*
Optik *Lehre vom Licht*

6

Ampere *E der e Stromstärke*
Dichte *Maß eines Stoffes der Raumeinheit*
Proton *positiv geladener Kern des Wasserstoffatoms*
Vakuum *annähernd luftleerer Raum*
Waerme *Form der Energie*

7

Akustik *Lehre vom Schall*
Energie *Fähigkeit, Arbeit zu leisten*
Kalorie *Wärmeeinheit*
Kathode *negative Elektrode*
Neutron *Bestandteil des Atomkerns*
Reibung *Bewegungswiderstand sich berührender Körper*
Schwere *Anziehungskraft der Erde*
Torsion *Drehung eines Stabes um seine Längsachse*
Volumen *Rauminhalt eines Körpers*

8

Elektron *negativ geladenes Elementarteilchen*
Positron *positiv geladenes Atomteilchen*
Spektrum *verschiedenfarbiger Streifen*

9

Adhaesion *Aneinanderhaftung*
Anziehung *Annäherungskraft verschiedener Körper*
Drehstrom *e Wechselstrom*
Elektrode *Stromzuführer*
Hydraulik *Lehre von ström. Flüssigkeiten*
Reflexion *Strahlenzurückwerfung*

10

Schwingung *Hin- und Herbewegung eines Körpers*
Temperatur *Wärmegrad eines Stoffes*
Voltampere *E der e Leistung*

11

Elektrolyse *Zerlegung einer Verbindung durch Strom*

Gravitation *Massenanziehung*

Schwerkraft *Anziehungskraft der Erde*

Wetterkunde

1 Niederschläge

3
Tau

4
Guss
Reif

5
Hagel
Nebel
Regen

6
Schnee

8
Graupeln
Rauhreif

9
Rauhfrost
Schlossen

10
Sturzregen

11
Spruehregen
Strichregen
Wolkenbruch

2 Windarten

3
Ora *Wind am Gardasee*

4
Bise *N- und NO-Wind*
Bora *kalter Adriawind*

5
Buran *Sturm in Asien*
Foehn *Wind in den Alpentälern*
Samum *Wind in Arabien*

6
Auster *Südwind*
Kamsin *ägyptischer Wüstenwind*
Monsun *glühender Wüstensturm*
Passat *Wind in den Tropen*
Taifun *ostasiatischer Wirbelsturm*
Typhon *Wirbelsturm*
Zephir *Westwind*

7
Chamsin *SO-Wind in Ägypten*
Mistral *NW-Wind in SO-Frankreich*
Sirocco *schwüler Wind in Italien*
Tornado *westindischer Wirbelsturm*

8
Blizzard *Schneesturm in Nordamerika*
Hurrikan *westindischer Wirbelsturm*

9
Harmattan *Wind in Nordafrika*
Schirokko *schwüler Wind in Italien*

3 Verschiedenes

3
Boe *starker Windstoß*
lau *Temperaturgrad*

4
aper *schneefrei*
Hoch *Hochdruckgebiet*
kalt *Temperaturgrad*
Kimm *sichtbarer Horizont*
Tief *Tiefdruckgebiet*
warm *Temperaturgrad*
Wind *Luftströmung*

5
Blitz *elektrische Entladung*
Brise *mäßiger Wind*
Frost *Kältegrad*
Orkan *schwerer Sturm*
Sturm *starker Wind*
Wolke *Gebilde aus Wassertropfen*

6
Donner *dem Blitz folgendes Geräusch*
Flocke *Schneeform*
Flaute *Windstille*
Harsch *verkrusteter Schnee*
Laehne *stürzende Schneemassen im Hochgebirge*
Lawine *stürzende Schneemassen im Hochgebirge*
Nimbus *Regenwolke*
Trombe *Luftwirbel*
Zirrus *Federwolke*
Zyklon *Luftwirbel*

7
Kumulus *Haufenwolke*
nieseln *leicht regnen*
Stratus *Schichtwolke*

8
Abflauen *Nachlassen des Windes*
Gewitter *Entladung der Luftelektrizität*

10
Kugelblitz *Blitzart*
Nebelfleck *nebelartiges Gebilde*
Regenbogen *farbige Lufterscheinung*
Ungewitter *Unwetter*
Wasserhose *Luftwirbel im Wasser*

11
Wirbelsturm *heftiger Luftwirbel*
Zirruswolke *Federwolke*

12
Laemmerwolke *Wolkenart*

13
Gewitterwolke *Wolkenart*

14
Wetterleuchten *entferntes Gewitter*

Zoologie

1 Käfer

6
Gerber *Bockkäferart*

7
Erdfloh *Blattkäferchen*
Maiwurm *Blasenkäferart*

8
Gelbrand *Schwimmkäfer*
Hausbock *Bockkäfer*
Heldbock *Bockkäfer*
Totenuhr *Klopfkäfer*

9
Aaskaefer *Käferart*
Gluehwurm *Weichflügler*
Maikaefer *Blatthornkäfer*
Oelkaefer *Käferfamilie*
Saegebock *Bockkäfer*
Schreiner *Bockkäfer*
Totenwurm *Klopfkäfer*
Trotzkopf *Klopfkäfer*

10
Bockkaefer *Käferart*
Bohrkaefer *Käferart*
Junikaefer *Blatthornkäfer*
Kornkaefer *Rüsselkäfer*
Laufkaefer *Raubkäferfamilie*
Mistkaefer *Blatthornkäfer*
Skarabaeus *Mistkäfer*
Spiessbock *Bockkäfer*
Zimmerbock *Bockkäfer*

11
Blattroller *Rüsselkäfer*
Brachkaefer *Blatthornkäfer*
Klopfkaefer *Rohrkäfer*
Moschusbock *Bockkäferart*
Rosenkaefer *Blatthornkäfer*
Siebenpunkt *Käferchen*
Speckkaefer *Käferart*

12
Bienenkaefer *Käferart*
Borkenkaefer *Käferchen*
Hirschkaefer *Blatthornkäfer*
Leuchtkaefer *Weichflügler*
Marienkaefer *Käferchen*
Pillendreher *Mistkäferart*
Rebenstecher *Rüsselkäfer*
Schilfkaefer *Blattkäferart*
Totengraeber *Aaskäfer*
Waldgaertner *Kiefern-markkäfer*

13
Goliathkaefer *tropischer Blumen-käfer*
Nashornkaefer *Blatthornkäfer*
Puppenraeuber *Laufkäferart*
Ruesselkaefer *Käferart*

14
Gluehwuermchen *Weichflügler*
Johanniskaefer *Blatthornkäfer*
Pflaumenbohrer *Blattrollerart*
Schattenkaefer *Käferart*

16
Kartoffelkaefer *Blattkäfer*

2 Schmetterlinge

(S: Schmetterling)

4
Baer *Groß-S*
Eule *Nachtfalter*

5
Fuchs *Tagfalter*
Gamma *Ypsiloneule*
Motte *Klein-S*
Nonne *Nacht-S*

6
Apollo *Tagfalter*
Glucke *Nachtfalter*

7
Admiral *Tag-S*
Spanner *Schmetterlingsart*
Wickler *Klein-S*

8
Blaukopf *Eulen-S*
Eisvogel *Tagfaltergattung*
Forleule *Eulen-S*
Graseule *Eulen-S*
Herzwurm *Kohleulen-S*
Kohleule *Eulen-S*
Zuensler *Klein-S*

9
Ackereule *Eulen-S*
Blaeuling *Klein-S*
Gammaeule *Eulen-S*
Postillon *Falter*
Totenkopf *Schwärmer*
Weissling *Tagfalter*

10
Ampfereule *Eulen-S*
Erbseneule *Eulen-S*
Hausmutter *Eulen-S*
Mauerfuchs *Tagfalter*
Ochsenauge *Tagfalter*
Ordensband *Eulen-S*
Pfauenauge *Schmetterling*
Purpurbaer *Bärenspinner*
Rotschwanz *Buchenspinner*
Widderchen *schwärmerähnlicher S*

11
Augenfalter *Tagfalter*
Bienenmotte *Klein-S*
Blattroller *Klein-S*
Eulenfalter *Eulen-S*
Fichteneule *Eulen-S*
Kieferneule *Eulen-S*
Queckeneule *Eulen-S*
Sackspinner *Klein-S*
Sacktraeger *Klein-S*
Schachbrett *Augenfalter*
Segelfalter *Tagfalter*
Tannenpfeil *Schwärmer-S*

12
Apfelwickler *Tagfalter*
Apollofalter *Tagfalter*
Blattwickler *Klein-S*
Brillenvogel *Eulen-S*
Distelfalter *Tagfalter*
Fichtenmotte *Kiefernschwärmerart*
Frostspanner *Spannerart*
Kaisermantel *Perlmutterfalter*
Kupferglucke *Nacht-S*
Silberstrich *Perlmutterfalter*
Trauermantel *Tagfalter*
Weidenbohrer *Klein-S*

13
Aprikoseneule *Eulen-S*

Baerenspinner *Groß-S*
Buchenspinner *Spinner-S*
Feldulmeneule *Eulen-S*
Kohlweissling *Tagfalter*
Pistolenvogel *Ypsiloneule*
Ringelspinner *Glucken-S*
Seidenspinner *Spinner-S*
Tagpfauenauge *Tagfalter*
Taubenschwanz *Schwärmer*
Zitronenvogel *Weißlingfalter*

14
Fichtenspinner *Nacht-S*
Kiefernspanner *Spanner-S*
Kiefernspinner *Glucken-S*
Schillerfalter *Tagfalter*
Schwammspinner *Nacht-S*
Zitronenfalter *Weißlingfalter*

15
Abendpfauenauge *Schwärmer*
Nachtpfauenauge *spinnerartiger S*
Rotes Ordensband *S der Eulengattung*

16
Bienenschwaermer *Glasflügler-S*
Perlmutterfalter *Waldfaltergattung*
Schwalbenschwanz *Tag-S*

18
Ligusterschwaermer *großer Nacht-S*
Oleanderschwaermer *Nacht-S*
Prozessionsspinner *Nacht-S*

3 Andere Insekten

4
Floh *flügelloses Insekt*
Imme *Hautflügler*
Laus *flügelloses Insekt*

5
Biene *Hautflügler*
Gelse *Stechmücke*
Hafte *Eintagsfliege*
Wanze *Halbflügler*
Werne *Grillenart*
Wespe *Hautflügler*

6
Ameise *Hautflügler*
Bremse *Zweiflügler*
Dassel *Fliegenart*
Fliege *Zweiflügler*
Grille *Geradflügler*
Hummel *Hautflügler*
Muecke *Zweiflügler*
Schabe *Geradflügler*
Soldat *Wanzenart*
Tsetse *Stechfliege*
Zikade *Halbflügler*

7
Libelle *Raubinsekt*
Moskito *Stechmücke*
Ohrwurm *Geradflügler*
Reblaus *Blattlausart*
Schnake *Zweiflügler*
Schwabe *Zweiflügler*
Termite *Falschnetzflügler*

8
Filzlaus *Läuseart*
Heimchen *Grillenart*
Heupferd *Heuschreckenart*
Hornisse *Wespenart*

Kakerlak *Küchenschabe*
Kopflaus *Läuseart*
Qualster *Beerenwanzenart*

9
Anopheles *Fiebermücke*
Baumwanze *Gruppe der Wanzen*
Gollwespe *kleiner Hautflügler*
Grabwespe *Hautflügler*
Sandwespe *Grabwespenart*
Sprengsel *Heuschrecke*

10
Biesfliege *Dasselfliege*
Bienenlaus *flügelloses Insekt*
Blattwanze *Wanzenart (Schnabel-Kerfe)*
Bohrfliege *Fliegenart*
Feldgrille *Grabheuschrecke*
Goldfliege *Fliegenart*
Mauerwespe *Wespenart*
Schildlaus *Pflanzenlaus*
Zuckergast *niederes Insekt*

11
Buecherlaus *Holzlaus*
Faltenwespe *Hautflügler*
Goldjungfer *Libellenart*
Heuschrecke *Geradflügler*

12
Schlupfwespe *Wespenart*
Stubenfliege *Fliegenart*
Tsetsefliege *afrikanische Stechfliege*

13
Eintagsfliege *Falschnetzflügler*
Graspferdchen *Heuchschreckenart*
Wasserjungfer *Falschnetzflügler*

14
Gluehwuermchen *Weichkäfer mit Leuchtorganen*
Koecherjungfer *mottenähnliches Insekt*

15
Gottesanbeterin *Geradflügler*
Maulwurfsgrille *Geradflügler*
Silberfischchen *ungeflügeltes Insekt*

4 Fische

3
Aal *Knochenfisch*
Hai *Knochenfisch*

4
Albe *Weißfisch*
Alse *Heringsfisch*
Asch *Lachsfisch*
Blei *Karpfenfisch*
Butt *Schollenart*
Hutu *Sägerakenart*
Lang (Leng) *Schellfischart*
Lump *Stachelflosser*
Nase *Karpfenfisch*
Orfe *Nerflingart*
Pole *Schollenart*
Salm *Lachsfisch*
Wels *Knochenfisch*
Zope *Brassenart*

5
Aland *Karpfenfisch*
Barbe *Karpfenfisch*
Fogas *Sanderart*

Hecht *Knochenfisch*
Karpf *Knochenfisch*
Kilch *Renkenart*
Lachs *Knochenfisch*
Laube *Karpfenfisch*
Renke *Lachsfisch*
Stint *Lachsart*
Stoer *Knorpelfisch*
Zunge *Schollenart*

6

Aesche *Lachsfisch*
Albock *Renkenart*
Angler *Raubfisch*
Barsch *Stachelflosser*
Beluga *Störfisch*
Blicke *Karpfenfisch*
Bonite *Thunfischart*
Brasse *Karpfenfisch*
Doebel *Karpfenart*
Dorade *Goldbrassenart*
Dorsch *Schellfischart*
Groppe *Panzerwangenart*
Gurami *Labyrinthfisch*
Harder *Meeräschenart*
Hausen *Störfisch*
Hering *Knochenfisch*
Huchen *Lachsfisch*
Quappe *Schellfisch*
Remora *Knochenfisch*
Rochen *Knorpelflosser*
Sander *Barschart*
Schill *Barschart*
Schlei *Karpfenfisch*
Seeaal *Schellfisch*
Tarpon *Heringsfisch*
Ukelei *Karpfenfisch*
Zaerte *Brassenart*
Zander *Barschart*

7

Aalbutt *Schollenart*
Blauhai *Menschenhai*
Brachse *Karpfenfisch*
Dornhai *Haifischart*
Elritze *Karpfenfisch*
Felchen *Lachsart*
Flunder *Plattfisch*
Forelle *lachsartiger Raubfisch*
Grundel *Knochenfisch*
Kapelin *lachsartiger Fisch*
Karpfen *Knochenfisch*
Makrele *Stachelflosser*
Moraene *Renkenart*
Pfrille *Elritze*
Piranha (Priaya) *Raubfisch*
Ploetze *Weißfischart*
Sardine *Heringsfisch*
Scholle *Knochenfisch*
Seehahn *Panzerwangenart*
Seehase *Stachelflosser*
Seewolf *Schleimfisch*
Sprotte *Heringsfisch*
Sterlet *Störart*
Xiphias *Schwertfisch*

8

Aalraupe *Schellfisch*
Arapaima *Knochenfisch*
Blaunase *Brassenart*
Flughahn *Panzerwangenart*
Goldbutt *Schollenart*
Heilbutt *Schollenart*
Kabeljau *Schellfisch*
Rotzunge *Schollenart*
Russnase *Brassenart*
Saibling *Lachsfisch*
Sardelle *kleine Heringsart*
Schmerle *Karpfenfisch*
Schupper *Weißfischart*
Schuster *Weißfischart*
Schwuppe *Pleinzenart*
Seebader *Lederfischart*
Seebarbe *Stachelflosser*
Seekatze *Knochenfisch*
Seenadel *Knochenfisch*
Seeotter *Seestichlingsart*
Seezunge *Schollenart*

Truesche *Schellfisch*

9
Aalmutter *Knochenfisch*
Anschovis *Heringsfisch*
Goldfisch *Karauschenabart*
Hammerhai *Haifischart*
Heuerling *Renkenart*
Igelfisch *Kugelfisch*
Karausche *Karpfenfisch*
Katzenhai *Haifischart*
Knurrhahn *Panzerwangenart*
Meeradler *Aderrochenart*
Mondfisch *Kugelfisch*
Rheinsalm *Lachsfisch*
Schnaepel *Lachsfisch*
Schneider *Weißfischart*
Seeteufel *Raubfisch*
Steinbutt *Schollenfisch*
Stichling *Knochenfisch*
Thunfisch *Makrelenart*
Zitteraal *elektrischer Karpfenfisch*

10
Bitterling *Karpfenfisch*
Flussbarbe *Karpfenart*
Gruendling *Karpfenfisch*
Hundszunge *Schollenfisch*
Kaulbarsch *Barschart*
Klumpfisch *Sonnenfisch*
Kugelfisch *Knochenfisch*
Meeraesche *Stachelflosserart*
Meerdrache *Rochenfisch*
Meerteufel *Rochenart*
Rotkarpfen *Karpfenart*
Saegefisch *Rochenart*
Weissfisch *Karpfenfisch*
Zitterwels *Knochenfisch*

11
Bartgrundel *Karpfenfisch*
Blaufelchen *Renkenart*
Hammerfisch *Haifischart*
Schellfisch *Knochenfisch*
Schusslaube *Weißfischart*
Seeskorpion *Panzerwangenart*
Seeschwalbe *Panzerwangenart*
Silberlachs *Forellenart*
Zahnkarpfen *Knochenfisch*

12
Panzerwangen *Knochenfisch*
Schwertfisch *Knochenfisch*
Seepferdchen *Knochenfisch*
Steinbeisser *aalförmiger Fisch*
Zitterrochen *Rochenfisch*

13
Heringskoenig *schollenverwandter Fisch*
Korallenfisch *kleiner Fisch*
Schiffshalter *Knochenfisch*
Teufelsrochen *Rochenart*

14
Labyrinthfisch *Stachelflosser*
Papageienfisch *Barschfisch*
Petermaennchen *Drachenfisch*
Schlammbeisser *Karpfenfisch*

15
Schleierschwanz *Goldfischart*

16
Seeschmetterling *Schleimfisch*

5 Schlangen

3
Ara *Brillenschlange*
Boa *Riesenschlange*

4
Haie *Brillenschlange*

5
Aspis *Brillenschlange*
Kobra *Brillenschlange*
Otter *Giftschlange*
Tenne *Tigerschlangenart*
Viper *Giftschlange*

6
Assala *Tigerschlangenart*
Natter *Schlangenart*
Python *Tigerschlangenart*

8
Aeskulap *Natterart*
Anakonda *Riesenschlange*
Surukuku *Buschmeister*

9
Hornviper *Vipernart*
Puffotter *Vipernart*

10
Aspisviper *Vipernart*
Kreuzotter *Vipernart*

11
Haselnatter *Natternart*
Hutschlange *Giftnatternart*
Schildotter *Brillenschlange*
Seeschlange *Natternart*

12
Buschmeister *Giftschlange*
Ringelnatter *Natternart*
Speischlange *Brillenschlange*

13
Korallenotter *Giftschlange*
Schlingnatter *Natternart*
Tigerschlange *Riesenschlange*

14
Abgottschlange *Riesenschlange*
Lanzenschlange *Vipernart*
Uraeusschlange *Brillen-schlangenart*

15
Brillenschlange *Giftnattergattung*
Klapperschlange *Vipernart*
Koenigsschlange *Riesenschlange*

16
Korallenschlange *Giftnatter*

6 Vögel

a Schwimmvögel

3
Alk

4
Ente
Gans
Lund

5
Lumme
Moewe

6
Saeger
Schwan

7
Pelikan
Pinguin
Scharbe
Seerabe
Taucher

8
Albatros
Kapschaf
Kormoran
Wildgans

9
Trollumme

10
Eistaucher
Ringelgans
Steissfuss
Sturmvogel

11
Horntaucher
Tropikvogel

12
Gaensesaeger
Trottellumme

13
Kaiserpinguin
Riesenpinguin
Sturmschwalbe

14
Fregattenvogel
Brillenpinguin

b Papageienarten

3
Ara
Kea

4
Aras
Jako
Lori

5
Arara
Makao

6
Araras
Calita
Kakadu
Kakapo
Lorius

7
Erzlori
Sittich

10
Inkakakadu

11
Graupapagei
Rosenkakadu

12
Eulenpapagei
Nachtpapagei

13
Nestorpapagei
Wellenpapagei
Wellensittich

c Andere Vögel

3
Auf *Ohreneulenart*
Emu *Straußenvogel*
Moa *Straußvogel*
Poe *Honigfresserart*
Uhu *Eulenart*

4

Bulu *Ohreneulenart*
Dodo *Taubenvogel*
Eule *Rackenvogel*
Fink *Singvogel*
Gans *Gänsevogel*
Gauf *Eulenart*
Huhn *Hühnervogel*
Ibis *Stelzvogel*
Kagu *Wattvogelart*
Kauz *Eulenart*
Kiwi *Schnepfenstrauß*
Kolk *Rabenart*
Kuau *Argusfasanart*
Pfau *Hühnervogel*
Rabe *Sperlingsvogel*
Rake *Mandelkrähe*
Star *Singvogel*
Tale *Dohlenart*
Weih *Falkenart*

5

Adler *Falkenvogel*
Agami *Trompetervogel*
Ammer *Singvogel*
Amsel *Drosselart*
Dache *Dohlenart*
Dohle *Rabenart*
Falke *Raubvogel*
Fasan *Hühnervogel*
Geier *Raubvogel*
Golle *Gimpelart*
Klaas *Dohlenart*
Meise *Singvogel*
Merle *Drosselart*
Milan *Falkenvogel*
Moewe *Regenpfeifervogel*
Mandu *Pampastrauß*
Pirol *Singvogel*
Racke *Mandelkrähe*
Ralle *Kranichvogel*
Spatz *Finkenvogel*
Taube *Regenpfeifervogel*
Tukan *tropischer Klettervogel*
Weihe *Falkenvogel*
Zippe *Drosselart*
Zoppe *Wasserhuhnart*

6

Buelow *Pirolart*
Dronte *Taubenvogel*
Elster *Rabenvogel*
Fulmar *Sturmvogel*
Gimpel *Finkenvogel*
Haeher *Rabenvogel*
Hurbel *Wasserhuhnart*
Kasuar *Laufvogel*
Knobbe *Moorentenart*
Kondor *Geierart*
Kraehe *Rabenvogel*
Lerche *Sperlingsvogel*
Lietze *Wasserhuhnart*
Marabu *Storchenart*
Mauser *Mäusebussard*
Merlin *Falkenart*
Pfaffe *Wasserhuhn*
Pieper *Singvogel*
Quaker *Moorentenart*
Que(t)zal *Trogonart*
Reigel *Fischreiher*
Reiher *Storchvogel*
Roller *Kanarienvogel*
Saeger *Gänsevogel*
Schapu *Beutelstar*
Schwan *Gänsevogel*
Segler *Mauerschwalbe*
Specht *Klettervogel*
Storch *Stelzvogel*
Trappe *Kranichvogel*
Wichtl *Steinkauzart*
Zeisig *Sperlingsvogel*
Ziemer *Drosselart*

7

Bekasse *Waldschnepfe*
Bussard *Raubvogel*
Drossel *Singvogel*
Girlitz *Singvogel*

Habicht *Falkenvogel*
Harpyie *Adlerart*
Jassana *Regenpfeifervogel*
Kiebitz *Regenpfeifervogel*
Kleiber *Klettervogel*
Kolibri *Schwirrvogel*
Kranich *Sumpfvogel*
Kuckuck *Waldvogel*
Ortolan *Singvogel*
Papagei *Klettervogel*
Rassler *Zwergstrandläufer*
Rebhuhn *Feldhuhn*
Rotfink *Gimpelart*
Rothuhn *Waldhuhnart*
Seehahn *Seetaucherart*
Sperber *Raubvogel*
Strauss *Flachbrustvogel*
Toelpel *Storchenvogel*
Wachtel *Hühnervogel*
Winesel *Weindrosselart*
Wuerger *Singvogel*

8

Albatros *Sturmvogel*
Auerhahn *Waldhuhnart*
Auerhuhn *Waldhuhnart*
Baumkauz *Waldkauzart*
Bergfink *Finkenart*
Bieresel *Pirolart*
Bierhahn *Pirolart*
Birkhahn *Waldhuhnart*
Birkhuhn *Waldhuhnart*
Blaurake *Rabenvogel*
Brommeis *Gimpelart*
Buchfink *Finkenart*
Buelbuel *Sperlingsvogelart*
Dickfuss *Regenpfeifervogel*
Dompfaff *Gimpelart*
Eisvogel *Rackenart*
Flamingo *Storchvogel*
Goldfink *Stieglitz*
Hagspatz *Gartensängerart*
Kaptaube *Sturmschwalbe*
Kapschaf *Albatrosart*
Kolkrabe *Rabenart*
Kormoran *Storchvogel*
Perlhuhn *Hühnervogel*
Quaecker *Bergfinkenart*
Rotvogel *Gimpelart*
Schnaerz *Wiesenknarrerart*
Schnarre *Drosselart*
Schnepfe *Regenpfeifervogel*
Scholver *Kormoranart*
Schreier *Moorentenart*
Schwalbe *Sperlingsvogel*
Seeadler *Adlerart*
Sperling *Finkenvogel*
Spoetter *Singvogel*
Tuemmler *Haustaubenrasse*
Truthahn *Hühnervogel*
Truthuhn *Hühnervogel*
Waldkauz *Eulenart*
Wildente *Entenart*
Zilpzalp *Laubsängerart*

9

Adlereule *Ohreneulenart*
Alpenfink *Schneefink*
Bartgeier *Geierart*
Bekassine *Schnepfenvogel*
Blaumeise *Meisenart*
Blauracke *Rabenvogel*
Braunelle *Singvogel*
Duettchen *Regenpfeifervogel*
Eiderente *Tauchente*
Eidergans *Tauchente*
Goldammer *Ammerart*
Goldfasan *Fasanart*
Gruenfink *Finkenvogel*
Gruenling *Finkenvogel*
Haenfling *Finkenvogel*
Haselhuhn *Waldhuhn*
Kaeuzchen *Eulenart*
Kohlmeise *Meisenart*
Lachmoewe *Möwenart*
Rohrspatz *Rohrsängerart*
Schneeaar *Rauchfußbussard*
Sekretaer *Raubvogel*

Spielhuhn *Birkhuhn*
Steinkauz *Eulenart*
Stieglitz *Finkenvogel*
Stockente *Entenart*
Sumpfhuhn *Kranichvogel*
Teichhuhn *Kranichvogel*
Toteneule *Eulenart*
Trappgans *Kranichvogelart*
Turmfalke *Falkenvogel*
Weisskopf *Feldweihenart*
Wendehals *Spechtvogel*
Wiedehopf *Rackenvogel*
Wippsterz *Bachstelzenart*
Zwergkauz *Eulenart*

10

Amselmerle *Schwarzdrosselart*
Bachstelze *Singvogel*
Baeuerling *Drosselart*
Blauspecht *Kleiber*
Blauziemer *Drosselart*
Brachvogel *Regenpfeifervogel*
Buntspecht *Spechtart*
Distelfink *Stieglitz*
Falkeneule *Eulenart*
Feldlerche *Lerchenart*
Fischadler *Adlerart*
Gabelweihe *Milanart*
Gaensehirt *Wiedehopfart*
Grasmuecke *Fliegenschnäppervogel*
Katzeneule *Eulenart*
Kropftaube *Taubenart*
Mohrenkopf *Lachmöwenart*
Nachtigall *Singvogel*
Neuntoeter *Dorndreherart*
Nimmersatt *Storchvogel*
Prachtfink *Webervogel*
Purpurhuhn *Sumpfhuhn*
Rohrdommel *Reihervogel*
Rotschwanz *Fliegenschnäppervogel*
Schneefink *Finkenart*
Schneehuhn *Wildhuhnart*
Schopfhuhn *huhnähnlicher Vogel*
Seetaucher *Tauchvogelart*
Steinadler *Adlerart*
Sturmmoewe *Möwenart*
Sumpfmeise *Meisenart*
Totenvogel *Eulenart*
Wasserhuhn *Sumpfhuhnart*
Webervogel *Singvogel*
Zaunkönig *Singvogel*

11

Austerndieb *Regenpfeifervogel*
Baumlaeufer *Sperlingsvogel*
Beutelmeise *Meisenart*
Bienenfalke *Wespenbussard*
Doppelvogel *Drosselart*
Eichdrossel *Drosselart*
Fischreiher *Reiherart*
Gaensegeier *Geierart*
Gruenspecht *Spechtart*
Heidelerche *Lerchenart*
Honigsauger *Sperlingsvogel*
Kernbeisser *Finkenvogel*
Kirschvogel *Pirolart*
Mauersegler *Turmschwalbe*
Nebelkraehe *Rabenart*
Praeriehuhn *Prärievogel*
Ringeltaube *Taubenart*
Rohrsaenger *Fliegenschnäppervogel*
Rotkehlchen *Singvogel*
Schneekater *Drosselart*
Silberfasan *Fasanart*
Silbermoewe *Möwenart*
Singdrossel *Drosselart*
Sonnenvogel *Sperlingsvogelart*
Turteltaube *Taubenart*
Wanderfalke *Falkenart*
Wasserochse *Rohrdommelart*
Witwenvogel *Webervogel*

12

Blaukehlchen *nachtigallähnl. Vogel*
Eichelhaeher *Rabenvogel*
Fregattvogel *Seevogel*

Goldhaehnchen *Meisenart*
Haubenlerche *Lerchenart*
Haussperling *Sperlingsart*
Honigfresser *Sperlingsvogel*
Kampflaeufer *Regenpfeifervogel*
Laemmergeier *Bartgeierart*
Leierschwanz *Sperlingsvogel*
Mandelkraehe *Rackenvogel*
Mehlschwalbe *Schwalbenart*
Nashornvogel *dem Wiedehopf verwandter Vogel*
Natternadler *Schlangenbussardart*
Purpurreiher *Reiherart*
Regenpfeifer *Regenpfeifervogel*
Schleiereule *Eulenart*
Silberreiher *Reiherart*
Sommerkoenig *Laubsängerart*
Sommermauser *Weihenart*
Stelzengeier *Geierart*
Strandreiter *Regenpfeifervogel*
Tannenhaeher *Sperlingsvogel*
Tannenroller *Schwanzspechtart*
Turmschwalbe *Seglervogel*
Waldschnepfe *Regenpfeifervogel*
Wasserspecht *Eisvogel*
Ziegenmelker *Nachtschwalbenart*

13

Backhaeuschen *Laubsängerart*
Bartmaennchen *Bartmeisenart*
Bienenfresser *Rackenvogel*
Bollenbeisser *Gimpelart*
Brachschwalbe *Regenpfeifervogel*
Doppelsperber *Falkenvogel*
Kanarienvogel *Finkenvogel*
Krammetsvogel *Drosselart*
Kreuzschnabel *Finkenart*
Maeusebussard *Bussardart*
Mauerschwalbe *Mauersegler*
Paradiesvogel *Sperlingsvogel*
Rauchschwalbe *Schwalbenart*
Schuhschnabel *Reihervogel*
Seidenschwanz *Singvogel*
Strandlaeufer *Regenpfeifervogel*
Sturmschwalbe *Sturmvogelgattung*
Sumpfschnepfe *Regenpfeifervogel*
Wachtelkoenig *Kranichvogel*
Wasserlaeufer *Regenpfeifervogel*

14

Austernfischer *Regenpfeifervogel*
Huehnerhabicht *Habichtart*
Pfefferfresser *Rackenvogel*

15

Rotschwaenzchen *Singvogel*
Scherenschnabel *Möwenvogel*
Tannenkaeuzchen *Eulenart*
Schwarzkehlchen *Wiesenschmätzer*

16

Krokodilwächter *Regenpfeifervogel*
Schlangenbussard *Bussardart*

7 Hunderassen

4
Chin
Mops

5
Boxer
Dogge
Pudel
Spitz

6
Barsoi
Bracke
Collie
Dackel
Setter
Teckel

7
Griffon
Harrier
Mastiff
Pointer
Spaniel
Terrier

8
Bluthund
Chow-Chow
Greyhund
Malteser
Pekinese
Pinscher
Windhund

9
Bulldogge
Dachshund
Dobermann
Fuchshund
Otterhund
Pekingese
Schnauzer
Windspiel

10
Bologneser
Dalmatiner
Eskimohund
Foxterrier
Leonberger
Rottweiler
Seidenhund
Tibetdogge
Tigerdogge

11
Bullterrier
Huehnerhund
Seidenpudel
Seidenspitz
Stoeberhund
Vorstehhund
Wachtelhund

12
Bernhardiner
Fuchsterrier
Schaeferhund
Schweinshund
Zwergspaniel
Zwergterrier

13
Affenpinscher
Bullenbeisser
Fleischerhund
Scotchterrier
Zwergpinscher

14
Chumberspaniel
Irischer Setter
Neufundlaender
Rattenpinscher

15
Airedaleterrier
Riesenschnauzer

16
Bulldoggpinscher

8 Haustiere

3
Kuh

4
Ente
Esel
Gans
Hahn
Huhn
Hund
Kalb
Rind

5
Biene
Bulle
Erpel
Geiss
Henne
Kamel
Kater
Katze
Ochse
Pferd
Schaf
Stier
Stute
Zicke
Ziege

6
Ferkel
Fohlen
Glucke
Gockel
Hammel
Hengst
Kapaun
Kueken

7
Bueffel
Fuellen
Kuecken
Schwein

8
Enterich
Haushuhn

9
Kaninchen
Kuechlein

9 Tierarten

2

Ai *Faultier*
Ur *Auerochse*

3

Elk *Elentier*
Gnu *Antilopenart*
Gol *Fischigelart*
Ihl *Fischigelart*
Jak *Wildrind*
Lar *Gibbonart*
Olm *Schwanzlurchart*
Reh *Hirschart*
Ren *Hirschart*
Wal *Meeressäugetier*
Yak *Wildrind*

4

Affe *Säugetier*
Arni *indischer Büffel*
Axis *Hirschart*
Baer *Raubtier*
Dril *Pavianart*
Elch *Hirschgattung*
Gaur *Wildrindart*
Hase *Nagetier*
Hund *gezähmtes Raubtier*
Igel *Stacheltier*
Inia *Delphinart*
Kudu *Antilopenart*
Lama *höckerloses Kamel*
Lori *Halbaffe*
Mara *Nagetier*
Mull *Maulwurf*
Nerz *Marderart*
Oryx *Säbelantilope*
Paka *Nagetier*
Pami *Dachsart*
Pipa *Weberkröte*
Puma *Katzenraubtier*
Rind *Wiederkäuer*
Saki *Schweifaffe*
Tatu *Gürteltieruntergattung*
Tora *Kuhantilopenart*
Uhau *Faultier*
Unke *Froschlurchgattung*
Unze *Großkatze*
Wolf *hundeartiges Raubtier*
Wurm *wirbelloses Tier*
Zebu *Rinderart*

5

Agame *Eidechsenart*
Aguti *Nagetier*
Assel *Ringelkrebs*
Biber *Nagetier*
Bilch *Nagetier*
Bison *Wildrind*
Bobak *Murmeltier*
Dachs *Marderart*
Dingo *Wildhund*
Echse *Kriechtier*
Fenek *Wüstenfuchs*
Fisch *im Wasser lebendes Wirbeltier*
Frett *Iltisabart*
Fuchs *hundeartiges Raubtier*
Gecko *Eidechsenart*
Gemse *Antilopenart*
Goral *Antilopenart*
Iltis *Marderart*
Irbis *Großkatze*
Kaama *Antilopenart*
Kamel *Paarhufer*
Katze *Raubsägetier*
Koala *Beutelbär*
Katze *Raubtier*
Kauri *Porzellanschnecke*
Koati *Kleinbär*
Krake *Tintenfisch*
Kraut *Garneelenart*
Krebs *Gliederfüßer*
Loewe *Großkatze*
Luchs *Katzenraubtier*

Lurch *Wirbeltier*
Magot *Meerkatzenart*
Makak *Meerkatzenart*
Mandi *Schlankaffe*
Milbe *Spinnentier*
Molch *Schwanzlurchart*
Mungo *Schleichkatze*
Noerz *Marderart*
Okapi *Wiederkäuer*
Pferd *Unpaarzeher*
Polyp *Krakenart*
Rasse *Zibetkatzenart*
Ratte *Nagetier*
Robbe *Meeressäugetier*
Sassa *Klippspringerart*
Sassi *Hirschziegenantilopenart*
Schaf *Wiederkäuer*
Skink *Eidechsenart*
Skunk *Mardertier*
Tapir *Huftier*
Tiger *Großkatzenraubtier*
Vogel *beflügeltes Wirbeltier*
Waram *Eidechsenart*
Zebra *Wildpferd*
Zecke *Milbenart*
Zobel *Marderart*

6

Alpaka *Lamaart*
Amoebe *einzelliger Wurzelfüßler*
Argali *Schafart*
Auster *Meermuschel*
Aye Aye *Halbaffe*
Babuin *Pavianart*
Beluga *Delphinart*
Bricke *Neunauge*
Ducker *Antilopenart*
Dugong *Säugetier*
Eremit *Einsiedlerkrebs*
Fennek *Wüstenfuchs*
Frosch *Froschlurch*
Garnat *Garnelenart*
Gavial *Krokodilgattung*
Gepard *Großkatze*
Gibbon *Affenart*
Granat *Garnelenart*
Hirsch *Paarzeher*
Hulock *Gibbonart*
Hulman *Schlankaffe*
Hummer *Krebstier*
Hyaene *Großraubtier*
Insekt *Kerbtier (Klasse der Gliederfüßler)*
Jaguar *Großkatze*
Kaefer *Insekten-Ordnung*
Kaiman *Reptiliengattung*
Kojote *Präriewolf*
Korsak *Steppenfuchs*
Krabbe *Schalenkrebs*
Kroete *Froschlurch*
Kuskus *Beuteltierart*
Leguan *Kriechtier*
Marder *Raubtier*
Meduse *Hohltier*
Merino *Schafrasse*
Muskwa *Baribalabart*
Narwal *Delphinart*
Nilgau *Antilopenart*
Onager *wilder Esel*
Ozelot *Pantherkatze*
Pavian *Hundsaffenart*
Quagga *Wildpferdart*
Qualle *Hohltier*
Reptil *Kriechtier*
Rhesus *Makakart*
Schupp *Waschbär*
Seekuh *walähnliches Säugetier*
Serval *Katzenraubtier*
Sirene *walähnl. Säugetier*
Spinne *Tier der Spinnentier-Ordnung*
Taguan *Eichhörnchenart*
Tarpan *Wildpferdart*
Vampyr *Flattertierart*
Vicuña *Lamaart*
Wapiti *Hirschart*

Wiesel *Marderart*
Wisent *europ. Bison*
Ziesel *Nagetier*

7

Baribal *Schwarzbär*
Bueffel *Wildrindgattung*
Delphin *Zahnwal*
Eisbaer *Bärenart*
Elefant *Rüsseltier*
Gazelle *Antilopenart*
Giraffe *Wiederkäuergattung*
Gorilla *Menschenaffe*
Guanako *Lamaart*
Guereza *Stummelaffe*
Hamster *Nagetier*
Huftier *Säugetier mit Huf*
Karakal *Wüstenluchs*
Karakul *Schafrasse*
Karibou *Rentierart*
Keitloa *Nashornart*
Koralle *Blumentier (Hohltier)*
Mikrobe *Kleinstlebewesen*
Mufflon *Schafrasse*
Opossum *Beutelrattenart*
Panther *Katzenraubtier*
Pottwal *Zahnwal*
Rentier *Hirschart*
Schakal *Wildhundart*
Schwamm *niedrige Tierform*
Schakar *Alligatorart*
Schwein *Paarhufer*
Seebaer *Ohrenrobbenart*
Seehund *Flossenfüßerfamilie*
Uistiti *Krallenaffenart*
Vikunja *Lamaart*
Walross *Robbenart*

8

Antilope *Horntier*
Armadill *Gürteltier*
Auerochs *Wildrindart*
Bandwurm *Plattwurm*
Blutegel *Ringelwurm*
Dromedar *Kamelart*
Eichhorn *Nagetier*
Eidechse *Reptil*
Elentier *Hirschgattung*
Faultier *zahnarmes Säugetier*
Flughund *Flattertier*
Hermelin *Marderart*
Kapybara *größtes Nagetier*
Lamprete *Neunaugenart*
Languste *Krebsart*
Mandrill *Pavianart*
Maulwurf *Insektenfresser*
Molluske *wirbelloses Tier*
Nagetier *Säugetier*
Neunauge *Rundmäulerart*
Nilpferd *Paarzeher*
Renntier *Hirschart*
Riedbock *Antilopenart*
Schlange *Reptil*
Schnecke *Weichtier*
Seegurke *Stachelhäuter*
Seeloewe *Ohrenrobbe*
Seeotter *Mardertier*
Seeraupe *Meeresborstenwurm*
Seestern *Stachelhäuter*
Seewalze *Stachelhäuter*
Skorpion *Spinnentier*
Tarantel *Wolfsspinne*
Trichine *Fadenwurm*
Weisswal *Delphinart*

9

Alligator *Panzerechsengattung*
Amphibium *Lurch, Klasse der Wirbeltiere*
Babirussa *Hirscheberart*
Binturong *Bärenart*
Dschelada *Pavianart*
Erdferkel *Säugetier*
Frettchen *Iltisabart*
Ichneumon *Schleichkatzenart*
Kaenguruh *Beuteltier*
Kaninchen *Hasenart*
Meerkatze *Affenart*

Nasenaffe *Affenart*
Orang-Utan *Menschenaffenart*
Regenwurm *Ringelwurm*
Seespinne *Krabbenart*
Spitzmaus *Insektenfresser*
Vielfrass *Marderraubtier*
Waschbaer *Kleinbär*

10
Beuteltier *Säugetier*
Bruellaffe *Breitnasenart*
Chamaeleon *Baumreptil*
Chincilla *Nagetier*
Fingertier *Halbaffe*
Fischotter *Mardergattung*
Fledermaus *Flattertier*
Flußpferd *Paarzeher*
Grislybaer *amerikanischer Bär*
Hartebeest *Kuhantilope*
Infusorium *Einzeller*
Kobalmaki *Halbaffe*
Kragenbaer *ostasiatischer Bär*
Laubfrosch *Froschart*
Laubkleber *Froschart*
Murmeltier *Nagetier*
Rhesusaffe *Makakaffe*
Rhinozeros *Nashornart*
Salamander *Schwanzlurch*
Schimpanse *Menschenaffe*
Schneehase *Alpenhase*
Seejungfer *Dugongart*
Wasserbock *Antilopenart*
Wasserfloh *Krebstier*
Wildebeest *Antilopenart*
Zieselmaus *Nagetier*
Zottelbaer *europ. Bär*

11
Aaltierchen *Rundwurm*
Ameisenbaer *Säugetier*
Ameisenigel *Kloakentier*
Beutelratte *Beuteltierart*
Hechtkaiman *Alligatorart*
Kreuzspinne *Radspinnenart*
Meerschwein *Delphinart*
Ruesselmaus *Insektenfresserart*
Schlankaffe *Meerkatzenart*
Schnurassel *Tausendfüßerart*
Silberloewe *Katzenraubtier*
Trampeltier *zweihöck. Kamel*
Vogelspinne *Großspinnenart*
Weberknecht *Spinnentier*
Wildschwein *Paarhufer*
Wolfsspinne *Spinnentier*

12
Echinokokkus *Hülsenwurm*
Heidschnucke *Schafrasse*
Hippopotamus *Flußpferd*
Hufeisennase *Fledermausart*
Isabellabaer *syrischer Bär*
Koenigstiger *Großkatzenraubtier*
Mantelpavian *Pavianart*
Perleidechse *Eidechsenart*
Schildkroete *Reptil*
Schnabeltier *Kloakentier*
Schuppentier *zahnloses Säugetier*
Schwertfisch *Delphinart*
Strahlentier *einzelliges Meerestier*
Taschenkrebs *Krabbenart*

13
Achatschnecke *Lungen-schneckenart*
Brillenkaiman *Alligatorart*
Eichhoernchen *Nagetier*
Eichkaetzchen *Nagetier*
Flughoernchen *Nagetier*
Kapuzineraffe *Breitnasenaffe*
Pantoffeltier *Einzeller*
Pelzflatterer *Säugetier*
Schlammteufel *Riesenmolch*
Wasserschwein *größtes Nagetier*

14
Beutelmaulwurf *Beuteltier*
Blindschleiche *Eidechsenart*
Loewenaeffchen *Krallenaffenart*

Mendesantilope *Antilopenart*
Papiernautilus *Tintenfischart*
Pferdeantilope *Antilopenart*
Saebelantilope *Antilopenart*
Schlangenstern *Stachelhäuter*
Einsiedlerkrebs *Zehnfüßerkrebs*
Feuersalamander *Schwanzlurchart*
Fluegelschnecke *Schneckenart*
Meerschweinchen *Nagetier*
Rollschwanzaffe *Breitnasenart*
Siebenschlaefer *Nagetier*

15
Alpensalamander *Salamanderart*

10 Zoologische Bezeichnungen

3
Kuh *weibliches Rind*

4
Barg *kastriertes Schwein*
Bark *kastriertes Schwein*
Bock *männliches Schaf*
Bork *kastriertes Schwein*
Eber *männliches Schwein*
Hahn *männliches Huhn*
Kalb *junges Rind*
Lamm *junges Schaf*
Made *Insektenlarve*
Pony *kleines Pferd*
Pute *Truthenne*
Ross *Pferd*

5
Bache *weibliches Wildschwein*
Barch *kastriertes Schwein*
Bulle *männliches Rind*
Drohn *männliche Biene*
Geiss *weibliche Ziege*
Gitze *junge Ziege*
Kater *männliche Katze*
Puter *Truthahn*
Rappe *schwarzes Pferd*
Rogen *Fischeier*
Ruede *männlicher Hund*
Stier *männliches Rind*
Zibbe *weibliches Kaninchen*
Zibbe *weibliches Schaf*
Zippe *Mutterschaf*

6
Drohne *männliche Biene*
Faerse *junges weibliches Rind*
Ferkel *junges Schwein*
Fohlen *junges Pferd*
Ganser *männliche Gans*
Ganter *männliche Gans*
Glucke *Bruthenne*
Hammel *verschnittenes männl. Schaf*
Hengst *männlicher Esel*
Hengst *männliches Pferd*
Hindin *Hirschkuh*
Hunter *englisches Jagdpferd*
Jucker *Halbblutpferd*
Kapaun *kastrierter Hahn*
Keiler *männliches Wildschwein*
Poulet *Masthühnchen oder -hähnchen*
Stoehr *männliches Schaf*
Weisel *Bienenkönigin*
Widder *männliches Schaf*

7
Fuellen *junges Pferd*
Poulard *junger Masthahn*

Rammler *männlicher Hase*
Rehbock *männliches Reh*
Rogener *weiblicher Fisch*
Schoeps *verschnittenes Schaf*
Wallach *kastriertes Pferd*

8

Isabelle *bräunlichgelbes Pferd*
Enterich *männliche Ente*
Kitzlein *junge Ziege*
Maulesel *Kreuzung zw Pferdehengst und Eselstute*

Maultier *Kreuzung zw Eselhengst und Pferdestute*
Milchner *männlicher Fisch*
Poularde *junges Masthuhn*
Schimmel *weißes Pferd*
Zicklein *junge Ziege*

9

Engerling *Maikäferlarve*
Karnickel *Kaninchen*

Religion
Mythologie
Sagenwelt

Religion

1 Religiöse Begriffe

2
XP *Christusmonogramm*

3
Abt *Klostervorsteher*
Fra *Klosterbruder*
IHS *Christusmonogramm*

4
Abbé *französischer Weltgeistlicher*
Eden *Paradies*
INRI *Kreuzinschrift*
Pope *russischer Weltgeistlicher*
Sure *Koranabschnitt*

5
Abtei *klösterliches Stift*
Altar *Opfertisch*
Arche *Schiff Noahs*
Augur *altrömischer Priester*
Bibel *Heilige Schrift*
Bonze *buddhistischer Priester*
Bulle *päpstlicher Erlaß*
Busse *Sühnung von Sünde*
Engel *Bote Gottes*
Gebet *Äußerung der Frömmigkeit*
Kaaba *Hauptheiligtum der Mohammedaner*
Kelch *Abendmahlsgefäß*
Koran *Religionsbuch des Islams*
Messe *Gottesdienst*
Mette *Nachtgottesdienst*
Mitra *Bischofsmütze*
Nonne *Klosterfrau*
Oculi *4. Sonntag vor Ostern*
Papst *Oberhaupt der katholischen Kirche*
Prior *Gehilfe eines Abtes*
Segen *feierliche Handlung*
Taufe *geistliches Skarament*
Tiara *Papstkrone*

6
Abbate *französischer Geistlicher*
Ablass *Nachlaß der Sünden*
Advent *Zeit vor Weihnachten*
Bistum *kirchlicher Bezirk*
Diakon *evangelischer Hilfsgeistlicher*
Diakon *katholischer Priester vor der Weihe*
Fasten *Mittel zur Buße*
Frater *Klosterbruder*
Gloria *Lobgesang der Engel*
Gloria *Teil der katholischen Messe*
Himmel *Sitz der Gottheit*
Hostie *Brotscheibe für Kommunion und Abendmahl*
Kanzel *Platz für die Predigt*
Kaplan *katholischer Hilfsgeistlicher*
Konzil *Versammlung kirchlicher Würdenträger*
Losung *tägliche Bibelsprüche*
Mesner *Kirchendiener*
Moench *Klosterbruder*
Nimbus *Heiligenschein*
Oelung *Sakrament*
Ostern *Fest der Auferstehung*

Primiz *erste Messe eines katholischen Priesters*
Suende *Abweichung vom Gebot*
Synode *Versammlung von Geistlichen*
Vesper *Gebetsstunde*

7

Aureole *Heiligenschein*
Beichte *Sündenbekenntnis*
Brevier *lateinisches Gebetbuch*
Chrisam *Salböl der katholischen Kirche*
Chrisma *Salböl der katholischen Kirche*
Firmung *katholisches Sakrament*
Heiland *Erlöser*
Hochamt *Art der Messe*
Kuester *Kirchendiener*
Litanei *Wechselgebet*
Madonna *Jungfrau Maria*
Muezzin *islamitischer Gebetsrufer*
Nuntius *Vertreter des Papstes*
Pfarrer *Vertreter einer Pfarrei*
Predigt *gottesdienstliche Rede*
Vulgata *lateinische Bibelübersetzung*
Wulfila *gotischer Bibelübersetzer*

8

Anathema *Bannspruch gegen Ketzer*
Christus *Messias*
Gloriole *Heiligenschein*
Guardian *Klostervorsteher*
Hedschra *Flucht Mohammeds*
Kardinal *hoher katholischer Würdenträger*
klerikal *kirchlich gesinnt*
Konklave *Versammlung zur Papstwahl*
Kruzifix *Darstellung des gekreuzigten Heilands*
Matutina *katholische Frühmesse*
Paradies *Garten Eden*
Sakrileg *Religionsfrevel*
Sintflut *Erdüberflutung*
Ziborium *Altarbaldachin*
Ziborium *Kelch zur Aufbewahrung der Hostie*

9

Abendmahl *Sakrament*
Aebtissin *Klostervorsteherin*
Christtag *Fest der Geburt Jesu*
Enzyklika *päpstliches Rundschreiben*
Erloesung *Befreiung von Sünden*
Fegefeuer *Aufenthaltsort der Seelen*
Halleluja *lobet Jahve*
Interdikt *Einstellung der kirchlichen Handlungen*
Kommunion *Abendmahl*
Lichtmess *Gedächtnisfest*
Pfingsten *kirchliches Fest*
Reliquiar *Heiligenschrein*
Reliquien *Überreste von Heiligen*
Sakrament *Gnadenmittel*

10

Absolution *Befreiung von Sünden*
Buddhismus *Religion nach Buddha*
Christfest *Fest der Geburt Jesu*
Einsegnung *Konfirmation*
Einsegnung *Segenserteilung*
Evangelium *Schrift des Neuen Testaments*
Ewige Lampe *Lampe vor dem Sakramentshäuschen*
Investitur *Bistumsverleihung*
Pontifikat *Amt des Papstes*
Pontifikat *Regierungszeit eines Papstes*
Prozession *Bittgang*

Rosenkranz *Gebetform*
Rosenkranz *Gebetschnur mit Kugeln*
Tabernakel *Sakramentshäuschen*

11
Allerseelen *katholisches Gedenkfest*
Benediktion *Segnung*
Ewiges Licht *Lampe vor dem Sakramentshäuschen*
Hirtenbrief *Sendschreiben*
Inquisition *katholisches Ketzergericht*
Katechismus *Leitfaden der christlichen Lehre*
Palmsonntag *Sonntag vor Ostern*
Weihnachten *Fest der Geburt Jesu*
zelebrieren *die Messe lesen*

12
Auferstehung *Erweckung Jesu*
Evangelisten *Verfasser der Evangelien*
Fronleichnam *katholisches Fest*
Konfirmation *evangel. Einsegnung, Bestätigung des Taufbundes*
Lossprechung *Freisprechung von Schuld*

13
Allerheiligen *katholisches Gedenkfest*
Pontifikalamt *Hochamt des Bischofs*

14
Sakramentalien *heilige Handlungen*

15
Allerheiligstes *geweihte Hostie*
Exkommunikation *Kirchenbann*

2 Geistliche Orden

(wb: Frauenorden)

7
Templer

8
Jesuiten
Malteser

9
Kapuziner
Minoriten
Ursulinen *wb*

10
Albigenser
Augustiner
Barnabiten
Guttempler
Johanniter
Karmeliter
Lazaristen
Trappisten

11
Dominikaner
Karthaeuser
Norbertiner
Pallottiner

12
Benediktiner
Floriazenser
Bernhardiner
Franziskaner
Ignorantiner
Kluniazenser
Tempelherren

13
Deutschherren
Deutschritter
Mechitaristen
Zisterzienser

14
Redemptoristen
Schwertbrueder
Ursulinerinnen *wb*

15
Karmeliterinnen *wb*
Borromaeerinnen *wb*
Magdalenerinnen *wb*

16
Vinzentinerinnen *wb*

Mythologie und Sagenwelt

1 Götterwelt der alten Ägypter

2

Re *Sonnengott*

3

Geb *Gott des Himmelsraumes*
Hor *Sonnengott, Sohn der Isis und des Osiris*
Mat *Göttin der Wahrheit und Gerechtigkeit*
Nil *Nilgott*
Nut *Göttin des Himmelsraumes*
Tum *Sonnengott des Abends*

4

Apis *göttlich verehrter Stier*
Amun *Gott der Weiden und Viehherden*
Atum *Sonnengott*
Bast *Freudengöttin*
Ibis *heiliger Vogel*
Isis *Erdgöttin, Gattin des Osiris*
Schu *Gott der aufgehenden Sonne*

5

Ammon *Gott der Weiden und Viehherden*
Chons *Mondgott*
Horus *Sonnengott*
Month *Kriegs- und Sonnengott*
Neith *erst Kriegs-, dann Sonnengöttin*
Nilus *Stromgott*
Sebak *Wassergott*
Sobek *Wassergott*

6

Anubis *Totengott, Sohn des Osiris*
Chonsu *Mondgott*
Hathor *Himmels- und Schicksalsgöttin*
Mendes *zeugende Naturgottheit*
Neilus *Stromgott*
Osiris *Sonnengott, Nilstromgott oberster Gott, Sohn der Nut*

7

Canobus *Naturgott*
Serapis *Sonnengott, Nilgott*

8

Bubastis *Göttin des Mondes*

2 Griechische Götter- und Sagenwelt

A Götter

a männliche

3
Pan *Gott der Hirten und Herden*

4
Ares *Kriegsgott*
Eros *Gott der Liebe*
Libs *Gott des Südwestwindes*
Zeus *oberster Gott*

5
Hades *Gott des Schattenreiches*
Hymen *Gott der Ehe, Hochzeitsgott*
Ladon *Flußgott*
Momos *Gott des Spottes, des Tadels*

6
Apollo *Licht- und Sonnengott*
Asopos *Flußgott*
Boreas *Gott des Nordwindes*
Erebos *Gott des unterirdischen Dunkels*
Helios *Sonnengott*
Hermes *Herden- und Weidegott*
Hypnos *Gott des Schlafes*
Ikelos *Traumgott*
Kratos *Kraftgott*
Kronos *Gott der Saaten, der Fruchtbarkeit*
Nereus *Meeresgott*
Peneos *Flußgott*
Plutos *Gott des Reichtums*
Pluton *Gott der Unterwelt*
Pontos *Gott des Binnenmeeres*
Triton *Meeresgott*
Uranos *Himmelsgott*

7
Alpheus *Flußgott*
Anteros *Gott der Gegenliebe*
Apollon *Licht- und Sonnengott*
Bakchos *Gott des Weines*
Peneios *Flußgott*
Priapos *Gott der Felder, des Gartens*

8
Acheloos *Flußgott*
Alpheios *Flußgott*
Dionysos *Gott des Weines*
Morpheus *Gott der Träume*
Palaimon *Meeresgott*
Poseidon *Meeresgott*
Thanatos *Todesgott*

9
Apeliates *Gott des Ostwindes*
Asklepios *Gott der Arzneikunst*
Hymenaeos *Gott der Ehe, Hochzeitsgott*
Phantasos *Traumgott*

10
Hephaestos *Gott des Feuers, der Schmiedekunst*
Hephaistos *Gott des Feuers, der Schmiedekunst*

b weibliche

2
Ge *Erdgöttin*

3
Bia *Göttin der Gewalt*
Deo *Fruchtbarkeitsgöttin*
Eos *Göttin der Morgenröte*
Nyx *Göttin der Nacht*

4
Dike *Göttin der Gerechtigkeit*
Enyo *Göttin des Krieges*
Eris *Göttin der Zwietracht*
Gaea *Erdgöttin*
Gaia *Erdgöttin*
Hebe *Göttin der Jugend*
Hera *Göttin der Ehe*
Iris *Göttin des Regenbogens*
Nike *Siegesgöttin*
Ossa *Göttin des Gerüchts*
Styx *Göttin der Unsterblichen*

5
Elpis *Göttin der Hoffnung*
Keren *Göttin des Todes, des Geschickes*
Metis *Göttin der Klugheit*
Tyche *Göttin des Glücks, des Zufalls*

6
Athena *Göttin der Weisheit*
Eirene *Friedensgöttin*
Hekate *Göttin der Nacht*
Hestia *Göttin des Herdes*
Peitho *Göttin des Hades*
Selene *Mondgöttin*
Tethys *Göttin des Meeres*
Themis *Göttin der Gerechtigkeit*
Thetis *Göttin des Meeres*

7
Artemis *Göttin der Jagd*
Astraea *Göttin der Gerechtigkeit*
Demeter *Göttin der Saaten , der Fruchtbarkeit*
Hygieia *Göttin der Gesundheit*
Nemesis *Göttin der Gerechtigkeit*

8
Aletheia *Göttin der Wahrheit*
Harmonia *Göttin der Eintracht*
Ilithyia *Geburtsgöttin*

9
Aphrodite *Göttin der Liebe und Schönheit*
Mnemosyne *Göttin des Gedächtnisses*

10
Amphitrite *Meeresgöttin*
Eileithyia *Geburtsgöttin*
Persephone *Göttin der Unterwelt*

12
Pallas Athene *Göttin der Weisheit*

c Die neun Musen

(griechische Göttinnen der Künste und Wissenschaften)

4
Klio *Geschichte*

5
Erato *Liebesdichtung*

6
Thalia *Komödie*
Urania *Astronomie*

7
Euterpe *Instrumentalmusik, Gesang*

8
Kalliope *epische Dichtung*

9
Melpomene *Tragödie*

10
Polyhymnia *ernster Gesang, Musik*

11
Terpsichore *Tanz*

d Nymphen

(griechische Naturgottheiten)

7
Dryaden *auf Bäumen*
Najaden *im Wasser, an Quellen*
Oreaden *auf Bergen*

8
Nereiden *im Meere*

e Gorgonen

(weibliche griechische Ungeheuer)

6	7	
Medusa	Euryale	Stheino

f Titanen

(griechisches Göttergeschlecht)

aa männliche

5	6	7	8
Andes	Adanos	Aigaion	Hyperion
Koios	Anytos	Iapetos	Olymbros
Krios	Kreios	Okeanos	
	Kronos	Ostasos	
	Ophion		

b weibliche

4	Rheia	Tethys	9
Rhea	Theia	Themis	Mnemosyne
		Thrake	
5	6		11
Dione	Phoibe		Euryphaëssa

g Okeaniden

(Töchter des Okeanos)

5	Eidyia	Rhodeia	10
Doris	Ianthe		Kallirrhoe
Hippo	Okyroe	8	
Metis	Peitho	Kalliroe	
Pluto		Plexaure	
Tyche	7	Polydora	
	Elektra		
6	Kalypso	9	
Admete	Petraia	Galaxaure	

h Die Geliebten des Zeus

2	5	Europa	8
Io	Danae	Semele	Erynome
	Dione		Kallisto
4	Lamia	7	
Leda	Niobe	Alkmene	9
Leto		Antiope	Aphrodite
Maia	6	Demeter	Mnemosyne
	Aigina		

i Rachegöttinnen (Erinnyen)

6	7	9
Alekto	Megaira	Tisiphone

j **Schicksalsgöttinnen** (Moiren)

6
Klotho

7
Atropos

8
Lachesis

B Könige und deren Reich

4
Abas *Argos*

5
Byzas *Thrakien*
Kreon *Theben*
Midas *Phrygien*
Thoas *Thaurien*

6
Aeolus *Thessalien*
Agenor *Phönizien*
Aietes *Kolchis*
Aigeus *Athen*
Lykaon *Arkadien*
Nestor *Pylos*
Rhesos *Thrakien*

7
Admetos *Pherai*
Augeias *Elis*
Kepheus *Äthiopien*
Perseus *Makedonien*
Phineus *Thrakien*
Rusiris *Ägypten*
Telamon *Salamis*

8
Adrastos *Argos*
Aigyptos *Ägypten*
Akrisios *Argos*
Diomedes *Thrakien*
Laomedon *Troja*
Nauplios *Euböa*
Odysseus *Ithaka*
Sisyphos *Korinth*

9
Agamemnon *Mykenä*
Tyndareos *Sparta*

10
Erechtheus *Athen*
Eurystheus *Mykene*

C Ehegatten der Götter- und Sagenwelt

3
Eos *Astraios*

4
Gaea *Uranos*
Gaia *Uranos*
Hera *Zeus*
Rhea *Kronos*
Zeus *Hera*
Zeus *Themis*

5
Iason *Medea*
Medea *Iason*
Rheia *Kronos*

6
Hekabe *Priamos*
Hekuba *Priamos*
Hektor *Andromache*
Helena *Menelaos*
Kronos *Rheia*
Pluton *Persephone*
Themis *Zeus*
Uranos *Gaia*

7
Admetos *Alkeste*
Alkeste *Admetos*
Alkmene *Amphitryon*
Alkmene *Rhadamanthys*

Ariadne *Bakchos*
Ariadne *Dionysos*
Bakchos *Ariadne*
Helenos *Andromache*
Perseus *Andromeda*
Phaidra *Theseus*
Priamos *Hekabe*
Theseus *Phaidra*

8
Alkestis *Admetos*
Astraios *Eos*
Atalante *Hippomenes*
Menelaos *Helena*
Poseidon *Amphitrite*

9
Agamemnon *Klytaimnestra*
Andromeda *Perseus*
Aphrodite *Hephaistos*

10
Amphitrite *Poseidon*
Amphitryon *Alkmene*
Andromache *Hektor*
Andromache *Helenos*
Hephaistos *Aphrodite*
Hippomenes *Atalante*
Persephone *Pluton*

12
Rhadamanthys *Alkmene*

13
Klytaimnestra *Agamemnon*

D Sagengestalten und deren Väter

3
Eos *Hyperion*
Ion *Apollon*

4
Ares *Zeus*
Dike *Zeus*
Gyes *Uranos*
Hebe *Zeus*
Hera *Kronos*
Rhea *Uranos*
Styx *Okeanos*
Zeus *Kronos*

5
Arion *Poseidon*
Atlas *Iapetos*
Hades *Kronos*
Kirke *Helios*
Metis *Okeanos*
Minos *Zeus*
Orion *Poseidon*
Paris *Priamos*
Rheia *Uranos*

6
Agenor *Poseidon*
Areion *Poseidon*
Athena *Zeus*
Erebos *Chaos*
Eirene *Zeus*
Europa *Phoinix*
Hektor *Priamos*
Helena *Zeus*
Helios *Hyperion*
Hermes *Zeus*
Hestia *Kronos*
Hypnos *Erebos*
Kastor *Zeus*
Kronos *Uranos*
Nereus *Pontos*
Pluton *Kronos*
Plutos *Iason*
Pollux *Zeus*
Selene *Hyperion*
Tethys *Uranos*
Themis *Uranos*
Triton *Poseidon*
Zethos *Zeus*

7
Aigaion *Uranos*
Amphion *Zeus*
Antaios *Poseidon*
Anteros *Ares*
Apollon *Zeus*
Artemis *Zeus*
Bakchos *Zeus*
Daphnis *Hermes*
Demeter *Kronos*
Elektra *Okeanos*
Helenos *Priamos*
Okeanos *Uranos*
Orestes *Agamemnon*
Pegasos *Poseidon*
Perseus *Zeus*

Priapos *Dionysos*
Zagreus *Zeus*

8
Antigone *Oidipus*
Chimaira *Typhon*
Dionysos *Zeus*
Harmonia *Ares*
Herakles *Zeus*
Hermione *Menelaos*
Hyperion *Uranos*
Kerberos *Typhon*
Poseidon *Kronos*

9
Asklepios *Apollon*
Kassandra *Priamos*
Mnemosyne *Uranos*

10
Hephaestos *Zeus*
Hephaistos *Zeus*
Iphigeneia *Agamemnon*
Persephone *Zeus*
Telemachos *Odysseus*

12
Rhadamanthys *Zeus*

E Sagengestalten und deren Mütter

3
Bia *Styx*
Eos *Theia*
Ion *Kreusa*

4
Ares *Hera*
Dike *Themis*
Eris *Nyx*
Eros *Aphrodite*
Gyes *Gäa*
Hebe *Hera*
Hera *Rhea*
Leto *Phoibe*
Nike *Styx*
Rhea *Gäa*
Styx *Tethys*
Zeus *Rhea*

5
Gyges *Gaia*
Hades *Rhea*
Minos *Europa*
Paris *Hekabe*
Rheia *Gäa*

6
Agenor *Libye*
Areion *Demeter*
Charon *Nyx*
Daphne *Gäa*
Eirene *Themis*
Hektor *Hekabe*
Helena *Leda*
Helios *Theia*
Hermes *Maia*
Hestia *Rhea*
Hypnos *Nyx*
Kastor *Leda*
Kreusa *Hekabe*
Kronos *Gäa*
Nereus *Gäa*
Pluton *Rhea*
Plutos *Demeter*
Pollux *Leda*
Pontos *Gäa*
Python *Gäa*
Selene *Theia*
Tethys *Gäa*
Themis *Gäa*
Triton *Amphitrite*

7
Aigaion *Gäa*
Alpheus *Tethys*
Amphion *Antiope*
Antaios *Gäa*
Anteros *Aphrodite*
Apollon *Leto*
Artemis *Leto*
Bakchos *Semele*
Demeter *Rhea*
Elektra *Klytaimnestra*
Elektra *Tethys*
Helenos *Hekabe*
Okeanos *Gäa*
Oidipus *Iokaste*
Orestes *Klytaimnestra*
Pegasos *Medusa*
Perseus *Danae*
Priapos *Aphrodite*

8
Anchises *Themis*
Antigone *Iokaste*
Dionysos *Semele*
Harmonia *Aphrodite*
Herakles *Alkmene*
Hermione *Helena*
Hyperion *Gäa*
Ilithyia *Hera*
Poseidon *Rhea*

9
Alkyoneus *Gäa*
Andromeda *Kassiopeia*
Elektryon *Andromeda*
Kassandra *Hekabe*
Mnemosyne *Gäa*

10
Hephaestos *Hera*
Hephaistos *Hera*

Iphigeneia *Klytaimnestra*
Persephone *Demeter*
Telemachos *Penelope*

12
Rhadamanthys *Europa*

13
Klytaimnestra *Leda*

F Der Trojanische Kreis

4
Aias *Held vor Troja*
Ajax *Held vor Troja*

5
Circe *Zauberin*
Kirke *Zauberin*
Paris *Entführer der Helena*

6
Arisbe *Gattin Priamos'*
Hekabe *Gattin Priamos'*
Hekabe *Mutter Hektors*
Hekabe *Mutter Paris'*
Hekuba *Mutter Paris'*
Hektor *trojanischer Held*
Helena *Gattin Menelaos'*
Neleus *Vater Nestors*
Nestor *Ratgeber der Griechen*
Peleus *Vater des Achille(u)s*
Thetis *Mutter des Achille(u)s*

7
Chloris *Mutter Nestors*
Laokoon *Apollopriester*
Laertes *Vater Odysseus'*
Priamos *König von Troja*
Priamos *Gatte Arisbes*
Priamos *Gatte Hekabes*
Priamos *Vater Hektors*
Priamos *Vater Paris'*

8
Achilles *Held vor Troja*
Diomedes *Held vor Troja*
Menelaos *Held vor Troja*
Menelaos *Gatte Helenas*
Odysseus *Held vor Troja*
Pergamos *Held vor Troja*

9
Achilleus *Held vor Troja*
Antikleia *Mutter Odysseus'*
Idomeneus *Held vor Troja*
Patroklos *Held vor Troja*

10
Agamemnon *Oberbefehlshaber der Griechen*
Andromache *Gattin Hektors*

G Epigonen

(Söhne der Sieben gegen Theben)

8
Alkmaion
Diomedes
Euryalos

9
Aegialeus
Promachos
Sthenelos

11
Thersandros

H Plejaden

(Töchter des Atlas)

4	6	7		8
Maia	Merope	Alkyone	Kelaino	Asterope
		Elektra	Sterope	
			Taygete	

I Andere Sagengestalten

4

Echo *böotische Bergnymphe*
Gyes *Riese*
Hera *Königin der Götter*
Idas *tapferer Held*
Iris *Götterbotin*
Styx *Fluß in der Unterwelt*
Styx *Nymphe des Styx*

5

Aegis *Götterschild*
Argos *Wächter der Io*
Arion *berühmter Sänger*
Cacus *flammenspeiendes Ungeheuer*
Hades *Unterwelt*
Iason *Führer der Argonauten*
Ladon *Drache*
Lethe *Strom des Vergessens*
Manto *Seherin*
Medea *Zauberin, Gattin Iasons*
Minos *berühmter Gesetzgeber*
Orion *Riese, Jäger*
Phaon *Fährmann auf Lesbos*

6

Abaris *Priester des Apollon*
Aegide *Götterschild*
Aether *Himmelsraum*
Areion *redendes Roß*
Charon *Fährmann in der Unterwelt*
Hermes *Götterbote*
Kastor *Dioskure*
Lamien *weibliche Gespenster*
Medeia *Zauberin, Gattin Iasons*
Mopsos *berühmter Seher*
Nektar *Göttertrank*
Oinone *Nymphe*
Pollux *Dioskure*
Python *furchtbarer Drache*
Satyrn *Feld- und Walddämonen*
Satyrn *Gefährten des Bakchos*
Skiron *Riese, Räuber*
Skylla *Meeresungeheuer*
Syrinx *Nymphe, Najade*
Tityos *Riese, Ungeheuer*
Typhon *Ungeheuer*

7

Acheron *Fluß in der Unterwelt*
Aigaion *Riese*
Antaios *Riese*
Echidna *Nymphe*
Elektra *Okeanide*
Elysium *Aufenthaltsort der Seligen*
Kaekias *NW-Wind*
Kalchas *berühmter Wahrsager*
Kaikas *NW-Wind*
Kokytos *Strom in der Unterwelt*
Okeanos *weltumschließender Strom*

Oreaden *Bergnymphen*
Orpheus *berühmter Sänger*
Parnass *Musenberg*
Pegasos *geflügeltes Musenroß*
Proteus *Meergreis*
Silenos *Gefährte des Bakchos*
Skeiron *Räuber*
Theseus *großer Held*

8
Agdistis *Zwitter*
Amalthea *Zeus säugende Ziege*
Amazonen *kriegerisches Frauenvolk*
Ambrosia *Götterspeise*
Atalante *kriegerische Heldenjungfrau*
Chimaira *Ungeheuer*
Eridanos *Fluß in der Unterwelt*
Galateia *Meeresnymphe*
Herakles *größter Held*
Kerberos *Höllenhund*
Nereiden *Nymphen*
Tartaros *Unterwelt*
Tiresias *blinder Seher*

9
Alkyoneus *Ungeheuer*
Amaltheia *Zeus säugende Ziege*
Charybdis *Meerungeheuer*
Ganymedes *Mundschenk des Zeus*
Meleagros *berühmter Jäger*
Narkissos *schöner Jüngling*
Parnassos *Musenberg*
Pygmalion *berühmter Bildhauer*
Sylphiden *weibl. Luftgeister*
Teiresias *blinder Seher*

10
Amphiaraos *berühmter Seher*
Argonauten *Helden*
Hippokrene *Musenquelle*
Minotauros *Ungeheuer*
Phlegethon *Feuerstrom im Tartarus*

12
Rhadamantys *Richter der Unterwelt*

3 Indische Götterwelt

2
Al *Wunderbaum*

4
Agni *Feuergott*
Diti *Nachtgöttin*
Jama *Totengott*
Maja *Göttin der Täuschung*

5
Aditi *Tagesgöttin*
Brahm *höchster Gott*
Brami *Gott der Beredsamkeit; Gattin Wischnus*
Gheda *Keule des Schiwa*
Indra *höchster Gott*
Indra *Sonnengott*
Surja *Sonnengott*

6
Brahma *Schöpfergott*
Schiwa *höchster Gott*
Schiwa *Gott der Zerstörung*
Skanda *Kriegsgott*

7
Bhawani *Mutter aller Dinge*
Deweias *gute Geister*
Kasjapa *Himmelsgott*
Nandana *paradiesischer Garten*
Parwali *Gattin Schiwas*
Salschi *Gattin Indras*
Wischnu *Sonnengott*

8
Kamadewa *Sonnengott*
Lakschmi *Göttin der Anmut, der Schönheit, Gattin Wischnus*

9
Bajaderen *Gottesdienerinnen*
Kartikêja *Kriegsgott*
Saraswati *Göttin der Beredsamkeit, Gattin Brahmas*

11
Mahischasur *Höllenfürst*

4 Nordisch-germanische Götter- und Sagenwelt

A Götter

a männliche

3
Ali *Frühlingsgott*
Tyr *Kriegsgott*

4
Frey *Gott der Fruchtbarkeit*
Lofn *Gott der Ehe*
Loki *Gott des Feuers*
Odin *oberster Gott*
Thor *Donnergott*
Wali *Frühlingsgott*

5
Aegir *Gott des Weltmeeres*
Braga *Gott der Dichtkunst*
Bragi *Gott der Beredsamkeit*
Freyr *Gott der Fruchtbarkeit*
Widar *Gott der Verschwiegenheit*

6
Balder *Gott der Güte, des Lichtes*

7
Forseti *Friedensgott*

b weibliche

3
Hel *Göttin der Unterwelt*
Syn *Göttin der Gerechtigkeit*
Var *Göttin der Treue, der Wahrheit*

4
Frea *Göttin der Fruchtbarkeit*
Laga *Göttin der Flüsse und Quellen*
Lofn *Göttin der ehelichen Eintracht*
Nôtt *Göttin der Nacht*
Saga *Göttin der Geschichte*
Sygn *Göttin der Gerechtigkeit*
Wara *Göttin der Treue, der Wahrheit*

5
Freia *Göttin der Liebe*
Frigg *Göttin der Fruchtbarkeit*
Frija *Göttin der Fruchtbarkeit*
Iduna *Göttin der Unsterblichkeit*
Rinda *winterliche Erdgöttin*

6
Frigga *Göttin des Herdes*
Gefjon *Göttin der Unschuld*
Loeffa *Göttin der ehelichen Eintracht*

7
Asynien *Göttinnen des Nordens*
Sjoefna *Göttin der Zärtlichkeit*

c Ehepaare

3
Ran *Ägir*
Sif *Thor*

4
Loki *Angerbode*
Loki *Sigyn*
Odin *Frigga*
Thor *Sif*

5
Aegir *Ran*
Braga *Iduna*
Freyr *Gerda*
Gerda *Freyr*
Iduna *Braga*
Nanna *Balder*
Sigyn *Loki*
Skadi *Njörd*

6
Balder *Nanna*
Frigga *Odin*
Gefjon *Skjoeld*
Njoerd *Skadi*

7
Skjoeld *Gefjon*

9
Angerbode *Loki*

d Götter und deren Väter

3
Ali *Odin*
Hel *Loki*
Tyr *Odin*

4
Thor *Odin*
Wali *Loki*
Wali *Odin*

5
Braga *Odin*
Freia *Njörd*
Freyr *Njörd*
Narwi *Loki*
Widar *Odin*

6
Balder *Odin*
Fenrir *Loki*
Fenris *Loki*
Hermod *Odin*
Hoeder *Odin*

7
Forseti *Balder*
Heimdal *Odin*

e Götter und deren Mütter

3
Hel *Angerbode*
Tyr *Frigga*

4
Thor *Frigga*

5
Braga *Frigga*
Freia *Skadi*

Freyr *Skadi*
Uller *Sif*

6
Balder *Frigga*

Fenrir *Angerbode*
Fenris *Angerbode*
Hoeder *Frigga*

7
Forseti *Nanna*

f Nornen

(nordische Schicksalsgöttinen)

3
Urd *Vergangenheit*

5
Skuld *Zukunft*

7
Waranda *Gegenwart*

8
Verdandi *Gegenwart*

B Gestalten der Nibelungensage

3
Ute *Mutter Kriemhilds*

5
Etzel *Hunnenkönig*
Hagen *Vasall Gunthers*
Mimir *Schmied, der Siegfried aufzieht*

6
Fafnir *Drache, Hüter des Goldhortes*
Gernot *Burgunderkönig*
Volker *Spielmann*

7
Balmung *Schwert Siegfrieds*
Bloedel *Bruder Etzels*
Gunther *Burgunderkönig*

8
Alberich *Hüter des Hortes*
Brunhild *Gattin Gunthers*
Giselher *Burgunderkönig*
Siegmund *Vater Siegfrieds*

9
Kriemhild *Gattin Siegfrieds*
Siegfried *Gatte Kriemhilds*
Siegfried *Besitzer des Nibelungenhorts*
Siegfried *Drachentöter*
Sieglinde *Mutter Siegfrieds*

C Andere Sagengestalten

3
Ask *Stammvater der Menschen*
Gna *Botin der Frigga*
Nix *germanischer Wassergeist*
Ran *Meeresriesin*
Ziu *germanischer Kriegsgott*

4
Askr *Stammvater der Menschen*
Geri *Wolf Odins*
Gnom *Koboltart*
Hate *Wolf*
Neck *Wassergeist*
Nixe *weiblicher Wassergeist*
Ymir *Urriese*

5
Alfar *Elfen*
Baugi *Riese*
Embla *Stammutter der Menschen*
Freki *Wolf Odins*
Fylla *Dienerin der Frigga*
Galar *böser Zwerg*
Gamr *Höllenhund*
Holde *Frau Holle*
Hugin *Rabe Odins*
Hymir *Urriese*
Joten *Riesen, Zauberer*
Munin *Rabe Odins*
Noeck *Wassergeist*
Skoll *Wolf*
Uller *Bogenschütze*
Wodan *Göttervater, Führer der wilden Jagd*

6
Asgard *Wohnsitz der Asen*
Fafnir *Drache*
Fenrir *Wolf, Ungeheuer*
Fenris *Wolf, Ungeheuer*
Fjalar *böser Zwerg*
Hermod *Götterbote*
Hoedur *blinder Ase*
Njoerd *schöner Jüngling*
Quaser *weiser Mann*
Widolf *Urmutter der Hexen*

7
Alfadur *Allvater*
Alfheim *Reich des Freir*
Albrunen *weissagende Frauen*
Gungnir *Wurfspeer Odins*
Helheim *Gebiet des Todes*
Hrugner *stärkster Riese*
Midgard *Menschenwelt*

8
Eliwager *elf Höllenflüsse*
Farbaute *Riese*
Managarm *Höllenhund*
Neidhard *böse Schlange*
Niflheim *Reich des Todes*
Sleipnir *Roß Odins*
Thuiskon *der Erde entsprossener Gott, Stammvater der Germanen*
Walhalla *Schlachtfeldhalle*
Walkuere *göttliche Jungfrau*
Ygdrasil *Weltesche*

9
Einherier *Seelen Gefallener*
Mjoellnir *Hammer Thors*
Ragnarokr *Götterdämmerung*
Yggdrasil *Weltesche*

10
Jormungand *ungeheure Schlange*
Muspelheim *Feuerwelt*

11
Thrudwanger *Reich Thors*

5 Persische Sagenwelt

4
Adar *heiliges Feuer*
Dews *Geister des bösen Prinzips*

6
Abudad *Urstier*
Akuman *böser Geist*
Atesch *heiliges Feuer*

7
Ahriman *Gott der Finsternis*
Amerdad *Schutzgeister der Gewächse*
Meschia *Urvater der Menschen*

9
Kajomorts *Urmensch*
Meschiane *Urmutter der Menschen*

10
Albordschi *Urberg*

6 Römische Götter- und Sagenwelt

A Götter

a männliche

3
Sol *Sonnengott*

4
Amor *Liebesgott*
Faun *Schutzgott des Ackerbaues und der Viehzucht*
Mars *Kriegsgott*
Mors *Todesgott*

5
Janus *Gott des Krieges, des Friedens, der Zeit*
Jocus *Gott des Scherzes*
Pluto *Gott der Unterwelt*

6
Apollo *Licht- und Sonnengott*
Cupido *Gott des Liebesverlangens*
Erebus *Gott des unterirdischen Dunkels*
Faunus *Schutzgott des Ackerbaus und der Viehzucht*
Merkur *Schäfergott*
Neptun *Meeresgott*
Somnus *Schlafgott*

7
Bacchus *Gott des Weines*
Jupiter *oberster Gott*
Pluvius *Regengott*

8
Favonius *Windgott*
Lupercus *Hirtengott*
Neptunus *Meeresgott*
Pilumnus *Schutzgott der Wöchnerinnen*

Saturnus *Gott der Saaten, der Fruchtbarkeit*
Silvanus *Waldgott*
Terminus *Grenzgott*
Vulcanus *Feuer- und Schmiedegott*

9
Amoretten *Liebesgötter*

Mercurius *Schäfergott*
Vertumnus *Gott der Wandlung*

11
Aesculapius *Gott der Arzneikunst*

b weibliche

3
Nox *Göttin der Nacht*
Ops *Göttin der Fruchtbarkeit*
Pax *Firedensgöttin*

4
Cura *Göttin der Sorgen*
Fama *Göttin des Gerüchtes, des Rufes*
Juno *Mond-, Ehe- und Geburtsgöttin, oberste Göttin*
Luna *Mondgöttin*
Roma *Göttin der Stadt Rom*
Spes *Göttin der Hoffnung*

5
Ceres *Göttin der Saaten, der Fruchtbarkeit*
Copia *Göttin des Überflusses*
Diana *Göttin der Jagd*
Flora *Göttin der Blumen*
Suada *Göttin der Überredung*
Venus *Göttin der Liebe, der Schönheit*
Vesta *Göttin des Herdes*

6
Aurora *Göttin der Morgenröte*
Furien *Rachegöttinnen*
Levana *Schutzgöttin der Neugeborenen*
Pomona *Göttin der Gärten, der Fruchtbäume*
Tellus *Erdgöttin*
Tutela *Schutzgöttin eines Ortes oder Schiffes*

7
Fortuna *Göttin des Glückes*
Majesta *Naturgöttin*
Minerva *Göttin der Weisheit, des Krieges*
Salacia *Göttin der Salzflut*
Veritas *Göttin der Wahrheit*

8
Juventas *Göttin der Jugend*
Libertas *Göttin der Freiheit*
Libitina *Leichengöttin*
Victoria *Siegesgöttin*

9
Concordia *Göttin der Eintracht*
Pudicitia *Göttin der Keuschheit*

10
Abundantia *Göttin des Überflusses*
Proserpina *Göttin der Unterwelt*

c Ehepaare

3
Nox *Erebus*

4
Juno *Jupiter*
Rhea *Saturnus*

5
Pluto *Proserpina*
Rheia *Saturnus*
Venus *Vulcanus*

6
Erebus *Nox*
Pomona *Vertumnus*

7
Ariadne *Bacchus*
Bacchus *Ariadne*
Jupiter *Juno*

8
Saturnus *Rhea*
Saturnus *Rheia*
Vulcanus *Venus*

9
Vertumnus *Pomona*

10
Proserpina *Pluto*

d Götter und deren Väter

4
Juno *Saturnus*
Mars *Jupiter*
Roma *Mars*

5
Ceres *Saturnus*
Diana *Jupiter*
Vesta *Saturnus*

6
Apollo *Jupiter*
Aurora *Hyperion*

7
Bacchus *Jupiter*
Jupiter *Saturnus*

8
Libertas *Jupiter*
Neptunus *Saturnus*
Vulcanus *Jupiter*

9
Mercurius *Jupiter*

11
Aesculapius *Apollo*

e Götter und deren Mütter

4
Juno *Rhe(i)a*
Mars *Juno*

5
Ceres *Rhe(i)a*
Diana *Latona*
Vesta *Rhe(i)a*

6
Apollo *Latona*
Aurora *Theia*
Somnus *Nox*

7
Jupiter *Rhe(i)a*

8
Libertas *Juno*
Neptunus *Rhe(i)a*
Vulcanus *Juno*

9
Mercurius *Maja*

B Andere Sagengestalten

4
Mors *der Tod*

5
Laren *häusliche Schutzgeister*
Orcus *Unterwelt*

6
Auster *Südwind*
Charon *Fährmann der Unterwelt*
Egeria *Quellennymphe*
Genien *Schutzgeister*
Genius *Schutzgeist*
Larven *böse Geister Verstorbener*

7
Elysium *Aufenthalt der Seligen*
Lemuren *böse Geister Verstorbener*
Nymphen *weibliche Halbgottheiten*

8
Tartarus *Unterwelt*

10
Proserpina *Königin der Schatten*

7 Götter- und Sagenwelt der Slawen

3
Led *Kriegsgott der Russen*

4
Baba *Hexe*
Lada *Göttin der Liebe, der Schönheit*
Lado *Göttin der Liebe, der Schönheit*
Leda *Kriegsgott der Russen*
Vila *Nymphe*

5
Ludki *gespenstige Hausgeister*
Nijam *Totengott der Polen*
Perun *Donnergott*
Prowe *Gott der Gerechtigkeit*
Zosim *Bienengott*

6
Chorsi *Gott der Moskowiten*
Marina *polnische Zauberin*
Pogoda *Wetter- und Frühlingsgott*
Zewana *Jagdgöttin*

7
Biozuni *Götze der Moskowiten*
Bochuta *Götze der Schlesier*
Gorinka *altes Zauberweib*
Leschie *böse Waldgeister*
Ludschi *gespenstige Hausgeister*
Triglaw *höchster Gott*

8
Radegast *Gott der Ehre, der Stärke*
Roswodiz *Gott der Ehre, der Stärke*
Swaixtix *Gott des Lichtes*
Zemargla *Wintergöttin*

9
Czernebog *oberster der finsteren Götter*
Krasopani *mährische Liebesgöttin*
Swantewit *oberster Gott*

11
Tschernebog *oberster der finsteren Götter*

8 Götter anderer Völker

2
Hu *britischer Hauptgott*
Ma *kleinasiatische Göttin*

3
Bel *phönizischer Sonnengott*

4
Baal *phönizischer Sonnengott*
Esus *keltischer Gott*
Nabo *babylonisch-assyrischer Gott*
Nebo *babylonisch-assyrischer Gott*

5
Belus *babylonischer Sonnengott*
Fauna *altitalische Erdgöttin*
Hesus *gallischer Kriegsgott*
Jebis *japanischer Seegott*
Liber *altitalischer Weingott*
Palas *altitalische Weidengöttin*
Samas *babylonisch-assyrischer Sonnengott*
Taaut *phönizischer Gott*

6
Chamos *Gott der Moabiter*
Faunus *altitalischer Erdgott*
Jebisu *japanischer Seegott*
Kybele *kleinasiatische Göttin der Fruchtbarkeit*
Mithra *Sonnengott der Iranier*
Ormuzd *altiranischer Gott*
Saxnot *altsächsischer Gott*
Tlaloc *aztekischer Gewittersturm- und Regengott, Gott der Berge*
Uschas *wed. Göttin der Morgenröte*

7
Anaitis *persische Fruchtbarkeitsgöttin*
Astarte *semitische Göttin der Liebe und Fruchtbarkeit*
Cimoyok *litauischer Gott der Fluren*
Tamfana *Göttin der Marser*

8
Mephitis *altitalische Göttin der Schwefelquellen*
Tutilina *altitalische Göttin der Getreideeinfahrt*

9
Amaterasu *japanische Sonnengöttin*

11
Ixcozauhqui *aztekischer Feuer- und Himmelsgott*

9 Weitere Sagengestalten

3
Aja *Mutter der Haimonskinder*
Fee *weiblicher Geist*

4
Drud *weibliches Nachtgespenst*
Erek *Ritter der Tafelrunde*
Gral *Schale mit Blut Jesu*
Gnom *Erdgeist Berggeist*
Hein *Kobold, Teufel*
Lear *König von Britannien*
Puck *Kobold*
Rock *Märchenvogel*
Tell *Schweizer Held*
Toci *Mutter Erde (Azteken)*
Jatu *iranischer böser Geist*

5
Artus *Herrscher der britischen Kelten, Stifter der Tafelrunde*
Attis *phrygisches Götterwesen*
Golem *belebte Tonfigur*
Greif *Fabelwesen*
Gyges *König von Lydien*
Horsa *Anführer der Angelsachsen*
Iwein *Ritter der Tafelrunde*
Marke *Gatte Isoldes*
Salge *Tiroler Wildfrau*
Troll *Unhold*
Zwerg *kleines Wesen*

6
Armida *Zauberin*
Befana *Kinderschreck in Italien*
Belial *hebräischer Teufel*
Eckart *treue Gestalt*
Gawein *Ritter der Tafelrunde*
Haimon *Vater der Haimonskinder*
Hamlet *dänischer Prinz*
Holden *Seelen Verstorbener*
Isolde *Geliebte Tristans*
Isolde *Gattin Markes*
Kobold *Geist*
Laurin *Zwergenkönig*
Merlin *Zauberer der britischen Sage*
Oberon *Elfenkönig*
Ossian *keltischer Held*
Riesen *gewaltige Wesen*
Roland *Karolingerheld*
Salige *Tiroler Wildfrauen*
Samiel *oberster Teufel*
Schrat *Waldgeist*
Sylphe *Luftgeist*
Undine *Wassergeist*

7
Ahasver *Ewiger Jude*
Einhorn *Fabeltier*
Hengist *Führer der Angelsachsen*
Libussa *tschechische Fürstin*
Silenos *kleinasiatischer Walddämon*
Titurel *Hüter des heiligen Grals*
Tristan *Geliebter Isoldes, Ritter der Tafelrunde*
Werwolf *Mensch in Wolfsgestalt*
Wichtel *Hausgeist*
Wieland *Meisterschmied*

8
Basilisk *Fabeltier*
Blaubart *Ritter mit blauem Bart*
Dietrich *deutscher Held*
Klingsor *Zauberer*
Lanzelot *Ritter der Tafelrunde*
Lindwurm *Fabeltier*
Parsifal *Ritter der Tafelrunde*
Parzifal *Ritter der Tafelrunde*
Seilenos *kleinasiatischer Walddämon*

9

Ahasverus *Ewiger Jude*
Griseldis *armes Mädchen*
Hadubrand *Sohn Hildebrands*
Lohengrin *Schwanenritter*
Ruebezahl *Geist des Riesengebirges*
Semiramis *Königin Assyriens*
Vogel Rock *Märchenvogel*

10

Hildebrand *ostgotischer Held*
Salamander *Feuergeist*
Seejungfer *Fischweib*

11

Freischuetz *Schütze mit Freikugeln*
Meerweibchen *Fischweib*
Roggenmuhme *Schutzgeist*
Seeschlange *Seeungeheuer*
Tannhaeuser *Held vom Venusberg*

12

Meerjungfrau *Fischweib*

13

Haimonskinder *Helden um Karl I.*
Klabautermann *Schiffskobold*

14

Schimmelreiter *Spukgestalt*

15

Schlaraffenland *Märchenland*
Heinzelmännchen *Zwerge*

Kunst
Literatur
Musik
Theater

Kunst

I Architektur

1 Werke der Baukunst

(B: Burg; P: Palast; R: Ruine; S: Schloß)

4
Burg *kaiserliches S in Wien*
Eltz *B in der Eifel*

5
Ettal *Abtei in Oberbayern*
Itter *S bei Hopfgarten*
Kreml *Zaren-P in Moskau*
Pfalz *S im Rhein bei Kaub*
Scala *Opernhaus in Mailand*

6
Ambras *S bei Innsbruck*
Elysée *P in Paris*
Louvre *Schloß in Paris*
Rialto *Brücke in Venedig*
Roemer *Rathaus in Frankfurt am Main*
Serail *Sultans-P in Istanbul*

7
Canossa *B in Oberitalien*
Chillon *S am Genfer See*
Giralda *Glockenturm der Kathedrale von Sevilla*
Gottrop *S bei Schleswig*
Hofburg *kaiserliches S in Wien*
Kapitol *B im alten Rom*
Kapitol *Volksvertretungsgebäude in USA*
Komburg *S im Kochertal*
Lateran *Papst-P in Rom*
Miramar *S bei Triest*
Saaleck *R bei Kösen*
Trianon *zwei S in Versailles*
Vatikan *Papst-P in Rom*
Zollern *S in der Schwäbischen Alb*
Zwinger *Prunkbau in Dresden*

8
Alhambra *S in Granada*
Bastille *ehemaliges Kastell in Paris*
Escorial *Kloster-P bei Granada*
Mirabell *S in Salzburg*
Pantheon *Ehrentempel in Paris*
Pantheon *Rundbau in Rom*
Pyramide *Grabbau in Ägypten*
Quirinal *P in Rom*
Saalburg *römisches Kastell im Taunus*
San Marco *Kirche in Venedig*
Sorbonne *Universität in Paris*
Uffizien *P in Florenz*
Walhalla *Ruhmeshalle bei Regensburg*
Wartburg *S bei Eisenach*

9
Boro Budur *Tempelanlage auf Java*

Ebernburg *B an der Nah*
Elbtunnel *Tunnel unter der Elbe in Hamburg*
Gloriette *Kolonnadenbau in Wien-Schönbrunn*
Hellbrunn *S bei Salzburg*
Hradschin *B in Prag*
Linderhof *S in Oberbayern*
Malmaison *S in Paris*
Notre-Dame *Kirche in Paris*
Parthenon *Tempel in Athen*
Sanssouci *S bei Potsdam*
Wahnfried *Wagnervilla in Bayreuth*

10
Altenstein *S im Thüringer Wald*
Babelsberg *S bei Potsdam*
Eiffelturm *Turm in Paris*
Engelsburg *Rundbau in Rom*
Holstentor *Tor in Lübeck*
Klagemauer *Teil des Tempels in Jerusalem*
Maeuseturm *Turm im Rhein bei Bingen*
Marienburg *Burg in Westpreußen*
Rudelsburg *R bei Bad Kösen*
Sacré Coeur *Kirche in Paris*

11
Bleikammern *ehemaliges Staatsgefängnis in Venedig*
Dogenpalast *P in Venedig*
Erechtheion *Tempel in Athen*
Hagia *Sophia ehemalige Kirche in Istanbul*
Gluecksburg *S in Schleswig-Holstein*
Nymphenburg *S in München*
Schoenbrunn *kaiserliches Schloß in Wien*

12
Hohenzollern *S in der Schwäbischen Alb*
Johannisburg *S in Aschaffenburg*
Kreuzenstein *Burg bei Korneuburg*
Lichtenstein *S bei Reutlingen*
Palazzo Pitti *P in Florenz*
Ponte Vecchio *Brücke in Florenz*
Sankt Florian *Stift bei Linz Ö*

13
Albrechtsburg *B in Meißen*
Forchtenstein *Burg im Burgenland Ö*
Hochosterwitz *B in Kärnten Ö*
Goldenes Dachl *Erker in Innsbruck*
Rialtobruecke *Brücke in Venedig*
Wilhelmshoehe *S bei Kassel*

14
Basiliskenhaus *altes Haus in Wien*
Hohkoenigsburg *B im Elsaß*
Neuschwanstein *S bei Füssen*
Palazzo Vecchio *P in Florenz*
Seufzerbruecke *Brücke in Venedig*

15
Cestiuspyramide *Grabmal in Rom*

2 Architektonische Begriffe

3
Bau *Gebäude*
Dom *Hauptkirche*

4
Ambo *erhöhter Platz im Kirchenschiff*
Aula *Vorhof im altrömischen Haus*
Aula *Vorhof altchristlicher Kirchen*
Bema *Rednerbühne in der Kirche*
Burg *mittelalterliche Befestigungsanlage*
Dach *Gebäudeüberdeckung*
Fort *kleines Festungswerk*
Helm *Turmbekrönung*
Joch *Gewölbeunterteilung*
Silo *Getreidespeicher*
Sima *Traufrinne auf Tempeln*
Sims *vorstehender Mauerrand*
Stoa *griechische Säulenhalle*
Turm *schlanker hoher Bau*

5
Agora *Marktplatz griechischer Städte*
Altan *Balkon*
Anker *eiserne Verstrebung*
Apsis *Altarraum in der Kirche*
Arena *Kampfplatz im römischen Theater*
Atlas *männliche gebälktragende Figur*
Badia *italienische Abtei*
Basis *Unterlage einer Säule*
Baude *Berggasthaus im Riesengebirge*
Bogen *Verbindung einzelner Teile*
Cella *Teil des griechischen Tempels*
Decke *oberer Abschluß eines Raumes*
Erker *Hausvorbau*
Fiale *schlankes gotisches Türmchen*
First *obere Dachkante*
Forum *römischer Gerichtsplatz*
Forum *römischer Marktplatz*
Foyer *Wandelgang im Theater*
Fries *ornamentaler Begrenzungsstreifen*
Front *Gebäudevorderseite*
Halle *seitlich offener Raum*
Kappe *Feld eines Gewölbes*
Kiosk *Gartenhäuschen*
Laube *gewölbter Bogengang*
Palas *Wohnteil der Burg*
Pfalz *im Mittelalter kaiserliche Burg*
Pylon *Torbau am Eingang ägyptischer Tempel*
Stuck *Schmuck aus Gipsmörtel*
Sturz *waagerechte Fensterabdeckung*
Villa *Landhaus*
Wange *Seitenteil einer Treppe*
Zinne *Mauerkrönung auf Burgen*

6
Abakus *Deckplatte des dorischen Säulenkapitells*
Arkade *seitlich offene Bogenhalle*
Attika *Wand über dem Hauptgesims*
Balkon *Erker*
Blende *vorgesetzter Mauerteil*
Dienst *gotisches Säulchen*
Empore *Galerie in der Kirche*
Exedra *halbrunde Nische*
Flucht *Häuserreihe*
Gauben *verzierte Dachfenster*
Gesims *vorspringender Mauerstreifen*
Giebel *Dachbegrenzung*

Glacis *Festungsvorgelände*
Kanzel *Predigtplatz*
Karner *Rundbau*
Keller *Raum unter der Erde*
Konche *Anbau am Kirchenhauptraum*
Krabbe *knollige blattartige Verzierung*
Krypta *Gruft unter dem Altarraum*
Kuppel *Raumüberwölbung*
Lesche *verzierte Säulenhalle*
Lisene *vertikaler Wandstreifen*
Loggia *halboffene Säulenhalle*
Metope *Tempelgebälk*
Mutuli *Hängeplatten unter den Gesimsen am dorischen Tempel*
Narthe *Kirchenvorhalle*
Odeion *Musikvorführungsraum*
Pagode *chinesischer Tempelbau*
Pagode *japanischer Tempelbau*
Palast *Prachtgebäude*
Portal *Gebäudeeingang*
Remter *Teil des Ritterordenbaues*
Saeule *senkrechte Stütze*
Schiff *Raumteil der Kirche*
Sockel *Gebäudeunterbau*
Tempel *nichtchristliches Gotteshaus*
Tholos *Rundbau*
Travée *Raumabschnitt*
Trompe *Wölbung in Mauerecken*
Tunnel *stollenartiger Bau*
Volute *schneckenförmige Verzierung*

7

Abseite *Seitenschiff*
Alcázar *spanische Stadtburg*
Alkoven *fensterlose Zimmernische*
Arkosol *in Fels gehauenes trogartiges Wandgrab*
Astwerk *gotische Ornamentform*
Baracke *niedriger Holzbau*
Bastion *vorspringender Festungsteil*
Castrum *römische Festungsanlage*
Dienste *Säulchen am Pfeiler*
Echinus *Teil des dorischen Säulenkapitells*
Entasis *Anschwellung des Säulenschaftes*
Fassade *Gebäudevorderseite*
Festung *befestigte Abwehranlage*
Kapelle *kleine Kirche*
Karnies *Gesimsleiste*
Kastell *mittelalterliche Befestigungsanlage*
Konsole *Wandvorsprung als Träger*
Laterne *turmartiger Kuppelaufbau*
Lettner *Scheidewand in der Kirche*
Mastaba *ägyptischer Grabbau*
Megaron *griechisches Männerhaus*
Moschee *mohammedanisches Bethaus*
Moulure *gekehltes Gesims*
Mutulus *Gesimsteil am dorischen Tempel*
Obelisk *vierkantige Spitzsäule*
Oktogon *achteckiger Bau*
Pergola *steinerner Laubengang*
Pfeiler *Tragstütze*
Plinthe *Säulenfußplatte*
Pronaos *Vorhalle des griechischen Tempels*
Risalit *vorstehender Mauerteil*
Rotunde *Rundbau mit Kuppel*
Rustica *rohes Quadermauerwerk*
Schloss *Adelswohnsitz*
Soeller *Altan*
Soeller *flaches Wohnhausdach*
Tribuna *Apsis*
Viadukt *Talbrücke*
Wimperg *gotischer Fenstergiebel*
Wimperg *gotischer Türgiebel*
Zwickel *dreieckiges Flächenstück*
Zwinger *Befestigungswerk vor der Burg*
Zwinger *Raum zwischen Mauern*

8

Astragal *streifenartige Verzierung*
Baluster *ausgebauchte Säulenform*
Basilika *antikes Gerichtsgebäude*
Basilika *frühchristliche Kirche*
Bastille *Schloß mit Turm*
Belfried *alleinstehender Glockenturm nordischer Städte*
Bungalow *leichtes Haus (Indien)*
Dipteros *griechische Tempelart*
Eierstab *Zierleiste aus plastischen eiförmigen Formen*
Fachwerk *alte Bauweise*
Gewoelbe *gewölbte Raumüberdeckung*
Haustein *zugehauener Naturstein*
Kapitell *Säulenkopf*
Kassette *bemaltes Feld an der Decke*
Kemenate *Frauengemach in der Burg*
Luenette *Fläche über einer Tür*
Mansarde *Dachgeschoß*
Maskaron *steinerne maskenartige Verzierung*
Masswerk *gotisches Steinornament*
Minarett *Turm einer Moschee*
Monolith *Werk aus einem Steinblock*
Muenster *Dom, Hauptkirche*
Ortstein *Stein in Quaderform*
Paradies *Basilikavorhof*
Pavillon *Lusthaus*
Pechnase *Erker für Pechabschüttung (Burg)*
Peristyl *griechische Säulenhalle*
Perlstab *bandartiges plastisches Ornament*
Pilaster *Mauerpfeiler*
Pilaster *Wandpfeiler*
Portikus *auf Säulen ruhender Hausvorbau*
Pultdach *Dachform*
Rundstab *stabartige Verzierung*
Sohlbank *Fensteröffnungsbegrenzung*
Synagoge *jüdisches Gotteshaus*
Tablinum *Teil des römischen Hauses*
Terrasse *Plattform*
Tropaeum *monumentales Siegeszeichen*
Unterzug *Stützpfosten*
Walmdach *Dachform*
Zeltdach *Dachform*

9

Aquaedukt *römische Wasserleitung*
Architrav *Balken am Säulenkapitell*
Backstein *Ziegel*
Baldachin *Schutzdach*
Barbakane *Burgbefestigungswerk*
Beischlag *terrassenartiger offener Vorplatz*
Bergfried *Hauptturm der Burg*
Bukranion *Ochsenschädel als Verzierung*
Campanile *freistehender Glockenturm*
Carnarium *Karner (Beinhaus)*
Confessio *Märtyrergrab unterm Hochaltar*
Cubiculum *altrömisches Schlafzimmer*
Cubiculum *Märtyrergrabkammer*
Eplanade *Festungsteil*
Fuenfpass *gotische Schmuckform*
Gloriette *Lusthaus, Kolonnadenbau*
Gurtbogen *Unterteilung eines Tonnengewölbes*
Hypogaeum *Felsengrab*
Impluvium *Bassin im Atrium*
Interieur *Innenraumdarstellung*
Karyatide *gebälktragende weibliche Figur*

Kolonnade *Säulengang mit geradem Gebälk*
Krepidoma *Tempelunterbau*
Labyrinth *Bau mit verschlungenen Gängen*
Mausoleum *monumentaler Grabbau*
Nymphaeum *tempelartiger Rundbau*
Obergaden *Fensterzone in einer Basilika*
Oratorium *Bethaus*
Postament *Säulenunterlage*
Prostylos *griechische Tempelart*
Prothesis *Aufbahrungsraum in alten Kirchen*
Ringmauer *Befestigungsmauer um einen Ort*
Sakristei *Kirchenanbau*
Zitadelle *kleine Festung innerhalb einer großen*

10

Akroterion *Giebelverzierung*
Archivolte *Sims um einen Rundbogen*
Auditorium *Hörsaal*
Balustrade *Brüstungsgeländer*
Bogenfries *aneinandergereihte Bogen*
Brandmauer *starke Schutzmauer*
Dachreiter *kleiner Zierturm auf dem Dachfirst*
Diakonikon *Anbau an frühchristlichen Kirchen*
Formsteine *geprägte Ziegel*
Halbsaeule *halb hervortretende Säule*
Kaffgesims *Gesimsart*
Katakomben *unterirdische Grabstätten*
Kathedrale *Hauptkirche*
Kreuzblume *kreuzförmige Steinblume*

Monopteros *Gartenpavillon*
Monopteros *runder offener Tempel*
Ochsenauge *rundes Fenster*
Peripteros *griechische Tempelart*
Radfenster *rundes Kirchenfester*
Saalkirche *einschiffige Kirche*
Satteldach *Dachform*
Stabkirche *alte Holzkirche in Norwegen*
Stichkappe *Fläche oberhalb eines Fensters*

11

Coemeterium *frühchristliche Grabstätte*
Flachgiebel *dreieckiger Giebel*
Frigidarium *Teil der römischen Thermen*
Hypokaustum *römische Heizung unter dem Boden*
Kapitelsaal *an den Kreuzweg angebauter Raum*
Maschikulis *reihenweise angeordnete Pechnasen*
Scheidbogen *Trennungsbogen im Kirchenschiff*
Schwibbogen *Bogen zwischen zwei Mauerkörpern*
Xenodochium *frühchristliches Rasthaus*
Zahnschnitt *Streifenornament unterm Gesims*
Zwiebeldach *kugelige Dachform*

12

Aussenkanzel *Kanzel an der Außenseite der Kirche*
Baptisterium *Taufkirche*
Eselsruecken *Bogenform*
Hallenkirche *Langhauskirchenart*
Kannelierung *Rillung eines Säulenschaftes*
Schalloecher *Schallaustrittslöcher im Turm*

Substruktion *Gebäudeunterbau*
Wasserspeier *Steinfigur als Dachrinnenende*
Wendeltreppe *wendelförmige Treppe*
Zwiebelhaube *Turmdachart*

13
Adlerkapitell *römische Kapitellform*
Butzenscheibe *gewölbte Fensterglasscheibe*
Riesenordnung *Wandsäulen über alle Stockwerke*
Strebepfeiler *Pfeiler zur Mauerverstärkung*
Zwiebelkuppel *Turmdachart*

Zyklopenmauer *Mauerwerk aus unregelmäßigen Steinen*

14
Interkolumnium *Abstand zweier benachbarter Säulen*

15
Baldachinportal *Kirchenvorbau auf Säulen*

16
Hypaethraltempel *römischer Tempel ohne Dach*
Schachbrettfries *schachbrettartige Ornamentierung*

II Bildhauerkunst

1 Berühmte Skulpturen

3
Ute *(Naumburger Dom)*

4
Kuss *Rodin*

5
David *Michelangelo (Florenz)*
Moses *Michelangelo (Rom)*
Pietà *Michelangelo (Rom)*

9
Beethoven *Klinger*
Dreiklang *Belling*
Taenzerin *Kolbe*

11
Ewige Idol *Rodin*

12
Diskuswerfer *Myron*
Entenbrunnen *Gaul (Berlin-Charlottenburg)*
Sebaldusgrab *P. Vischer d. Ä. (Nürnberg)*
Venus von Milo *(Paris)*

13
Siegeswagen *Schadow (Berlin)*
Medicigraeber *Michelangelo (Florenz)*

14
Neptunsbrunnen *Begas (Berlin)*
Paradiespforte *Ghiberti (Florenz)*

15
Bamberger Reiter *(Bamberg)*

16
Buerger von Calais *Rodin*
Kampf der Lapiten *Michelangelo*

2 Begriffe der Bildhauerkunst

4
Korn *rauhe Oberfläche eines Steines*

5
Gemme *geschnittener Edelstein*
Herme *in einem Kopf endender Pfeiler*
Kamee *erhaben geschnittener Edelstein*
Kopie *Nachbildung*
Stele *griechischer verzierter Grabstein*
Stuck *Schmuck aus Gipsmörtel*
Tondo *Relief in Rundform*
Torso *unvollständige Statue*
Tumba *sargartiges Grabdenkmal*

6
Atlant *gebälktragende männliche Figur*
Bueste *plastische Menschendarstellung*
Relief *erhabenes Bildwerk*
Statue *vollplastische Figur*

8
Akrolith *Figur mit Steinkörper und Holzgewand*
Gussform *Form für Gußmetalle*
Intaglio *vertieft geschnittener Edelstein*
Kathedra *steinerner Bischofsstuhl*
Kenothaph *Denkmal*
Skulptur *Bildhauerwerk*
Telamone *gebälktragende männliche Figur*

9
Kartusche *plastische Verzierung*
Pleurants *Figuren Trauernder auf Gräbern*
Sarkophag *steinerner Sarg*

10
scharieren *Steinkanten bearbeiten*
Terracotta *Plastik aus gebranntem Ton*

11
Freiplastik *von allen Seiten sichtbare Plastik*
Vollplastik *von allen Seiten sichtbare Plastik*

12
Salvatorbild *segnender Heiland*

III Malerei und Graphik

1 Gemälde und deren Maler

4
Kuss *Klimt*
Maja *Goya*

5
Geige *Picasso*
Hafis *Feuerbach*
Medea *Feuerbach*
Satyr *Rubens*

6
Fabrik *Picasso*
Gilles *Watteau*

7
Lavinia *Tizian*

8
Anatomie *Rembrandt*
Arme Poet *Spitzweg*
Mona Lisa *da Vinci*

9
Abendmahl *da Vinci*
Ruebezahl *Schwind*
Spinnerin *Richter*
Taenzerin *Degas*
Venusfest *Rubens*

10
Hille Bobbe *Hals*
Nachtwache *Rembrandt*
Nackte Maja *Goya*
Tafelrunde *Menzel*
Toteninsel *Böcklin*
Zwei Frauen *Beckmann*

11
Sieben Raben *Schwind*

12
Aschenbroedel *Schwind*
Briefleserin *Vermeer*
Firmenschild *Watteau*
Gassenjungen *Murillo*
Kaktusfreund *Spitzweg*
Melonenesser *Murillo*
Sonnenblumen *van Gogh*
Zinsgroschen *Tizian*

13
Eisenwalzwerk *Menzel*
Ich und das Dorf *Chagall*
Lautenspieler *Hals*
Pfirsichesser *Murillo*
Ungleiche Paar *Leibl*
Verlorene Sohn *Rembrandt*

14
Bauernhochzeit *Brueghel*
Bekleidete Maja *Goya*
Floetenkonzert *Menzel*
Hafis am Brunnen *Feuerbach*
Letzte Aufgebot *Defregger*
Urteil des Paris *Rubens*

15
Bildnis der Nanna *Feuerbach*
Schlaraffenland *Brueghel*
Zigeunermadonna *Tizian*

16
Amazonenschlacht *Rubens*

Barbarenmaerchen *Gauguin*
Im Spiel der Wellen *Böcklin*
Ruhe auf der Flucht *Cranach*
Toledo im Gewitter *El Greco*

2 Begriffe der Malerei

3
fec. *Signatur (lat: hat gemacht)*

4
Bild *Gemälde*
Korn *rauhe Leinwandoberfläche*
pinx. *Signatur (lat: hat gemalt)*

5
Ikone *Heiligenbild der Ostkirche*
Kopie *Nachbildung*
Tondo *Gemälde in Rundform*

6
Bister *dunkelbraune Malkreide*
Fresco *Wandmalerei auf feuchtem Putz*
Freske *Wandmalerei auf feuchtem Putz*
Idylle *ländliche Szene*
Mosaik *Gemälde aus bunten Steinchen*
pastos *dick aufgetragen (Farbe)*
Roetel *Stift für Rötelzeichnungen*
Vedute *sachgetreues Landschaftsbild*

7
Diorama *beidseitig gemalter Stoff*
Impasto *dick aufgetragene Farbe*
Palette *Farbmischtafel*
Pastell *Malart mit Farbstiften*
Sfumato *Malart mit weichem Material*
Tempera *Malart für Tafelbilder*
Valeurs *Licht- und Schattenabstufung*

8
Aquarell *Wasserfarbenmalerei*
Craquelé *Risse im Firnis*
Gemaelde *Bildnis*
Inkarnat *Farbton der menschlichen Haut*
Kakemono *japan. rollbares auf Seide gemaltes Bild*
kopieren *Gemälde nachahmen*
lavieren *Zeichnung kolorieren*
Malgrund *Präparierung einer Malfläche*
Panorama *Rundgemälde*
Portraet *Bildnis*
Portrait *Bildnis*
Sikkativ *Ölfarbenschnelltrockenmittel*

9
Diptychon *zweiteiliges Gemälde*
Enkaustik *Maltechnik mit Wachsfarben*
Grisaille *Malart in einer einzigen Farbe*
monochrom *einfarbig*
Radierung *Kupferstichabzug*
Sgraffito *Wandmalereitechnik*

10
Deckfarben *Malfarbenart*
Grundieren *Vorbereiten der Malfläche*

Kolorieren *Zeichnung farbig ausmalen*
Lasurfarbe *durchscheinend wirkende Farbe*
Oelmalerei *Malerei mit Ölfarbe*
Pantograph *Storchschnabel*
Silhouette *Schattenbild*

11
Hintergrund *Grundierung, unterste Farbschicht*

12
Chinoiserien *Zierformen des Rokoko*
Genremalerei *Szene des täglichen Lebens*
Rentoilieren *Gemälderestaurierungsart*
Restauration *Erneuerung eines Gemäldes*
Restaurieren *Erneuern eines Kunstwerkes*
Salvatorbild *segnender Christus*
Tuschmalerei *Abart der Aquarellmalerei*

Wachsmalerei *Technik mit Wachsfarben*

13
Pointillismus *Technik mit punktartig gesetzten Farben*
portraetieren *ein Bildnis malen*
Wismutmalerei *Malerei mit Lack auf Wismut*

14
Gouachemalerei *Malerei mit deckenden Wasserfarben*
Pastellmalerei *Malerei mit Farbstiften*
Storchschnabel *Gerät zur Bildübertragung*
Temperamalerei *Malerei aus mit Leim oder Öl gebundenen Farben*

15
Aquarellmalerei *Malerei mit Wasserfarben*

3 Graphik

3
del. *delineavit*
exc. *excudit*
fec. *fecit*
inv. *invenit*

5
fecit *hat es gemacht*

6
Gravur *eingegrabene Zeichnung*
Roete *weicher Rotstift*

7
excudit *hat gestochen*
invenit *hat erfunden*
Stichel *Werkzeug für Kupferstiche*

8
Gravuere *Kupfer-, Stahlstich*
Remarque *Abdruck eines Kupferstiches*
Vignette *bildliche Verzierung von Büchern*

9
Aquatinta *Abart der Radierung*
Radierung *Kupferstichart*

10
delineavit *hat es gezeichnet*
Schabkunst *Kupferstichart*

11
Kartonstich *Kupferstichart*
Kupferstich *Einstechen einer Zeichnung auf eine Kupferplatte*

12
Lithographie *Steindruck*

13
Wasserzeichen *durchscheinendes Zeichen im Papier*

15
Kaltnadelarbeit *Radierungsart*

IV Kunstgewerbe

5
Ciste *Deckelgefäß*
Fibel *verzierte Metallspange*
Kuppa *Teil des Kelches*
Zarge *verzierte Tischbeinverbindung*

6
Feston *Gehänge von Blumen, Früchten, Zweigen*
Kanope *altgriechisches Deckelgefäß*
Niello *schwarz verzierte Edelmetallgegenstände*
Patene *Hostienteller*
Roemer *bauchiges Trinkglas*

7
Agraffe *Schließe, Spange*
Amphora *bauchiges Henkelgefäß*
Cassone *Truhe der italienischen Renaissance*
Gobelin *Bildteppich*
Rotulus *Schriftrolle aus Papyrus*
Schrein *Mittelteil des Flügelaltars*
Schrein *verzierter hölzerner Behälter*

8
Filigran *feine Goldschmiedearbeit*
Intarsia *Einlegearbeit*
Kymation *Blattleiste in Karniesform*
Lekythos *antiker Salbölkrug*
Palmette *palmenblattähnliche Verzierung*
Paviment *Mosaikbodenbelag*
Rocaille *muscheliges Ornament*
Steingut *glasierte Tonwaren*
Uschepti *ägypt. Tonfigürchen*

10
Brakteaten *geprägte Edelmetallmünzen*
Fischblase *spätgotische Ornamentform*
Terracotta *Kleinplastik aus gebranntem Ton*
Transennen *Ornamente auf Marmorplatten*

ziselieren *Metallgegenstände verzieren*

11
Chippendale *englischer Möbelstil*
Granulation *aufgelöste Edelmetallkörnchen*

12
Chinoiserien *chinesische Kunstgewerbearbeiten*
Makartbukett *Strauß aus getrockneten Blumen*

Stahlschnitt *Ornament auf Edelstahl*
Tauschierung *kunstvoll eingelegte Metallarbeit*

13
Nautiluspokal *Pokal der Spätrenaissance*
Scheibenkreuz *Kreuz mit hinterlegter Scheibe*
Schiffskanzel *Kanzel in Bootsgestalt*
Zwiebelmuster *zwiebelähnliches Ornament in (Meißner) Porzellan*

V Kunstgeschichte

5
Gotik *Kunststil des Mittelalters (12. bis 16. Jahrhundert)*
Orans *betende weibliche Gestalt*
Pietà *Maria mit Leichnam Christi*
Putto *Kinderfigur*

6
Barock *Stil von 1600 bis 1750*
Modell *Muster, Vorbild*
Profil *Seitenansicht*
Rokoko *Stil von 1720 bis etwa 1775*

7
Adorant *stehende Figur mit erhobenen Händen*
Atelier *Künstlerwerkstätte*
Bildnis *Darstellung eines menschlichen Kopfes*
Entwurf *erste Vorbereitung eines Kunstwerkes*
Kolorit *Farbgebung*
Passion *Darstellung der Leiden Christi*
Regence *Übergang vom Hochbarock zum Rokoko*
Romanik *Stil von etwa 1000 bis 1250*
Verismo *Art des Naturalismus*

8
Akanthus *Ornamentform*
Kubismus *moderne Kunstrichtung*
Monument *Denkmal*
Neugotik *Nachahmung der Gotik*
Nikopeia *Madonna mit Kind (byzant.)*
Ornament *Verzierung, Schmuck*
Trecento *Stil von 1300 bis 1399 in Italien*
Zopfstil *Stil von 1760 bis 1780*

9
Anastasis *Auferstehung Christi*
Expertise *sachverständiges Gutachten über ein Kunstwerk*
Faksimile *genaue Nachbildung einer Zeichnung*

Neubarock *Nachahmung des Barocks*
Stilleben *Darstellung toter Sachen*

10
Hodegetria *stehende Madonna mit Kind*
Pinakothek *Gemäldesammlung*
Triptychon *dreiteiliges Altarbild*
Vesperbild *Madonna mit Leichnam Christi*

11
Biedermeier *Stil in der Mitte des 19. Jahrhunderts*
Cinquecento *Stil von 1500 bis 1599 in Italien (Hochrenaissance)*
Ikonostasis *Trennungswand in der Kirche mit Ikonen*
Mudejarstil *spanischer Baustil vom 12. bis 15. Jahrhundert*
Renaissance *Stil vom 14. bis 16. Jahrhundert*

12
Klassizismus *Stil von 1750 bis 1830*
Kolonialstil *Variante des englischen Klassizismus*
Naturalismus *naturgetreue Nachbildung der Wirklichkeit*
Quattrocento *1400 bis 1499 in Italien*

14
Schmerzensmann *Darstellung Christi mit den Wundmalen*

15
Impressionismus *Kunstrichtung nach 1870*

Literatur

1 Dichtungsarten

(D: Dichtung; E: Erzählung; G: Gedicht)

3
Loa *spanisches Lobgedicht*
Ode *feierliches Gedicht*

4
Epik *erzählende Dichtung*
Epos *erzählende Dichtung*
Sage *Erzählung*

5
Drama *Dichtungsart*
Essay *wissenschaftliche Abhandlung*
Fabel *erzählende Dichtung*
Farce *kurze Posse*
Gnome *Sinnspruch*
Leich *altdeutsche poetische Form*
Mythe *E über göttliche Mächte*
Posse *derbkomisches Lustspiel*
Prosa *ungebundene Rede*
Roman *Prosaerzählung*

6
Ekloge *kleines Hirtengedicht*
Elegie *schwermütiges Gedicht*
Ghasel *lyrische Form aus dem Arabischen*
Idylle *E aus dem Hirtenleben*
Mythos *E über göttliche Mächte*
Naenie *Klagelied*
Satire *spöttische Dichtungsart*
Sketch *kurzes Theaterstück*
Sonett *lyrisches Gedicht*
Sottie *französisches Narrenspiel*

7
Canción *G mit regelmäßigem Strophenbau (spanisch)*
Facétie *französischer Schwank, Posse*
Legende *Heiligenerzählung*
Novelle *Prosaerzählung*
Parabel *Erzählungsform*
Parodie *scherzhafte Nachdichtung*
Romanze *lyrisch/episches G*
Rondeau *französische Strophenform*
Schwank *lustige E, Posse*
Terzine *italienische Strophenart*
Traktat *religiöse Flugschrift*

8
Anekdote *witzige Erzählung*
Burleske *komische Dichtung*
Epigramm *Sinngedicht*
Groteske *komische Prosa-D*
Historie *E einer geschichtlichen Begebenheit*
Pamphlet *Flugschrift*
Pasquill *Schmähschrift*
Stabreim *Reimform der germanischen Sprache*
Triolett *achtzeiliges Gedicht*

9

Analekten *Sammlung von Aussprüchen*
Eiresione *griechisches Lied für Knaben*
Humoreske *kleine humoristische E*
Pastorale *ländliche Szene*
Rhapsodie *von Rhapsoden vorgetragenes Gedicht*
Ritornell *italienische Strophenform*
Romancero *spanische Romanzensammlung*
Tragoedie *Trauerspiel*
Travestie *satirische D-Art*

10

Anthologie *Sammlung ausgewählter G*
Aphorismus *Gedankensplitter*
Entremeses *spanisches Festschauspiel*
Feuilleton *Zeitungsaufsatz*
Parthenien *griechische Hymnen*
Satyrspiel *Nachspiel der antiken Tragödie*
Vaudeville *satirisches Lied*

11

Knittelvers *alte Versform*
Kommersbuch *Studentenliederbuch*
Trauerspiel *Form des Dramas*

13

Neidhartspiel *Fastnachtskomödie*

2 Berühmte Dichtungen der Völker

3

Cid *Heldenepos*

4

Edda *altisländische Sagensammlung*
Hiob *D der althebräischen Literatur*
Saga *altisländische E*
Veda *Teil der indischen Literatur*
Weda *Teil der indischen Literatur*

6

Gâthâs *Sprüche der Propheten*
Gudrun *altdeutsches Heldengedicht*
Hamâsa *altarische G-Sammlung*
Mantra *indisches Hymnenbuch*

7

Bylinen *Heldenlieder der russichen Volks-D*
Genesis *erstes Buch Moses*
Heliand *Missionsepos*
Nihongi *japanisches Gedichtwerk*
Rigweda *indische Hymnensammlung*
Vulgata *lateinische Bibelübersetzung*

8

Kalevala *finnisches Nationalepos*
Kokinshu *Sammlung japanischer Lyrik*
Lalebuch *deutsche Schwanksammlung*
Melusine *deutsches Volksbuch*
Râmâyana *indisches Nationalepos*

9

Griseldis *deutsches Volksbuch*
Passional *Sammlung von Heiligenleben*

10

Bastânnâme *persische Sagensammlung*
Cancionero *spanische und portugiesische G-Sammlung*
Gilgamesch *babylonisches/ assyrisches Epos*
Kalewipoeg *estnisches Nationalepos*
Mabinogion *keltische Erzählung*

11

Dighanikâya *indisches Religionsbuch*
Gitagovinda *altindisches Liebes-Gedicht*
Ludwigslied *althochdeutsche Dichtung*
Mâtangalîlâ *indisches Buch*
Mahâbhârata *indisches Nationalepos*
Pañcatantra *indisches Fabelbuch*
Sukasaptati *indische Märchensammlung*

12

Hitopadescha *indische Fabelsammlung*
Wolfdietrich *mittelhochdeutsches Volksepos*

14

Kathâratnakâra *indische Märchensammlung*

Literatur

Khudakkanikâya *indisches Religionswerk*
Nibelungenlied *deutsches Heldenepos*
Pantschatantra *indisches Fabelwerk*

3 Versmasse

5
Paeon
Senar

6
Iambus
Metrum
Oktave
Stanze

8
Anapaest
Bacchius
Daktylus
Kredicus
Molossus
Septenar
Spondeus
Trimeter

9
Distichon

Epitritus
Glykoneus
Hexameter
Trochaeus

10
Choriambus
Pentameter
Tribrachys

11
Pyrrhichius

12
Alexandriner
Pherekrateus

15
Hendekasyllabus

4 Märchen und Fabeln

A Deutsche Märchenfiguren

4
Muck

5
Fatme

8
Rosenrot

9
Daeumling
Zwerg Nase

10
Daumesdick

11
Kalif Storch

12
Aschenputtel
Dornroeschen
Rotkaeppchen

13
Daeumelinchen

14
Schneewittchen

15
Rumpelstilzchen
Schneeweisschen

B Tiere in der Fabel

4
Petz *Bär*

5
Lampe *Hase*

6
Adebar *Storch*

7
Isegrim *Wolf*

Reineke *Fuchs*

8
Grimbart *Dachs*

Musik

1 Opern und ihre Komponisten

3
Cid *Cornelius*
Cid *Massenet*
Sly *Wolf-Ferrari*

4
Aida *Verdi*
Feen *Wagner*
Flut *Blacher*
Iris *Mascagni*
Kain *d'Albert*
Kuss *Smetana*
Mond *Orff*
Nase *Schostakowitsch*
Zaza *Leoncavallo*

5
Aleko *Rachmaninow*
Blitz *Halévy*
Circe *Egk*
Dafne *Peri*
Dafne *Schütz*
Edgar *Puccini*
Faust *Gounod*
Faust *Spohr*
Fedra *Pizzetti*
Golem *d'Albert*
Kluge *Orff*
Lakme *Delibes*
Manon *Massenet*
Mavra *Strawinsky*
Norma *Bellini*
Opfer *Reznicek*
Orfeo *Monteverdi*
Rubin *d'Albert*
Sadko *Rimsky-Korssakow*
Titus *Mozart*
Tosca *Puccini*
Venus *Schoeck*
Zaide *Mozart*
Zampa *Hérold*

6
Almira *Händel*
Armida *Gluck*
Aroldo *Verdi*
Boheme *Leoncavallo*
Boheme *Puccini*
Carmen *Bizet*
Daphne *Strauss*
Ernani *Verdi*
Hamlet *Thomas*
Jenufa *Janácek*
Juedin *Halévy*
Kobold *Siegfried Wagner*
Konsul *Menotti*
Louise *Charpentier*
Mantel *Puccini*
Martha *Flotow*
Merlin *Goldmark*
Mignon *Thomas*
Moloch *Schillings*
Nerone *Boito*
Oberon *Weber*
Rienzi *Wagner*
Salome *Strauss*
Undine *Hoffmann*
Undine *Lortzing*
Vampyr *Marschner*
Voegel *Braunfels*

Wozzek *Berg*
Xerxes *Händel*

7
Abreise *d'Albert*
Alceste *Gluck*
Alceste *Lully*
Bajazzo *Leoncavallo*
Bergsee *Bittner*
Dalibor *Smetana*
Dinorah *Meyerbeer*
Don Juan *Mozart*
Elektra *Strauss*
Fidelio *Betthoven*
Kathrin *Korngold*
La Mavra *Strawinsky*
Lubissa *Smetana*
Macbeth *Bloch*
Macbeth *Verdi*
Mazeppa *Tschaikowsky*
Nabucco *Verdi*
Orseolo *Pizzetti*
Othello *Rossini*
Othello *Verdi*
Prophet *Meyerbeer*
Prozess *Einem*
Silvana *Weber*
Spieler *Prokofieff*
Werther *Massenet*

8
Alkestis *Wellesz*
Antigone *Gluck*
Antigone *Honegger*
Antigone *Orff*
Arabella *Strauss*
Belfagor *Respighi*
Lucrezia *Respighi*
Mister Wu *d'Albert*
Mona Lisa *Schillings*
Parsifal *Wagner*
Peer Gynt *Egk*
Preziosa *Weber*
Ratclift *Andreae*
Rote Gret *Bittner*
Telephon *Menotti*
Tiefland *d'Albert*
Turandot *Busoni*
Turandot *Puccini*
Veilchen *Bittner*
Vestalin *Spontini*
Violanta *Korngold*
Walkuere *Wagner*

9
Abu Hassan *Weber*
Agrippina *Händel*
Apotheker *Haydn*
Billy Budd *Britten*
Brautwahl *Busoni*
Capriccio *Strauss*
Cardillac *Hindemith*
Das war ich *Blech*
Don Carlos *Verdi*
Euryanthe *Weber*
Favoritin *Donizetti*
Feuersnot *Strauss*
Hans Sachs *Lortzing*
Kuhreigen *Kienzl*
La Rondine *Puccini*
Lohengrin *Wagner*
Mondnacht *Bittner*
Nordstern *Meyerbeer*
Notre Dame *Schmidt*
Pique Dame *Tschaikowsky*
Puritaner *Bellini*
Rheingold *Wagner*
Richterin *Grabner*
Rigoletto *Verdi*
Rodelinda *Händel*
Ruebezahl *Weber*
Sakuntala *Weingartner*
Semiramis *Rossini*
Siegfried *Wagner*
Spielwerk *Schreker*
Stradella *Flotow*
Struensee *Meyerbeer*
Tote Stadt *Korngold*

Zwingburg *Křenek*

10

Bernauerin *Orff*
Corregidor *Wolf*
Dame Kobold *Weingartner*
Dantons Tod *Einem*
Donna Diana *Reznicek*
Don Quixote *Kienzl*
Drei Pintos *Weber*
Enoch Arden *Gerster*
Ferne Klang *Schreker*
Flauto Solo *d'Albert*
Fra Diavolo *Auber*
Fuerst Igor *Borodin*
Hugenotten *Meyerbeer*
Intermezzo *Strauss*
Jeanne d'Arc *Honegger*
La Gioconda *Ponchielli*
La Traviata *Verdi*
Lucio Silla *Mozart*
Margarethe *Gounod*
Maskenball *Auber*
Maskenball *Verdi*
Nachtigall *Strawinsky*
Opernprobe *Lortzing*
Palestrina *Pfitzner*
Pfeifertag *Schillings*
Prometheus *Fauré*
Troubadour *Verdi*
Weisse Dame *Boieldieu*
Werbekleid *Salmhofer*
Zwei Witwen *Smetana*

11

Afrikanerin *Meyerbeer*
Dame im Traum *Salmhofer*
Don Giovanni *Mozart*
Don Pasquale *Donizetti*
Eugen Onegin *Tschaikowsky*
Fra Gherardo *Pizzetti*
Fredegundis *Schmidt*
Freischuetz *Weber*
Freund Fritz *Mascagni*
Friedenstag *Strauss*
Hans Heiling *Marschner*
Heisse Eisen *Paumgartner*
Il re pastore *Mozart*
Kreidekreis *Zemlinsky*
Le Rossignol *Strawinsky*
Luise Miller *Verdi*
Mefistofele *Boito*
Penthesilea *Schoeck*
Peter Grimes *Britten*
Tannhaeuser *Wagner*
Tragaldabas *d'Albert*
Wildschuetz *Lortzing*
Wilhelm Tell *Rossini*
Zaubergeige *Egk*

12

André Chénier *Giordano*
Arme Heinrich *Pfitzner*
Boris Godunow *Mussorgsky*
Cosi fan tutte *Mozart*
Don Quichotte *Massenet*
Evangelimann *Kienzl*
Gezeichneten *Schreker*
Giulio Cesare *Händel*
Goldene Kreuz *Brüll*
Kohlhaymerin *Bittner*
Heimliche Ehe *Cimarosa*
Liebesverbot *Wagner*
Neues vom Tage *Hindemith*
Porgy and Bess *Gershwin*
Vier Grobiane *Wolf-Ferrari*
Zauberfloete *Mozart*

13

Albert Herring *Britten*
Aschenbroedel *Wolf-Ferrari*
Baerenhaeuter *Siegfried Wagner*
Christelflein *Pfitzner*
Dido und Aeneas *Purcell*
Ein Maskenball *Verdi*
Hexe von Passau *Gerster*
Hoellisch Gold *Bittner*
Juerg Jenatsch *Kaminski*

Koenigskinder *Humperdinck*
Leben des Orest *Křenek*
Liebe der Danae *Strauss*
Magd als Herrin *Pergolesi*
Marketenderin *Humperdinck*
Perlenfischer *Bizet*
Rosenkavalier *Strauss*
Schatzgraeber *Schreker*
Teufels Anteil *Auber*
Verlorene Sohn *Reutter*
Waffenschmied *Lortzing*
Wassertraeger *Cherubini*

14
Abtruennige Zar *Bodart*
Ersten Menschen *Stephan*
Geliebte Stimme *Weinberger*
Gianni Schicchi *Puccini*
Heilmar der Narr *Kienzl*
Heimchen am Herd *Goldmark*
Iwan Tarassenko *Salmhofer*
Johann von Paris *Boieldieu*
Mathis der Maler *Hindemith*
Nachtwandlerin *Bellini*
Rosengaertlein *Bittner*
Schreiberwiese *Hérold*
Schwarze Domino *Auber*
Schwarze Spinne *Sutermeister*
Singende Teufel *Schreker*
Spanische Nacht *Bodart*
Verkaufte Braut *Smetana*

15
Ariadne auf Naxos *Strauss*
Arzt wider Willen *Gounod*
Beiden Schuetzen *Lortzing*
Bettler Namenlos *Heger*
Diebische Elster *Rossini*
Glueckliche Hand *Schoenberg*
Haeusliche Krieg *Schubert*
Koenigin von Saba *Goldmark*
Madame Butterfly *Puccini*
Raub der Lucretia *Britten*
Robert der Teufel *Meyerbeer*
Sache Makropulos *Janáček*
Samson und Dalila *Saint-Saëns*
Schweigsame Frau *Strauss*
Stier von Olivera *d'Albert*
Verschenkte Frau *d'Albert*
Welt auf dem Monde *Haydn*

16
Barbier von Bagdad *Cornelius*
Benvenuto Cellini *Berlioz*
Chowanschtschina *Mussorgsky*
Dreigroschenoper *Weill*
Fausts Verdammnis *Berlioz*
Frau ohne Schatten *Strauss*
Haensel und Gretel *Humperdinck*
Iphigenie in Aulis *Gluck*
Joseph in Aegypten *Méhul*
Nuernberger Puppe *Adam*
Regimentstochter *Donizetti*
Schalkhafte Witwe *Wolf-Ferrari*
Simone Boccanegra *Verdi*
Stumme von Portici *Auber*
The Rake's Progress *Strawinsky*
Tobias Wunderlich *Haas*
Tristan und Isolde *Wagner*
Wunder der Heliane *Korngold*
Zar und Zimmermann *Lortzing*

2 Operetten und ihre Komponisten

3

Eva *Lehár*

5

Hopsa *Burkhard*
Nanon *Genée*
Orlow *Granichstaedten*
Puppe *Audran*
Sissy *Kreisler*

6

Bozena *Straus*
Clivia *Dostal*
Cloclo *Lehár*
Eriwan *Nedbal*
Geisha *Jones*
Grigri *Lincke*
Indigo *Strauß*
Jabuka *Strauß*
Manina *Dostal*
Mikado *Sullivan*
Monika *Dostal*
Tic-Tac *Burkhard*

7

Evelyne *Granichstaedten*
Jadwiga *Dellinger*
Marielu *Raymond*
Nur keck *Lang*
Peppina *Stolz*
Venezia *Vetterling*

8

Adrienne *Goetz*
Bajadere Kálmán
Banditen *Offenbach*
Casanova *Lincke*
Don Cesar *Dellinger*
Dorothee *Vetterling*
Frau Luna *Lincke*
Giuditta *Lehár*
Isabella *Schröder*
Juxbaron *Kollo*
Liselott *Künneke*
Marietta *Kollo*
Paganini *Lehár*
Puppchen *Gilbert*
Teresina *Straus*
Vagabund *Zeller*

9

Annemarie *Gilbert*
Boccaccio *Suppé*
Carbonari *Zeller*
Dumme Herz *Ziehrer*
Fatinitza *Suppé*
Feuerwerk *Burkhard*
Fliegerin *Vetterling*
Frasquita *Lehár*
Gascogner *Suppé*
Gasparone *Millöcker*
Juxheirat *Lehár*
Maedel ade *Pepöck*
Opernball *Heuberger*
Pique Dame *Suppé*
Polenblut *Nedbal*
Probekuss *Millöcker*
Seekadett *Genée*

10

Blaue Mazur *Lehár*
Cagliostro *Strauß*
Drei Walzer *Strauß*
Friederike *Lehár*
Grosse Name *Künneke*
Lysistrata *Lincke*
Maedel ahoi *Kollo*
Nachtigall *Schanzara*
Simplicius *Strauss*
Wiener Blut *Strauß*
Zarewitsch *Lehár*
Zirkusblut *Dostal*

11

Afrikareise *Suppé*
Alte Suender *Lang*
Balkanliebe *Kattnigg*
Ball im Savoy *Abraham*
Donna Gloria *Nedbal*
Ewige Walzer *Strecker*
Fiakermilli *Lang*
Fidele Bauer *Fall*
Haueninsel *Millöcker*
Linzer Torte *Schmidseder*
Maske in Blau *Raymond*
No, no, Nanette *Youmans*
Obersteiger *Zeller*
Sterngucker *Lehár*
Tanzgraefin *Stolz*
Vizeadmiral *Millöcker*
Waldmeister *Strauß*
Walzertraum *Straus*
Winzerbraut *Nedbal*

12

Arme Jonathan *Millöcker*
Autoliebchen *Gilbert*
Die oder keine *Schmidseder*
Donna Juanita *Suppé*
Faschingsfee *Kálmán*
Feldprediger *Millöcker*
Frau ohne Kuss *Kollo*
Fuerstenkind *Lehár*
Goettergatte *Lehár*
Hofrat Geiger *Lang*
Ideale Gattin *Lehár*
Keusche Diana *Millöcker*
Kinokoenigin *Gilbert*
Lady Hamilton *Künneke*
Letzte Walzer *Straus*
Libellentanz *Lehár*
Lustige Krieg *Strauß*
Lustige Witwe *Lehár*
Pariser Leben *Offenbach*
Rastelbinder *Lehár*
Sonntagskind *Millöcker*
Tolle Komtess *Kollo*
Venus in Seide *Stolz*
Vielgeliebte *Dostal*
Weib in Purpur *Gilbert*
Wiener Frauen *Lehár*
Zauberin Lola *Künneke*

13

Bettelstudent *Millöcker*
Bub oder Maedel *Granichstaedten*
Endlich allein *Lehár*
Extrablaetter *Dostal*
Frauenfresser *Eysler*
Gluecksmaedel *Stolz*
Goldene Kaefig *Mackeben*
Graefin Mariza *Kálmán*
Herz über Bord *Künneke*
Ihre Exzellenz *Heuberger*
Karneval in Rom *Strauß*
Landstreicher *Ziehrer*
Lauf ins Glueck *Raymond*
Liebe Augustin *Fall*
Liebe im Schnee *Benatzky*
Maedel aus Wien *Strecker*
Perle von Tokay *Raymond*
Prinz von Thule *Kattnigg*
Schoene Helena *Offenbach*
Schoene Saskia *Nedbal*
Schoen Lorchen *Stolz*
Tangokoenigin *Lehár*
Tanz ins Glueck *Stolz*
Tapfere Soldat *Strauß*
Venus auf Erden *Lincke*
Vogelhaendler *Zeller*
Wie einst im Mai *Kollo*
Zigeunerbaron *Strauß*
Zigeunerliebe *Lehár*

14

Blume von Hawaii *Abraham*
Dorf ohne Glocke *Künneke*
Drei Paar Schuhe *Millöcker*
Ein Liebestraum *Lincke*
Ein Walzertraum *Straus*
Farmermaedchen *Jarno*

Flieder aus Wien *Raymond*
Flotte Burschen *Suppé*
Frau im Hermelin *Gilbert*
Fremdenfuehrer *Ziehrer*
Fruehlingsluft *Josef Strauß*
Giroflé-Girofla *Lecocq*
Goldene Pierrot *Goetze*
Karneval in Wien *Stolz*
Keusche Susanne *Gilbert*
Lisa, benimm dich *Lang*
Lockende Flamme *Künneke*
Musikantenblut *Schanzera*
Page des Koenigs *Goetze*
Ritter Patzmann *Strauß*
Rose von Stambul *Fall*
Sieben Schwaben *Millöcker*
Soldat der Marie *Ascher*
Walzerkoenigin *Schmidseder*

15

Abschiedswalzer *Schmidseder*
Auf großer Fahrt *Raymond*
Ball der Nationen *Raymond*
Bruederlein fein *Fall*
Csárdásfuerstin *Kálmán*
Dichter und Bauer *Suppé*
Dreimaederlhaus *Schubert-Berté*
Drei Wochen Sonne *Pepöck*
Doktor Eisenbart *Dostal*
Erzherzog Johann *Strecker*
Eva im Abendkleid *Dostal*
Flucht ins Glueck *Dostal*
Foersterchristl *Jarno*
Fuerstin Ninetta *Strauß*
Geliebte Manuela *Raymond*
Geschiedene Frau *Fall*
Grosse Suenderin *Künneke*
Grosse Taenzerin *Dostal*
Hollandweibchen *Kálmán*
Ihr erster Walzer *Straus*
Maedels vom Rhein *Kattnigg*
Im weissen Roessl *Benatzky*
Lachende Ehemann *Eysler*
Madame Pompadour *Fall*
Mamsell Napoleon *Nedbal*
Melodie der Nacht *Schmidseder*
Nakiris Hochzeit *Lincke*
Prinz Methusalem *Strauß*
Schoene Galathee *Suppé*
Schuetzenliesel *Eysler*
Spitzenkoenigin *Goetze*
Verlorene Walzer *Stolz*

16

Banditenstreiche *Suppé*
Cagliostro in Wien *Strauß*
Dollarprinzessin *Fall*
Eine einzige Nacht *Stolz*
Fraeulein Loreley *Lincke*
Frauen im Metropol *Schmidseder*
Glueckliche Reise *Künneke*
Goldene Meisterin *Eysler*
Graf von Luxemburg *Lehár*
Herr und Frau Denis *Offenbach*
Im Reiche des Indra *Lincke*
Kleines Hofkonzert *Nick*
Lachende Dreibund *Benatzky*
Land des Laechelns *Lehár*
Liebe im Dreiklang *Goetze*
Musikantenmaedel *Jarno*
Prinzessin Rosine *Lincke*
Prinzessin Titi-pa *Stolz*
Roulette der Liebe *Vetterling*
Saison in Salzburg *Raymond*
Schoen ist die Welt *Lehár*
Unsterbliche Lump *Eysler*
Vetter aus Dingsda *Künneke*
Wenn Liebe erwacht *Künneke*
Wo die Lerche singt *Lehár*
Zirkusprinzessin *Kálmán*

3 Instrumentalmusik und ihre Komponisten

(K: Kantate; Kl: Klavierwerk; KS: Klaviersonate; O: Oratorium; Ou: Ouvertüre; P: Passion; R: Rhapsodie; SD: Symphonische Dichtung; Se: Serenade; SK: Szenische Kantate; SO: Szenisches Oratorium; Su: Suite; Sy: Symphonie; SZ: Symphonischer Zyklus)

3
Uhr *Sy Haydn*

5
Donau *SD Strauß*
La mer *Debussy*
Sarka *SD Smetana*
Tabor *SD Smetana*

6
Bolero *Ravel*
Eroica *Sy Beethoven*
Moldau *SD Smetana*

7
Don Juan *SD Strauss*
La valse *Ravel*
Macbeth *SD Strauss*
Trionfi *SK Orff*

8
Vysehrad *SD Smetana*

9
Feuerwerk *SD Strawinsky*
Pastorale *Sy Beethoven*
Totentanz *SO Honegger*

10
Don Quixote *SD Strauss*
Humoresken *Kl Reger*
Le vin herbé *O Martin*
Oedipus rex *O Strawinsky*
Pathétique *KS Beethoven*
Pathéthique *Sy Tschaikowsky*
Schoepfung *O Haydn*

11
An die Freude *Sy Beethoven*
Heldenleben *SD Strauss*
I Pinni di Roma *SD Respighi*
Penthesilea *SD Wolf*
Wassermusik *SD Haydn*
Zaubertrank *O Martin*

12
Appassionata *KS Beethoven*
Jahreszeiten *O Haydn*
Unvollendete *Sy Schubert*

13
Boecklin Suite *Su Reger*
Carmina burana *SK Orff*
Karneval in Rom *Ou Berlioz*
Mein Vaterland *SZ Smetana*

14
Alpensymphonie *SD Strauss*
Catulli carmina *SK Orff*

15
Aus Holbergs Zeit *Su Grieg*
Aus der Neuen Welt *Sy Dvořák*
Johannespassion *P Bach*
Le Fontane di Roma *SD Respighi*
Oxfordsymphonie *Sy Haydn*
Prager Symphonie *Sy Mozart*
Waldsteinsonate *KS Beethoven*

16
Jupitersymphonie *Sy Mozart*
Matthaeuspassion *P Bach*
Mondscheinsonate *KS Beethoven*

Nussknackersuite *Su Tschaikowsky*
Till Eulenspiegel *SD Strauss*
Verklungene Feste *SD Strauß*

4 Ballette und ihre Komponisten

3
Job *Williams*

5
Pfeil *Walter*

6
Boléro *Ravel*
Hamlet *Blacher*
La Péri *Dukas*
Mammon *Křenek*
Marsia *Dallapicola*
Salade *Milhaud*
Sylvia *Delibes*

7
Abraxas *Egk*
Don Juan *Gluck*
La valse *Ravel*
Orpheus *Strawinsky*

8
Chiarina *Blacher*
Coppelia *Delibes*
Georgica *Egk*

9
Checkmate *Bliss*
Dreispitz *Falla*
Erste Ball *Blacher*
Herodiade *Hindemith*
Puppenfee *Bayer*
Quadrille *Blacher*
Semiramis *Honegger*

10
Feuervogel *Strawinsky*
Jac Pudding *Henze*
Kuss der Fee *Strawinsky*
Lysistrata *Blacher*
Ma mère l'Oye *Ravel*
Pas de cœur *Einem*
Petruschka *Strawinsky*
Pulcinella *Strawinsky*
Weisse Rose *Fortner*

11
Dill der Narr *Bresgen*
Harlekinade *Blacher*
Nussknacker *Tschaikowsky*
Schlagobers *Richard Strauss*
Schwanensee *Tschaikowsky*

12
Dornroeschen *Tschaikowsky*
Ein Sommertag *Egk*
Fest im Sueden *Blacher*
Liebeszauber *Falla*
Max und Moritz *Mohaupt*
Schéhérazade *Rimsky-Korssakow*
The Card Party *Strawinsky*

13
Romeo und Julia *Prokofieff*

14
Dafnis und Chloe *Spies*
Daphnis et Chloé *Ravel*
Joan von Zarissa *Egk*

Josephslegende *Richard Strauss*
Kirmes von Delft *Reutter*
Les petits riens *Mozart*
Paris und Helena *Gluck*
Rondo veneziano *Pizzetti*

15
Peter und der Wolf *Prokofieff*

Titus Feuerfuchs *Johann Strauß*

16
Polowetzer Taenze *Borodin*
Verklungene Feste *Richard Strauss*

5 Opern und ihre Textdichter

5
Kluge *Orff*

6
Juedin *Scribe*
Konsul *Menotti*
Louise *Charpentier*
Rienzi *Wagner*
Salome *Wilde*
Undine *Lortzing*
Voegel *Braunfels*

7
Bajazzo *Leoncavallo*
Bergsee *Bittner*
Don Juan *da Ponte*
Elektra *Hofmannsthal*
Macbeth *Piave*
Othello *Boito*
Prophet *Scribe*

8
Arabella *Hoffmannsthal*
Falstaff *Boito*
Parsifal *Wagner*
Walkuere *Wagner*

9
Lohengrin *Wagner*
Rheingold *Wagner*
Rigoletto *Piave*
Siegfried *Wagner*

10
Bernauerin *Orff*
Donna Diana *Reznicek*
Fra Diavolo *Scribe*
Fuerst Igor *Borodin*
Intermezzo *Strauss*
La Traviata *Piave*
Palestrina *Pfitzner*
Weisse Dame *Scribe*

11
Afrikanerin *Scribe*
Don Giovanni *da Ponte*
Don Pasquale *Donizetti*
Freischuetz *Kind*
Mefistofele *Boito*
Penthesilea *Schoeck*
Tannhaeuser *Wagner*
Wildschuetz *Lortzing*

12
Boris Godunow *Mussorgsky*
Cosi fan tutte *da Ponte*
Evangelimann *Kienzl*
Zauberfloete *Schikaneder*

13
Ein Maskenball *Piave*
Hoellisch Gold *Bittner*
Juerg Jenatsch *Kaminski*
Leben des Orest *Křenek*
Rosenkavalier *Hofmannsthal*
Waffenschmied *Lortzing*

14
Jonny spielt auf *Křenek*
Mathis der Maler *Hindemith*

15
Ariadne auf Naxos *Hofmannsthal*
Bettler Namenlos *Heger*
Glueckliche Hand *Schönberg*

16
Frau ohne Schatten *Hofmannsthal*
Simone Boccanegra *Piave*
Tristan und Isolde *Wagner*

6 Figuren aus Opern

2
Ma *Kreidekreis*

3
Ann *Rake's Progress*
Bob *Spuk im Schloß*
Els *Schatzgräber*
Eva *Meistersinger*
Liu *Turandot*
Max *Freischütz*
Max *Johnny spielt auf*
Pao *Kreidekreis*
Tom *Rake's Progress*

4
Albi *Schatzgräber*
Amor *Orpheus und Eurydike*
Anna *Intermezzo*
Baba *Rake's Progress*
Diaz *Maximilian*
Echo *Ariadne auf Naxos*
Elis *Schatzgräber*
Elsa *Lohengrin*
Erda *Rheingold*
Erik *Fliegende Holländer*
Gaea *Daphne*
Ilia *Idomeneo*
Ines *Afrikanerin*
Jago *Othello*
José *Carmen*
Kuno *Freischütz*
Laca *Jenufa*
Lisa *Pique Dame*
Loge *Rheingold*
Lola *Cavalleria rusticana*
Luna *Troubadour*
Mary *Fliegende Holländer*
Mime *Rheingold*
Mime *Siegfried*
Mimi *Boheme*
Nick *Rake's Progress*
Nuri *Tiefland*
Ochs *Rosenkavalier*
Olga *Eugen Onegin*
Omar *Abu Hassan*
Paul *Das war ich*
Posa *Don Carlos*
Puck *Oberon*
Veit *Dalibor*

5
Adahm *Ersten Menschen*
Admet *Alkestis*
Agnes *Arme Heinrich*

Alfio *Cavalleria rusticana*
Anita *Jonny spielt auf*
Ashby *Mädchen aus dem goldenen Westen*
Assad *Königin von Saba*
Barak *Frau ohne Schatten*
Bassi *Alessandro Stradella*
Canio *Bajazzo*
Cinna *Vestalin*
Colas *Bastien und Bastienne*
Creon *Oedipus Rex*
Danae *Liebe der Danae*
David *Meistersinger*
Diana *Donna Diana*
Diana *Jphigenie auf Tauris*
Eboli *Don Carlos*
Edgar *Vampir*
Elena *Sizilianische Vesper*
Faust *Dr. Johannes Faust*
Faust *Margarethe*
Faust *Mefistofele*
Freia *Rheingold*
Galba *Toten Augen*
Gemmy *Wilhelm Tell*
Georg *Spuk im Schloß*
Georg *Waffenschmied*
Gilda *Rigoletto*
Gomez *Nachtlager von Granada*
Gretl *Zaubergeige*
Hagen *Götterdämmerung*
Hafun *Djamileh*
Hilde *Arme Heinrich*
Hueon *Oberon*
Irene *Rienzi*
Jacob *Joseph in Ägypten*
Jonny *Jonny spielt auf*
Julia *Vestalin*
Julie *Dantons Tod*
Kajin *Ersten Menschen*
Kalaf *Turandot*
Kezal *Verkaufte Braut*
Kreon *Antigone*
Lotte *Werther*
Maria *Friedenstag*
Marie *Regimentstochter*
Marie *Waffenschmied*
Marie *Zar und Zimmermann*
Marke *Tristan und Isolde*
Melot *Tristan und Isolde*
Micha *Verkaufte Braut*
Midas *Liebe der Danae*
Nancy *Martha*
Nedda *Bajazzo*
Orest *Elektra*
Orest *Iphigenie auf Tauris*
Orest *Leben des Orest*
Oscar *Maskenball*
Osmin *Entführung aus dem Serail*
Ozias *Judith*
Paolo *Simone Boccanegra*
Pedro *Tiefland*
Peter *Das war ich*
Peter *Hänsel und Gretel*
Pimen *Boris Godunow*
Recha *Jüdin*
Rezia *Oberon*
Rocco *Fidelio*
Senta *Fliegende Holländer*
Silla *Palestrina*
Sofia *Halka*
Stewa *Jenufa*
Timur *Turandot*
Tonio *Bajazzo*
Tonio *Regimentstochter*
Venus *Tannhäuser*
Wotan *Rheingold*
Wotan *Walküre*
Xenia *Boris Godunow*
Zaide *König für einen Tag*

6

Adolar *Euryanthe*
Agathe *Freischütz*
Aithra *Ägyptische Helena*
Albert *Werther*
Altair *Ägyptische Helena*
Altoum *Turandot*
Alvaro *Macht des Schicksals*

Amelia *Maskenball*
Annius *Titus*
Apollo *Alceste*
Apollo *Daphne*
Ariane *Ariane und Blaubart*
Arnold *Wilhelm Tell*
Arrigo *Sizilianische Vesper*
Bagoas *Judith*
Banquo *Macbeth*
Bianca *Dr. Johannes Faust*
Cassio *Othello*
Chabel *Ersten Menschen*
Collin *Boheme*
Daland *Fliegende Holländer*
Dalila *Samson und Dalila*
Danton *Dantons Tod*
Diemut *Feuersnot*
Dryade *Ariadne auf Naxos*
Elinor *Spuk im Schloß*
Elvira *Don Giovanni*
Elvira *Stumme von Portici*
Emilia *Othello*
Fafner *Rheingold*
Fafner *Siegfried*
Fasold *Rheingold*
Fatime *Abu Hassan*
Fenton *Falstaff*
Fenton *Lustige Weiber von Windsor*
Feodor *Boris Godunow*
Figaro *Barbier von Sevilla*
Figaro *Figaros Hochzeit*
Fricka *Rheingold*
Fricka *Walküre*
Gretel *Dr. Johannes Faust*
Gretel *Hänsel und Gretel*
Helena *Ägyptische Helena*
Ighino *Palestrina*
Isolde *Tristan und Isolde*
Janthe *Vampyr*
Joseph *Joseph in Ägypten*
Judith *Herzog Blaubarts Burg*
Kaspar *Freischütz*
Kaspar *Zaubergeige*
Komtur *Don Giovanni*
Kundry *Parsifal*
Kunrad *Feuersnot*
Lenski *Eugen Onegin*
Louise *Louise*
Lyonel *Martha*
Marcel *Boheme*
Marthe *Das war ich*
Marthe *Mefistofele*
Matteo *Fra Diavolo*
Merkur *Liebe der Danae*
Milada *Dalibor*
Minnie *Mädchen aus dem goldenen Westen*
Najade *Ariadne auf Naxos*
Norina *Don Pasquale*
Ortrud *Lohengrin*
Pamela *Fra Diavolo*
Pamina *Zauberflöte*
Pietro *Gezeichneten*
Pogner *Meistersinger*
Pollux *Liebe der Danae*
Ramiro *Spanische Stunde*
Robert *Intermezzo*
Rosina *Barbier von Sevilla*
Samiel *Freischütz*
Samson *Samson und Dalila*
Sextus *Titus*
Siebel *Margarethe*
Simone *Simone Boccanegra*
Suzuki *Madame Butterfly*
Tamino *Zauberflöte*
Ulrica *Ein Maskenball*
Utobal *Joseph in Ägypten*
Wenzel *Verkaufte Braut*

7

Adelhof *Waffenschmied*
Admetos *Alceste*
Adriano *Rienzi*
Aeghist *Leben des Orest*
Aegisth *Elektra*
Alfonso *Stumme von Porticl*
Alviano *Gezeichneten*

Amandus *Zaubergeige*
Amneris *Aida*
Andulka *Spuk im Schloß*
Arminda *Gärtnerin aus Liebe*
Azucena *Troubadour*
Bacchus *Ariadne auf Naxos*
Baculus *Wildschütz*
Bartolo *Barbier von Sevilla*
Bartolo *Figaros Hochzeit*
Benesch *Dalibor*
Camille *Dantons Tod*
Chiwria *Jahrmarkt von Sarotschinzy*
Crespel *Hoffmanns Erzählungen*
Despina *Cosi fan tutte*
Eleazar *Jüdin*
Elektra *Leben des Orest*
Ernesto *Don Pasquale*
Euander *Alceste*
Faninal *Rosenkavalier*
Flamand *Capriccio*
Frieder *Christelflein*
Gennaro *Schmuck der Madonna*
Gessler *Wilhelm Tell*
Gunther *Götterdämmerung*
Gutrune *Götterdämmerung*
Gwitzko *Jahrmarkt von Sarotschinzy*
Haensel *Hänsel und Gretel*
Herodes *Salome*
Hidroat *Armida*
Hunding *Walküre*
Jocaste *Ödipus Rex*
Jupiter *Liebe der Danae*
Katinka *Verkaufte Braut*
Leonore *Alessandro Stradella*
Leonore *Fidelio*
Leonore *Macht des Schicksals*
Leonore *Troubadour*
Lindorf *Hoffmanns Erzählungen*
Lisetta *Heimliche Ehe*
Lysiart *Euryanthe*
Macduff *Macbeth*
Malcolm *Macbeth*
Malwina *Vampyr*
Manrico *Troubadour*
Masetto *Don Giovanni*
Menelas *Ägyptische Helena*
Micaela *Carmen*
Mirakel *Hoffmanns Erzählungen*
Mossoul *König für einen Tag*
Musette *Boheme*
Nanette *Wildschütz*
Nicolas *Höhle von Salamanca*
Niklaus *Hoffmanns Erzählungen*
Olivier *Capriccio*
Olympia *Hoffmanns Erzählungen*
Orovist *Norma*
Ottavio *Don Giovanni*
Paolino *Heimliche Ehe*
Peneios *Daphne*
Philipp *Don Darlos*
Pizarro *Fidelio*
Procida *Sizilianische Vesper*
Radames *Aida*
Rafaele *Schmuck der Madonna*
Ramphis *Aida*
Reponce *Höhle von Salamanca*
Rinaldo *Armida*
Romilda *Xerxes*
Rosaura *Schalkhafte Witwe*
Severus *Norma*
Susanne *Figaros Hochzeit*
Susanne *Susannes Geheimnis*
Tatjana *Eugen Onegin*
Titania *Oberon*
Titurel *Parsifal*
Tommaso *Tiefland*
Turiddu *Cavalleria rusticana*
Wolfram *Tannhäuser*
Ygraine *Ariane und Blaubart*
Zerline *Don Giovanni*
Zerline *Fra Diavolo*
Zobeide *Abu Hassan*

8

Achilles *Iphigenie in Aulis*
Alberich *Götterdämmerung*

Alberich *Rheingold*
Alberich *Siegfried*
Amastris *Xerxes*
Belmonte *Entführung aus dem Serail*
Blaubart *Ariane und Blaubart*
Carlotta *Gezeichneten*
Chapelou *Postillon von Lonjumeau*
Cherubin *Figaros Hochzeit*
Daniello *Jonny spielt auf*
Dietrich *Arme Heinrich*
Don Cesar *Donna Diana*
Don Diego *Afrikanerin*
Don Pedro *Afrikanerin*
Eurydice *Antigone*
Falstaff *Lustige Weiber von Windsor*
Ferrando *Cosi fan tutte*
Floretta *Donna Diana*
Gabriele *Nachtlager von Granada*
Geronimo *Heimliche Ehe*
Gretchen *Wildschütz*
Harlekin *Ariadne auf Naxos*
Heinrich *Arme Heinrich*
Herakles *Alceste*
Hermione *Ägyptische Helena*
Herodias *Salome*
Jeletzky *Pique Dame*
Klingsor *Parsifal*
Kookburn *Fra Diavolo*
Kurwenal *Tristan und Isolde*
Lauretta *Gianni Schicchi*
Leonarda *Höhle von Salamanca*
Liebenau *Waffenschmied*
Licinius *Vestalin*
Mandryka *Arabella*
Margiana *Barbier von Bagdad*
Marietta *Tote Stadt*
Mathilde *Wilhelm Tell*
Melchtal *Wilhelm Tell*
Mephisto *Margarethe*
Myrtocle *Toten Augen*
Nureddin *Barbier von Bagdad*
Oktavian *Rosenkavalier*
Papagena *Zauberflöte*
Papageno *Zauberflöte*
Parascha *Mavra*
Pedrillo *Entführung aus dem Serail*
Plumkett *Martha*
Ramerrez *Mädchen aus dem goldenen Westen*
Roeschen *Das war ich*
Rosalina *Der König*
Santuzza *Cavalleria rusticana*
Sarastro *Zauberflöte*
Serpetta *Gärtnerin aus Liebe*
Servilia *Titus*
Siegmund *Walküre*
Stolzing *Meistersinger von Nürnberg*
Sulamith *Königin von Saba*
Valentin *Margarethe*
Violanta *Gärtnerin aus Liebe*
Violetta *La Traviata*
Vitellia *Titus*
Wanderer *Siegfried*
Zephoris *König für einen Tag*

9

Agamemnon *Iphigenie in Aulis*
Agamemnon *Leben des Orest*
Angelotti *Tosca*
Blondchen *Entführung aus dem Serail*
Brangaene *Tristan und Isolde*
Christina *Höhle von Salamanca*
Christine *Intermezzo*
Coppelius *Hoffmanns Erzählungen*
Desdemona *Othello*
Dorabella *Cosi fan tutte*
Eglantine *Euryanthe*
Elisabeth *Don Carlos*
Elisabeth *Tannhäuser*
Escamillo *Carmen*
Florestan *Fidelio*
Frasquita *Carmen*
Giulietta *Hoffmanns Erzählungen*
Guglielmo *Cosi fan tutte*

Gurnemanz *Parsifal*
Hans Sachs *Meistersinger von Nürnberg*
Idamantes *Idomeneo*
Iphigenie *Iphigenie auf Tauris*
Iphigenie *Iphigenie in Aulis*
Iphigenie *Leben des Orest*
Jochanaan *Salome*
Konstanze *Entführung aus dem Serail*
Kontschak *Fürst Igor*
Kruschina *Verkaufte Braut*
Leporello *Don Giovanni*
Lerchenau *Rosenkavalier*
Leukippos *Daphne*
Linkerton *Madame Butterfly*
Malatesta *Don Pasquale*
Malliella *Schmuck der Madonna*
Martuccia *Gezeichneten*
Narraboth *Salome*
Ninabella *Zaubergeige*
Pancracio *Höhle von Salamanca*
Selysette *Ariane und Blaubart*
Sharpless *Madame Butterfly*
Siegfried *Götterdämmerung*
Sieglinde *Walküre*
Spielmann *Königskinder*
Stadinger *Waffenschmied*
Telramund *Lohengrin*
Trautchen *Christelflein*
Wiedehopf *Vögel*
Wladislaw *Dalibor*

10

Beckmesser *Meistersinger von Nürnberg*
Christkind *Christelflein*
Cochenille *Hoffmanns Erzählungen*
Colombello *Der König*
Concepción *Spanische Stunde*
Dapertutto *Hoffmanns Erzählungen*
Fiordiligi *Cosi fan tutte*
Gaensemagd *Königskinder*
Guldensack *Zaubergeige*
Holofernes *Judith*
Jaroslawna *Fürst Igor*
Kuehleborn *Undine*
Margarethe *Mefistofele*
Masaniello *Stumme von Portici*
Minneleide *Rosa vom Liebesgarten*
Monostatos *Zauberflöte*
Prometheus *Vögel*
Sebastiano *Tiefland*
Spalanzani *Hoffmanns Erzählungen*
Splendiano *Djamileh*
Truffaldin *Ariadne auf Naxos*
Tuerkenbab *Rake's Progress*
Zerbinetta *Ariadne auf Naxos*

11

Bruennhilde *Götterdämmerung*
Bruennhilde *Siegfried*
Bruennhilde *Walküre*
Cavaradossi *Tosca*
Robespierre *Dantons Tod*
Scaramuccio *Ariadne auf Naxos*
Sparafucile *Rigoletto*
Tannengreis *Christelflein*

12

Chrysothemis *Elektra*

13

Klytaemnestra *Elektra*
Klytaemnestra *Iphigenie in Aulis*
Kontschakowna *Fürst Igor*
Pitichinaccio *Hoffmanns Erzählungen*

7 Figuren aus Operetten

2
Mi *Land des Lächelns*

3
Eva *Dorf ohne Glocke*
Ida *Fledermaus*
Jan *Bettelstudent*
Jan *Hofball in Schönbrunn*

4
Adam *Vogelhändler*
Anna *Liebe Augustin*
Bill *Fürstenkind*
Bolo *Polenblut*
Boni *Csárdásfürstin*
Dodo *Hochzeitsnacht im Paradies*
Dodo *Lustige Witwe*
Feri *Cagliostro in Wien*
Hans *Schwarzwaldmädel*
Iwan *Zarewitsch*
Koko *Mikado*
Laya *Blume von Hawaii*
Lenz *Friederike*
Lisa *Gräfin Mariza*
Lisa *Land des Lächelns*
Lisa *Lisa, benimm dich*
Lisi *Hoheit tanzt Walzer*
Lola *Bruder Straubinger*
Lolo *Lustige Witwe*
Lona *Glückliche Reise*
Mars *Frau Luna*
Mimi *Landstreicher*
Nené *Sissy*
Niki *Ein Walzertraum*
Pepi *Wiener Blut*
Raka *Blume von Hawaii*
René *Graf von Luxemburg*
René *Keusche Susanne*
René *Madame Pompadour*
Resi *Dorf ohne Glocke*
Vera *Monika*

5
Adele *Fledermaus*
Alice *Dollarprinzessin*
Anita *Abschiedswalzer*
Bella *Lisa, benimm dich*
Bille *Vielgeliebte*
Bobby *Geliebte Manuela*
Carla *Manina*
Cilka *Bozena*
Dolly *Frasquita*
Dolly *Lachende Ehemann*
Dolly *Orlow*
Edwin *Csárdásfürstin*
Elisa *Paganini*
Falke *Fledermaus*
Fanny *Straußbuben*
Frank *Fledermaus*
Ferry *Abschiedswalzer*
Girot *Frasquita*
Grisi *Dreimäderlhaus*
Guido *Nacht in Venedig*
Hanni *Frühlingsluft*
Hella *Manina*
Henri *Opernball*
Horst *Fidele Bauer*
Ilona *Zigeunerliebe*
Imari *Geisha*
Jolán *Zigeunerliebe*
Jolly *Orlow*
Jonel *Zigeunerliebe*
Josef *Wiener Blut*
Joszi *Zigeunerliebe*
Julia *Vetter aus Dingsda*
Karel *Bozena*
Laczi *Abschiedswalzer*
Laura *Bettelstudent*
Liese *Verlobung unter der Laterne*
Lotte *Balkanliebe*
Lotte *Drei alte Schachteln*
Manja *Fatinizza*
Marie *Frau Luna*

Minna *Tänzerin Fanny Elßler*
Mirzl *Verwunschenes Schloß*
Molly *Geisha*
Mucki *Landstreicher*
Nadja *Orlow*
Nelly *Obersteiger*
Ninon *Nanon*
Oculi *Bruder Straubinger*
Paris *Schöne Helena*
Peter *Dorf ohne Glocke*
Peter *Lisa, benimm dich*
Pluto *Orpheus in der Unterwelt*
Ronni *Manina*
Rosel *Monika*
Saffi *Zigeunerbaron*
Sepio *Geliebte Manuela*
Seppl *Maske in Blau*
Sofie *Dorf ohne Glocke*
Sonja *Zarewitsch*
Symon *Bettelstudent*
Venus *Frau Luna*
Wanda *Polenblut*
Zlata *Balkanliebe*

6
Alfred *Fledermaus*
Angèle *Graf von Luxemburg*
Angèle *Opernball*
Annina *Nacht in Venedig*
Armand *Frasquita*
Arsena *Zigeunerbaron*
Czipra *Zigeunerbaron*
Danilo *Lustige Witwe*
Emilie *Frühlingsluft*
Fedora *Zirkusprinzessin*
Franzi *Walzertraum*
Franzi *Wiener Blut*
Frosch *Fledermaus*
Gloria *Hopsa*
Goethe *Friederike*
Hederl *Dreimäderlhaus*
Helena *Polenblut*
Helena *Schöne Helena*
Helene *Liebe Augustin*
Hubert *Keusche Susanne*
Ilonka *Abschiedswalzer*
Jancsi *Victoria und ihr Husar*
Jeanne *Dubarry*
Kagler *Wiener Blut*
Koltay *Victoria und ihr Husar*
Margot *Dubarry*
Martin *Obersteiger*
Mascha *Zarewitsch*
Michel *Verlobung unter der Laterne*
Monika *Glückliche Reise*
Nicolo *Liebe Augustin*
Njegus *Lustige Witwe*
Octave *Eva*
Peperl *Hoheit tanzt Walzer*
Pietro *Boccaccio*
Pueblo *Don Cesar*
Regine *Hochzeitsnacht im Paradies*
Stefan *Fidele Bauer*
Steffi *Dorf ohne Glocke*
Stella *Frau Luna*
Thussy *Abschiedswalzer*
Ursula *Drei alte Schachteln*
Zorika *Zigeunerliebe*
Zsupán *Gräfin Mariza*
Zsupán *Zigeunerbaron*

7
Andredl *Verwunschene Schloß*
Armando *Maske in Blau*
Auguste *Drei alte Schachteln*
Balduin *Wiener Blut*
Belotte *Madame Pompadour*
Bogumil *Liebe Augustin*
Brissac *Dubarry*
Coralie *Verwunschene Schloß*
Christl *Vogelhändler*
Dominik *Tänzerin Fanny Elßler*
Dorette *Hofball in Schönbrunn*
Erminio *Gasparone*
Fairfax *Geisha*
Ganymed *Schöne Galathee*
Gonzala *Maske in Blau*

Haiderl *Dreimäderlhaus*
Hannele *Schwarzwaldmädel*
Hannerl *Dreimäderlhaus*
Heloïse *Lachende Ehemann*
Josepha *Im weißen Rößl*
Julicka *Maske in Blau*
Jupiter *Orpheus in der Unterwelt*
Leopold *Im weißen Rößl*
Manuela *Geliebte Manuela*
Mariele *Monika*
Metella *Pariser Leben*
Orpheus *Orpheus in der Unterwelt*
Ottilie *Im weißen Rößl*
Ottokar *Zigeunerbaron*
Palmyra *Opernball*
Photini *Fürstenkind*
Richard *Schwarzwaldmädel*
Salomea *Friederike*
Schober *Dreimäderlhaus*
Schmied *Dreimäderlhaus*
Siedler *Im weißen Rößl*
Steppke *Frau Luna*
Tassilo *Gräfin Mariza*
Tschang *Land des Lächelns*
Vinzenz *Fidele Bauer*
Ypsheim *Wiener Blut*

8

Annamirl *Fidele Bauer*
Augustin *Liebe Augustin*
Bartucci *Paganini*
Cagliari *Wiener Blut*
Carlotta *Gasparone*
Chiquita *Gliebte Manuela*
Dagobert *Eva*
Delacqua *Nacht in Venedig*
Eurydike *Orpheus in der Unterwelt*
Fiametta *Boccaccio*
Fiorella *Banditen*
Galathee *Schöne Galathee*
Gabriele *Wiener Blut*
Giesecke *Im weißen Rößl*
Hannchen *Vetter aus Dingsda*
Heinerle *Fidele Bauer*
Hippolyt *Frasquita*
Hortense *Opernball*
Juliette *Graf von Luxemburg*
Koudjela *Bozena*
Marietta *Ihr erster Walzer*
Maritana *Con Cesar*
Menelaus *Schöne Helena*
Montschi *Walzertraum*
Mourzouk *Giroflé-Girofla*
Orlofsky *Fledermaus*
Pannecke *Frau Luna*
Pusebach *Frau Luna*
Rosillon *Lustige Witwe*
Schnucki *Cagliostro*
Schubert *Dreimäderlhaus*
Sindulfo *Gasparone*
Theophil *Frau Luna*
Veronika *Hochzeitsnacht im Paradies*

9

Apollonia *Frühlingsluft*
Ciboletta *Nacht in Venedig*
Drechsler *Brüderlein fein*
Elisabeth *Schön ist die Welt*
Klaerchen *Im weißen Rößl*
Liduschka *Bozena*
Marasquin *Giroflé-Girofla*
Margarete *Goldene Meisterin*
Ollendorf *Bettelstudent*
Palmatica *Bettelstudent*
Pappacoda *Nacht in Venedig*
Pygmalion *Schöne Galathee*
Rosalinde *Fledermaus*
Sigismund *Im weißen Rößl*

10

Clementine *Ihr erster Walzer*
Eisenstein *Fledermaus*
Falsacanpa *Banditen*
Fragoletto *Banditen*
Friederike *Fidele Bauer*
Friederike *Friederike*
Hinzelmann *Im weißen Rößl*

Jacqueline *Keusche Susanne*
Knickebein *Frühlingsluft*
Lindoberer *Fidele Bauer*
Marguerite *Opernball*
Petronella *Boccaccio*

11
Jasomirgott *Liebe Augustin*
Schmussheim *Schwarzwaldmädel*

Valencienne *Lustige Witwe*

12
Fliederbusch *Landstreicher*
Kuppelwieser *Dreimäderlhaus*
Laemmermeier *Frau Luna*
Lambertuccio *Boccaccio*
Serenissimus *Kleine Hofkonzert*

8 Tempobezeichnungen

4
vivo *lebhaft*

5
animo *lebhaft*
forte *stark*
grave *feierlich*
largo *langsam, breit*
lento *langsam*
mosso *bewegt*

6
adagio *langsam*
agiato *gemächlich*
focoso *feurig*
legato *gebunden*
presto *schnell*
sereno *heiter*
vivace *lebhaft*

7
agitato *bewegt*
allegro *munter, lebhaft*
amabile *lieblich*
andante *schreitend*
animato *beseelt*
con brio *mit Feuer*
furioso *wild, stürmisch*
serioso *ernsthaft*

8
burlesco *scherzend*
forzando *scharf betont*
grazioso *anmutig*
leggiero *leicht, ungezwungen*
maestoso *majestätisch*
moderato *gemäßigt*
ostinato *beharrlich*
patetico *leidenschaftlich*
ritenuto *zurückhaltend*

9
crescendo *an Stärke zunehmend*
sensibile *gefühlvoll*
sostenuto *gehalten, getragen*

10
acciaccato *ungestüm*
allegretto *munter*
diminuendo *abnehmend*
fieramente *stolz*
fortissimo *sehr stark*
largamente *breit*
perdendosi *abnehmend*
rinforzato *verstärkt*
ritardando *zurückhaltend*
scherzando *scherzend*
sospirando *seufzend*
stringendo *eilend*

tranquillo *ruhig*
tumultuoso *stürmisch*

prestissimo *sehr schnell*
vivacissimo *sehr lebhaft*

11
accelerando *vorwärtsdrängend*
decrescendo *abnehmend*

12
appassionato *leidenschaftlich*

9 Musiknoten

a deutsche

2	be	3	ces	des	eis	fis	gis
as	es	ais	cis	dis	fes	ges	his

b italienische

2	fa	mi	si	3
do	la	re		sol

10 Intervalle

4		5		6		7
None	Sext	Quart	Sexte	Dezime	Quarte	Sekunde
Prim(e)	Terz	Quint		Oktave	Quinte	Septime

11 Verschiedene Begriffe

3
Alt *tiefe Frauenstimme*
Duo *Stück für zwei Stimmen*
Dur *Tonart*

4
Arie *Einzelgesangsstück*
Bass *tiefe Männerstimme*
Chor *Gesang vieler Stimmen*
Fuge *mehrstimmiges Tonstück*
Jazz *Art der Tanzmusik*
Moll *Tonart*
Oper *Musikdrama*
Solo *Stück für eine Stimme*
Trio *Stück für drei Stimmen*

5

Blues *melancholisches Lied*
Buffo *männliche Stimmlage*
Duett *Stück für zwei Stimmen*
Duole *Notenfigur*
Figur *Gruppe von Noten*
Kreuz *Vorzeichen*
Motiv *Thema*
Psalm *Kirchengesang*
Punkt *Verlängerungszeichen*
Piece *Einzelstück*
Suite *Folge von Einzelstücken*
Tempo *Zeitmaß*
Tenor *hohe Männerstimme*
Thema *Grundgedanke der Komposition*
Tutti *alle Stimmen*

6

Akkord *Zusammenklang*
Arioso *Gesangsstückart*
Choral *geistlicher Gesang*
da capo *noch einmal*
Etuede *Übungsstück*
Finale *Schlußstück*
jodeln *Singart*
Marcia *ital. Marsch*
Oktett *Stück für acht Stimmen*
Sonate *Instrumentalstück*
Sopran *hohe Frauenstimme*
Tirade *Zierkoloratur*
Triole *Gruppe von drei Noten*
Zaesur *Einschnitt*

7

Bariton *mittlere Männerstimme*
Chanson *Lied*
Couplet *kleines Lied*
en suite *ununterbrochen*
Falsett *Kopfstimme*
Fermate *Verlängerungszeichen*
Intrade *Vorspiel*
Kantate *Vokalwerk*
Konzert *Solostück für ein Instrument und Orchester*
Melodie *sangbare Tonfolge*
Monodie *einstimmiger Gesang*
Motette *kirchlicher Gesang*
Passage *schnelle Tonfolge*
Requiem *Totenmesse*
Scherzo *Tonstück*
Terzett *Stück für drei Stimmen*
Tokkata *improvisiertes Tonstück*
Triller *Verzierung*

8

Burleske *humoristisches Tonstück*
Harmonie *Zusammenklang*
Kavatine *Form der Arie*
Madrigal *Chorlied ohne Instrumente*
Madrigal *kleines Hirtenlied*
Nocturno *Serenade, Nachtmusik*
Notturno *Serenade, Nachtmusik*
Operette *heitere kleine Oper*
Quartett *Stück für vier Stimmen*
Quintett *Stück für fünf Stimmen*
Zeitmass *Tempo*

9

a cappella *ohne Instrumentalbegleitung*
Antiphona *kirchlicher Wechselgesang*
Barcarole *Schifferlied*
Dissonanz *Mißklang*
Impromptu *Musikstück*
Intervall *Abstand zwischen zwei Tönen*
Kantilene *Gesangsmelodie*
Koloratur *Ziergesang*
Oratorium *Chorwerk für Solo, Chor und Orchester*
Phantasie *Tonstück in freier Form*
Potpourri *Tonstück aus verschiedenen Melodien*

Ritornell *kleines Volkslied*
Ritornell *Vor-, Zwischen- oder Nachspiel*
Solfeggio *Gesangsübung*
Tonleiter *Folge der Töne innerhalb der Oktave*
Variation *Veränderung eines Themas*

10
Intermezzo *Zwischenspiel*
Ouvertuere *Vorspiel*
Paraphrase *Umschreibung*
Vokalmusik *Musik für Gesangsstimmen*

11
Chansonette *kleines Lied*
Disharmonie *Mißklang*
Mezzosopran *mittlere Frauenstimme*

12
Divertimento *suitenartiges Tonstück*
Introduktion *Vorspiel*
Responsorium *kirchlicher Wechselgesang*

12 Musikinstrumente

a Blasinstrumente

4
Horn
Oboe
Tuba

6
Fagott
Floete
Piston
Pikkolo
Posaune
Pommer

7
Baryton
Helikon
Kornett
Okarina

8
Saxophon
Trompete
Waldhorn

9
Bombardon
Dudelsack

10
Buegelhorn
Klarinette
Querpfeife
Signalhorn

11
Blockfloete
Fluegelhorn

12
Englischhorn
Pickelfloete

13
Pikkolofloete

b Schlaginstrumente

4
Gong

5
Pauke

6
Becken
Cymbal
Zimbel

7
Trommel

8
Triangel
Xylophon

9
Hackbrett
Vibraphon

12
Glockenspiel
Ruehrtrommel

13
Grosse Trommel

c Streichinstrumente

5
Geige
Viola
Gambe

7
Violine

8
Bratsche

9
Bassgeige

11
Violoncello

d Tasteninstrumente

5
Orgel

7
Aeoline
Celesta
Cembalo
Fluegel
Klavier
Orphika
Pianino
Spinett

9
Akkordeon
Harmonium

10
Aeolodikon
Pianoforte

e Zupfinstrumente

3
Saz

5
Banjo
Harfe
Laute

6
Cister
Zither

7
Gitarre

9
Balalaika
Mandoline
Tamburica

10
Bergzither

f Andere Musikinstrumente

4

Lure *Blasinstrument der Bronzezeit*
Lyra *altes Saiteninstrument*

5

Fidel *Vorläufer der Geige*
Gigue *alter Name der Geige*
Leier *altes Saiteninstrument*
Regal *kleine tragbare Orgel*
Rotta *römisches Saiteninstrument*

6

Bardon *gambenähnliches Instrument*
Bissex *Gitarrenart*
Cymbal *Vorläufer des Klaviers*
Fiedel *Vorläufer der Geige*
Guiros *Rumbainstrument*
Maraca *Rumbainstrument*
Ranket *altes Blasinstrument*
Tiorbe *Baßlaute*
Vielle *Bauernleier*

7

Alphorn *primitives Blasinstrument*
Bandora *zitherähnliches Instrument*
Baryton *gambenähnliches Instrument*
Bomhart *altes Blasinstrument*
Bommert *altes Blasinstrument*
Chrotta *altes Streichinstrument*
Clarino *hohe Trompete*
Hemiope *kleine Pfeife*
Mandola *ältere Lautenform*
Mandora *ältere Lautenform*
Olifant *Rolandshorn*
Racket *altes Blasinstrument*
Ratsche *Geräuschinstrument*
Serpent *altes Blasinstrument*
Systrum *altes Rasselinstrument*
Theorbe *alte Baßlaute*
Ukulele *Gitarrenart*

8

Galoubet *Einhandflöte*
Hifthorn *Jagdhorn*
Pritsche *Geräuschinstrument*
Schalmei *Schäferpfeife*
Tamburin *Handtrommel*
Tympanon *beckenförmige Pauke*

9

Pifferino *Querpfeifchen*

10

Aeolsharfe *Windharfe*
Arpeggione *gambenähnl. Instrument*
Chitarrone *lautenähnl. Instrument*
Flageolett *Schnabelflöte*
Heckelphon *Oboenart*
Psalterion *altes Saiteninstrument*
Sackpfeife *Dudelsack*
Trumscheit *altes Streichinstrument*

11

Decachordon *alte Gitarre*
Maultrommel *primitives Instrument*
Rundschelle *Rasselinstrument*

12

Kastagnetten *Klapperinstrument*

g Instrumente fremder Völker

(ar: arabisch; ä: ägyptisch; bu: bulgarisch; c: chinesisch; e: englisch; f: französisch; fi: finnisch; hbr: hebräisch; i: italienisch; ind: indisch; jap: japanisch; jü: jüdisch; ps: persisch; r: russisch; rö: römisch; sd: sardinisch; sla: slawisch; sp: spanisch; tü: türkisch; entsprechend die Zusammensetzungen mit alt-)

2
Yo *c Flöte*

3
Kin *c Zither*
Kou *c Riesentrommel*
Nei *ps Rohrflöte*
Nel *tü Rohrflöte*

4
King *c Schlaginstrument*
Koto *jap Zither*
Yong *ind beckenähnliches Instrument*

5
Aulos *altgr Blasinstrument*
Bieva *jap lautenähnliches Instrument*
Bugle *e Signalhorn*
Corno *i Horn*
Gudok *r Bauerngeige*
Gusla *sla Birnengeige*
Gusli *r Zitherart*
Kawal *osteuropäische Hirtenflöte*
Keman *tü Geige*
Nabat *altr Trommel*
Nabla *altä Lautenart*
Pambe *Hindutrommel*
Rilch *r Bauernleier*
Zurna *tü Schalmei*
Zamir *tü Schalmei*

6
Basson *f Fagott*
Kabaro *ä Trommel*
Kerena *ind Trompete*
Kinner *altjü Lyra*
Kissar *ar Gitarre*
Nablum *hbr Saiteninstrument*
Nafiri *ind Trompete*
Pektis *hbr Saiteninstrument*
Rabani *Inderhandtrommel*
Ragoke *r Horn*
Rappel *ä Handpauke*
Santir *ar Hackbrettart*
Santir *tü Hackbrettart*
Santur *ar Hackbrettart*
Santur *tü Hackbrettart*
Sewuri *orientalische Zither*
Tabmur *ar/ps lautenart. Instrument*
Tamtam *ind Gong*
Tanbur *ar/ps lautenart. Instrument*
Zurnay *tü Schalmeiart*

7
Bagpipe *e Dudelsack*
Bandola *i Lautenart*
Buccina *altrö Tuba*
Clairon *f Signalhorn*
Kandele *fi Harfe*
Kantele *fi Leier*
Machete *Gitarre auf Madeira*
Megadis *altgr Harfe*
Marimba *Xylophonart in Guatemala*
Marymba *Xylophonart in Guatemala*
Matalan *ind Bajaderenflöte*
Musette *f Sackpfeife*
Photinx *altä Blasinstrument*

Rabanna *Inderhandtrommel*
Salpinx *altgr Trompete*
Samisen *jap Gitarre*
Schofar *althbr Blasinstrument*
Serinda *Geige der Hindus*
Tamburá *i Pauke*
Zambomba *sp trommelähnliches Instrument*
Zuggarah *ar Sackpfeife*

8
Carillon *f Glockenspiel*
Hornpipe *e Hornpfeife*
Launedda *sd Doppelflöte*
Lionedda *sd Doppelflöte*
Phorminx *gr Saiteninstrument*
Pochette *f Taschengeige*
Saatarah *ind Laute*

9
Chalumeau *f Schalmei*
Cornamusa *i Dudelsack*
Ginglarus *kleine ä Flöte*
Krontjong *malaiische Gitarre*
Serinette *kleine f Drehorgel*

Theater

1 Theaterstücke und ihre Verfasser

(D: Drama; DD: dramat. Dichtung; DG: dramat. Gedicht; FS: Festspiel; K: Komödie; L: Lustspiel; LE: Legende; M: Märchen; MK: Märchenkomödie; MY: Mysterium; P: Posse; S: Schauspiel; SH: Schwank; SP: Spiel; ST: Stück; TK: Tragikomödie; TÖ: Tragödie; TR: Trauerspiel; V: Volksstück)

2
Es *D Schönherr*

3
Cid *TR Corneille*
Gas *S Kaiser*

4
Aias *TR Sophokles*
Ehre *D Sudermann*
Elga *D Hauptmann*
Erde *K Schönherr*
Lulu *S Wedekind*
Nina *K Frank*
Nora *S Ibsen*
Turm *TR Hofmannsthal*
Wald *K Ostrowskij*

5
Armut *S Hamsun*
César *K Pagnol*
Fanny *K Pagnol*
Faust *TR Hofmannsthal*
Graue *S Forster*
Medea *Anouilh*
Medea *TÖ Corneille*
Medea *Euripides*
Medea *TR Grillparzer*
Moral *K Thoma*
Moewe *K Tschechow*
Strom *S Halbe*
Sturm *S Shakespeare*
Vater *TR Strindberg*
Weber *S Hauptmann*

6
Egmont *TR Goethe*
Esther *D Racine*
Freier *L Eichendorff*
Hamlet *TR Shakespeare*
Heimat *D Sudermann*
Judith *S Giraudoux*
Judith *TÖ Hebbel*
Jugend *D Halbe*
Liliom *LE Molnár*
Marius *K Pagnol*
Ostern *S Strindberg*
Ratten *TK Hauptmann*
Sappho *TR Grillparzer*
Stella *S Goethe*
Voegel *Aristophanes*
Wolken *K Aristophanes*

7
Ahnfrau *D Grillparzer*
Candida *S Shaw*
Clavigo *TR Goethe*
Colombe *K Anouilh*
Elektra *ST Giraudoux*
Elektra *D Hauptmann*
Elektra *TR Sophokles*
Fliegen *D Sartre*

Geizige *K Molière*
Konzert *L Bahr*
Libussa *DD Grillparzer*
Luegner *K Goldoni*
Macbeth *TR Shakespeare*
Orestie *D Aischylos*
Othello *TR Shakespeare*
Patriot *D Neumann*
Phaedra *TR Racine*
Prozess *D Kafka*
Raeuber *S Schiller*
Revisor *K Gogol*
Schloss *Kafka*
Volpone *K Jonson*
Woyzeck *D Büchner*

8
Alkestis *Euripides*
Antigone *TÖ Anouilh*
Antigone *TÖ Sophokles*
Berenice *DG Racine*
Erdgeist *TÖ Wedekind*
Eurydike *S Anouilh*
Froesche *K Aristophanes*
Gewitter *D Ostrowskij*
Hannibal *TÖ Grabbe*
Ingeborg *K Goetz*
Liebelei *S Schnitzler*
Mary Rose *S Barrie*
Peer Gynt *DG Ibsen*
Peter Pan *M Barrie*
Talisman *P Nestroy*
Tartuffe *M Gozzi*
Turandot *M Gozzi*
Wildente *S Ibsen*

9
Biberpelz *K Hauptmann*
Cyprienne *L Sardou*
Don Carlos *DG Schiller*
Jedermann *SP Hofmannsthal*
Mord im Dom *D Eliot*
Pygmalion *D Eliot*
Pygmalion *K Shaw*
Rauhnacht *S Billinger*
Rose Bernd *S Hauptmann*
Sakuntala *S Kalidasa*

10
Abendroete *S Hamsun*
Amphitryon *L Kleist*
Amphitryon *L Molière*
Andromache *Euripides*
Argonauten *TR Grillparzer*
Coriolanus *TR Shakespeare*
Dame Kobold *K Calderon*
Dantons Tod *D Büchner*
Gastfreund *TR Grillparzer*
Gespenster *D Ibsen*
Glas Wasser *L Scribe*
Hippolytos *TÖ Euripides*
Hofmeister *K Lenz*
Kaffeehaus *K Goldoni*
Kater Lampe *K Rosenow*
Koenig Lear *TR Shakespeare*
Lysistrata *K Aristophanes*
Misanthrop *K Molière*
Monna Vanna *S Maeterlinck*
Nibelungen *TR Hebbel*
Schwierige *L Hofmannsthal*
Troerinnen *TÖ Euripides*
Zerrissene *P Nestroy*

11
Familientag *S Eliot*
Geschwister *S Goethe*
Hedda Gabler *S Ibsen*
Kreidekreis *D Guenther*
Maria Stuart *TR Schiller*
Mirandolina *K Goldoni*
Penthesilea *TR Kleist*
Piccolomini *DG Schiller*
Vierte Gebot *V Anzengruber*
Wallenstein *DG Schiller*
Was ihr wollt *K Shakespeare*
Weibsteufel *D Schönherr*
Wilhelm Tell *S Schiller*

12

Apostelspiel *SP Mell*
Arme Heinrich *D Hauptmann*
Bluthochzeit *TÖ Lorca*
Ein toller Tag *K Beaumarchais*
Erstgeborene *S Fry*
Florian Geyer *TR Hauptmann*
George Dandin *K Molière*
G'wissenswurm *K Anzengruber*
Goldene Vlies *FS Corneille*
Goldene Vlies *D Grillparzer*
Journalisten *L Freytag*
Julius Caesar *TR Shakespeare*
Kameliendame *S Dumas*
Kirschgarten *K Tschechow*
Koenig Nicolo *K Wedekind*
Major Barbara *S Shaw*
Mass fuer Mass *K Shakespeare*
Meineidbauer *V Anzengruber*
Nach Damaskus *DD Strindberg*
Seidene Schuh *D Claudel*
Stille Gaeste *K Billinger*
Tor und der Tod *D Hoffmanns-thal*
Venus im Licht *SP Fry*
Verschwender *M Raimund*

13

Agnes Bernauer *TR Hebbel*
Aschenbroedel *M Grabbe*
Cocktail Party *K Eliot*
Ein Volksfeind *S Ibsen*
Emilia Galotti *TR Lessing*
Glasmenagerie *SP Williams*
Heiratsantrag *SH Tschechow*
Jeppe vom Berge *K Holberg*
Hexe von Passau *S Billinger*
Johannisnacht *K Barrie*
Johannisnacht *MK Ibsen*
Katharina Knie *D Zuckmayer*
Koenig Oedipus *TR Sophokles*
Koenig Richard *TR Shakespeare*
Leben ein Traum *S Calderon*
Leonce und Lena *L Büchner*
Michael Kramer *D Hauptmann*
Romeo und Julia *TR Shakespeare*
Schluck und Jau *SP Hauptmann*
Torquato Tasso *S Goethe*
Traum ein Leben *M Grillparzer*
Ueber die Kraft *S Björnson*
Und Pippa tanzt *M Hauptmann*

14

Begnadete Angst *S Bernanos*
Drei Schwestern *D Tschechow*
Heilige Johanna *Shaw*
Kabale und Liebe *TR Schiller*
Kaelberbrueten *Sachs*
Maria Magdalena *TR Hebbel*
Nathan der Weise *DG Lessing*
Schinderhannes *S Zuckmayer*
Teufels General *D Zuckmayer*
Tod im Apfelbaum *M Osborn*
Unbestechliche *L Hoffmannsthal*
Weh dem, der luegt *L Grillparzer*
Wintermaerchen *S Shakespeare*

15

Barbara Blomberg *K Zuckmayer*
Boot ohne Fischer *S Casano*
Don Juan und Faust *TÖ Grabbe*
Ein idealer Gatte *S Wilde*
Gelehrte Frauen *K Molière*
Juedin von Toledo *TR Gillparzer*
Kollege Crampton *K Hauptmann*
Lebende Leichnam *D Tolstoi*
Miss Sara Sampson *TR Lessing*
Prinz von Homburg *D Kleist*
Schelm von Bergen *S Zuckmayer*
Standhafte Prinz *S Calderon*
Vom Teufel geholt *TK Hamsun*
Wallensteins Tod *DG Schiller*
Woelfe und Schafe *K Ostrowskij*
Zerbrochene Krug *L Kleist*

16

Arzt am Scheideweg *K Shaw*
Cyrano de Bergerac *K Rostand*

Fuhrmann Henschel *S Hauptmann*
Iphigenie in Aulis *TÖ Euripides*
Iphigenie in Aulis *D Hauptmann*
Kaiser von Amerika *K Shaw*
Kreuzelschreiber *K Anzengruber*
Minna von Barnhelm *L Lessing*
Ritter vom Mirakel *K Lope de Vega*
Sodom und Gomorrha *S Giraudoux*

2 Figuren aus Theaterstücken

3
Amy *Familientag*
Eve *Zerbrochene Krug*
Ida *Journalisten*
Max *Räuber*
Ute *Nibelungen*
Tod *Jedermann*
Posa *Don Carlos*
Puck *Sommernachtstraum*
Rank *Nora*
Seni *Wallenstein*
Sepp *Pfarrer von Kirchfeld*
Toni *Meineidbauer*
Wurm *Kabale und Liebe*

4
Aase *Peer Gynt*
Adam *Zerbrochene Krug*
Alba *Don Carlos*
Alba *Egmont*
Anna *Pfarrer von Kirchfeld*
Bela *König Ottokars Glück und Ende*
Dorn *Alpenkönig und Menschenfeind*
Egle *Laune des Verliebten*
Emma *Talismann*
Hell *Pfarrer von Kirchfeld*
Hero *Meeres und der Liebe Wellen*
Hero *Viel Lärm um nichts*
Illo *Wallenstein*
Jago *Othello*
Juan *Richter von Zalamea*
Just *Minna von Barnhelm*
Karl *Bauer als Millionär*
Karl *Maria Magdalena*
Karl *Räuber*
Karp *Wald*
Leim *Lumpazivagabundus*

5
Aline *Baumeister Solneß*
Amine *Laune des Verliebten*
Argan *Eingebildete Kranke*
Ariel *Sturm*
Arkas *Iphigenie auf Tauris*
Barak *Turandot*
Berta *Vater*
Berta *Verschwörung des Fiesco zu Genua*
Celia *Cocktailparty*
Celia *Wie es euch gefällt*
Damis *Tartuffe*
Diana *Ende gut, alles gut*
Eboli *Don Carlos*
Edgar *König Lear*
Elise *Geizige*
Ernst *Agnes Bernauer*
Etzel *Nibelungen (Kriemhilds Rache)*
Faust *Don Juan und Faust*
Flamm *Rose Bernd*
Frank *Frau Warrens Gewerbe*
Franz *Räuber*

Goetz *Götz von Berlichingen*
Gyges *Gyges und sein Ring*
Hagen *Nibelungen*
Hanne *Fuhrmann Henschel*
Harry *Familientag*
Jason *Goldene Vlies (Argonauten)*
Jason *Goldene Vlies (Medea)*
Julia *Maß für Maß*
Julie *Dantons Tod*
Julie *Liliom*
Kalaf *Turandot*
Klara *Maria Magdalena*
Kreon *Antigone*
Kreon *Goldene Vlies (Medea)*
Lamon *Laune des Verliebten*
Laura *Vater*
Lelio *Lügner*
Lerma *Don Carlos*
Liese *Michael Kramer*
Marie *Einen Jux will er sich machen*
Medea *Goldene Vlies*
Minna *Minna von Barnhelm*
Mirza *Traum ein Leben*
Motes *Biberpelz*
Orest *Elektra*
Orest *Fliegen*
Orest *Iphigenie in Delphi*
Orest *Iphigenie auf Tauris*
Orgon *Tartuffe*
Phaon *Sappho*
Pjotr *Wald*
Pippa *Und Pippa tanzt*
Recha *Nathan der Weise*
Regan *König Lear*
Romeo *Romeo und Julia*
Tasso *Torquato Tasso*
Thoas *Iphigenie auf Tauris*
Titus *Talisman*
Vivie *Frau von Warrens Gewerbe*
Vroni *Meineidbauer*
Wastl *G'wissenswurm*
Werle *Wildente*
Zwirn *Lumpazivagabundus*

6

Adelma *Turandot*
Aietes *Goldene Vlies (Argonauten)*
Aietes *Goldene Vlies (Gastfreund)*
Angela *Dame Kobold*
Anitra *Peer Gynt*
Aricia *Phädra*
Armand *Kameliendame*
Arnold *Michael Kramer*
August *Einen Jux will er sich machen*
August *Rose Bernd*
Axinja *Wald*
Bertha *König Ottokars Glück und Ende*
Bianca *Der Widerspenstigen Zähmung*
Brutus *Coriolanus*
Brutus *Julius Cäsar*
Caesar *Cäsar und Kleopatra*
Cassio *Othello*
Duncan *Macbeth*
Dunois *Jungfrau von Orleans*
Edmund *König Lear*
Edrita *Weh dem, der lügt*
Edward *Cocktail Party*
Elitza *Pygmalion*
Elmire *Tartuffe*
Elvira *Don Juan*
Emilia *Emilia Galotti*
Emilia *Othello*
Eridon *Laune des Verliebten*
Fiscur *Liliom*
Fiesco *Verschwörung des Fiesco zu Genua*
Figaro *Ein toller Tag*
Glaube *Jedermann*
Gremio *Der Widerspenstigen Zähmung*
Gudrun *Nibelungen (Kriemhilds Rache)*
Haimon *Antigone*
Hedwig *Vierte Gebot*
Hedwig *Wildente*

Hedwig *Wilhelm Tell*
Helena *Sommernachtstraum*
Helmer *Nora*
Hermia *Sommernachtstraum*
Isabel *Dame Kobold*
Ismene *Antigone*
Jochen *Fröhliche Weinberg*
Jugend *Bauer als Millionär*
Julian *Biberpelz*
Karlos *Clavigo*
Komtur *Don Juan*
Kreusa *Goldene Vlies (Medea)*
Leonce *Leonce und Lena*
Liesel *Kreuzelschreiber*
Manuel *Dame Kobold*
Massud *Traum ein Leben*
Merkur *Amphitryon*
Michel *Pfarrer von Kirchfeld*
Miller *Kabale und Liebe*
Nathan *Nathan der Weise*
Oberon *Sommernachtstraum*
Orsina *Emilia Galotti*
Orsini *Was ihr wollt*
Oswald *Gespenster*
Paulet *Maria Stuart*
Petrus *Apostelspiel*
Phoebe *Wie es euch gefällt*
Portia *Kaufmann von Venedig*
Proros *Iphigenie in Delphi*
Ragnar *Baumeister Solneß*
Sittah *Nathan der Weise*
Sosias *Amphitryon*
Stella *Endstation Sehnsucht*
Talbot *Maria Stuart*
Terzky *Wallenstein*
Thekla *Wallenstein*
Valère *Geizige*
Volker *Nibelungen*
Wurzel *Bauer als Millionär*
Ximene *Cid*

7

Aegisth *Elektra*
Alceste *Misanthrop*
Alkmene *Amphitryon*
Alphons *Torquato Tasso*
Antonia *Kaufmann von Venedig*
Antonio *Sturm*
Bancquo *Macbeth*
Belinde *Eingebildete Kranke*
Beralde *Eingebildete Kranke*
Betram *Ende gut, alles gut*
Blanche *Endstation Sehnsucht*
Capulet *Romeo und Julia*
Claudio *Maß für Maß*
Elektra *Fliegen*
Fabrice *Geschwister*
Fortuna *Lumpazivagabundus*
Galumir *Weh dem, der lügt*
Gerenot *Nibelungen*
Gertrud *Wilhelm Tell*
Gessler *Wilhelm Tell*
Goneril *König Lear*
Gonzaga *Emilia Galotti*
Gunther *Nibelungen*
Habakuk *Alpenkönig und Menschenfeind*
Hjalmar *Wildente*
Horatio *Hamlet*
Isolani *Wallenstein*
Jessica *Kaufmann von Venedig*
Johanna *Heilige Johanna*
Johanna *Jungfrau von Orleans*
Josepha *Kreuzelschreiber*
Jupiter *Amphitryon*
Knuzius *Fröhliche Weinberg*
Lavinia *Cocktail Party*
Leander *Meeres und der Liebe Wellen*
Leonore *Torquato Tasso*
Leonore *Verschwörung des Fiesco zu Genua*
Leontes *Wintermärchen*
Lorenzo *Kaufmann von Venedig*
Malchen *Alpenkönig und Menschenfeind*
Malcolm *Macbeth*
Mariane *Geizige*

Mariane *Tartuffe*
Milford *Kabale und Liebe*
Nerissa *Kaufmann von Venedig*
Octavia *Antonius und Cleopatra*
Olympia *Kameliendame*
Ophelia *Hamlet*
Ottavio *Lügner*
Ottokar *König Ottokars Glück und Ende*
Perdita *Wintermärchen*
Philipp *Don Carlos*
Prothoe *Penthesilea*
Pylades *Iphigenie auf Tauris*
Pylades *Iphigenie in Delphi*
Rhodope *Gyges und sein Ring*
Rodrigo *Cid*
Rodrigo *Othello*
Rosaura *Lügner*
Saladin *Nathan der Weise*
Shylock *Kaufmann von Venedig*
Solveig *Peer Gynt*
Susanne *Ein toller Tag*
Theseus *Sommernachtstraum*
Titania *Sommernachstraum*
Valerio *Leonce und Lena*
Verrina *Verschwörung des Fiesco zu Genua*
Wilhelm *Geschwister*
Wilhelm *Wilhelm Tell*
Zangler *Einen Jux will er sich machen*

8

Achilles *Penthesilea*
Adelheid *Biberpelz*
Ajaxerle *Bauer als Millionär*
Albrecht *Agnes Bernauer*
Almaviva *Ein toller Tag*
Arkadius *Wald*
Arnolphe *Schule der Frauen*
Baptista *Widerspenstigen Zähmung*
Basilius *Leben ein Traum*
Beatrice *Lügner*
Borachio *Viel Lärm um nichts*
Brunhild *Nibelungen*
Burleigh *Maria Stuart*
Célimène *Misanthrop*
Cherubin *Ein toller Tag*
Claudius *Hamlet*
Cleanthe *Eingebildete Kranke*
Cordelia *König Lear*
Crescenz *Meineidbauer*
Estrella *Leben ein Traum*
Fernando *Stella*
Florindo *Lügner*
Florizel *Wintermärchen*
Giselher *Nibelungen*
Harpagon *Geizige*
Hermione *Wintermärchen*
Hippolyt *Phädra*
Isabella *Braut von Messina*
Isabella *Maß für Maß*
Johannes *Apostelspiel*
Knieriem *Lumpazivagabundus*
Leonhard *Maria Magdalena*
Leontine *Biberpelz*
Lombardi *Diener zweier Herren*
Lottchen *Bauer als Millionär*
Lysander *Sommernachtstraum*
Magdalen *Apostelspiel*
Magdalen *G'wissenswurm*
Menenius *Coriolanus*
Mercutio *Romeo und Julia*
Mortimer *Maria Stuart*
Octavius *Antonius und Cleopatra*
Odysseus *Penthesilea*
Pandolfo *Diener zweier Herren*
Pothinus *Cäsar und Cleopatra*
Prospero *Sturm*
Sicinius *Coriolanus*
Tellheim *Minna von Barnhelm*
Valentin *Faust*
Valentin *Verschwender*
Weinberl *Einen Jux will er sich machen*

9

Angélique *Eingebildete Kranke*
Annemarie *Fröhliche Weinberg*
Calpurnia *Julius Cäsar*
Charlotte *Geschwister*
Christine *Nora*
Cleopatra *Cäsar und Cleopatra*
Demetrius *Sommernachtstraum*
Desdemona *Othello*
Donalbain *Macbeth*
Elisabeth *Don Carlos*
Elisabeth *Maria Stuart*
Ernestine *Beiden Klingsbergs*
Ferdinand *Egmont*
Flottwell *Verschwender*
Franziska *Minna von Barnhelm*
Gennadius *Wald*
Henriette *Beiden Klingsbergs*
Hortensio *Widerspenstigen Zähmung*
Kaethchen *Kätchen von Heilbronn*
Kandaules *Gyges und sein Ring*
Katharina *Widerspenstigen Zähmung*
Klaerchen *Egmont*
Kriemhild *Nibelungen*
Kunigunde *Kätchen von Heilbronn*
Lacrimosa *Bauer als Millionär*
Leicester *Maria Stuart*
Leporello *Don Juan*
Margareta *König Ottokars Glück und Ende*
Pantalone *Lügner*
Polyxenes *Wintermärchen*
Prunelles *Cyprienne*
Rosalinde *Wie es euch gefällt*
Sebastian *Was ihr wollt*
Vencentio *Maß für Maß*

10

Astragalus *Alpenkönig und Menschenfeind*
Buhlschaft *Jedermann*
Chlestakow *Revisor*
Friedeborn *Kätchen von Heilbronn*
Gianettino *Verschwörung des Fiesco zu Genua*
Grillhofer *G'wissenswurm*
Gunderloch *Fröhliche Weinberg*
Hildebrant *Nibelungen (Kriemhilds Rache)*
Holofernes *Judith*
Marguerite *Kameliendame*
Maximilian *Räuber*
Octavianus *Julius Cäsar*
Ptolemaeus *Cäsar und Cleopatra*
Rappelkopf *Alpenkönig und Menschenfeind*
Siebenhaar *Fuhrmann Henschel*
Silberkern *Alpenkönig und Menschenfeind*
Tellermann *Florian Geyer*
Wurzelsepp *Pfarrer von Kirchfeld*

11

Apollodorus *Cäsar und Cleopatra*
Brillantine *Lumpazivagabundus*
Loeffelholz *Florian Geyer*
Piccolomini *Wallenstein*
Robespierre *Dantons Tod*
Spiegelberg *Räuber*
Stauffacher *Wilhelm Tell*

12

Beaumarchais *Clavigo*
Christopherl *Einen Jux will er sich machen*

13

Horlacherlies *G'wissenswurm*
Stolzenthaler *Vierte Gebot*
Klytaemnestra *Agamemnons Tod*
Klytaemnestra *Elektra*
Klytaemnestra *Fliegen*

3 Bühnen-Begriffe

3

Akt *Teil eines Bühnenstückes*

4

Arie *Sologesang*
Loge *Teil des Zuschauerraumes*
Oper *Bühnenwerk mit Musik*
Part *Rolle*
Solo *Stück für eine Person*

5

Drama *Dichtungsart*
Duett *Stück für zwei Personen*
Farce *Posse*
Naive *Darstellerin junger Mädchen*
Posse *derbkomisches Stück*
Rampe *unterer Bühnenrahmen*
Szene *Schauplatz eines Stückes*
Szene *Teil eines Stückes*

6

Aufzug *Teil eines Stückes*
Buehne *erhöhter Platz für eine Vorführung*
Claque *bezahlte Beifallsklatscher*
Charge *kleine Nebenrolle*
Dialog *Zwiegespräch*
Debuet *erstes Auftreten*
Epilog *Schlußrede*
Prolog *Vorspruch*
Solist *Einzelsänger*
Solist *Einzelspieler*

7

agieren *eine Rolle spielen*
Billett *Eintrittskarte*
Galerie *Teil des Zuschauerraumes*
Heroine *Heldendarstellerin*
Komiker *Darsteller heiterer Rollen*
Kothurn *hoher Schuh d. griech. Bühne*
Kulisse *Teil des Bühnenbildes*
Parodie *spottende Nachdichtung*
Parkett *Teil des Zuschauerraumes*
Partner *Mitspieler*
Pierrot *komische Figur der französischen Bühne*
Schwank *derbkomisches Lustspiel*
Statist *Darsteller stummer Rollen*
Tournee *Gastspielreise*
Varieté *Artistenbühne*

8

Claqueur *bezahlter Beifallklatscher*
Einakter *Bühnenwerk in einem Akt*
Einsager *Souffleur*
Ensemble *Spielertruppe*
Figurant *stummer Darsteller*
Gracioso *Hanswurst im spanischen Lustspiel*
Harlekin *lustige Gestalt*
Kabarett *Kleinkunstbühne*
Komoedie *Dichtungsart*
Komparse *stummer Darsteller*
Libretto *Textbuch einer Oper*
Libretto *Textbuch einer Operette*
Operette *kleine Oper*
Parterre *Teil des Zuschauerraumes*
Premiere *Erstaufführung*
Programm *Spielfolge*
Prospekt *Bühnenhintergrund*
Quartett *Gesangsstück für vier Personen*
Requisit *Bühnenausstattungszubehör*
Rhapsode *griech. Wandersänger*
Soffitte *Teil des Bühnenbildes*
Solistin *Einzelspielerin*
Szenerie *Bühnenbild*
Trilogie *Dichtung aus drei Teilen*

9
Debuetant *Erstauftretender*
Dramolett *kleines Schauspiel*
Dramaturg *künstler. Theaterbeirat*
Garderobe *Ankleideraum*
Hanswurst *komische Bühnenfigur*
Histrione *altröm. Schauspieler*
Intendant *Theaterleiter*
Intendanz *Sitz der Bühnenleitung*
Logensitz *Sitz im Zuschauerraum*
Lustspiel *Komödie*
Melodrama *Schauspiel mit Musik*
Mysterium *altes geistliches Schauspiel*
Pantalone *ital. komische Figur*
Pantomime *Gebärdenspiel*
Pierrette *weibliche komische Figur*
Regisseur *Spielleiter*
Rezitator *Vortragskünstler*
Singspiel *heiteres Bühnenwerk*
Soubrette *Sängerin schelmischer Rollen*
Souffleur *Einsager*
Szenarium *Anweisung für szenische Einrichtungen*
Taktstock *Dirigentenstab*
Tragoedie *Dichtungsart*

10
Deklamator *Vortragender*
Dramatiker *Schauspieldichter*
Engagement *Anstellung*
Inspizient *Bühnenwart*
Komoediant *Schauspieler*
Laienspiel *von Laien gespieltes Stück*
Marionette *bewegliche Figur für kleine Bühne*
Primadonna *erste Sängerin*
Proszenium *vorderster Bühnenteil*
Repertoire *Spielplan einer Bühne*
Rezitation *künstlerischer Vortrag*
Schauspiel *Dichtungsart*
skandieren *nach Versfüßen sprechen*
Souffleuse *Einsagerin*
Tetralogie *Folge von vier Schauspielen*

11
Balletteuse *Tänzerin*
Billeteurin *Kartenverkäuferin*
Chansonette *Kabarettsängerin*
Chansonnier *Kabarettsänger*
debuetieren *erstmalig auftreten*
Deklamation *kunstvoller Vortrag*
Garderobier *Aufseher über die Kleider*
inszenieren *Stück in Szene setzen*
Komparserie *Statisten*
soufflieren *einsagen*
Trauerspiel *Dichtungsart*
Volksstueck *Dichtungsart*

12
Amphitheater *Rundtheater, Schaugebäude für Kampfspiele*
applaudieren *Beifall klatschen*
Garderobiere *Aufseherin über die Kleider*
Generalprobe *letzte Probe vor der Premiere*
Inszenierung *Inszenesetzung*
Introduktion *Einleitung eines Stückes*
Korrepetitor *Musiker, der Sänger am Klavier einübt*
Naturtheater *Freilichtbühne*
pantomimisch *durch Gebärden ausgedrückt*
Pickelhering *engl. Hanswurst*
Schnuerboden *oberster Teil der Bühne*

13
extemporieren *aus dem Stegreif sprechen*

Passionsspiel *geistliches Schauspiel*
Schattenspiel *Figurenspiel hinter beleuchteter Fläche*
Tragikomoedie *Dichtungsart*
Uraufführung *erste öffentliche Aufführung*

14
Dramatisierung *dramatische Gestaltung eines Stoffes*

Mysterienspiel *geistliches Schauspiel*

15
Freilichtbuehne *Bühne im Freien*
Souffleurkasten *Raum für Souffleur*

Gerichtswesen
Wehrwesen
Schulwesen
Sprachenkunde
Verkehrswesen
Wirtschaft

Gerichtswesen

1 Juristische Begriffe

3
Eid *Schwur*

4
Acht *Friedlosigkeit als Strafe*

5
Klage *Geltendmachung eines Zivilanspruches*
Legat *Vermächtnis*
Zeuge *Person, die mit angesehenen Vorgang bestätigt*

6
Gesetz *Rechtsvorschrift*
Weibel *Gerichtsdiener in der Schweiz*

7
Buettel *Gerichtsdiener*
Instanz *Stufenrang beim Gericht*
Klausel *Vorbehalt bei Verträgen*
Protest *Rechtsvorbehalt*
Prozess *Rechtsstreit*
Urkunde *Zeugnis über rechtliche Vorgänge*
Verdikt *Urteil*
Vertrag *Rechtsgeschäft*
Vormund *Vertreter für Minderjährige*

8
Adoption *Annahme an Kindes Statt*
Alimente *Unterhaltsbeiträge*
Amnestie *Befreiung von Strafe*
Argument *Beweis*
Dokument *Urkunde*
Kontrakt *Vertrag*
Kontumaz *Fernbleiben von einer Verhandlung*
Manifest *öffentliche Erklärung*
Nachlass *Vermögen eines Verstorbenen*
Rabulist *Rechtsverdreher*
Schoeffe *Laienrichter*
Testator *Erblasser*
Zitation *Vorladung*

9
Affidavit *eidesstattliche Beurkundung*
Enterbung *Ausschluß von der Erbfolge*
Erblasser *im Erbrecht der Verstorbene*
Exekution *Zwangsvollstreckung*
Exekutive *vollziehende Staatsgewalt*
Kassation *Urteilsaufhebung*
Plaedoyer *Verteidigungsrede*
Praejudiz *Gerichtsentscheidung*
Testament *letzter Wille*
testieren *Testament errichten*
Vergleich *Vertragsart*

10
Eheprozess *Verfahren in Ehesachen*
Exhibition *Urkundeneinreichung*

Falsifikat *Fälschung*
plaedieren *verteidigen*
Zivilrecht *bürgerliches Recht*

11
Haftpflicht *Haftung für verursachten Schaden*
Inquisition *Ketzergericht*
Kontroverse *Streitfrage*
Lokaltermin *Termin am Tatort*
Lynchjustiz *ungesetzliches Volksgericht*
Ostrazismus *Scherbengericht*
Verjaehrung *Anspruchsverlust durch Zeitablauf*

12
Alimentation *Unterhaltsbeitrag*
Beglaubigung *Bescheinigung der Richtigkeit*
Denunziation *Anzeige einer strafbaren Handlung*
gesetzwidrig *gegen ein Gesetz*
Vermaechtnis *Legat*
Zivilprozess *Gerichtsverfahren*

13
Argumentation *Beweisführung*
Kontravention *Übertretung*
Suehneversuch *Rechtsstreitbeilegungsversuch*
Universalerbe *Alleinerbe*

15
Idealkonkurrenz *Strafbestimmungsverletzung*
Scherbengericht *athen. Abstimmung über gefährliche Bürger*
Urkundenprozess *Zivilprozeßart*

2 Begriffe der Kriminalistik

4
Gang *Verbrechervereinigung*
Haft *Freiheitsstrafe*
Mord *vorsätzliche Tötung*
Raub *Diebstahl*

5
Argot *Gaunersprache*
Bagno *Gefängnis in Frankreich*
Bande *Verbrechervereinigung*
Beute *geraubte Gegenstände*
Bravo *gedungener Mörder*
Zelle *Raum im Gefängnis*

6
Apache *Großstadtgauner*
Arrest *Freiheitsstrafe*
Betrug *Täuschung mit Bereicherungsabsicht*
Delikt *strafbare Handlung*

7
Brigant *Räuber*
Drohung *Ankündigung eines Übels*
Meineid *falscher Eid*
Notwehr *Verteidigung gegen einen Angriff*
Verhoer *Befragung*

8
Attentat *Mordversuch*
Fahndung *Maßnahme zur Festnahme von Personen*
Fallbeil *Hinrichtungswerkzeug*
Hehlerei *Ankauf von Diebesgut*

Komplice *Helfershelfer*
Sakrileg *Kirchenraub*
Schafott *Hinrichtungsgerüst*
Sing-Sing *Gefängnis in den USA*
Spelunke *verrufene Kneipe*
Vergehen *strafbare Handlung*

9
Diebstahl *widerrechtliche Wegnahme fremden Eigentums*
Kidnapper *Kindesentführer*
Konfident *Vertrauensmann, Spitzel*
Parrizida *Vater-, Verwandtenmörder*
Schaecher *Räuber, Mörder*
Schmuggel *verbotene Ein- und Ausfuhr zollpflichtiger Ware*
Zuchthaus *Strafanstalt*

10
Anstiftung *Verleitung zu einer Straftat*
arretieren *verhaften*
begnadigen *Strafe mildern*
Defraudant *Geldveruntreuer*
Delinquent *Missetäter*
Gefaengnis *Strafanstalt*
Guillotine *Hinrichtungsgerät*
Kidnapping *Kindesentführung*
Konstabler *Polizist*
Verhaftung *Personenfestnahme*
Visitation *Durchsuchung*

11
Karabinieri *italienische Polizei*
Konterbande *Schmuggel*
Konterbande *geschmuggelte Ware*
Pluenderung *unbefugte Wegnahme von Gegenständen*
Signalement *Personenbeschreibung*

12
Defraudation *Unterschlagung, Betrug*
Uebertretung *strafbare Handlung*
Untersuchung *Maßnahme zur Überführung eines Betrügers*

13
Daktyloskopie *Fingerabdruckverfahren*
Falschmuenzer *Hersteller von falschen Münzen oder Noten*
Scharfrichter *Henker*

14
identifizieren *etwas wiedererkennen*
Indizienbeweis *Beweis auf Grund von Tatsachen*
Maedchenhandel *Verschleppung weiblicher Personen*
Schleichhandel *verbotener Warenhandel*

3 Ausdrücke der Gaunersprache

3
Bob *Spitzname der englischen Polizei*

4
Gang *Verbrecherbande*
Kies *Geld*
Koks *Kokain*

Gerichtswesen

5

Bobby *Spitzname der englischen Polizei*
Bulle *Polizist*
Kober *Herbergsvater*
Kunde *wandernder Handwerksbursche*
Penne *gewöhnliche Herberge*
Pinke *Geld*
Rowdy *Strolch*
Walze *Wanderung*

6

Bluete *falscher Geldschein*
Gannef *Gauner*
Kipper *Münzenfälscher*
mogeln *betrügen*
neppen *minderwertige Ware für echt verkaufen*
Nepper *einer, der minderwertige Ware für echt verkauft*
Neppes *minderwertige Ware*
pennen *schlafen*
Ramsch *Diebesbeute*
Spiess *Gendarm*
Spiess *Herbergswirt*
Teckel *Gendarm*
Vagant *fahrender Geselle*
Wipper *Münzenfälscher*
Zinken *Verständigungszeichen*

7

dippeln *herumvagabundieren*
paschen *Schleichhandel treiben*
Pascher *Schleichhändler*
Pracher *Bettler*
tippeln *herumvagabundieren*

8

berappen *bezahlen*
Chantage *Schweigegelderpressung*
Kassiber *Mitteilung von Gefangenen*
Kittchen *Gefängnis*
Konsorte *Genosse, Spießgeselle*
Schmiere *Wache*
Vagabund *Landstreicher*

9

baldowern *auskundschaften*
Kaschemme *Verbrecherkneipe*
Klamotten *ärmliche Sachen*
Klamotten *Geld*
Pascherei *Schmuggel*
Schaerfer *Hehler*

10

Pennbruder
vermasseln *falsch machen, verraten*
vermassern *falsch machen, verraten*

12

Buschklepper *Strauchdieb*
Dippelbruder *Landstreicher*

13

Vagabundentum *Landstreicherei*

14

Dippelschickse *Landstreicherin*

15

Schlittenfahrer *Schwindelfirma*
verschuett gehen *verhaftet werden*

Wehrwesen

1 Militärische Begriffe

3
Zug *kleinste Truppeneinheit*

4
Mine *Sprengladung*
Sold *Löhnung*
Stab *Kommandobehörde*
Ulan *Reiter mit Lanze*

5
aktiv *zum stehenden Heer gehörig*
Alarm *plötzliche Marschbereitschaft*
Armee *Heer*
Bombe *Sprengkörper*
Front *Kampflinie*
Garde *Elitetruppe*
Major *Stabsoffizier*
Miliz *Volksheer*
Salut *Ehrenbezeigung durch Flaggenaufziehen und Salutschuß*
Train *Nachschubdienst*
Tross *Nachschubdienst*

6
Appell *Antreten zum Befehlsempfang*
Ataman *Kosakenführer*
Bastei *vorspringendes Bollwerk*
Flotte *Kriegsschiffe eines Staates*
Kadett *Zögling einer Offiziersschule*
Marine *Seeschiffe und deren Besatzung*
Montur *Bekleidung*
Oberst *Stabsoffizier*
Parade *Truppenschau*
Rekrut *neuer Soldat*
Soldat *Heeresangehöriger*

7
Arsenal *Zeughaus*
Attacke *Angriff*
Bastion *vorspringendes Bollwerk*
Brigade *Truppenverband*
drillen *mit Strenge ausbilden*
Eskorte *Geleit*
General *höchste Rangklasse*
Granate *Artilleriegeschoß*
Husaren *leichte Reitertruppe*
Kaserne *Gebäude zur Truppenunterbringung*
Kolonne *Truppenaufstellungsform*
Kosaken *russ. Reiterregiment*
Reisige *Reiter im Mittelalter*
Schanze *Feldbefestigung*
Torpedo *Unterwassergeschoß*
Uniform *Einheitskleidung*
Veteran *alter Soldat*

8
Bataille *Schlacht*
Batterie *Artillerieeinheit*
Division *Heeresverband mit allen Waffengattungen*
Dragoner *Reitereigattung*
Eskadron *Kavallerieeinheit*
Feldpost *Postbeförderung im Krieg*
Garnison *Truppenstandort*
Invasion *feindlicher Einfall*

Kanonade *anhaltendes Geschützfeuer*
Kapitaen *Hauptmann in ausländischen Heeren*
Kompanie *Truppenabteilung*
Korporal *Unteroffizier*
Lazarett *Soldatenkrankenhaus*
Leutnant *Offiziersrang*
Luenette *Befestigungswerk*
Manoever *Truppenübung*
Munition *Schießbedarf*
Regiment *Truppeneinheit*
schanzen *Befestigungen anlegen*

9

aufrollen *feindliche Front durch Angriff auflösen*
Barrikade *Verrammelung*
Bataillon *Regimentsunterabteilung*
Defensive *Verteidigung*
Faehnrich *Offiziersanwärter*
Feldscher *früher: militärischer Arzt*
Feldwebel *Unteroffiziersdienstgrad*
Formation *Truppeneinheit*
formieren *Truppen aufstellen*
Gefreiter *Mannschaftsdienstgrad*
Grenadier *Infanteriesoldat*
Hauptmann *Offiziersrang*
Marschall *Generalsrang*
Musketier *Infanteriesoldat*
Projektil *Geschoß*
Schwadron *Kavallerieeinheit*
Standarte *früher: Reitereifahne*
Tornister *Fellranzen*

10

Artillerie *Waffengattung*
Detonation *Entladung, Knall*
exerzieren *einüben*
Feuertaufe *erste Teilnahme an einem Gefecht*
Infanterie *Fußtruppe*
Kavallerie *Truppe zu Pferd*
Kommandant *Befehlshaber einer Festung*
Kommandeur *Befehlshaber einer Truppenabteilung*
Stammrolle *Verzeichnis der Wehrpflichtigen*

11

Degradation *Versetzung in niedrigeren Rang*
degradieren *versetzen in niedrigeren Rang*
Handgranate *Sprenggeschoß*
Marketender *Händler, der den Soldaten Lebensmittel verkauft*
Panzerfaust *Raketengeschoß*
Panzerwagen *Kraftwagen mit Panzerplatten*
rekrutieren *Soldaten ausheben*
Rittmeister *Kavallerieoffizier*
Wehrpflicht *Verpflichtung zum Wehrdienst*

12

Fahnenflucht *unerlaubtes Entfernen von der Armee*
Feldschlange *altes Langrohrgeschütz*

13

Feldmarschall *hoher milit. Rang*
Flammenwerfer *Nahkampfmittel*
Mobilisierung *Beweglichmachung*
Zapfenstreich *Signal zur Rückkehr in das Quartier*

2 Waffen

3

Ger *germanischer Wurfspieß*
Sax *messerartige Waffe*

4

Bola *Schleuderwaffe in USA*
Caja *alte Wurfwaffe*
Kris *Malaiendolch*
Pike *Lanzenart*

5

Barte *Wurfwaffe*
Bogen *Pfeilschußwaffe*
Degen *Hieb- und Stichwaffe*
Dolch *Stoßwaffe*
Keule *alte germanische Hiebwaffe*
Lanze *Wurf- und Stoßwaffe*
Pelta *Schild der Griechen*
Pfeil *Geschoß*
Pieke *Spieß, Lanze*
Pilum *Wurfspieß der römischen Soldaten*
Sachs *messerartige Waffe*
Sacks *messerartige Waffe*
Speer *Wurfwaffe*

6

Espada *Degenart*
Flinte *Gewehrart*
Gewehr *Handfeuerwaffe*
Kanone *Flachfeuergeschütz*
Mandan *Schwert der Dajak*
Mandau *Schwert der Dajak*
Rapier *Hieb- und Stoßdegen*
Saebel *Hiebwaffe*
Schild *Schutzwaffe*

7

Assagai *Wurfspieß der Kaffern und Hottentotten*
Florett *Stoßdegen*
Jatagan *orientalisches Schwert*
Machete *Haumesser*
Moerser *Steilfeuergeschütz*
Muskete *Handfeuerwaffe*
Nagaika *russische Peitsche*
Pistole *Handfeuerwaffe*
Schwert *Stich- und Hiebwaffe*
Stilett *Dolchart*
Stutzen *Jagdgewehr*
Yatagan *orientalisches Schwert*

8

Arkebuse *Armbrustart*
Bajonett *Stoßwaffe*
Balliste *antikes Wurfgeschütz*
Blasrohr *Waffe der Naturvölker*
Browning *Selbstladepistole*
Drilling *Gewehrart*
Eselshuf *Schwertart*
Flamberg *Schwertart*
Haubitze *Feldgeschütz*
Katapult *Wurfmaschine*
Pallasch *langer Degen*
Pistolet *kleine Pistole*
Revolver *Handfeuerwaffe*
Tartsche *Schildart*
Terzerol *kleine Pistole*
Tesching *Handfeuerwaffe*
Tomahawk *Indianerstreitaxt*

9

Geschuetz *Feuerwaffe*
Handschar *zweischneidiger Dolch*
Karabiner *Feuergewehr*
Partisane *Spieß mit zweischneidiger Klinge*
Schlaeger *Rapierart*
Schleuder *Wurfmaschine*

10

Hellebarde *Hieb- und Stoßwaffe*
Karbatsche *Lederpeitsche*
Luftgewehr *Sportgewehr mit Preßluftantrieb*
Schlagring *Hiebwaffe*

11

Kartaetsche *Artilleriegeschoß*
Nickfaenger *Messer mit feststehender Klinge*
Ochsenzunge *mittelalterl. Dolch*

12

Buechsflinte *Jagdgewehr mit Büchsen- und Flintenlauf*
Feldschlange *Langrohrgeschütz*
Mausergewehr *Hinterladegewehr*

13

Mauserpistole *Selbstladepistole*
Hirschfaenger *Seitengewehr der Jäger für den Fangstoß*

Schulwesen

1 Schularten

8
Akademie

9
Gymnasium

10
Hochschule
Oberschule
Realschule

11
Hilfsschule
Grundschule
Paedagogium

12
Bergakademie
Berufsschule
Universitaet

13
Handelsschule
Kunstakademie
Realgymnasium

14
Exportakademie
Konservatorium
Oberrealschule

15
Elementarschule
Handelsakademie
Volkshochschule

16
Militaerakademie

20
Technische Hochschule

2 Verschiedenes

4
Aula *(Hoch-)Schulfestsaal*
Dies *akademischer Feiertag*

5
Dekan *Vorsteher einer Hochschulfakultät*
Eleve *Zögling, Schüler*
Fibel *Abc-Buch*
Fuchs *Student im ersten und zweiten Semester*
Matur *Hochschulreife, Reifeprüfung*
Mulus *angehender Hochschüler*
Prima *oberste Klasse einer Oberschule*
Sexta *unterste Klasse einer Oberschule in England*

6
Abitur *Reifeprüfung*
Dozent *Hochschullehrer*
Examen *Prüfung*
Karzer *Strafraum in höheren Schulen*
Klasse *Abteilung*
Kolleg *Vorlesung an einer Hochschule*

Lehrer *berufsmäßig Unterrichtender*
Lektor *Lehrer an einer Hochschule (für praktische Übungen)*
Lyzeum *höhere Mädchenschule*
Matura *Reifeprüfung*
Oxford *bekannte englische Universität*
Pedell *Hausmeister einer (Hoch-)Schule*
Pensum *bestimmte Aufgabe*
Primus *Erster in der Klasse*
Quarta *dritte Klasse einer Oberschule*
Quinta *zweite Klasse einer Oberschule*
Rektor *Leiter einer (Hoch-)Schule*
Studio *Student*
Zensur *Note, Zeugnis*
Zoetus *Gesamtheit der Schüler eines Jahrgangs*
Zoetus *Schüler einer höheren Lehranstalt*

7

Alumnat *Lehranstalt mit Schülerwohnungen*
College *Erziehungs- und Lehranstalt*
Collège *städtische höhere Schule in Frankreich*
Konvikt *Heim für Theologiestudenten*
Klausur *Prüfungsarbeit unter Aufsicht*
Lektion *Aufgabe*
Lektion *Unterrichtsstunde*
Maturum *Reifeprüfung*
Referat *Vortrag*
Scholar *Student im Mittelalter*
Selekta *höchste Klasse mancher Schulen*
Septima *siebente Schulklasse*
Student *Hochschüler*
Zeugnis *Zensur*
Ultimus *der Letzte in einer Klasse*

8

Direktor *Leiter einer Oberschule*
Dozentur *Lehrberechtigung an einer Hochschule*
dozieren *unterrichten, lehren*
Institut *Anstalt*
Internat *Erziehungsheim*
Kandidat *Prüfling*
Katheder *Lehrstuhl*
Primaner *Schüler der Prima*
Scholast *Schüler im Mittelalter*
Semester *Halbjahr*
Sextaner *Schüler der Sexta*
Skriptum *Aufsatz*
Tentamen *Zwischenprüfung*

9

Abiturium *Reifeprüfung*
Cambridge *bekannte englische Universität*
Examinand *Prüfling*
Fakultaet *Hochschulabteilung*
Hospitant *Hörgast in einer Vorlesung*
Kollegium *Lehrkörper*
Konrektor *Vertreter des Rektors*
Korrektur *Verbesserung*
Oberprima *neunte Klasse einer Oberschule*
Paedagoge *Erzieher, Lehrer*
Pensionat *Erziehungsanstalt für Mädchen*
Professor *Hochschullehrer*
Professur *Lehrstelle an einer Hochschule*
Promotion *Doktorprüfung*
Promotion *Verleihung der Doktorwürde*
Quartaner *Schüler der Quarta*
Quintaner *Schüler der Quinta*
studieren *lernen*

Rigorosum *mündliche Doktorprüfung*
Studiosus *Student*
Trimester *dritter Teil des Studienjahres*

10
Abiturient *Schüler der obersten Klasse*
Auditorium *Hörsaal*
exerzieren *einüben*
Examinator *Prüfender*
Obertertia *fünfte Klasse einer Oberschule*
Ordinariat *Amt des Klassenlehrers*
repetieren *wiederholen*
Stipendium *Unterstützungsgeld für Studierende*
Studienrat *Lehrer an einer Oberschule*
Unterprima *achte Klasse einer Oberschule*

11
absolvieren *Prüfung bestehen*
absolvieren *Schule beenden*
examinieren *prüfen*
hospitieren *als Gast dem Unterricht beiwohnen*
Inskription *Einschreibung*
instruieren *belehren*
Instruktion *Belehrung*
kandidieren *sich bewerben*
Katechismus *Religionslehrbuch*
Koedukation *gemeinsame Erziehung von Jungen und Mädchen*
Kommilitone *Mitstudent*
Obersekunda *siebente Klasse einer Oberschule*
promovieren *Doktorwürde erlangen*
promovieren *Doktorwürde verleihen*
Untertertia *vierte Klasse einer Oberschule*

12
Dissertation *Abhandlung zur Erlangung der Doktorwürde*
Eselsbrücke *Schülerlernbehelf*
Habilitation *Erwerb der akademischen Lehrbefugnis*
inskribieren *einschreiben*
Untersekunda *sechste Klasse einer Oberschule*

14
Obersekundaner *Schüler der Obersekunda*
Oberstudienrat *Lehrer an einer Oberschule*

15
Immatrikulation *Aufnahme an einer Hochschule*
Untersekundaner *Schüler der Untersekunda*

Sprachenkunde

1 Fremdwörter

3
Don *Herr*
lax *schlaff*
Mob *Pöbel*
pur *rein*
rar *selten*
uni *einfarbig*
vag *unbestimmt*

4
agil *flink*
akut *heftig*
fair *anständig*
Fama *Gerücht*
Gala *Festkleid*
Goût *Geschmack*
Idee *Gedanke*
Lift *Fahrstuhl*
Omen *Vorbedeutung*
oval *eirund*
Part *Anteil*
Pomp *Prachtentfaltung*
Pose *Gebärde*
Rage *Wut*
real *sachlich, wirklich*
Roué *Lebemann*
Snob *Vornehmtuer*
Team *Mannschaft*
Usus *Brauch*

5
aktiv *tätig*
Bluff *Prahlerei*
Bonne *Kinderfrau*
Couch *Ruhebett*
Dekor *Verzierung*
devot *unterwürfig*
enorm *ungeheuer*
Etage *Stockwerk*
exakt *genau*
infam *niederträchtig*
labil *schwankend*
legal *gesetzlich*
letal *tödlich*
Manie *Sucht*
mobil *beweglich*
Odeur *Duft*
parat *bereit*
rapid *reißend*
senil *greisenhaft*
smart *gewandt*
sonor *klangvoll*
Suada *Redefluß*
Verve *Begeisterung*

6
Abitur *Reifeprüfung*
abnorm *regelwidrig*
Aspekt *Aussicht*
Beauté *Schönheit*
bizarr *auffallend*
Budget *Haushaltsplan*
Cercle *Gesellschaft*
Chance *Glücksfall*
Charge *Rangstufe*
Debuet *Erstauftreten*
defekt *schadhaft*
Dekret *Verordnung*
dezent *schicklich*
Disput *Wortwechsel*

divers *verschieden*
extern *äußerlich*
Faktum *Tatsache*
Fiasko *Mißerfolg*
frugal *einfach*
gratis *unentgeltlich*
Grazie *Anmut*
intakt *fehlerfrei*
jovial *wohlwollend*
Kabale *Geheimanschlag*
kaputt *entzwei*
Karenz *Wartezeit*
kokett *gefallsüchtig*
kommod *bequem*
konfus *verwirrt*
kontra *gegen*
Kontur *Umriß*
kulant *entgegenkommend*
kurios *seltsam*
latent *verborgen*
Metier *Gewerbe*
modern *zeitgemäß*
passiv *teilnahmslos*
perfid *hinterlistig*
Police *Versicherungsschein*
profan *weltlich*
prompt *unverzüglich*
pruede *zimperlich*
Region *Bezirk*
retour *zurück*
salopp *nachlässig*
Signum *Zeichen*
Soirée *Abendgesellschaft*
solenn *feierlich*
Spleen *Schrulle*
stabil *dauerhaft*
stupid *stumpfsinnig*
sublim *erhaben*
subtil *zart*
Tortur *Folter*
vakant *frei*
Vision *Erscheinung*
Visite *Besuch*
Zepter *Herrscherstab*
Zyklus *Kreislauf, zusammenhängende Folge*

7

absolut *unbedingt*
Affaere *Angelegenheit*
Affront *Beleidigung*
agieren *handeln*
Aliment *Unterhaltsbeitrag*
Annonce *Anzeige*
Appetit *Eßlust*
Auktion *Versteigerung*
Balance *Gleichgewicht*
Blamage *Bloßstellung*
Boudoir *Damenzimmer*
Branche *Geschäftszweig*
burlesk *possenhaft*
Courage *Mut*
Debatte *Erörterung*
desolat *trostlos*
Dialekt *Mundart*
diskret *verschwiegen*
Diskurs *Gespräch*
Distanz *Abstand*
Dressur *Tierabrichtung*
Ekstase *Verzückung*
eminent *hervorragend*
Eskorte *Geleit*
evident *augenscheinlich*
Experte *Sachverständiger*
Filiale *Zweigniederlassung*
grotesk *verzerrt*
illegal *ungesetzlich*
Kalkuel *Berechnung*
kariert *gewürfelt*
Katalog *Verzeichnis*
Kollier *Halsgeschmeide*
Komitee *Ausschuß*
konform *übereinstimmend*
konkret *greifbar*
Konsens *Einwilligung*
kordial *herzlich*
korrekt *fehlerlos*
Krawall *Lärm*

Kreatur *Geschöpf*
Malheur *Unglück*
markant *auffallend*
meliert *gesprenkelt*
mondaen *weltgewandt*
Monolog *Selbstgespräch*
monoton *einförmig*
obsolet *veraltet*
opulent *üppig*
Ovation *Huldigung*
paradox *widersinnig*
Parvenü *Emporkömmling*
penibel *gewissenhaft*
Phantom *Trugbild*
Plafond *Zimmerdecke*
Plateau *Hochebene*
Polizze *Versicherungsurkunde*
Portier *Pförtner*
prekaer *unsicher*
Protégé *Günstling*
resolut *entschlossen*
Revolte *Empörung*
rigoros *streng*
riskant *gewagt*
rumoren *lärmen*
Supplik *Bittschrift*
Terrain *Gelände*
Verdikt *Urteil*
Vitrine *Glasschrank*
vulgaer *gewöhnlich*

8

Abonnent *Dauerbezieher*
Allotria *Unfug*
amuesant *unterhaltend*
Annexion *Einverleibung*
Arroganz *Anmaßung*
Aspirant *Bewerber*
Aversion *Abneigung*
blasiert *eingebildet*
Borduere *Einfassung*
borniert *beschränkt*
Bouillon *Fleischbrühe*
Cicerone *Fremdenführer*
Coiffeur *Haarkünstler*
desperat *verzweifelt*
Duplikat *Abschrift*
Egoismus *Selbstsucht*
Eloquenz *Beredsamkeit*
Emigrant *Auswanderer*
Existenz *Dasein*
exquisit *auserlesen*
frappant *auffallend*
generell *allgemein*
generoes *freigebig*
genieren *schämen*
grandios *großartig*
impulsiv *leicht erregbar*
insolent *unverschämt*
Kapitale *Hauptstadt*
Karriere *Laufbahn*
komplett *vollständig*
Konduite *Betragen*
Konflikt *Streit*
konstant *beständig*
kontraer *entgegengesetzt*
Kontrast *Gegensatz*
lukrativ *gewinnbringend*
Memoiren *Lebenserinnerungen*
ordinaer *gewöhnlich*
original *echt*
passabel *leidlich*
Plaesier *Vergnügen*
Portiere *Türvorhang*
pressant *eilig*
Prestige *Ansehen*
primitiv *einfach*
Prozedur *Verfahren*
Referenz *Empfehlung*
Register *Verzeichnis*
regulaer *regelmäßig*
Relation *Beziehung*
renitent *widerspenstig*
Renommee *Ruf*
rentabel *lohnend*
Resuemée *Zusammenfassung*
Revanche *Vergeltung*
solitaer *einzeln*

Surrogat *Ersatz*
Trottoir *Bürgersteig*
variabel *veränderlich*
vehement *heftig*
vertikal *senkrecht*
Zirkular *Rundschreiben*

9

Abstinenz *Enthaltsamkeit*
Adoration *Anbetung*
animieren *anregen*
Assistenz *Beihilfe*
Attituede *Stellung auf einem Fuß (Ballett), Haltung*
Bagatelle *Unbedeutendes*
Bouteille *Flasche*
Brouillon *erster Entwurf*
Chauffeur *Kraftwagenlenker*
Concierge *Pförtner*
Defensive *Abwehr*
delizioes *köstlich*
duepieren *täuschen*
enragiert *leidenschaftlich*
exaltiert *überspannt*
Exkursion *Streifzug*
exzellent *hervorragend*
fingieren *erdichten*
florieren *gedeihen*
forcieren *erzwingen*
indiskret *taktlos*
inklusive *einschließlich*
Intellekt *Verstand*
Interdikt *Verbot*
Kompagnon *Teilhaber*
kompetent *zuständig*
Kondolenz *Beileidsbezeigung*
korpulent *wohlbeleibt*
kredenzen *anbieten*
laedieren *beschädigen*
outrieren *übertreiben*
parlieren *plaudern*
penetrant *hartnäckig*
plausibel *glaubhaft*
praegnant *treffend*
Produzent *Erzeuger*
Redakteur *Schriftleiter*
Reportage *Bericht*
Serviette *Mundtuch*
Silentium *Stillschweigen*
Situation *Lage*
Sympathie *Wohlwollen*
turbulent *ungestüm*
Vestibuel *Vorhalle*
Vibration *Schwingung*

10

Absolution *Freisprechung*
adaptieren *anpassen*
Aggression *Angriff*
akzeptabel *annehmbar*
alterieren *aufregen*
Altruismus *Selbstlosigkeit*
Attraktion *Anziehung*
Blasphemie *Gotteslästerung*
demolieren *zerstören*
Dependance *Nebengebäude*
Deputation *Abordnung*
disponibel *verfügbar*
Embonpoint *Wohlbeleibtheit*
exorbitant *übertrieben*
Falsifikat *Fälschung*
Hautevolée *vornehme Gesellschaft*
ignorieren *nicht beachten*
indigniert *empört*
Indikation *Anzeichen*
irritieren *stören*
Kakophonie *Mißklang*
Kalamitaet *Schwierigkeit*
kaschieren *verdecken*
Koinzidenz *Zusammentreffen*
Kollektion *Sammlung*
Konfituere *Zuckerwerk*
kongenital *angeboren*
Legalitaet *Gesetzmäßigkeit*
mysterioes *geheimnisvoll*
ostentativ *herausfordernd*
pressieren *drängen*
regulieren *ordnen*

Rendezvous *Stelldichein*
revidieren *prüfen*
Stagnation *Stillstand*
Subvention *Beihilfe*
Visitation *Durchsuchung*

11

absorbieren *aufsaugen, (gänzlich) beanspruchen*
Arrangement *Anordnung*
deprimieren *entmutigen*
differieren *abweichen*
extravagant *überspannt*
faszinieren *bezaubern*
Gouvernante *Erzieherin*
Imagination *Einbildungskraft*
Kontroverse *Streit*
Mesalliance *Mißheirat*
oktroyieren *aufdrängen*
Reminiszenz *Erinnerung*
transparent *durchscheinend*
Zirkulation *Umlauf*

12

achromatisch *farblos*
akzentuieren *betonen*
Alimentation *Lebensunterhalt*
Amortisation *Tilgung*
Antagonismus *Widerstreit*
applaudieren *Beifall klatschen*
Autorisation *Ermächtigung*
Bibliothekar *Bücheraufseher*
Bonifikation *Vergütung*
Degeneration *Entartung*
deliberieren *erwägen*
desavouieren *nicht anerkennen*
echauffieren *ereifern*
emanzipieren *frei machen*
Fallissement *Zahlungseinstellung*
Illumination *Festbeleuchtung*
Illustration *Erläuterung*
Immoralitaet *Unsittlichkeit*
Improvisator *Stegreifsprecher*
Insurrektion *Aufstand*
Intervention *Einmischung*
Komplikation *Verwicklung*
komprimieren *zusammendrücken*
konstatieren *feststellen*
Konstitution *Verfassung*
Konversation *Unterhaltung*
Laboratorium *Arbeitsraum*
Manipulation *Verfahren*
Regeneration *Erneuerung*
Remuneration *Vergütung*
transzendent *übersinnlich*
Verifikation *Beglaubigung*

13

Administrator *Verwalter*
akkommodieren *anpassen*
akkreditieren *beglaubigen*
Demonstration *Kundgebung*
determinieren *bestimmen*
dilettantisch *laienhaft*
Gratifikation *Vergütung*
Halluzination *Sinnestäuschung*
Indisposition *Unpäßlichkeit*
Interpunktion *Satzzeichensetzung*
Justifikation *Rechtfertigung*
Konstellation *Lage der Dinge*
konventionell *herkömmlich*
konzentrieren *zusammenfassen*
Korrespondenz *Briefwechsel*
maltraetieren *mißhandeln*
Mystifikation *Täuschung*
Objektivitaet *Sachlichkeit, Gegenständlichkeit*
proskribieren *verbannen*
Qualifikation *Befähigung*
recherchieren *nachforschen*
Rektifikation *Berichtigung*
Religiositaet *Frömmigkeit*
strangulieren *erdrosseln*
Subordination *Unterordnung*
subskribieren *vorausbestellen*
transferieren *übertragen*
transpirieren *schwitzen*

14
Administration *Verwaltung*
Demoralisation *Sittenverderbnis*
provokatorisch *herausfordernd*
Rehabilitation *Ehrenrettung*
rekognoszieren *anerkennen, auskundschaften*
Rekonstruktion *Wiederherstellung*
Rekonvaleszent *Genesender*

2 Griechisches Alphabet

2
My
Ny
Pi
Xi

3
Chi
Eta
Phi
Psi
Rho
Tau

4
Beta
Jota
Zeta

5
Alpha
Delta
Gamma
Kappa
Omega
Sigma
Theta

6
Lambda

7
Epsilon
Omikron
Ypsilon

3 Bezeichnungen für Lehren, Wissenschaften, Künste

(K: Kunde; KS: Kunst; L: Lehre; Wi: Wissenschaft)

5
Ethik *L vom Sittlichen*
Logik *L vom richtigen Denken*
Optik *L vom Licht*

6
Chemie *L von den Stoffen*
Erotik *L vom Liebesleben*
Irenik *Friedenslehre*
Metrik *L vom Takt (Musik)*
Metrik *L vom Versmaß*
Nautik *Schiffahrtskunde*
Physik *L von den Naturerscheinungen*
Poetik *L von der Dichtkunst*
Statik *L vom Gleichgewicht*

7
Akustik *L vom Schall*
Aviatik *L vom Flugwesen*
Botanik *Pflanzenkunde*
Eugenik *Erbgesundheitslehre*
Hygiene *Gesundheitslehre*
Kinetik *L von der Bewegung durch Kräfte*
Melodik *L von der Melodie*
Oologie *L vom Vogelei*

8
Alchimie *Goldmacherkunst*
Anatomie *L vom Bau der Lebewesen*
Biologie *Wi von den Lebewesen*
Didaktik *Unterrichtslehre*
Eubiotik *Wohllebekunst*
Geologie *L vom Bau der Erde*
Heraldik *Wappenkunde*
Mechanik *L von der Bewegung*

Sprachenkunde

Methodik *L von den wissenschaftlichen Verfahren*
Mnemonik *Gedächtniskunst*
Monismus *Einheitslehre*
Otiatrie *Ohrenheilkunde*
Phonetik *L von den Sprachlauten*
Prosodie *L von der Behandlung der Sprache*
Symbolik *Konfessionskunde*
Symbolik *L von d. Symbolbedeutung*
Urologie *L von den Harnkrankheiten*
Zoologie *Tierkunde*

9
Aesthetik *L vom Schönen*
Aesthetik *L von den sinnlichen Wahrnehmungen*
Ballistik *Wurflehre*
Chirurgie *Wundarzneikunde*
Chromatik *Farbenlehre*
Dialektik *Vernunftlehre*
Ethologie *L von den Sitten eines Volkes*
Geognosie *Gesteinskunde (Geologie)*
Geophysik *L von der Physik der Erde*
Grammatik *Sprachlehre*
Ideologie *Begriffslehre*
Kynologie *Lehre vom Hund*
Oekologie *Umweltlehre*
Oekonomie *Wirtschaftslehre*
Ontologie *Lehre vom Sein*
Pharmazie *Heilmittelkunde*
Strategie *höhere Kriegskunst*
Theologie *Lehre von Gott*
Thermotik *Wärmelehre*
Xylologie *L von den Holzarten*
Zytologie *Zellenlehre*

10
Arithmetik *Zahlenlehre*
Astronomie *Himmelskunde*
Chirologie *Handlesekunst*
Epigraphik *Inschriftenkunde*
Ethnologie *vergleichende Völkerkunde*
Ethognosie *Sittenkunde*
Genealogie *Familienkunde*
Geographie *Erdkunde*
Hagiologie *Heiligenlehre*
Histologie *Wi vom Aufbau der Gewebe*
Hohe Schule *Reitkunst*
Kallilogie *Lehre vom Schönen*
Karpologie *Fruchtlehre*
Kosmogonie *Weltentstehungslehre*
Kosmologie *Weltordnungslehre*
Krenologie *Heilquellenlehre*
Limnologie *Seenkunde*
Mathematik *Größenlehre*
Mythologie *Götterlehre*
Neurologie *L von den Nerven*
Numismatik *Münzenkunde*
Orographie *Landformenkunde*
Osteologie *Knochenkunde*
Paediatrie *Kinderheilkunde*
Pathologie *L von den Krankheiten*
Philatelie *Briefmarkenkunde*
Taxiologie *Anordnungslehre*
Teleologie *Lehre von den Zwecken*

11
Chronologie *Zeitkunde*
Dendrologie *Baum- und Gehölzkunde*
Dramaturgie *Schauspiellehre*
Dramaturgik *Schauspiellehre*
Entomologie *Wi von den Insekten*
Gastrologie *Magenlehre*
Gastronomie *höhere Kochkunst*
Germanistik *Wi der deutschen Sprache und Literatur*
Hydrostatik *Wasserstandslehre*
Ideographik *Begriffskunde*
Kraniologie *Schädellehre*

Malakologie *Weichtierlehre*
Metallurgie *Metallkunde*
Mnemoneutik *Gedächtniskunst*
Okkultismus *L vom Übersinnlichen*
Oneirologie *Traumlehre*
Planimetrie *Flächenmeßkunst*
Psychiatrie *L von den Geisteskrankheiten*
Psychologie *Wi vom seelischen Leben*
Pyrotechnik *Feuerwerkskunst*
Seismologie *Wi von den Erdbeben*
Somatologie *L vom lebenden menschlichen Körper*
Topographie *Ortsbeschreibung*
Toxikologie *L von den Giften*
Typographie *Buchdruckerkunst*
Xyloglyptik *Holzschneidekunst*
Xylographie *Holzschneidekunst*

12

Anabaptismus *L von den Wiedertäufern*
Archaeologie *Altertumskunde*
Christologie *Lehre von Christus*
Dermatologie *L von den Hautkrankheiten*
Ethnographie *beschreibende Völkerkunde*
Gynaekologie *L von den Frauenkrankheiten*
Hydrodynamik *L von der Bewegung der Flüssigkeit*
Hydrographie *Gewässerbeschreibung*
Hydrotechnik *Wasserbaukunde*
Ichthyologie *L von den Fischen*
Journalistik *Zeitungskunde*
Jurisprudenz *Rechtswissenschaft*
Kalligraphie *Schönschreibkunst*
Klimatologie *Klimakunde*
Krimatologie *L von den Urteilen*
Magnetologie *L vom Magnetismus*
Metaneologie *Bekehrungslehre*
Meteorologie *Wetterkunde*
Onomatologie *Namenkunde*
Ornithologie *Vogelkunde*
Photographie *Lichtbildkunst*
Tachygraphie *Schnellschreibe-KS*
Thermochemie *L von der Wärmeumsetzung*
Uranographie *Himmelsbeschreibung*
Zythotechnik *Bierbraukunst*

13

Anthropogenie *L von der Menschenentstehung*
Anthropologie *L vom Menschen*
Anthroponomie *L von den Gesetzen des menschlichen Lebens*
Architektonik *Baukunstlehre*
Bakteriologie *Wi von den Bakterien*
Bibliographie *Bücherkunde*
Chalkographie *Kupferstechkunst*
Hydrotherapie *Wasserheilkunde*
Kriminalistik *L von den Verbrechen*
Materialismus *L vom stofflichen Ursprung aller Dinge*
Palaeographie *Inschriftenkunde des Altertums*
Pharmakologie *Arzneimittellehre*
Selenographie *Mondbeschreibung*
Thaumatologie *L von den Wundern*
Trigonometrie *Dreiecklehre*

14

Aequilibrismus *L von der Willensfreiheit*
Anthropognosie *Menschenkunde*
Anthropometrie *Menschenmeßlehre*

Sprachenkunde

Anthropophagie *Menschenfresserei*
Anthroposophie *Menschennaturkunde*
Astrotheologie *Stern-Gottes-L*
Malakozoologie *Weichtierlehre*
Ophthalmologie *L vom Auge*
Palaeontologie *Versteinerungs-K*
Systematologie *L von den wissenschaftlichen Anordnungen*

15

Anorganographie *Beschreibung lebloser Wesen*
Anthropographie *Menschenkörperkunde*

16

Kristallographie *L von den Kristallen*
Psychopathologie *L von den Erkrankungen der Seele*

Verkehrswesen

I Landverkehr

1 Landfahrzeuge

3
Bob *Sportschlitten*
Bus *Omnibus*
Cab *Droschke*
Gig *zweirädriger Wagen*

4
Auto *Kraftwagen*
Biga *Zweigespann*
Jeep *amerikanischer Kraftwagen*

5
Araba *arabischer Karren*
Break *offener Kutschwagen*
Coach *Reisewagen*
Coupé *zweisitziger geschlossener Wagen*
Moped *Fahrrad mit Hilfsmotor*
Rodel *Sportschlitten*
Sulky *zweiräd. Einspänner*

6
Chaise *Kutsche, Sänfte*
Fiaker *Mietkutsche*
Hansom *Droschkenart*
Roller *zweiräd. Fahrzeug*
Tandem *mehrsitziges Fahrrad*
Tandem *zweirädriger Wagen*
Telega *russ. Bretterwagen*

7
Berline *viersitziger Reisewagen*
Dogcart *leichter Jagdwagen*
Fahrrad *zweirädriges Fahrzeug*
Karosse *elegante Kutsche*
Kibitka *russ. Fahrzeug*
Kremser *vielsitziger Wagen*
Omnibus *Kraftwagen für mehrere Personen*
Rikscha *zweiräd. japan. Wagen*
Tilbury *leichter zweiräd. Wagen*
Traktor *Zugmaschine*

8
Draisine *Eisenbahnfahrzeug*
Draisine *Vorläufer des Fahrrades*
Droschke *Mietkutsche*
Eisjacht *Segelschlitten*
Kalesche *leichter vierrädriger Wagen*
Landauer *viersitziger Wagen*
Motorrad *Kraftrad*
Quadriga *Viergespann im Altertum*
Skeleton *Sportschlitten*
Toboggan *Schlitten der nord-amerikan. Indianer*

9
Automobil *Kraftwagen*

Britschka *russ. Reisewagen*
Limousine *geschlossener Kraftwagen*
Mailcoach *vierspännige Kutsche*
Schlitten *Fahrzeug auf Kufen*
Bobsleigh *Sportschlitten*

10
Kabriolett *Kraftwagen mit herabklappbarem Verdeck*
Kabriolett *zweirädriger Einspänner*

2 Autokennzeichen

a Deutschland

2
AB *Aschaffenburg*
AC *Aachen*
BA *Bamberg*
BI *Bielefeld*
BN *Bonn*
BO *Bochum*
BS *Braunschweig*
BT *Bayreuth*
CE *Celle*
CO *Coburg*
DA *Darmstadt*
DN *Düren*
DO *Dortmund*
DT *Detmold*
DU *Duisburg*
ER *Erlangen*
ES *Esslingen*
FD *Fulda*
FL *Flensburg*
FR *Freiburg (Breisgau)*
GE *Gelsenkirchen*
GI *Gießen*
GP *Göppingen*
GS *Goslar*
HA *Hagen*
HB *Bremen*
HD *Heidelberg*
HE *Helmstedt*
HF *Herford*
HH *Hamburg*
HI *Hildesheim*
HL *Lübeck*
HM *Hameln-Pyrmont*
HN *Heilbronn*
HO *Hof*
IN *Ingolstadt*
IS *Iserlohn*
KA *Karlsruhe*
KE *Kempten*
KI *Kiel*
KL *Kaiserslautern*
KN *Konstanz*
KO *Koblenz*
KR *Krefeld*
KS *Kassel*
LA *Landshut*
LB *Ludwigsburg*
LG *Lüneburg*
LI *Lindau*
LL *Landsberg (Lech)*
LU *Ludwigshafen*
MA *Mannheim*
MH *Mühlheim (Ruhr)*
MI *Minden*
MR *Marburg*
MS *Münster*
MZ *Mainz*
NE *Neuss*
OB *Oberhausen*

OF *Offenbach*
OL *Oldenburg*
OS *Osnabrück*
PA *Passau*
PB *Paderborn*
PF *Pforzheim*
PS *Pirmasens*
RE *Recklinghausen*
RS *Remscheid*
RT *Reutlingen*
RY *Rheydt*
SB *Saarbrücken*
SG *Solingen*
SL *Schleswig*
SP *Speyer*
SW *Schweinfurt*
SZ *Salzgitter*
TR *Trier*
UL *Ulm*
WF *Wolfenbüttel*
WI *Wiesbaden*
WO *Worms*
WZ *Wetzlar*

3

BAD *Baden-Baden*
BGD *Berchtesgaden*
BIN *Bingen*
CLZ *Clausthal-Zellerfeld*
CUX *Cuxhaven*
DEL *Delmenhorst*
EMD *Emden*
FUE *Fürth (FÜ)*
GAP *Garmisch-Partenkirchen*
GLA *Gladbeck*
GOE *Göttingen (GÖ)*
HAM *Hamm*
HDH *Heidenheim*
HER *Herne*
LEV *Leverkusen*
NMS *Neumünster*
TUE *Tübingen (TÜ)*
WHV *Wilhelmshaven*
WIT *Witten*
WUE *Würzburg (WÜ)*

b Schweiz

AG *Aargau*
AI *Appenzell-Innerrhoden*
AR *Appenzell-Außerrhoden*
BE *Bern*
BL *Basel-Land*
BS *Basel-Stadt*
FR *Freiburg*
GE *Genf*
GL *Glarus*
GR *Graubünden*
LU *Luzern*
NE *Neuenburg*
NW *Nidwalden*
OW *Obwalden*
SG *St. Gallen*
SH *Schaffhausen*
SO *Solothurn*
SZ *Schwyz*
TG *Thurgau*
TI *Tessin*
UR *Uri*
VD *Waadt*
VS *Wallis*
ZG *Zug*
ZH *Zürich*

e Internationale Kennzeichen

1

A *Österreich*
B *Belgien*
C *Cuba*
D *Deutschland*
E *Spanien*
F *Frankreich*
G *Guatemala*
H *Ungarn*
I *Italien*
L *Luxemburg*
N *Norwegen*
P *Portugal*
R *Rumänien*
S *Schweden*
U *Uruguay*
V *Vatikanstadt*

2

AL *Albanien*
BR *Brasilien*
BG *Bulgarien*
BA *Burma*
CA *Kanada*
CH *Schweiz*
CL *Ceylon*
CO *Kolumbien*
CR *Costa Rica*
CS *Tschechoslowakei*
CY *Cypern*
DK *Dänemark*
ET *Ägypten*
EQ *Ecuador*
FL *Liechtenstein*
GB *Großbritannien*
GH *Ghana*
GR *Griechenland*
HK *Hongkong*
IL *Israel*
IN *Indonesien*
IR *Iran*
IS *Island*
MC *Monaco*
MT *Tanger*
NL *Niederlande*
NZ *Neuseeland*
PA *Panama*
PE *Peru*
PI *Philippinen*
PL *Polen*
PY *Paraguay*
RA *Argentinien*
RC *China*
RH *Haiti*
RL *Libanon*
SF *Finnland*
SM *Siam*
SU *Sowjetunion*
TN *Tunesien*
TR *Türkei*
US *USA*
VN *Vietnam*
YU *Yugoslawien*
ZA *Südafrikanische Union*

3

AUS *Australien*
DOM *Dominikanische Republik*
EIR *Irland*
IND *Indien*
IRQ *Irak*
JOR *Jordanien*
MEX *Mexiko*
NIC *Nicaragua*
PAK *Pakistan*
RCH *Chile*
RSM *San Marino*
SYR *Syrien*

II Schiffahrt

1 Schiffsarten

(B: Boot; F: Fahrzeug; S: Schiff)

3

Dau *arab. Segelfahrzeug*
Gig *Ruderboot*
Kag *holländ. Küstenschiff*
Kat *Nordländerboot*

4

Bark *Segelschiff*
Dhau *arab. Segelfahrzeug*
Ewer *kleines Küsten-F*
Kaag *holländ. Küstenschiff*
Kaik *türk. Ruderboot*
Kanu *Einbaum der Naturvölker*
Kanu *Sportpaddelboot*
Naue *Nachen*
Pink *Vollschiffabart*
Prau *Malaienboot*
Proa *Malaienboot*
Yawl *Kutterart*

5

Balon *siam. Ruderschiff*
Barke *Schiffer-B im Mittelmeer*
Buese *holländ. Fischerfahrzeug*
Dingi *kleines ind. Boot*
Fluit *holländ. Dreimaster*
Huker *Hochseefischerei-F*
Jacht *Vergnügungsschiff*
Jolle *Ruderboot*
Jolle *Segelboot*
Kajak *Eskimoboot*
Kajak *Sportpaddelboot*
Kajik *Bosporusfähre*
Kanoe *Einbaum der Naturvölker*
Kivik *russ. Flußschiff*
Kogge *Hanseschiff*
Mutte *einmast. Fluß-F*
Pinke *holländ. Dreimaster*
Prahm *Lastschiff*
Skiff *Ruderboot*
Sloop *Küstenfahrzeug*
Tjalk *Küstenfahrzeug*
Yacht *Vergnügungsschiff*
Zille *Frachtkahn*

6

Bateau *kleines franz. Fluß-S*
Biland *kleines zweimast. S*
Bireme *Galeerenart*
Dinghi *kleines ind. Boot*
Drache *Wikingerfahrzeug*
Faehre *Schiff zum Übersetzen*
Fleute *holländ. Dreimaster*
Fluete *holländ. Dreimaster*
Gondel *venez. Boot*
Kutter *Segelboot*
Logger *Segelschiff*
Lugger *Segelschiff*
Nachen *Schifferkahn*
Piroge *südamerik. Eingeborenenboot*
Sandal *türk. Wasserfahrzeug*
Schute *Lastschiff*
Tender *Begleitschiff*
Triere *antikes Schiff*

7

Baggala *arab. Segelschiff*
Dulasse *mastloses Fahrzeug auf der Weichsel*
Einbaum *Eingeborenenboot*
Felucke *Mittelmeerschiff*

Galeere *Kriegsschiff*
Galeone *Segelkriegsschiff*
Karacke *span. Handelsschiff*
Kreuzer *Kriegsschiff*
Pinasse *Kriegsschiffbeiboot*
Schoner *Segelschiff*
Skuller *Sportruderboot*
Steamer *Dampfschiff*
Tartane *Mittelmeerboot*
Trajekt *Eisenbahnfährschiff*

8

Barkasse *Boot auf einem Kriegs-S*
Bragozza *Fischerfahrzeug im Mittelmeer*
Dschonke *chines. Segelschiff*
Dschunke *chines. Segelschiff*
Faltboot *zusammenlegbares B*
Fregatte *Kriegsschiff*
Galeasse *mittelalt. Kriegsschiff*
Galliote *kleine schnelle Galeere*
Kanadier *leichtes Sportboot*
Trirerne *mittelalt. Kriegsschiff*

9

Bucentaur *venez. Prachtgaleere*
Bucentoro *venez. Prachtgaleere*
Karavelle *Segelschiff*
Motorboot *Wasserfahrzeug*
Schaluppe *Küstenfahrzeug*
Schlepper *Schleppdampfer*
Segelboot *Wasserfahrzeug*
Ueberfuhr *Fähre*

10

Brigantine *Briggabart*
Dreimaster *Segelschiff*
Eisbrecher *S mit scharfem Bug*
Gierfaehre *Seilfähre*
Motorjacht *Wasserfahrzeug*
Quadrireme *vierruderiges S*
Raddampfer *Dampfer mit Schaufelrädern*
Segeljacht *Wasserfahrzeug*
Vollschiff *vollgetakeltes Segel-S*

11

Dampfschiff *durch Dampf betriebenes Schiff*
Motorschiff *Schraubenschiff*
Segelschiff *Wasserfahrzeug*

13

Kofferdampfer *Frachtschiff mit Aufbau*

15

Walfischfaenger *Walfang-S*

2 Nautische Begriffe

(S: Schiff; Ss: Schiffs)

3

Bug *vorderstes Ss-Teil*
Lee *windabgewandte S-Seite*
Log *Fahrtgeschwindigkeitsmesser*
Luv *windzugekehrte S-Seite*
Raa *Segelstange*
Rah *Segelstange*
Top *Mastspitze*

4

Back *vorderer Ss-Aufbau*
Back *Schiffseßtisch*
Bake *Seezeichen*
Boje *Seezeichen*
Bord *oberste Ss-Wand*
Deck *waagrechte Ss-Wand*
Fock *Segel*
Gatt *Hinterteil des Ss*
Glas *Ss-Glockenzeichen*
Heck *hinterstes Schiffsende*
Kiel *unterster Ss-Längsträger*
klar *fertig, bereit*
Koje *Bettverschlag*
Kuhl *mittlerer Teil des Oberdecks*
Kurs *Fahrtrichtung des Ss*
Leck *undichte Stelle am S*
Luke *Decköffnung*
Maat *Marineunteroffizier*
Mars *Plattform am Mast*
Mast *Segelträger*
Mole *Hafendamm*
Pier *Hafendamm*
Port *Hafendamm*
Rack *Rahhaltevorrichtung*
Rahe *Segelstange*
Reep *Tau*
Reff *Segelverkürzungsvorrichtung*
Topp *Mastspitze*

5

Anker *S-Festhaltehaken*
Barke *kleines Boot*
Bilge *Raum für das Leckwasser*
Dolle *Bolzen am Bootsrand*
dwars *quer*
Ferge *Fährmann*
geien *Segel hochziehen*
Hafen *Ss-Liegeplatz*
Helge *Teil der Ss-Bauwerft*
Heuer *Löhnung der Mannschaft*
Kabel *starkes Tau*
Kargo *Ss-Ladung*
Logis *Mannschaftsraum im S*
Messe *Offiziersspeiseraum*
Reede *Ss-Ankerplatz*
Ruder *S-Lenkvorrichtung*
Spant *Ss-Körper-Rippe*
Wante *Masthaltetau*
Werft *Ss-Bauplatz*
Wrack *unbrauchbares S*

6

Brasse *Haltetau*
Bunker *Kohlenraum im Dampf-S*
Dalben *Seezeichen*
Dippen *Begrüßen durch Flaggen*
entern *in die Takelung klettern*
Gaffel *Segelstange*
gieren *vom Kurs abweichen*
glasen *Zeichen mit der Ss-Glocke geben*
heuern *Mannschaft dingen*
hissen *Segel hochziehen*
Kabine *Ss-Wohnraum*
Ketsch *Bootstakelung*
Knoten *Ss-Geschwindigkeit*
peilen *Richtung bestimmen*
Poller *Taubefestigungsvorrichtung*
pullen *rudern*
reffen *Segelfläche verkleinern*
Reling *Ss-Brüstung*
Riemen *Ruder*
Schott *innere Ss-Wand*
Schott *Ss-Scheidewand*
Spriet *Segelquerstange*
staken *Boot mit Stangen vorwärtsstoßen*
Stapel *Unterlage beim Ss-Bau*
Steuer *S-Lenkvorrichtung*
Steven *Abschlußbalken am Kiel*
Trosse *starkes Tau*

7

achtern *hinten*
Ausguck *Beobachtungsposten*
Ballast *Gewichtsausgleich*

brassen *Rahe nach dem Wind richten*
Bussole *Kompaß*
Embargo *Ss-Beschlagnahme*
Havarie *Ss-Schaden*
Helling *Ss-Werft*
Kabelar *Kette zum Ankerlichten*
Kajuete *Ss-Wohnraum*
kentern *umschlagen*
Kluever *dreieckiges Segel am Klüverbaum*
Logbuch *Ss-Tagebuch*
Oelzeug *Seemannskleidung*
Schanze *Deckhinterteil*
Spiegel *Fläche hinter dem Heck*
Verdeck *horizontale Abteilung*

8

Abordage *Entern eines Ss*
abtakeln *Segel abnehmen*
Backbord *linke S-Seite*
Bullauge *rundes Ss-Fenster*
chartern *ein S mieten*
Fallreep *Treppe zum Besteigen des Ss*
Fockmast *vorderster Mast*
Kapitaen *Führer eines Ss*
Kombuese *Ss-Küche*
Leeseite *windabgekehrte S-Seite*
loeschen *ein S entladen*
Luvseite *windzugekehrte S-Seite*
Periskop *Unterseebootsehrohr*
Takelage *Segel- und Mastanordnung*
Takelung *Segel- und Mastanordnung*

9

Achteraus *hinter dem S*
Besanmast *hinterster Mast*
Bugspriet *über den Bug vorstehendes Holz*
Freihafen *Teil des Hafens*
Gangspill *Ss-Winde*
Hellegatt *Aufbewahrungsraum auf einem S*
Kabelgarn *Tauwerk*
Kabelgatt *vorderer Ss-Raum*
kalfatern *Ss-Wände dichten*
Kiellinie *Kriegs-Se in einer Reihe hintereinander*
spleissen *zwei Taue verflechten*

10

Achterdeck *hinterer Teil des Oberdecks*
Dreimaster *dreieckiger Offiziershut*
Leuchtturm *Seezeichen an der Küste*
schlingern *Ss-Bewegung*
Steuerbord *rechte S-Seite*
Steuermann *Ss-Offizier*

11

Kraehennest *Ausguck am Mast*

12

Hintersteven *Teil des Ss-Körpers*

13

Oberbootsmann *erster Bootsmann*

15

Kommandobruecke *Ss-Aufbau*

Wirtschaft

I Handelskunde

3

Bon *Gutschein*
Bon *schriftl. Zahlungsanweisung*
Kux *Bergwerksanteil*
Run *Ansturm auf Bankkassen*

4

Agio *Aufgeld*
Avis *Anzeige, Mitteilung*
Bank *Geldinstitut*
Bond *verzinsbare Inhaberschuldverschreibung*
Calo *Abgang, Gewichtsschwund*
Calo *Schwundvergütung*
Giro *bargeldloser Zahlungsverkehr*
Kauf *Erwerb gegen Geld*
Kurs *Preis für Wertpapiere*
Maut *Zollamt*
Mise *Einlage bei einem Handelsgeschäft*
Tara *Gewicht der Verpackung*
Taxe *Preisfestsetzung für eine Ware*
Ware *Sachgut*
Ziel *Zahlungsfrist*
Zins *Preis für Kapitalsnutzung*
Zoll *Zahlung für Wareneinfuhr*

5

Agent *Geschäftsvermittler*
Aktie *Wertpapier*
Bonus *Sondervergütung für Aktionäre*
Debet *Soll, Schuld*
Depot *Wertpapieraufbewahrungsort*
Firma *im Handelsregister eingetragener Name*
Kargo *Schiffsladung*
Kargo *Schadensversicherung*
Kasko *Schadensversicherung*
Kasse *Bargeld*
Kollo *Frachtstück*
Limit *festgesetzte Preisgrenze*
Manko *Fehlbetrag*
Marke *Warenzeichen*
Medio *Monatsmitte*
Netto *Ware ohne Verpackung*
Saldo *Überschuß auf einer Kontoseite*
Talon *Papier zum Empfang von Zinsscheinen*
Trust *Vereinigung von Unternehmen*

6

Aktiva *Bestandteil eines Vermögens*
Akzept *akzeptierter Wechsel*
Akzept *Wechselannahmeerklärung*
Baisse *Sinken des Börsenkurses*
Ballen *verpacktes Warenstück*
Boerse *Zusammenkunft zum Abschließen von Geschäften*
Boerse *Versammlungsort zum Abschließen von Geschäften*
brutto *(Ware) mit Verpackung*
Coupon *Dividendenschein*

Export *Ausfuhr, Warenverkauf ins Ausland*
Faktur *Rechnung*
Flaute *schlechter Geschäftsgang*
Fracht *zu beförderndes Gut*
Fracht *Beförderungsentgelt*
Fusion *Zusammenschluß mehrerer Firmen*
Hausse *Steigen des Börsenkurses*
Import *Einfuhr, Wareneinkauf im Ausland*
Jobber *Börsenspekulant*
Kommis *Handlungsgehilfe*
Kontor *Schreibstube*
Kredit *Guthaben*
Obligo *Verbindlichkeit*
Pleite *Bankrott*
Posten *Warenmenge*
Profit *Nutzen, Gewinn*
Rabatt *Abzug vom Kaufpreis*
Rabatt *Mengennachlaß an Wiederverkäufer*
Scheck *Zahlungsanweisung*
Skonto *Abzug bei Barzahlung*
Sozius *Teilhaber*
Stapel *geschichteter Haufen*
Storno *Rückbuchung*
Tratte *gezogener Wechsel*
Ultimo *Monatsende*
Valuta *fremde Währung*
Zinsen *Preis für Kapitalnutzung*

7

Allonge *Verlängerungszettel bei einem Wechsel*
Anleihe *langfristige Geldaufnahme*
Associé *Geschäftspartner*
Bankier *Leiter eines Bankgeschäftes*
Begeben *erstes Ausgeben eines Wertpapieres*
Begeben *Wechselweitergabe*
bestens *Börsenausdruck*
Debitor *Schuldner*
Defizit *Fehlbetrag*
Devisen *ausländ. Geldsorten*
Disagio *minderer Wert als der Nennwert*
Diskont *Wertabzug*
Domizil *Zahlungsort beim Wechsel*
Dumping *Preisunterbietung beim Export*
Einfuhr *Import*
Faktura *Rechnung*
Filiale *Zweigniederlassung*
Inkasso *Einziehung v. Außenständen*
Journal *Geschäftstagebuch*
Kapital *Grundvermögen, Geschäftseinlage*
Kartell *Zusammenschluß mehrerer Unternehmen*
Kaution *Sicherheitsleistung durch Geldhinterlegung*
Konkurs *Zahlungsunfähigkeit*
Konzern *Vereinigung mehrerer Unternehmen*
Monopol *wirtschaftliche Machtstellung*
Offerte *Angebot*
Partner *Teilhaber*
Passiva *Schulden eines Unternehmens*
Prokura *Vollmacht*
Prozent *vom Hundert gerechnet*
Quantum *Menge*
Regress *Rückgriff auf einen anderen Verpflichteten*
Reklame *Werbung*
Rendite *Wertpapierverzinsung*
Restant *Zurückgebliebenes*
Rimesse *Wechselart*
Rimesse *Wechselübergabe zur Schuldendeckung*
Skontro *Hilfsbuch*
solvent *zahlungsfähig*
Solvenz *Zahlungsfähigkeit*

Trassat *Bezogener einer Tratte*
Wechsel *Wertpapier*
Zession *Abtretung einer Forderung*

8

Agiotage *Börsenspekulation*
Banknote *Papiergeld*
Bankrott *Zahlungseinstellung*
Bonitaet *Güte der Ware*
Bonitaet *Zahlungsfähigkeit*
Clearing *Verrechnungsart*
Courtage *Maklergebühr*
Darlehen *ausgeliehene Geldsumme*
Effekten *bewegliches Vermögen*
Emission *Wertpapierausgabe*
erkennen *gutschreiben*
Eskompte *Preisnachlaß bei Barzahlung*
Exchange *Börse, Kurs*
Exchange *Geldeinwechseln*
Faktorei *europ. Handelsniederlassung in Übersee*
Finanzen *Vermögen*
girieren *durch Giro übertragen*
Hypothek *Belastung eines Grundstückes oder Hauses als Sicherstellung für eine Zahlung*
Inventar *lebender und toter Bestand*
Inventar *Verzeichnis von Vermögen und Schulden*
Inventur *Bestandsaufnahme*
Kreditor *Kreditgeber*
loeschen *Streichen einer Eintragung*
loeschen *Waren aus einem Schiff ausladen*
Promesse *Schuldverschreibung*
Prospekt *Bekanntmachung über Wertpapiere; Werbeschrift*
Quittung *Bescheinigung über eine Zahlung*
Revision *Überprüfung*
Stundung *Hinausschieben einer Fälligkeit*
Syndikat *Vereinigung mehrerer Firmen*
Tantieme *Anteil am Reingewinn*
Trassant *Wechselaussteller*
zedieren *Forderung abtreten*

9

Aktionaer *Gesellschafter einer Aktiengesellschaft*
Akzeptant *Wechselannehmer*
Arbitrage *Börsenausdruck*
avisieren *ankündigen*
Bezogener *derjenige, der einen Wechsel zahlen muß*
Deflation *Verminderung der Zahlungsmittel und Steigen ihres Wertes*
Disponent *bevollmächtigter Handlungsgehilfe*
Dividende *Anteil an einer Konkursmasse*
Dividende *Gewinnanteil*
Emballage *Paketverpackung*
Exporteur *Ausfuhrhändler*
Falliment *Zahlungseinstellung*
Importeur *Einfuhrhändler*
Inflation *Vermehrung der Zahlungsmittel und Geldentwertung*
insolvent *zahlungsunfähig*
Insolvenz *Zahlungsunfähigkeit*
Kompagnon *Teilhaber*
kursieren *in Umlauf sein*
Notierung *Kursfestsetzung*
Prokurist *Bevollmächtigter*
Provision *Vermittlungsvergütung*
Qualitaet *Beschaffenheit*
saldieren *Konto ausgleichen*
Sortiment *Zusammenstellung verschiedener Waren*
Transport *Versendung*

10

Engrossist *Großhändler*
Faustpfand *bewegliche Sache als Pfand*
honorieren *Wechsel einlösen*
Konfektion *fabrikmäßig hergestellte Kleidung*
Konkurrent *Geschäftsgegner, Wettbewerber*
Konkurrenz *Wettbewerb*
Konsortium *Vereinigung zur Durchführung großer Geschäfte*
Kurszettel *Börsenbericht*
Obligation *Wertpapier*
qualitativ *der Beschaffenheit nach*
Quantitaet *Menge*
quittieren *Quittung ausstellen*
stornieren *Auftrag oder Buchung rückgängig machen*
Datowechsel *Wechselart*
exportieren *Ware ausführen*
finanzieren *Geld beschaffen*
importieren *Ware einführen*
Kalkulation *Kostenberechnung*
Konterbande *geschmuggelte Ware*
Konterbande *Warenschmuggel*
kreditieren *Kredit geben*
Nostrokonto *Konto einer Bank bei einer anderen*
profitieren *Nutzen haben*
quantitativ *der Menge nach*
Schutzmarke *Warenzeichen*
Transaktion *geschäftliche Unternehmung*

12

Abschreibung *Herabsetzung des buchmäßigen Wertes*
Amortisation *planmäßige Tilgung einer Schuld*
Außenhandel *Warenaustausch mit anderen Ländern*
Binnenhandel *Handel innerhalb eines Landes*
Bonifikation *Vergütung*
Detailhandel *Einzelhandel*
Fallissement *Zahlungseinstellung*
freibleibend *ohne Verbindlichkeit*
Kompensation *Warenaustausch ohne Devisen*
Kontokorrent *laufende Rechnung*
kontrahieren *einen Vertrag schließen*
lombardieren *verpfänden, beleihen*

13

Kolonialwaren *Erzeugnisse der heißen Zone*

II Bergbau

3

Ort *Endpunkt einer Strecke beim Grubenbau*

4

Feld *zum Abbau bestimmtes Gebiet*
Hund *offener Förderwagen*
Hunt *offener Förderwagen*
Kaue *Waschhaus*
Mine *Bergwerk*
taub *erzleer*

5

Abbau *Gewinnung nutzbarer Mineralien*
Berge *taubes Gestein*
First *Decke des Grubenbaues*
Gagat *schwarzbraune Kohle*

Grube *Bergwerk*
Hauer *Bergmann*
Sohle *Stockwerk im Bergwerk*
Teufe *gegrabene Tiefe*
Zeche *Bergwerk*

6
Firste *Decke des Grubenbaues*
Floetz *schichtartige Ablagerung*
Haeuer *Bergmann*
Knappe *Bergmann*
Kumpel *Bergarbeiter*
Wipper *Einrichtung zum Entladen der Hunde (Hunte)*

7
ablegen *Leute entlassen*
Blaeser *Grubenausbruch*
Fahrten *Leitern*
Galerie *Stollen*
Huthaus *Ort zum Umziehen*
Huthaus *Werkzeugaufbewahrungsort*
Querbau *Abbauart*
Schacht *senkrechter Grubenbau*
Schicht *Arbeitszeit*
Steiger *aufsichtführender Bergmann*
Stollen *waagerechter Grubenbau*
Strecke *langer waagerechter Stollen*
Tagebau *Abbau in offenen Gruben*

8
abteufen *Bohrlöcher anlegen*
Bergmann *gelernter Bergarbeiter*
Scharung *Zusammentreffen zweier Gänge*
scheiden *abschlagen tauben Gesteins*
Schwaden *verdorbene Grubenluft*

9
Anthrazit *Steinkohle mit größtem Heizwert*
Geleuchte *Grubenlampe*
Grubenbau *unterirdischer Bergbau*
Pechkohle *schwarzbraune Kohle*
Strebebau *Abbau mit Bergeversatz*

10
Bergknappe *gelernter Bergarbeiter*
Braunkohle *junge Kohle*
Firstenbau *treppenartiger Abbau*
Zechenhaus *Umkleideort*
Zechenhaus *Werkzeugaufbewahrungsort*

11
Grubenlampe *Sicherheitslampe*
Grubenlicht *Sicherheitslampe*
Markscheide *Grenze zwischen zwei Gruben*

12
Grubenwetter *schlagendes Wetter*
Markscheider *Bergwerksvermesser*
Schlagwetter *Grubenwetter*

III Land- und Forstwirtschaft

3

Alm *Hochweide*
Alp *Hochweide*
Gut *großer Bauernhof*
Hag *Wäldchen*
Heu *getrocknetes Gras*
Hof *Gut mit Feldern*

4

Alpe *Hochweide*
Farm *Landwirtschaft in Amerika und in den Kolonien*
Feim *Getreidehaufen im Freien*
Flur *Landbereich mit Wiesen und Äckern*
Hain *gehegtes Gehölz*
Hege *Pflege des Waldes*
Hege *Pflege des Wildbestandes*
Kamp *eingefriedetes Feldstück*
Kate *Bauernhaus ohne Ländereien*
Koog *Marschland*
Kote *Bauernhaus ohne Ländereien*
Luch *Bruch, Sumpf*
Magd *landwirtschaftliche Arbeiterin*
Mahd *Getreideernte*
Mark *Grenze*
Mast *Fütterungsverfahren*
Rain *Ackergrenze*
Senn *Almbewirtschafter*
Silo *Getreidespeicher*
Tann *Wald*
Wald *dichter Baumbestand*

5

Acker *Feld*
Anger *Dorfweideplatz*
Bauer *Landwirt*
brach *unbebaut*
Dieme *Getreidehaufen im Freien*
Ferme *Meierei*
Flett *Teil der Diele im niedersächsischen Bauernhaus*
Forst *bewirtschafteter Wald*
Garbe *Getreidebund*
Grumt *zweiter Schnitt der Wiesen*
Heger *Waldhüter*
Horst *Anzahl von Bäumen eines Waldes*
Jagen *Waldteil*
Knick *Gebüschwall um ein Feld*
Lasso *Tierfangschlinge*
Lehne *Bergabhang*
Maier *Pächter eines Gutes*
Maier *Verwalter eines Gutes*
Matte *Alpenwiese*
Meier *Pächter eines Gutes*
Meier *Verwalter eines Gutes*
Miete *erdbedeckter Feldproduktaufbewahrungshaufen*
Oehmd *zweiter Schnitt der Wiesen in Süddeutschland*
Panse *Raum in der Scheune*
Pesel *Wohnstube im sächsischen Bauernhaus*
Ranch *Farm in Amerika*
Rasen *Wiesenfläche*
Raufe *Futterkrippe*
saeen *Saatgut ausstreuen*
Stall *Raum für Haustiere*
Stroh *trockene Stengel der Feldfrüchte*
Tenne *Teil der Scheune*
Tobel *Waldschlucht*
Trift *Land zum Weideauftrieb*
Weide *Viehfutterplatz*

6

Czikós *ungarischer Pferdehirt*
Farmer *Besitzer einer Farm*
Furche *Ackerrinne*
Futter *Nahrung der Tiere*

Gatter *Gitter*
Gaucho *Viehhirt in Südamerika*
Jauche *flüssiger Stalldünger*
Knecht *landwirtschaftlicher Arbeiter*
Knuell *Weidefläche*
Koppel *eingefriedeter Landstrich*
Pferch *umzäunter Raum für Herden*
Polder *Marschland*
Revier *Waldbezirk*
Schlag *Abholzung*
Stadel *Scheune*
Winzer *Weinbauer*

7

Abtrieb *Abholzen eines Bestandes*
Abtrift *zu Tal treiben des Viehs*
Agronom *wissenschaftlich gebildeter Landwirt*
dengeln *Scharfhämmern der Sense*
Domaene *staatliches Grundstück*
Gesinde *Dienstboten*
Gestuet *Pferdezuchtanstalt*
Grummet *zweiter Schnitt der Wiesen*
Hackbau *Bodenbestellung der Naturvölker*
Kaetner *Besitzer einer Kate*
Mamsell *Wirtschafterin*
Meierei *Milchwirtschaftsbetrieb*
Oedland *unbebautes Land*
Oekonom *Landwirt*
Rabatte *Randbeet*
Rondell *rundes Beet*
Saatgut *in den Boden gebrachte Samen*
Scheune *Vorratshaus*
Schober *Getreidehaufen*

8

Agrarier *Landwirt*
Estancia *Landgut in Südamerika*
Foerster *Forstbeamter*
Hacienda *Landgut in Südamerika*
Haecksel *Futterstroh*
Haeusler *Taglöhner mit kleinem Grundbesitz*
Hazienda *Landgut in Südamerika*
Parzelle *kleines Grundstück*
Plantage *Pflanzung*
Schaefer *Schafhirte*
Schneise *leerer Streifen im Forst*
Schonung *Anpflanzung junger Bäume*
Schwaden *fallende Feldfrüchte beim Mähen*
Sennerei *Almwirtschaft*
Sennerin *Bewirtschafterin einer Alm*
Speicher *Vorratsraum*
Squatter *Ansiedler in Nordamerika*

9

Bannforst *Schutzwald gegen Lawinen*
Gemarkung *Grenze*
Schneusse *leerer Streifen im Forst*
Schweizer *Viehknecht*

10

Ausgedinge *Altenteil*

11

Haeckerling *Futterstroh*

IV Jagd

3

Bau *Raubtierhöhle*
Sau *weibliches Schwarzwild*

4

Balz *Paarungszeit beim Auerhahn*
Bast *Fell über den Geweihansätzen*
Bock *männliches Reh*
Fang *Fangvorrichtung*
Fang *Jagdbeute*
Fang *Krallen der Raubvögel*
Fang *Rachen der Raubtiere*
Fehe *weiblicher Fuchs, Wolf*
Flug *Wildgänseschar*
Hatz *Jagdart*
Kalb *Hirschjunges*
Lauf *Bein der vierfüßigen Jagdtiere*
Rute *Schwanz des Haarraubwildes*
Satz *Wurf junger Hasen*
Spur *Raubtierfährte*

5

aesen *Nahrung aufnehmen*
Bache *Wildsau*
Beize *Falkenjagd*
Blatt *Schulter des Wildes*
Blume *Schwanz des Hasen*
Bruch *grüner Zweig mit Wildschweiß*
Decke *behaarte Haut des Wildes*
Enden *Sprossen am Hirschgeweih*
Faehe *weiblicher Fuchs, Wolf*
fegen *Abreiben der Geweihe*
Feist *Fett des Hirschwildes*
Geiss *weibliches Reh*
Hauer *Wildeber*
Hetze *Jagdart*
Kette *Vogelwildfamilie*
Kitze *Reh- oder Gemsenjunges*
Licht *Auge des Wildes*
Luder *Aas als Raubwildköder*
Lunte *Schwanz des Fuchses*
Meute *Jagdhundkoppel*
Perle *Geweiherhöhung*
Ricke *weibliches Reh*
Ruede *männlicher Fuchs oder Wolf*
Spiel *Schwanz des Auer- und Birkwildes*
Spiel *Schwanz des Fasans*
Stoss *Schwanz des Auer- und Birkwildes*
Stoss *Schwanz des Fasans*

6

Ansitz *Jägerwarte*
Behang *Ohren des Jagdhundes*
Birsch *Jagdart*
Flamme *rote Augenhaut der Auer- und Birkenhähne*
Gabler *Rehbock mit zwei Enden an jeder Stange*
Geaese *aufgenommene Nahrung*
Gehege *Jagdbereich mit Wildpflege*
Gehoer *Ohren verschiedenen Wildes*
Gewehr *Keilereckzähne*
Geweih *Hörner bei männlichen Hirschtieren*
Graene *obere Eckzähne des Edelwildes*
Haesin *Hasenweibchen*
Halali *Hörnerfanfare*
Hindin *Hirschkuh*
Kanzel *Baumsitz des Jägers*
Keiler *männliches Schwarzwild*
Kessel *Lager des Schwarzwildes*
Kessel *Mittelraum im Dachsbau*
Kessel *Mittelraum im Fuchsbau*
Koeder *Wildfangmittel*
Koppel *mehrere Jagdhunde an einer Leine*
ludern *anlocken*
Moench *Hirsch ohne Geweih*
Pikoer *die Meute führender Jäger*
Pirsch *Jagdart*

Roehre *Gang im Fuchsbau*
Spiess *Geweih mit Stangen ohne Sprossen*
Sprung *Rudel Rehe*
Waffen *Keilereckzähne*
Ziehen *vertrautes Gehen des Schalwildes*

7

anlegen *Meute zur Fährte bringen*
anlegen *Treiber für Jagd aufnehmen*
Anstand *Warte des Jägers*
blatten *nachahmen des Rehbockrufes*
Faehrte *Abdruck des Wildtrittes*
forkeln *stoßen mit den Geweihen*
Gebrech *Rüssel der Wildsau*
Gehoere *Ohren des Wildes*
Gehoern *Hörner des Rehbocks*
Gelaeuf *Fährte des Federwilds*
Gesperr *Fasanjunges*
Gewerft *Keilereckzähne*
Lichter *Augen des Wildes*
Loeffel *Ohren der Hasen*
Rammler *männlicher Hase*
Rehkalb *junges Reh*
Roehren *Hirschbrunstschrei*
Schalen *Hufe von Reh, Gemse*
Spiegel *weißer Fleck am Hinterteil des Rehwildes*
Stangen *Äste des Geweihs*
Strecke *Treibjagdausbeute*
Treiber *Jagdgehilfe*
Wechsel *vom Hochwild begangener Pfad*
Wildern *unberechtigtes Jagen*

8

birschen *anschleichen an das Wild*
Gemsbart *Rückenhaare des Gemsbockes*
Grandeln *obere Eckzähne des Edelwildes*
Hochsitz *Baumsitz des Jägers*
Hubertus *Schutzheiliger der Jäger*
Kahlwild *geweihlose weibliche Tiere beim Damwild*
Kraeckel *Schwanz des Schwarzwildes*
Krickeln *Hörner der Gemse*
kroepfen *fressen (Raubvögel)*
pirschen *anschleichen an das Wild*
Schwarte *Haut des Schwarzwildes*
Schweiss *Blut der Jagdtiere*
Spiesser *Hirsch mit zwei Spießen*
Sprossen *Nebenzweige des Geweihs*
Staender *Beine des Federwildes*

9

aufsetzen *Geweih erneuern*
Falknerei *Jagd mit Falken*
Federwild *alle jagdbaren Vögel*
Geraeusch *Herz, Leber und Lunge des Wildes*
Gescheide *Magen und Gedärme des Wildes*
Schaufeln *verbreiterte Geweihstangen beim Damwild*
Schneider *geringer Edelhirsch*
Standarte *Fuchsschwanz*
verhoeren *nach Wild forschen*

10

aufbrechen *ausnehmen der Wildeingeweide*
frettieren *Kaninchen austreiben*
Frischling *einjähriges Wildschwein*
Kahlhirsch *Hirsch ohne Geweih*
Schuesseln *Ohren des Rot-, Dam- und Schwarzwildes*
Tritteisen *Raubtierfalle*
vergraemen *Wild scheu machen*

11

Tellereisen *Raubtierfalle*
Vergraemung *Wildscheumachung*

Bekleidung
Ernährung
Spiel und Sport

Bekleidung

1 Stoffe

4
Cord
Filz
Flor
Lamé
Mako
Mull
Rips
Samt
Taft
Tuch

5
Atlas
Cloth
Drell
Drill
Kotze
Krepp
Linon
Loden
Moiré
Nylon
Orlon
Pikee
Ratin
Satin
Seide
Tuell
Tweed
Voile
Wolle

6
Batist
Brokat
Cendal
Damast
Dralon
Etamin
Felbel
Frotté
Inlett
Jersey
Kaliko
Kattun
Koper
Kotzen
Krepon
Leinen
Melton
Merino
Molino
Molton
Perkal
Perlon
Ratiné
Rupfen
Sammet
Sandal
Taffet
Velvet
Zephir
Zindel

7
Cheviot
Chiffon
Flanell
Flausch
Foulard
Lasting
Luester
Mollino
Nanking
Organdy
Ottoman
Pluesch
Prunell
Stramin
Velours

8
Barchent
Goldlamé
Kamelott
Kaschmir
Kretonne
Musselin
Organdin
Popeline
Siamoise
Tarlatan
Zwillich

9
Covercoat
Gabardine

10
Honanseide
Kunstseide

11
Napolitaine

2 Pelzarten

3
Boa
Feh

4
Hase
Lamm
Nerz

Seal

5
Biber
Bisam
Iltis
Kanin
Luchs
Schaf
Skunk
Tibet
Tiger
Zobel

6
Fohlen
Marder
Murmel
Nutria
Ozelot

7
Hamster
Karakul
Krimmer
Opossum
Treibel

8
Baranken
Eisfuchs
Grauwerk
Hermelin
Kalinken
Rotfuchs
Sealskin
Seeotter
Wollmaus

9
Astrachan
Blaufuchs
Kaninchen
Persianer
Stinktier
Waschbaer

10
Bisamratte
Chincilla
Edelmarder
Polarfuchs
Sumpfbiber

11
Silberfuchs
Steinmarder

12
Breitschwanz

13
Eichhoernchen

3 Verschiedenes

3
Aba *orientalischer ärmelloser Rock*
Fes *orientalische Kopfbedeckung*
Fez *orientalische Kopfbedeckung*
Hut *Kopfbedeckung*
Obi *jap. Kimonogürtel*

4
Alba *Ärmelgewand*
Gala *Festkleid*
Hemd *Kleidungsstück*
Hose *Beinkleid*
Kilt *Schurz der Bergschotten*
Muff *Handwärmer*
Robe *Frauenoberkleid*
Rock *Kleidungsstück*
Slip *kleine Hose*
Wams *Jacke*

5
Bluse *Frauenkleidungsstück*
Boïna *Mütze in Spanien*
Borte *Kleidbesatz*
Bunda *Schafpelz der ungarischen Bauern*
Fichu *Schulterkragen*
Frack *festlicher Herrenanzug*
Gilet *ärmellose Jacke*
Gugel *Kapuze mit Schulterkragen*
Habit *Kleidung, Tracht*
Heuke *glockenförmiger Mantel*
Holke *glockenförmiger Mantel*
Inful *Bischofsmütze*
Jabot *Spitzenkrause*
Jacke *Kleidungsstück*
Joppe *Bauernrock*
Jupon *Frauenunterrock*
Kappe *Kopfbedeckung*
Kotze *Wetterumhang*
Kutte *Mönchsgewand*
Ornat *geistliche Tracht*
Palla *altrömisches Frauengewand*
Pumps *Damenschuhart*
Sakko *Herrenjackett*

Schal *Umschlagtuch*
Schuh *Fußbekleidung*
Slips *Halsbinde*
Stola *altrömisches Frauengewand*
Stola *Schultertuch*
Weste *Jacke*

6

Absatz *Teil des Schuhes*
Anorak *Windjacke*
Attila *Husarenrock*
Barett *flache Mütze*
Bonnet *Mütze, Kappe*
Burnus *arabischer Kapuzenmantel*
Chiton *altgriechisches Gewand*
Dolman *Husarenjacke*
Finken *Hausschuhe*
Fliege *Schlips am Kragen*
Fraese *Halskrause*
Hennin *Kopfbedeckung*
Janker *Joppe*
Jumper *Blusenart*
Kaftan *orientalischer Überrock*
Kasack *Kittelbluse*
Kolpak *Husarenpelzmütze*
Krulle *Halskrause*
Livree *Dienerkleidung*
Masche *Schleife*
Muetze *Kopfbedeckung*
Opanke *Schuh ohne Absatz*
Pileus *altrömische Filzmütze*
Revers *Mantelaufschlag*
Raglan *Sportmantel*
Schoss *Rock*
Schurz *Latzschürze*
Schute *Kiepenhut*
Stulpe *Aufschlag*
Taleth *Gebetschleier der Juden*
Talith *Gebetschleier der Juden*
Turban *Kopfbedeckung*
Ulster *Männerüberrock*
Wester *Westerhemd*

7

Babusch *türkischer Hausschuh*
Chemise *Hemd*
Chlamys *altgriechischer weiter Mantel*
Foulard *seidenes Taschentuch*
Gebende *Frauenkopfbedeckung*
Kamisol *kurzärmelige Weste*
Keffije *arab. Kopftuch*
Komplet *Rock und kurzer Mantel*
Korsett *Schnürleibchen*
Kothurn *altgriechischer hoher Schuh*
Lacerna *altrömischer Mantel*
Negligé *Morgenkleid*
Paletot *Überzieher*
Pallium *altrömische Mantelbekleidung*
Pantine *Holzschuhart*
Plissee *Preßfalte*
Ruesche *glatter Besatz*
Sandale *Fußbekleidung*
Sarafan *russisches Frauenkleid*
Schaube *mantelartiger Rock*
Schlepp *verlängerter Damenrock*
Schlips *Halsbinde*
Spenzer *ärmelloses Jäckchen*
Stiefel *Fußbekleidung*
Strumpf *Beinbekleidung*
Troddel *Quaste*
Tschoka *indisches Oberkleid*
Tschoka *Pelzgewand in Mittelasien*
Zerevis *Studentenmütze*

8

Babudsch *türkischer Hausschuh*
Babusche *türkischer Hausschuh*
Baschlik *russische Wollmütze*
Borduere *Besatz*
Breeches *Reithose*
Dormeuse *weibl. Kopfbedeckung*
Dschubbe *Kleid der Mohammedaner*
Fontange *weibl. Kopfputz*

Bekleidung

Galosche *Überschuh*
Gamasche *Fußbekleidung*
Gebaende *Frauenkopfbedeckung*
Havelock *Mantelart*
Jaschmak *Schleier der Türkinnen*
Kruseler *Frauenhaube*
Mantille *Frauenmantel aus Seide*
Mokassin *Indianerschnürstiefel*
Pabudsch *türk. Hausschuh*
Pelerine *Überwurfkragen*
Plastron *breite Krawatte*
Reifrock *gestreifter Frauenunterrock*
Ridikuel *Strickbeutel*
Sombrero *Palmblatthut*
Zylinder *hoher Herrenhut*

9

Dalmatika *Obergewand mit Ärmeln*
Handschuh *Handbekleidung*
Karbatine *griech. und röm. Schuhart*
Korselett *leichtes Korsett*
Krinoline *Frauenunterrock*
Pantoffel *Hausschuh*
Pompadour *Damenstrickbeutel*
Regenhaut *Regenmantel*
Skapulier *Tuchstreifen der Mönchskleidung*
Windjacke *kurzer Wettermantel*
Zweispitz *Hutform*

10

Chemisette *Vorhemd, Kragen*
Deshabillé *franz. Hauskleid*
Faeustling *Fausthandschuh*
Fustanella *Teil der griech. Nationaltracht*
Kalabreser *breitkrempiger Hut*
Ochsenmaul *Schuhart*
Stelzschuh *Schuhart*

11

Baerenklaue *Schnabelschuhart*
Baerentatze *Schuhart*

12

Selbstbinder *Schlipsart*

13

Entenschnabel *Schnabelschuhart*
Knickerbocker *weite Kniehose*

Ernährung

1 Speisen

2
Ei *Nahrungsmittel*

3
Eis *gefrorene Süßspeise*
Jam *Marmelade*
Jus *eingedickte Fleischbrühe*
Mus *Obst- oder Gemüsebrei*
Oel *flüssiges Fett*
Pie *engl. Pastete*
Sud *Gesottenes*

4
Brei *dickflüssige Speise*
Brot *Backwerk*
Germ *Teigtreibmittel*
Hefe *Teigtreibmittel*
Keks *Gebäck*
Kipf *Brotform*
Koch *Auflauf*
Krem *Süßspeise*
Lake *Pökelflüssigkeit*
Matz *Quark*
Mett *rohgewiegtes Schweinefleisch*
Obst *eßbare Früchte*
Rahm *Sahne*
Sago *gekörntes Stärkemehl*
Salz *Speisewürze*
Seim *Honigsaft*
Senf *Mostrich*
Sulz *Fleischstücke in Gallerte*
Teig *Backmasse*
Zopf *Brotform*

5
Aspik *Fleischgallerte*
Bacon *englischer Frühstücksspeck*
Beize *Marinade*
Bombe *Eisspeise*
Creme *Süßspeise*
Curry *scharfe Gewürzmischung*
Dolma *türkische Reisspeise*
Drops *Bonbon*
Essig *Speisezutat*
Farce *Fleischfüllsel*
Feist *Hirschwildfett*
Filet *Brustfleisch vom Geflügel*
Filet *Lendenfleisch*
Filet *Rückenfleisch der Fische*
Flade *flacher Kuchen*
Gelee *eingedickter Fleisch- oder Fruchtsaft*
Honig *von Bienen verarbeiteter süßer Blütensaft*
Kaper *eingesalzene Blütenknospe*
Klops *Hackfleischklößchen*
Kloss *Fleischkugel*
Kloss *Teigkugel*
Krume *Brotinneres*
Kutja *russ. Nationalgericht*
Maggi *Speisewürze*
Nudel *Teigware*
Nugat *Mandelschokolade*
Obers *Schlagsahne*
Pilaf *pers. Reisspeise*
Pilaf *türk. Reisspeise*
Pilaw *pers. Reisspeise*

Pilaw *türk. Reisspeise*
Quarg *Weichkäse*
Quark *Weichkäse, weißer Käse*
Sahne *(geschlagener) Rahm*
Salmi *Geflügelragout*
Salmi *Wildragout*
Sauce *pikante Tunke*
Sosse *pikante Tunke*
Steak *gebratene Fleischscheibe*
Sterz *Mehlspeise*
Toast *geröstete Brotschnitte*
Torte *Mehlspeise, Kuchen*
Tunke *Soße*

6

Baiser *Zuckergebäck*
Boerek *türk. Mehlspeise*
Bonbon *Zuckerwerk*
Braise *pikante Brühe*
Brezel *altdeutsches Gebäck*
Bruehe *Fleischsuppe*
Butter *Fett aus der Milch*
Dragée *mit Zucker überzogene Frucht*
Edamer *Fettkäse*
Flinse *Eierkuchen*
Hutzel *getrocknete Birne*
Hutzel *getrocknete Pflaume*
Kandis *Zuckerart*
Kapper *eingesalz. Blütenknospe*
Karree *Fleischrippenstück*
Kaviar *eingesalzener Rogen*
Kipfel *Weizengebäck*
Kletze *Dörrbirne*
Moppen *holländisches Gebäck*
Mousse *Eisart*
Mousse *Fleischkrem*
Nocken *kleine Mehlköße*
Nougat *Mandelschokolade*
Oblate *Kuchenunterlage*
Palmin *Kokosfett*
Panade *Brei mit versch. Zutaten*
Plinse *Eierkuchen*
Plunze *Blutwurst*
Potage *Mischgemüse*
Potage *Suppenart*
Printe *Pfefferkuchenart*
Pueree *Gemüsebrei*
Puffer *Kartoffelkuchen*
Ragout *Fleischmischgericht*
Rosine *getrocknete Weinbeere*
Salami *Fleischwurst*
Schnee *geschlagenes Eiweiß*
Semmel *Brötchen, Weizengebäck*
Suelze *Fleischstücke in Gallerte*
Stulle *Brotscheibe*
Talken *böhm. Hefegebäck*
Tasajo *getrocknetes Fleisch in Südamerika*
Topfen *Quark*
Uschki *russ. Fleischpastete*
Waffel *Backwerk*
Wecken *Semmel in Süddeutschland*
Zibebe *große Rosine*
Zucker *Süßstoff aus Rüben oder Zuckerrohr*

7

Auflauf *Mehlspeise*
Biskuit *Gebäck*
Brimsen *Käsesorte*
Brioche *Gebäck*
Brissel *Bratklößchen*
Buchtel *Hefegebäck*
Bulette *Fleischklößchen*
Chester *Fettkäse*
Eisbein *gepökelter Schweinsfuß*
Fondant *Zuckermasse*
Gervais *französ. Sahnekäse*
Gewuerz *Speisezutat*
Graupen *enthülste Weizenkörner*
Gruetze *breiige Speise*
Haschee *feingehacktes Fleisch*
Karamel *gebräunter Rohrzucker*
Ketchup *Gewürztunke*
Kompott *eingemachte Früchte*
Konfekt *Zuckerwerk*

Krapfen *österr. Feingebäck*
Kringel *Ringelgebäck*
Lebzelt *Lebkuchen*
Makrone *Mandelkuchen*
Melasse *brauner Sirup*
Pastete *gebackene Fleischspeise*
Polenta *ital. Nationalspeise*
Polenta *Maisbrei*
Praline *Schokoladenzuckerwerk*
Pudding *Mehlspeise*
Ramadou *Schafmilchkäse*
Ravioli *ital. gefüllter Nudelteig*
Risotto *in Suppe gedünsteter Reis*
Rohkost *Kost aus ungekochten Nahrungsmitteln*
Romad(o)ur *französ. Schafmilchkäse*
Roulade *gefüllte Fleischscheibe*
Ruehrei *Eierspeise*
Sardine *in Öl gekochter kleiner Heringsfisch*
Schmalz *ausgeschmolzenes Fett*
Schmant *Milchrahm*
Soufflé *Eierauflauf*
Stollen *mitteldeutsches Weihnachtsgebäck*
Strudel *österr. gefüllter Teig*
Trifles *engl. Leckerei*

8

Backobst *Dörrobst*
Bechamel *pikante Soße*
Beuschel *Lungenhaschee*
Biskotte *Gebäck*
Bouillon *Fleischbrühe*
Boulette *Fleischklößchen*
Chaudeau *Weinschaumsoße*
Confetti *Zuckerwerk*
Consommé *Kraftbrühe*
Flammeri *süße Speise*
Kanditen *überzuckerte Früchte*
Kotelett *Rippenstück*
Krokette *gebackenes Fleisch-, Fisch- oder Kartoffelklößchen*
Kuskussu *nordafrikan. Gericht*
Labskaus *seemänn. Mischgericht*
Lakritze *Süßholzsaft*
Leckerli *Baseler Pfefferkuchen*
Liptauer *Käsesorte*
Mamaliga *Maisbrei in Ungarn*
Marinade *Essigbrühe*
Marzipan *Gebäck aus Mandeln und Zucker*
Mostrich *Senf*
Omelette *Eierkuchen*
Parmesan *ital. halbfetter Käse*
Piroggen *russ. Pastete*
Remolade *pikante Soße*
Risibisi *Reis-Erbsen-Gericht*
Rissolen *gebratener Blätterteig*
Sardelle *eingesalzene Anschovis*
Schinken *gepökelte Schweinskeule*
Schmarrn *alpenländ. Eierkuchen*
Schmolle *weiches Brotinneres*
Schrippe *Semmel in Berlin*
Trueffel *Fleischwürze*
Tschorba *türk. Hammelfleischragout*
Tschorba *türk. Nationalspeise*
Zitronat *Backzusatz*
Zwieback *Weizengebäck*

9

Backstein *Magerkäse*
Beefsteak *gebratene Rindsschnitte*
Brieschen *Bratklößchen*
Brisolett *gebratenes Kalbfleischklößchen*
Broeschen *Bratklößchen*
Bueckling *geräucherter Hering*
Camembert *französ. Weichkäse*
Cornichon *kleine Pfeffergurke*
Frikassee *gedämpftes Fleischstück*
Gugelhupf *österr. Napfkuchen*
Karbonade *Schweinsrippenstück*
Kolatsche *Mürbeteigkuchen*
Korinthen *kleine Rosinenart*
Lebkuchen *Honigkuchen*

Makkaroni *ital. Nudelart*
Margarine *Pflanzenfett*
Marmelade *eingekochtes Obstmus*
Prunellen *getrocknete Pflaumen*
Remoulade *pikante Soße*
Roquefort *französ. Käsesorte*
Rumpsteak *gebratenes Rinderrippenstück*
Saccharin *künstlicher Süßstoff*
Sauerteig *Teigtreibmittel*
Schmarren *alpenländischer Eierkuchen*
Schmetten *Rahm*
Schnitzel *gebackene Fleischscheibe*
Spaghetti *ital. Nudelart*
Weissbrot *Brot aus Weizenmehl*

10
Backpulver *Teigtreibmittel*
Chartreuse *Gericht aus Gemüse, Fleisch und Früchten*
Corned beef *Rindfleischkonserve*
Croquettes *gebackene Klößchen*
Emmentaler *schweiz. Käsesorte*
Frikadelle *gebratener Fleischkloß*
Frikandeau *gedämpftes Kalbskeulenteil*
Gefrorenes *Speiseeis*
Geselchtes *Rauchfleisch*
Gorgonzola *schimmeliger Weichkäse*
Hutzelbrot *südd. Weihnachtsgebäck*
Klippfisch *getrockneter Kabeljau*
Knackwurst *österr. Wurstsorte*
Konfituere *Marmelade*
Mayonnaise *dicke pikante Soße*
Mortadella *ital. Wurstsorte*
Napfkuchen *Kuchenart*
Presswurst *österr. Wurstsorte*
Rissolette *Fleischpastetchen*
Salzkuchen *Roggenbrötchen*
Sauerkraut *eingesalz. Weißkohl*
Schmankerl *Gebäck*
Stockfisch *getrockneter Dorsch*
Weizenbrot *Brot aus Weizen*

11
Frikandelle *gebratenes Hackfleisch*
Honigkuchen *Feingebäck mit Honig*
Kletzenbrot *Hutzelbrot*
Plumpudding *engl. Weihnachtsspeise*
Reisauflauf *Milchreisspeise*
Schlagsahne *geschlagene Sahne*
Tutti frutti *Mischfrüchte*
Tutti frutti *Mischgemüsegericht*

12
Birnenwecken *südd. Weihnachtsgebäck*
Chesterkaese *Hartkäse*
Kuemmelkaese *Käsesorte*
Lendenbraten *Filet*
Mixed Pickles *mit Essig eingemachtes junges Gemüse*
Pumpernickel *westfälisches Roggenbrot*
Rauchfleisch *geräuchertes Fleisch*
Schlackwurst *Fleischwurst*
Selchfleisch *Rauchfleisch*
Vollkornbrot *Brotsorte*

13
Bechamelsosse *pikante Soße*
Parmesankaese *ital. Käse*
Pfefferkuchen *Lebkuchen*
Raeucherkaese *Käsesorte*
Traubenzucker *Zuckerart*
Zervelatwurst *Fleischwurst*

14
Kaiserschmarrn *alpenländ. Eierkuchen*

2 Getränke

3

Ale *helles englisches Bier*
Gin *Wacholderschnaps*
Hag *koffeinfreier Kaffee*
Met *Honigwein*
Nes *Pulverkaffee*
Obi *Apfelsaft*
Rum *alkohol. Getränk*

4

Arak *ostind. Reisbranntwein*
Asti *ital. Schaumwein*
Bier *alkoholisches Getränk*
Boal *Madeirawein*
Bosa *Bier der Tataren*
Boza *Getränk aus Hirse*
Boza *türk. Bier*
Caña *Getränk aus Zuckerrohr*
Faro *belg. Mischgetränk*
Flip *amerik. Mischgetränk*
Gose *Leipziger Bier*
Grog *heißes alkohol. Getränk*
Kaba *Kakaogetränk*
Kwas *russ. bierähnliches Getränk*
Mars *belg. Dünnbier*
Mate *südamerik. Tee*
Most *gegorener Apfelsaft*
Most *Traubensaft*
Raki *oriental. Branntwein*
Sake *jap. Reisgetränk*
Sekt *Schaumwein*
Wein *alkoholisches Getränk*
Whip *heißes Mischgetränk*

5

Arrak *ostind. Reisbranntwein*
Bados *roter Bordeauxwein*
Berry *französ. Wein*
Bombo *nordamerik. Rumgetränk*
Boura *Bier der Tataren*
Bowle *kaltes Mischgetränk*
Bussa *Getränk der Tataren*
Chica *Maisgetränk in Bolivien*
Fusel *unreiner Branntwein*
Jérez *span. Weißwein*
Kakao *Getränk aus Kakaopulver*
Korma *keltisches Getränk*
Kumys *Stutenmilchgetränk*
Kwass *russ. bierähnliches Getränk*
Mokka *starker Kaffee*
Mumme *braunschw. Bier*
Negus *Glühwein*
Racky *oriental. Branntwein*
Sling *engl. grogähnliches Getränk*
Sprit *Alkohol*
Stout *engl. dunkles Bier*
Tafia *Rum*
Tinto *Madeirawein*
Toddy *grogähnliches Getränk*
Toddy *Palmwein*
Wodka *russ. Branntwein*
Xeres *span. Wein*
Zider *Apfelwein, Obstwein*

6

Cherry *Kirschlikör*
Cicha *Maisgetränk in Bolivien*
Enzian *Magenbitterlikör*
Kofent *Dünnbier*
Kognak *französ. Weinbrand*
Lambik *belg. Bier*
Likoer *alkoholisches Getränk*
Malaga *span. Wein*
Persio *Bittermandellikör*
Porter *dunkles engl. Bier*
Pulque *mexik. Getränk aus Agaven*
Punsch *alkoholisches Getränk*
Rancio *span. Wein*
Ruster *burgenländ. Wein*
Sauser *Traubensaft*
Sherry *span. Süßwein*
Sorbet *türk. Fruchtsaftgetränk*

Taffia *Rum*
Wermut *Wein mit Wermutkraut*
Whisky *engl. Getreidebranntwein*

7
Absinth *Wermutschnaps*
Admiral *Eierpunsch*
Allasch *russ. Kümmelschnaps*
Aquavit *Branntwein*
Bakator *ung. Weinsorte*
Bazarne *Burgunderweinsorte*
Bischof *kaltes Mischgetränk*
Bragget *engl. metartiges Getränk*
Chablis *Burgunderweinsorte*
Chianti *ital. Weinsorte*
Cinzano *ital. Wermut*
Cobbler *Mischgetränk*
Curaçao *Pomeranzenschalenlikör*
Genever *Wacholderschnaps*
Joghurt *bulg. Nationalgetränk*
Kaetsch *Pflaumenbranntwein*
Klarett *heller Rotwein*
Madeira *Weinsorte*
Marsala *sizilianischer Wein*
Persico *Bittermandellikör*
Ratafia *Fruchtsaftlikör*
Refosko *ital. Weinsorte*
Rossoli *ital. Orangenblütenlikör*
Schoeps *Dünnbier*
Sercial *Madeirawein*
Tokajer *ungar. Weinsorte*
Yoghurt *bulg. Nationalgetränk*

8
Alicante *span. Weinsorte*
Anisette *Anislikör*
Apéritif *Bitterlikör*
Bockbier *Biersorte*
Coca-Cola *Erfrischungsgetränk*
Cocktail *Mischgetränk*
Falerner *ital. Weinsorte*
Heuriger *Wein des letzten Jahres*
Lakritze *Süßholzsaft*
Limonade *Fruchtsaftgetränk*
Portwein *portugies. Weinsorte*
Rauscher *Traubensaft*
Reisbier *Biersorte*
Rosoglio *ital. Orangenblütenlikör*
Scherbet *oriental. Fruchtsaftgetränk*
Sillabub *Mischgetränk*
Spumante *ital. Schaumwein*
Tintillo *span. Weinsorte*
Verdelho *Madeirawein*

9
Braunbier *Biersorte*
Burgunder *französ. Edelwein*
Malvasier *griech. Likörwein*
Moselwein *Wein vom Moselgebiet*
Orangeade *Orangenlimonade*
Rheinwein *Wein von den Rheinufern*
Schilcher *helle Weinsorte*
Slibowitz *serb. Pflaumenschnaps*
Sliwowitz *serb. Pflaumenschnaps*
Weinbrand *Branntwein aus Wein*
Weingeist *Alkohol*
Weissbier *trübes Bier*
Weisswein *heller Wein*

10
Boroviczka *ungar. Wacholderbranntwein*
Branntwein *alkoholisches Getränk*
Champagner *französ. Schaumwein*
Chartreuse *Kräuterlikör*
Dalmatiner *Wein aus Dalmatien*
Hochheimer *Rheinwein*
Knickebein *mehrere Liköre und ein Eidotter*
Maraschino *dalmat. Kirschlikör*
Schaumwein *Sekt*
Sodawasser *Wasser mit Kohlensäure*
Weizenbier *Biersorte*

11
Drachenblut *Rotweinsorte*
Gerstenbier *Biersorte*
Kirschgeist *Kirschbranntwein*
Krambambuli *Danziger Kirschwasser*
Maerzenbier *Biersorte*
Muskateller *Weinsorte*
Rauenthaler *Rheinwein*
Steinberger *Rheinwein*
Steinhaeger *westfälischer Wacholderbranntwein*

12
Asti spumante *ital. Schaumwein*
Benediktiner *Kräuterlikör*
Cherry brandy *Kirschlikör*
Hoppelpoppel *Eiergrog*
Kirschwasser *Kirschbranntwein*
Markobrunner *Rheinwein*
Ruedesheimer *Rheinwein*
Schorlemorle *Wein und Sprudel*
Selterwasser *Mineralwasser*

13
Graefenberger *Rheinwein*
Liebfraumilch *rheinhess. Wein*

14
Inselburgunder *Madeirawein*

15
Assmannshaeuser *roter Rheinwein*
Lacrimae Christi *Vesuvwein*
Liebfrauenmilch *rheinhess. Wein*
Muskatellerwein *Wein aus der Muskatellertraube*

3 Gemüse und Gewürze

4
Beta
Bete
Dill
Kohl
Kren
Radi
Rane
Senf

5
Bohne
Curry
Erbse
Gurke
Lauch
Nelke
Ruebe
Salat

6
Fisole
Kresse
Meiran
Melone
Moehre
Porree
Spinat
Tomate
Zeller

7
Endivie
Fenchel
Karfiol
Karotte
Kuerbis
Kukuruz
Majoran
Mangold
Paprika
Pfeffer
Rapunze
Rettich
Rotkohl
Spargel
Wirsing
Zwiebel

8
Kohlrabi
Portulak
Rapunzel
Sellerie
Zichorie

9
Blattkohl
Blaukraut
Borretsch
Feldsalat
Kartoffel
Knoblauch
Kohlruebe
Kopfsalat
Mohrruebe
Pastinak(e)
Puffbohne
Rhabarber
Rosenkohl
Schalotte
Sojabohne

10
Ackersalat
Blumenkohl
Brennessel

Ernährung

Paradeiser	11	Sauerampfer	13
Petersilie	Artischocke		Paradiesapfel
Radieschen	Bohnenkraut	12	Schwarzwurzel
Sauerkraut	Meerrettich	Schnittlauch	
	Runkelruebe	Sprossenkohl	

Spiel und Sport

I Spiele

1 Kartenspiele

(G: Kartenglücksspiel)

4
Jass
Skat
Solo
Tapp
Ekarté
Pharao *G*
Pikett
Piquet
Ramsch
Tarock
Klabrias
Papillon
Quartett

5
Poker *G*
Rommé
Rummy
Whist

6
Biribi *G*
Bridge

7
Binokel
Canastra
L'hombre
Mariage

8
Bakkarat *G*

9
Schafkopf
Schnapsen

10
Doppelkopf
Klaberjass
Preference

11
Rouge et noir *G*

12
Sambacanasta

13
Einundzwanzig

14
Kartenlotterie *G*
Schwarzer Peter

15
Sechsundsechzig

2 Brettspiele

2
Go

4
Dame
Puff

5
Halma
Salta

6
Gammon
Gobang
Muehle
Schach

13
Festungsspiel
Wolf und Schafe

3 Andere Spiele

(S: Spiel)

4
Poch *Glücks-S*

5
Lotto *Glücks-S*
Pharo *Hasard-S*

6
Biribi *Kugel-S*
Boccia *Kugel-S*
Domino *Lege-S*
Hasard *Glücks-S*
Pochen *Glücks-S*
Puzzle *Lege-S*

7
Billard *Tafelbrett-S*
Knobeln *Würfel-S*
Roulett *Glücks-S*
Tombola *Zahlenlotto*

8
Mah-Jongg *chines. S*
Patience *Geduld-S mit Karten*
Wuerfeln *Würfel-S*

9
Mauscheln *Glücks-S*

10
Tricktrack *Würfel-Brett-S*
Wettrennen *Würfel-S*

11
Puzzlespiel *Legegeduld-S*
Zahlenlotto *Tombola*

13
Wettrennspiel *Würfel-Brett-S*

15
Einsiedlerspiel *Geduld-S*

4 Verschiedene Ausdrücke

2
As *Spielkarte*

3
Rot *Spielkartenfarbe*

4
Ambo *Lotterietreffer*
Bete *Einsatz beim Karten-S*
Bube *Spielkarte*
Dame *Schachfigur*
Dame *Spielkarte*
Daus *höchstes Blatt der dt. Karten*
Herz *Spielkartenfarbe*
Karo *Spielkartenfarbe*
Matt *Stellung im Schachspiel*
Mond *Tarockkarte*
Ober *Spielkarte*
Patt *Stellung im Schachspiel*
Pick *Spielkartenfarbe*
Turm *Schachfigur*

5
Atout *Trumpf im Karten-S*

Basta *Trumpf im L'hombre-S*
Bauer *Schachfigur*
Couer *Spielkartenfarbe*
Ecker *Spielkartenfarbe*
Effet *Billardstoß*
Grand *Großspiel im Skat*
Gruen *Spielkartenfarbe*
Jeton *Spielmarke*
Joker *Rummykarte*
Jolly *Rummykarte*
Junge *Spielkarte*
Kreuz *Spielkartenfarbe*
Niete *Lotterielos ohne Gewinn*
Pagat *Tarockkarte*
Pasch *Dominostein mit Doppelzahl*
Pasch *im Würfelspiel alle Würfel mit gleicher Augenanzahl*
Queue *Billardstock*
remis *unentschieden*
Skues *Tarockkarte*
Talon *Spielkartenrest*
Terno *Lotterietreffer*
Treff *Spielkartenfarbe*
Unter *Spielkarte*
Valet *Bube im Kartenspiel*

6
Boccia *hölzerne Spielkugel*
Eichel *Spielkartenfarbe*
Gambit *Eröffnungsart im Schachspiel*
Kavall *Tarockfigur*
Koenig *Spielkarte*
Koenig *Schachfigur*
Murmel *Spielkugel*
Reiter *Tarockfigur*
Robber *doppelte Partie im Whistspiel*
Rubber *doppelte Partie im Whistspiel*
Taille *Abzug im Karten-S*
Tantes *Spielpfennig*
Tantos *Spielpfennig*

7
Couleur *Trumpf im Karten-S*
Laeufer *Schachfigur*
Renonce *Fehlfarbe im Karten-S*
Rochade *Doppelzug im Schach-S*
Roessel *Schachfigur*
Schelle *Spielkartenfarbe*
Vorhand *als erster im Kartenspiel ausspielen*

8
Croupier *Spielbankhaltergehilfe*
Eckstein *Spielkartenfarbe*
Springer *Schachfigur*

II Sport

1 Sportarten

4
Golf
Judo
Polo
Ritt
Turf

5
Boxen
Crawl
Derby
Gehen
Kraul
Rugby

6
Angeln
Hockey
Kegeln
Laufen
Reiten
Rennen
Ringen
Rodeln
Rudern

Spiel und Sport

Segeln
Slalom
Tennis
Turnen
Werfen

7
Crawlen
Curling
Fechten
Fliegen
Kricket
Krocket
Paddeln
Radball
Radpolo
Regatta
Reissen
Stemmen
Stossen
Torlauf
Wandern

8
Athletik
Baseball
Freistil
Fussball
Handball
Jiu-Jitsu
Klettern
Korbball
Pingpong
Pushball
Springen

9
Bobfahren
Eishockey
Eislaufen
Faustball
Federball
Gymnastik
Prellball
Radfahren
Ringkampf
Schiessen
Schwimmen
Skilaufen
Speerwurf
Wasserski

10
Basketball
Faustkampf
Freiuebung
Hochsprung
Ringtennis
Schilaufen
Schlagball
Trabrennen
Wasserball
Wasserschi
Weitsprung
Wettrennen

11
Bergsteigen
Flachrennen
Huerdenlauf
Skikjoering
Speerwerfen
Staffellauf
Tischtennis
Voelkerball

12
Diskuswerfen
Gewichtheben
Hammerwerfen
Kugelstossen
Pferderennen
Segelfliegen

13
Geraeteturnen
Hindernislauf
Huerdenrennen
Stafettenlauf

14
Leichtathletik
Schwerathletik
Stabhochsprung

15
Hindernisrennen

2 Turnübungen

4
Nest

5
Beuge
Felge
Hocke
Kehre
Kerze
Welle
Wende

6
Flanke
Schere
Sprung

7
Schwung

8
Nesthang

9
Graetsche
Handstand
Kopfstand

11
Ueberschlag
Drehschwung

3 Sportgeräte

3
Bob
Ski
Tau
Tor

4
Ball
Bock
Korb
Netz
Puck
Reck
Reif
Ring
Schi
Seil
Stab

5
Bandy
Degen
Keule
Kugel
Leine
Matte
Pferd
Rodel
Speer

6
Barren
Caddie
Diskus
Hammer
Hantel
Huerde
Kasten
Leiter
Pickel
Racket
Rakett
Rapier
Saebel
Stange
Trapez
Visier

7
Florett
Scheibe

8
Bumerang
Rennwolf
Rhoenrad
Rundlauf
Skeleton

9
Bobsleigh
Federball
Schlaeger
Schlitten
Trampolin

10
Rollschuhe
Tennisball

11
Medizinball
Schwebebaum
Sprungbrett

12
Punchingball
Sprossenwand

13
Schlittschuhe

14
Segelschlitten

4 Sportliche Begriffe

3
Tip *Wettvorschlag*
Tor *Ziel beim Ballspiel*
Set *Tennisausdruck*

4
Avus *Autorennbahn in Berlin*
Feld *Startende beim Wettrennen*
foul *regelwidrig*
Goal *Tor*
Kuer *Wahlübung*
Prim *Fechthiebart*
Ring *Boxarena*
Team *Mannschaft*
Terz *Fechthiebart*
Turf *Pferderennbahn*
Ziel *Endpunkt*

5
Arena *Kampfplatz*
Chulo *Stierkämpfer mit rotem Tuch*
Elfer *Fußballstoß*
Finte *Scheinbewegung beim Fechten*
Match *Wettkampf*
Riege *Turnerabteilung*
Salto *Überschlagen in der Luft*

Spurt *Anstrengung im Endkampf*
Start *Absprung, Ablauf*

6

Buhurt *ritterliches Kampfspiel*
Clinch *Umklammerung des Gegners beim Boxen*
Espada *Hauptfechter im Stierkampf*
Finish *Ende*
Kalade *Abhang der Reitbahn*
Mensur *Abstand der Fechter*
Parade *Abwehr beim Fechten*
Rekord *Höchstleistung*
Sekund *Fechthiebart*
Steher *ausdauerndes Reitpferd*
Steher *Dauerradfahrer*
Torero *Stierkämpfer*

7

Ausfall *Fußvorsetzen beim Fechten*
Auslage *Körperstellung beim Fechten*
Matador *der den Todesstoß gebende Stierkämpfer*
Picador *Stierkämpfer mit der Lanze*
Regatta *Wettfahrt auf dem Wasser*
Riposte *Nachstoß beim Fechten*
Staffel *Abteilung*
Torwart *Ballspieler beim Tor*
Turnier *ritterliches Kampfspiel*
Turnier *Sportwettkampf*
Vorgabe *Ausgleichsverfahren*

8

Capeador *Stierkämpfer mit rotem Tuch*
Champion *Meister in einer Sportart*
Endspurt *letzte Anstrengung vor dem Ziel*
Handikap *Ausgleichsverfahren*
Retirade *Zurücksetzen des Fußes beim Fechten*
Telemark *Schwung beim Skilaufen*
Toreador *Stierkämpfer*
Training *Vorbereitung z. Wettkampf*

9

Gladiator *altrömischer Fechter*
Hippodrom *altgriech. Rennbahn*
Olympiade *olympische Spiele*

10

Buchmacher *Vermittler von Wetten (Pferderennen)*
Kristiania *Schwung beim Skifahren*
Stemmbogen *Bogen beim Skifahren*

11

Totalisator *Wettstelle (Pferderennen)*

12

Banderillero *Stierkämpfer mit spitzem Stab*
Nuerburgring *Autorennbahn in der Eifel*
Ruderregatta *Wettfahrt auf dem Wasser*
Salto mortale *gefährlicher Sprung*
Segelregatta *Wettfahrt auf dem Wasser*

13

Schrittmacher *führendes Pferd im Rennen*
Schrittmacher *Vorausfahrender im Radrennen*

5 Begriffe der Hohen Schule

4
Trab *laufende Gangart*

5
Groom *Reitknecht*
Longe *Pferdeleitseil*
Volte *Kreisschritt*

6
Galopp *ununterbrochene Reihenfolge von Sprüngen*
Kanter *leichter Galopp*
Levade *Bäumen des Pferdes*
Parade *plötzliches Anhalten*
Piaffe *ununterbrochene Reihenfolge von Sprüngen*
Pesade *Bäumen des Pferdes*
Redopp *Vierteltempogalopp*
Zelter *Paradepferd*

7
Alluere *Gangart*
Falkade *scheinbares Setzen auf das Hinterteil*
Lançade *bogenförmiger Luftsprung*
Passade *schnelles Auf- und Abreiten derselben Strecke*
Passage *Treten mit erhobener Knieaktion*
Travers *Seitengangart*

8
Assiette *feste Haltung*
Eskapade *Seitensprung*
Kapriole *höchster Sprung auf der Stelle*
Kruppade *Sprung*
Kurbette *Galopp mit eingezogenen Beinen*

9
Ballotade *Luftsprung mit angezogenen Beinen*
Pirouette *Drehung auf einem Hinterfuß*

10
Tattersall *Reitbahn*

III Tänze

(NT: Nationaltanz)

3
Jig *irischer Nationaltanz*

4
Giga *alter lebhafter Tanz*
Kolo *serb. Volkstanz*
Reel *dän. Tanz*
Reel *irischer Tanz*
Reel *schott. Tanz*
Step *Bühnentanz*

5
Blues *amerik. Gesellschaftstanz*
Gigue *alter lebhafter Tanz*
Loure *alter französ. Tanz*
Polka *böhm. Tanz*
Raspa *moderner Tanz*
Rumba *kubanischer Tanz*
Samba *brasil. Tanz*
Tango *argent. Volkstanz*

6

Bolero *span. Tanz*
Boston *Gesellschaftstanz*
Branle *alter französ. Tanz*
Cancan *französ. Tanz*
Dreher *deutscher Tanz*
Galopp *schneller Rundtanz*
Hopser *deutscher Tanz*
Jarabe *span. Nationaltanz*
Kosake *Kosakentanz*
Marsch *Schreittanz*
Oberek *poln. Tanz*
Pavane *alter ital. Tanz*
Redova *böhm. Tanz*
Reigen *Schreittanz*
Walzer *deutscher Rundtanz*

7

Bourrée *französ. Reigentanz*
Bransle *alter französ. Tanz*
Ciacona *ital. Tanz*
Csárdás *ung. Nationaltanz*
Forlana *venez. Tanz*
Furiant *böhm. Volkstanz*
Gavotte *altfranzös. Tanz*
Langaus *alter deutscher Tanz*
Mazurka *alter poln. Tanz*
Menuett *französ. Tanz*
Moresca *korsikan. Waffentanz*
Muñeira *span. Tanz*
Musette *französ. ländlicher Tanz*
Onestep *amerik. Tanz*
Paduana *alter ital. Tanz*
Polacca *poln. Tanz*
Romayka *neugriech. Tanz*

8

Anglaise *engl. Tanz*
Bernoise *Berner Tanz*
Cachucha *span. Tanz*
Chaconne *alter Tanz*
Fandango *span. Tanz*
Foxtrott *amerik. Tanz*
Guarache *span. Tanz*
Habanera *kuban.-span. Tanz*
Hornpipe *alter engl. Tanz*
Kotillon *französ. Gesellschaftstanz*
Laendler *deutscher Rundtanz*
Rejdovak *böhm. Tanz*
Rigaudon *provenzalischer Tanz*
Rutscher *deutscher Tanz*
Werbunko *ung. Nationaltanz*

9

Allemande *alemann. Rundtanz*
Ekossaise *altschott. Tanz*
Esmeralda *span. Kontertanz*
Farandole *provenzalischer Tanz*
Française *französ. Tanz*
Gagliarde *ital. Gesellschaftstanz*
Galoppade *französ. Tanz*
Kalamaika *NT der galiz. Slawen*
Krakowiak *poln. Nationaltanz*
Madrilena *span. Tanz*
Malaqueña *span. Tanz*
Matelotte *franz. Matrosentanz*
Olivettes *provenzalischer Tanz*
Passaglia *alter Tanz*
Passepied *altfranzös. Rundtanz*
Polonaise *langsamer poln. Tanz*
Quadrille *ital. Gesellschaftstanz*
Sarabande *alter span. Tanz*
Siciliano *alter ruhiger Tanz*
Steirisch *Tanz der Steiermärker*
Tambourin *französ. Tanz*
Wasnaenka *russ. Tanz*
Zapateado *span. Tanz*
Zweitritt *alter deutscher Tanz*

10

Bergamaska *alter Tanz*
Charleston *amerik. Tanz*
Faranduola *provenzal. Tanz*
Kallinikos *griech. Tanz*
Kontertanz *Wechseltanz*
Rejdovacka *böhm. Tanz*
Saltarello *ital. Springtanz*
Schottisch *schott. Tanz*

Seguidilla *andalus. Volkstanz*
Tarantella *neapol. Tanz*

11
Black Bottom *amerik. Tanz*
Chiarentana *Rundtanzart*
Cracovienne *poln. Tanz*
Passacaille *alter Tanz*
Varsovienne *poln. Tanz*

12
Boogie-Woogie *amerik. Tanz*
English Waltz *langsamer Walzer*
Perigourdine *alter ital. Tanz*
Rheinlaender *deutscher Rundtanz*

Abkürzungen
Berufe
Maße
Gewichte
Titel
Vornamen
Währungen

Abkürzungen

2
aa *ad acta*
ac *anni currentis*
AD *anno Domini*
aD *außer Dienst*
AG *Aktiengesellschaft*
al *ad libitum*
am *ante meridiem*
ao *außerordentlich*
AT *Altes Testament*
ca *circa*
cg *Zentigramm*
cm *Zentimeter*
Co *Companie*
cr *currentis*
ct *cum tempore*
da *dicti anni*
dc *da capo*
dh *das heißt*
di *das ist*
dl *dicto loco*
DM *Deutsche Mark*
dm *Dezimeter*
dO *der Obige*
do *dito*
dR *der Reserve*
Dr *Doktor*
dz *Doppelzentner*
ed *edidit*
ed *Edition (Ausgabe)*
em *emeritus (entpflichtet)*
eo *ex offizio (von Amts wegen)*
ev *evangelisch*
Ev *Evangelium*
ev *eventuell*
ff *folgende*
ha *Hektar*
hc *honoris causa (ehrenhalber)*
hl *Hektoliter*
Ia *erstklassig*
iA *im Auftrag*
ib *ibidem (ebendort)*
ie *id est (das heißt)*
iJ *im Jahre*
iP *in Pension*
IR *Imperator Rex (Kaiser und König)*
iR *im Ruhestand*
it *item (ebenso, ferner)*
iV *in Vertretung*
Jh *Jahrhundert*
jr *junior*
kg *Kilogramm*
KG *Kommanditgesellschaft*
kk *kaiserlich-königlich*
km *Kilometer*
ko *knock out*
kp *Kilopond*
kW *Kilowatt*
lb *libra (engl. Pfund)*
lc *loco citato (am angeführten Ort)*
ld *limited (Ges. m. beschränkter Haftung)*
lM *laufenden Monats*
lm *lumen (Einheit des Lichtstroms)*
LS *loco sigilli (anstatt des Siegels)*
MA *Mittelalter*
mg *Milligramm*
mm *Millimeter*
Mr *Mister*
NB *nota bene (wohlgemerkt)*
NN *Normal-Null*
NO *Nordosten*
Nr *Nummer*
NT *Neues Testament*
op *Opus*

OZ *Oktanzahl, Ordnungszahl*
pa *prima*
pa *pro anno (für ein Jahr)*
pe *par exemple*
pm *post meridiem (nachmittags)*
pm *pro mille*
pp *per procura*
PS *Pferdestärke*
PS *Postscriptum (Nachschrift)*
PT *praemisso (pleno) titulo (alle Titel vorausgeschickt)*
qm *Quadratmeter*
RP *Réponse payée (Antwort bezahlt)*
sa *siehe auch*
Sa *Summa*
sc *scilicet (nämlich)*
sc *sculpsit (hat gemeißelt)*
SC *Senioren-Convent*
sh *Shilling*
SM *Seine Majestät*
SO *Südosten*
St *Saint*
St *Sankt*
st *sine tempore (pünktlich)*
St *Stück*
SW *Südwesten*
tg *Tangente*
TH *Technische Hochschule*
UN *United Nations (Vereinte Nationen)*
US *United States*
vH *vom Hundert*
zB *zum Beispiel*
zD *zur Disposition*
zH *zu Händen*
zS *zur See*
zT *zum Teil*
Zz *Zinszahl*
zZ *zur Zeit*

3

AEG *Allgemeine Elektricitäts-gesellschaft*
aSt *alten Stils*
bes *besonders*
bez *bezahlt*
BGB *Bürgerliches Gesetzbuch*
BRT *Brutto-Registertonne*
bzw *beziehungsweise*
cbm *Kubikmeter*
ccm *Kubikzentimeter*
Chr *Christus*
Cie *Compagnie*
cod *codex*
cos *Cosinus*
dAe *der Ältere*
dgl *dergleichen*
etc *et cetera*
gez *gezeichnet*
HGB *Handelsgesetzbuch*
ibd *ibidem (ebendort)*
Inc *Incorporation*
Ind *Index*
IND *In nomine Dei (in Gottes Namen)*
Ing *Ingenieur*
jun *junior*
kHz *Kilohertz*
Kfz *Kraftfahrzeug*
lin *linea (Zeile)*
Lkw *Lastkraftwagen*
Ltd *Limited*
Log *Logarithmus*
mhd *mittelhochdeutsch*
min *Minute*
mkp *Meterkilopond*
Mgr *Monsignore*
Mme *Madame*
nSt *neuen Stils*
OHG *Offene Handelsgesellschaft*
pag *pagina (Buchseite)*
ppa *per procura*
RIP *requiescat in pace (er ruhe in Frieden)*
sec *Sekunde*
sen *senior*
seq *sequens (folgend)*

sin *Sinus*
UNO *United Nations Organization*
usw *und so weiter*
uva *und viele andere*
uzw *und zwar*
vgl *vergleiche*
vGr *von Greenwich*
ZPO *Zivil-Prozeß-Ordnung*
zuz *zuzüglich*
zZt *zur Zeit*

Berufe und Berufsränge

4

Amme
Arzt
Magd
Senn

5

Agent
Bader
Bauer
Bonne
Buffo
Feger
Groom
Heger
Imker
Maler
Notar
Nurse
Pilot
Weber

6

Angler
Anwalt
Brauer
Diener
Gerber
Hafner
Jockey
Knecht
Kommis
Kuefer
Lehrer
Makler
Maurer
Modist
Raseur
Regens
Reifer
Seiler
Setzer
Winzer
Wirker

7

Advokat
Agronom
Akrobat
Baecker
Bankier
Barbier
Beamter
Chirurg
Dentist
Drogist
Flieger
Friseur
Graveur
Kassier
Kuester
Liftboy
Manager
Masseur
Matrose
Monteur
Metzger
Optiker
Pfleger
Pikkolo
Revisor
Richter
Saenger
Sattler
Schmied
Schulze
Sheriff
Seemann
Selcher
Steward
Taenzer
Taucher
Toepfer
Trainer

8

Agrarier
Arbeiter
Assessor
Cicerone
Coiffeur
Croupier
Detektiv
Diplomat
Dirigent
Domestik
Dompteur
Gaertner
Hotelier
Juwelier
Kanzlist
Kapitaen
Katechet
Kaufmann
Klempner
Konditor
Laborant
Lagerist
Landwirt
Linguist
Magister
Masseuse
Pomologe
Provisor
Referent
Reporter
Schaefer
Schuster
Spengler
Taschner
Tischler
Troedler
Verleger
Zoellner

9

Apotheker
Architekt
Astrologe
Aviatiker
Bandagist
Billeteur
Boettcher
Botaniker
Chauffeur
Coiffeuse
Ethnologe
Etymologe
Fleischer
Ingenieur
Inspektor
Internist
Komponist
Konzipist
Mannequin
Operateur
Samariter
Schaffner
Schneider
Schreiner
Schweizer
Sekretaer
Souffleur
Spediteur
Therapeut
Tonsetzer
Typograph
Uhrmacher
Vertreter
Verwalter
Weinbauer

10

Buchhalter
Buchmacher
Dachdecker
Dekorateur
Dienstbote
Direktrice
Fassbinder
Gondoliere
Graphologe
Inspizient
Journalist
Kammerzofe
Kolporteur
Kuerschner
Librettist
Lithograph
Mineraloge
Mundschenk
Oberlehrer
Orthopaede
Photograph
Psychiater
Rhetoriker
Sanitaeter
Schaeffler
Souffleuse
Stenograph
Stewardess
Verkaeufer
Waescherin
Zimmermann

11

Aegyptologe
Anstreicher
Archaeologe
Balletteuse

Bibliograph
Chansonette
Chansonnier
Delegierter
Deputierter
Diakonissin
Dolmetscher
Garderobier
Goldschmied
Gouvernante
Gynaekologe
Hypnotiseur
Illustrator
Interviewer
Kommentator
Kontoristin
Kontrolleur
Lexikograph
Restaurator
Saaltochter
Schuhputzer
Schultheiss
Seiltaenzer
Stenotypist
Verteidiger
Werkfuehrer

12

Abgeordneter
Angestellter
Anthropologe
Bibliothekar
Blechschmied
Blumenbinder
Buchhaendler
Conferencier
Fleischhauer
Installateur
Karikaturist
Patentanwalt
Privatdozent
Rastelbinder
Rechtsanwalt
Restaurateur
Rutengaenger
Schauspieler
Schulmeister
Schwertfeger
Seifensieder
Transporteur

13

Administrator
Fensterputzer
Feuilletonist
Kapellmeister
Kommissionaer
Korrespondent
Kupferschmied
Maurermeister
Messerschmied
Palaeontologe
Perlenfischer
Polytechniker

Maße und Gewichte

(A: Abessinien; Ä: Ägypten; AG: Argentinien; AN: Annam; AR: Arabien; B: Belgien; BE: Bengalen; BI: Birma; BO: Bombay; BR: Brasilien; BU: Bulgarien; C: China; CI: Chile; D: Deutschland; DÄ: Dänemark; E: England; F: Frankreich; FI: Finnland; GR: Griechenland; GU: Guayana; H: Holland; I: Italien; IN: Indien; IR: Irland; IS: Island; J: Japan; JA: Java; M: Mexiko; MA: Mittelamerika; MO: Marokko; N: Niederlande; NA: Nordamerika; nA: Nordafrika; NO: Norwegen; Ö: Österreich; OI: Ostindien; P: Polen; PE: Peru; PO: Portugal; PS: Persien; R: Rußland; S: Schweiz; SA: Südamerika; SB: Serbien; SI: Siam; SO: Schottland; SP: Spanien; SR: Sansibar; SW: Schweden; SY: Syrien; T: Tripolis; TN: Tunis; TÜ: Türkei; U: Ungarn; US: Vereinigte Staaten von Nordamerika; W: Walachei; a: amerikanisch; agr: altgriechisch; ar: altrömisch; b: Bayern; bd: Baden; h: hebräisch; ma: mailändisch; me: Mecklenburg; nd: norddeutsch; nL: natürliche Länge; o: orientalisch; oa: ostasiatisch; ob: oberitalienisch; pr: preußisch; s: Schleswig; sd: süddeutsch; w: Württemberg; wa: westasiatisch)

1 Maße

a Flächenmaße

2
Ar *D*

3
Are *F*

4
Kung *C*
Kung *J*

5
Tschi *C*
Tschi *J*

6
Feddan *Ä*
Hektar *D*
Hektar *Ö*

8
Tunnland *FI*
Tunnland *SW*

b Feldmaße

2
Li *C*

3
Hao *C*
Mau *C*
Meu *C*

4
Acre *E*
Acre *NA*
Maat *N*
Schu *J*
Tang *J*

5
Acker *D*
Acker *GU*
Tsubu *J*

6
Morgen *D*
Tsjubo *J*

7
Furlong *E*
Furlong *US*
Juchart *S*

8
Dscherib *PS*

c Flüssigkeitsmaße

3
Aam *h*
Ahm *DÄ*
Ahm *SW*
Imi *w*
Kan *H*
Ohm *D*
Ohm *DÄ*
Ohm *NO*
Ohm *S*
Ohm *SW*
Vat *H*

4
Goba *A*
Koba *A*
Kuba *A*
Mina *M*
Orna *I*
Pipe *E*
Pipe *US*
Pote *PO*
Stof *R*

5
Kanne *D*
Pinta *OI*
Quart *D*
Wedro *R*

6
Barile *I*
Barril *PO*
Barril *SA*
Medane *A*
Medida *BR*
Seidel *D*
Seidel *Ö*

8
Kruschka *R*
Schoppen *sd*

d Getreidemaße

3
Bag *E*
Hao *AN*
Heo *AN*

4
Loof *R*
Sack *S*

5
Ardeb *A*
Ardeb *Ä*
Ardeb *SY*
Gudda *AR*
Simri *w*
Spint *D*

6
Almude *CI*
Almude *M*
Almude *SP*
Goedde *AR*
Himten *nd*
Koeddi *AR*
Simmer *D*
Wispel *D*

7
Himpten *nd*
Schepel *H*

e Hohlmaße

2
Go *J*
To *J*

3
Kan *IN*
Kan *N*
Mud *N*
Pot *DÄ*
Pot *F*
Pot *NO*
Pot *S*
Sad *SI*
Sai *J*
Sat *SI*

4
Alma *TÜ*
Bole *E*
Coom *E*
Gill *E*
Gill *US*
Mass *D*
Mass *Ö*
Mass *S*
Pint *E*
Pint *NA*
Pott *M*
Scho *J*
Soma *I*

5
Almud *MO*
Antal *U*
Liter
Massl *b*
Massl *Ö*
Metze *D*
Tschi *C*

6
Almude *BR*
Almude *PO*
Bushel *E*
Bushel *US*
Litron *B*

7
Barilon *SP*
Gallone *E*

f Längenmaße

2
Bu *J*
Li *C*
Ma *J*
Pu *C*
Tu *C*

3
Aln *FI*
Aln *SW*
Ell *E*
Fan *AN*
Fan *C*
Fen *AN*
Fen *C*
Fod *DÄ*
Fod *NO*
Fot *FI*
Fot *SW*
Gon *AN*
Ken *J*
Kwo *AN*
Pié *SP*
Sun *J*
Tak *AN*
Teh *BI*
War *SR*

4
Alen *DÄ*
Alen *NO*
Dedo *SP*
Elle *D*
Elle *Ö*
Foot *E*
Fuss *B*
Fuss *D*
Fuss *Ö*
Fuss *S*
Inch *E*
Inch *a*
Keng *J*
Koss *IN*
Nail *E*
Piki *GR*
Rood *SO*
Rute *D*
Rute *E*
Sasi *J*
Taka *SR*
Tobe *SR*
Tsun *C*
Vaam *H*
Vara *PO*
Vara *SA*
Vara *SP*
Voet *H*
Yard *E*
Yard *US*
Zoll *D*

5
Faust *Ö*
Meter
Palmo *I*
Palmo *PO*
Palmo *SP*
Toise *F*
Tomin *MO*
Tschi *C*

6
Cordel *SP*
Cuerda *SP*
Durrah *SR*
Schaku *J*
Spanne *nL*
Tussoo *BO*

7
Arschin *PS*
Arschin *R*
Arschin *TÜ*
Klafter *D*
Klafter *Ö*
Tschang *C*

8
Werschok *R*

g verschiedene Maße

(M: Maß)

2
Li *Wege-M C*
Ri *Wege-M J*

3
Dam *Wege-M AN*
Fad *Wein-M DÄ*
Fod *Fuß-M DÄ*
Fot *Fuß-M FI*
Fot *Fuß-M SW*
Kop *Trocken-M H*
Rob *Trocken-M Ä*
Rub *Trocken-M Ä*
Saâ *Trocken-M MO*
Saâ *Trocken-M TN*
Vat *Steinkohlen-M US*

4
Anna *Salz-M BO*
Bole *Acker-M s*
Butt *Bier-M E*
Foot *Fuß-M E*
Gros *Zähl-M*
Hank *Garn-M E*
Hank *Garn-M IR*
Keel *Steinkohlen-M E*
Kufe *Bier-M D*
Pipa *Wein-M PO*
Pipa *Wein-M SP*
Pipe *Weinzoll-M*
Ries *Papier-M*
Than *Trocken-M SI*
Uiba *Trocken-M TN*
Vara *Zeug-M BR*
Vara *Zeug-M SP*

5
Berri *Wege-M TÜ*
Braza *Klafter-M M*
Braza *Klafter-M SA*
Braza *Klafter-M SP*
Faden *M für Wassertiefe*
Gross *Zähl-M*
Kabel *Ankertaulänge*
Legoa *Meile PO*
Legua *Meile SA*
Legua *Meile SP*
Paket *Zähl-M F*
Rubba *Trocken-M Ä*

Thang *Trocken-M SI*
Werst *Wege-M R*

6
Ballen *Papier-M D*
Ballen *Papier-M Ö*
Barell *Heringszähl-M E*
Barrel *Bier-M E*
Barril *Wein-M AG*
Barril *Wein-M CI*
Barril *Wein-M M*
Barril *Wein-M PO*
Brenta *Wein-M I*
Brenta *Wein-M S*
Estado *Klafter-M M*
Estado *Klafter-M SA*
Estado *Klafter-M SP*
Koddie *Zähl-M JA*
Mandel *Zähl-M D*
Metzen *Frucht-M sd*
Miglio *Meile I*
Quarta *Trocken-M PO*
Schock *Zähl-M D*
Zaspel *Garn-M Ö*
Zimmer *Fellzähl-M*

7
Agatsch *Meile TÜ*
Cajuela *Feldfrucht-M MA*
Estadio *Wege-M BR*
Estadio *Wege-M PO*
Estadio *Wege-M SP*
Farsang *Meile PE*
Farsang *Meile TÜ*
Klafter *Brennholz-M D*
Klafter *Brennholz-M Ö*
Stadion *Wege-M GR*
Saschen *Klafter-M R*

9
Kilderkin *Bier-M E*

10
Tschetwert *Trocken-M R*

11
Tschetwerik *Trocken-M R*

2 Gewichte

a In Ländern

2
As *ar*
Li *C*
Mo *J*
Wu *J*

3
Fen *C*
Hab *SI*
Hap *SI*
Kin *C*
Kin *J*
Man *PS*
Mas *I*
Mon *J*
Oka *Ä*
Oka *TÜ*
Ort *DÄ*
Ort *NO*
Orst *SW*
Pud *R*
Rin *J*
Tan *C*
Tan *J*
Ton *E*
Ton *US*
Vat *E*
Vog *DÄ*
Vog *NO*

4
Funt *P*
Funt *R*
Kwan *J*
Maas *OI*
Maen *PS*
Mehs *C*
Mina *GR*
Mine *agr*
Okia *nA*
Okka *Ä*
Okka *TÜ*
Pund *DÄ*
Rotl *Ä*
Rotl *I*
Rotl *TÜ*
Seer *OI*
Sihr *OI*
Tael *C*
Tael *J*
Tank *BO*
Tsem *TN*
Viss *OI*
Wiss *OI*
Xang *SI*

5
Fuang *SI*
Gramm
Libra *SA*

Pikol *IN*
Pikol *oa*
Pikul *IN*
Pikul *oa*
Stone *E*
Taenk *BO*
Tovar *SB*
Tschi *C*
Tschi *J*
Tsien *C*
Uckie *nA*
Ukiah *nA*
Wesno *SY*

6
Abassi *PS*
Abassy *PS*
Kantar *TÜ*
Miskal *PS*
Rottel *Ä*
Rottel *I*
Rottel *TÜ*
Talent *GR*
Wigsje *N*

7
Chattak *IN*
Chittak *IN*
Drachme *GR*
Faering *IS*
Foering *IS*
Tschang *SI*

8
Skålpund *FI*
Skålpund *SW*
Solotnik *R*

b Verschiedene Gewichte

(G: Gewicht)

3
Bar *Handels-G OI*
Pud *Handels-G R*
Tub *Tee-G E*

4
Anna *Perlen-G BO*
Anna *Gold-G BE*
Baar *Handels-G OI*
Bhar *Handels-G OI*
Gran *Apotheker-G*
Gran *Gold-G D*
Gran *Gold-G Ö*
Mark *Münz-G D*
Real *Edelmetall-G OI*
Sten *Woll-G SW*
Zent *Zoll-G D*

5
Behar *Handels-G OI*
Clove *Woll-G E*
Fuang *Edelmetall-G SI*
Graen *Juwelen-G*
Graen *Gold-G D*
Graen *Silber-G D*
Karat *Juwelen-G*
Quent *Handels-G D*
Quint *Handels-G D*
Sekel *Edelmetall-G h*
Stein *G für Faserstoffe D*
Tonne *Handels-G D*
Tonne *Handels-G F*
Tonne *Handels-G Ö*

6
Arroba *Handels-G PO*
Arroba *Handels-G SP*
Fudder *Blei-G E*
Kaetti *Handels-G C*
Laegel *Stahl-G Ö*
Miskâl *Arznei-G PS*
Miskâl *Edelmetall-G PS*
Seckel *Edelmetall-G h*

7
Skrupel *Apotheker-G*
Tscheki *Edelmetall-G TÜ*
Zentner *Handels-G D*
Zentner *Handels-G DÄ*
Zentner *Handels-G Ö*
Zentner *Handels-G S*

8
Esterlin *Münz-G B*
Esterlin *Münz-G F*

9
Quentchen *Handels-G D*
Quintlein *Handels-G D*

11
Pennyweight *Gold-G E*
Pennyweight *Perlen-G E*
Troygewicht *Edelmetall-G E*

13
Hundredweight *Handels-G E*
Hundredweight *Handels-G US*

Titel

1 Verschiedene Titel

3

Beg *türk. Titel*
Bei *türk. Titel*
Bey *türk. Titel*
Ras *arab. Fürstentitel*
Zar *russ. Kaisertitel*

4

Babu *ind. Titel*
Chan *mongol. Herrschertitel*
Doge *Oberhaupt von Genua*
Doge *Oberhaupt von Venedig*
Emir *moh. Fürstentitel*
Kadi *moh. Richter*
Raja *ind. Fürst*
Vali *türk. Beamtentitel*
Wali *türk. Beamtentitel*

5

Ghasi *türk. Titel*
Hakim *Arzt in der Türkei*
Hakim *Gouverneur in Persien*
Kalif *islamischer Herrscher*
Mirsa *pers. Titel*
Mirza *pers. Titel*
Mudir *ägypt. Titel*
Mudir *arab. Titel*
Mufti *islamischer Rechtsgelehrter*
Negus *abessin. Königstitel*
Prior *Ordensoberster*
Schah *pers. König*
Tenno *jap. Kaiser*
Wesir *isl. Minister*
Zarin *russische Kaiserin, Gattin des Zaren*

6

Domina *Klostervorsteherin*
Efendi *türk. Titel*
Exarch *byzant. Statthalter*
Infant *portug. Prinz*
Infant *span. Prinz*
Pandit *ind. Gelehrter*
Pascha *türk. Beamtentitel*
Pharao *ägypt. Königstitel*
Propst *kirchl. Würdenträger*
Satrap *pers. Statthalter*
Schech *isl. Prediger*
Scheik *isl. Prediger*
Sultan *isl. Herrschertitel*
Zariza *Gattin des Zaren*

7

Adjunkt *Amtsgehilfe*
Adjutor *Gehilfe*
Adlatus *Amtsgehilfe*
Amtsrat *Beamtentitel*
Khedive *ägypt. Vizekönig*
Muezzin *isl. Gebetsrufer*
Muschir *türk. Titel*
Praelat *kirchl. Würdenträger*
Radscha *ind. Fürst*
Revisor *Kontrollbeamter*
Scheich *isl. Prediger*
Scherge *Gerichtsdiener*
Scherif *Nachkomme Mohammeds*
Scheriff *engl. Grafschaftsrichter*
Zarewna *Tochter des Zaren*

8

Gospodar *montenegr. Fürstentitel*

Infantin *portug. Prinzessin*
Infantin *spanische Prinzessin*
Maharani *Gattin des Maharadschas*
Mandarin *chines. Staatsbeamter*
Reverend *engl. Geistlicher*

9
Dogaressa *Gattin eines Dogen*
Intendant *Theaterleiter*

10
Grossmogul *ind. Herrscher*
Monsignore *hoher Geistlicher*
Zarewitsch *Sohn des Zaren*

11
Maharadscha *ind. Großfürst*
Regens chori *Chordirigent*

2 Adelstitel

3
Duc *französisch*
Sir *englisch*

4
Duke *englisch*
Earl *englisch*
Graf *deutsch*
Lord *englisch*
Peer *englisch*

5
Baron *deutsch*
Conte *französisch*

6
Argyll *schottisch*
Freiin *deutsch*
Fuerst *deutsch*
Gentry *englisch*
Grande *spanisch*
Herzog *deutsch*
Magnat *polnisch*
Magnat *ungarisch*

7
Baronet *englisch*
Baronin *deutsch*
Fidalgo *portugiesisch*
Hidalgo *spanisch*
Marquis *französisch*
Vicomte *französisch*

8
Contessa *italienisch*
Freifrau *deutsch*
Freiherr *deutsch*
Herzogin *deutsch*
Komtesse *deutsch*
Marchese *italienisch*
Marquess *englisch*
Marquise *französisch*
Somerset *englisch*
Visconte *italienisch*
Viscount *englisch*

9
Baronesse *deutsch*

Vornamen

I Namen aus alten Sprachen

1 Namen aus dem Altdeutschen

a männlich

4
Arno
Bodo
Egon
Eike
Falk
Hado
Kuno

5
Adolf
Albin
Armin
Benno
Bruno
Erich
Ernst
Erwin
Ewald
Frank
Frodo
Hagen
Otmar
Roger

6
Adelar
Adhelm
Aladin
Albert
Alfons
Anselm
Arnold
Arnulf
Detlef
Eckart
Egbert
Egmund
Erhard
Folker
Gerald
Gernot
Hadwig
Helmut
Herold
Herwig
Hubert
Konrad
Lothar
Ludwig
Ortlib
Ortnid
Ortwin
Oswald
Ottrid
Ragwin
Reimar
Robert
Roland
Rother
Rudolf
Rumalt
Rupert
Salmar
Selmar
Sigast
Sigmar
Toralt
Ulrich
Walter
Wasmut
Werner
Wigand

7
Adelgis
Adelmar
Adelwin
Albhard
Balduin
Baltram
Bertram
Diether
Einhart
Emmeram
Erdmann
Gebhard
Gelfrat
Gerbert
Gerhard
Gilbert
Gisbert
Guntram
Hartwig
Helmolt
Herbert
Hermann
Hertwig
Herwald
Humbert
Humbold
Ingomar
Kunbald
Lambert
Landolf
Leodart
Leodolt
Leopold
Luthart
Manfred
Mangold
Manhart
Markulf
Norbert
Odoaker
Ottokar
Ottomar
Ratbert
Richard
Romualt
Seifert
Sighart
Sigwalt
Sigwart
Theodat
Tilbert
Weigand
Wernher
Werther
Wigbald
Wighart
Wilhelm
Wolfram

8
Adalbert
Adelbald
Adelbert
Adelhelm
Alberich
Amalrich
Ariovist
Berengar
Bernhard
Berthold
Bertrand
Chlothar
Dagobert
Diebald
Dietrich

Eberhard
Eginhard
Emmerich
Fredegar
Garibald
Giselher
Godegisl
Gottlieb
Grimbald
Heinrich
Helfrich
Hembald
Helmwart
Heribald
Hildemar
Kunibert
Lantfrid
Leodewin
Leonhard
Leoprant
Meinbert
Meinhard
Meinhold
Merovech
Neithard
Odalbert
Odalrich
Reinhard
Roderich
Ruediger
Siegmund
Siegward
Theobald
Theodulf
Waldemar
Wernhard
Widekind
Willimar
Williram
Wilfried
Winfried
Wolfgang
Wolfhard

9
Agibrecht
Engelbert
Engelhard
Ermanrich
Ferdinand
Fridebald
Geiserich
Giselbert
Gottfried
Gumbrecht
Gundobald
Hadubrant
Heribrand
Hildebert
Hilderich
Lamprecht
Leodebert
Leodefried
Philibert
Siegfried
Sigismund
Sinthgunt
Starkfrid
Theodemar
Willibald
Wunnibald

10
Childerich
Eitelfritz
Friedemann
Friederich
Geilaswint
Gottschalk
Helmbrecht
Hermanrich
Warnefried
Willibrord

b weiblich

3
Ada

4
Ella
Elsa
Emma
Erna
Hada
Ilsa
Ilse

5
Balda
Berta
Erika
Freia
Froda
Luise
Minna

6
Adolfa
Albine
Alwine
Carola
Erwine
Gudrun
Hedwig
Judith
Ortrud
Ubalda
Ulrike

7
Adeline
Alfonse
Anselma
Arminia
Berchta
Edmunde
Egberta
Ernesta
Erntrut
Geralda
Gerhild
Gerlind
Gertrud
Glaucia
Helmine
Hermine
Huberta

8
Adelaide
Adelgund
Adelheid
Brunhild
Elfriede
Ernfrida
Genoveva
Gerberta
Gerharda
Gisberta
Heinrike
Hertwiga
Karoline
Liebhild
Lutberga
Lutberta
Mathilde
Ratberta
Richarda
Roswitha
Siglinde
Swangart

Swanhilt
Walpurga

9
Adalberta
Adelbalda
Albertine
Arnoldine
Bernharda
Dagoberta
Friederun
Hildeburg
Hildegard
Hildegund
Klothilde
Kriemhild
Kunigunde
Mechthild
Rosamunde

10
Friedegund
Friederike
Gebhardine
Hermengard
Mechthilde
Wilhelmine

11
Bernhardine

2 Namen aus dem Griechischen

a männlich

4
Zeno

5
Eugen
Georg
Krato
Peter
Timon
Tycho

6
Adonis
Agavus
Alexis
Aretin
Gregor
Hektor
Isidor
Nestor
Prokop
Protus

7
Agathon
Alcimus
Kallist
Leander
Narziss
Neander
Nikanor
Philipp
Polydor
Stephan
Teobul
Theodor
Ulysses
Uranius

8
Basilius
Cyriacus
Cyrillus
Eulalius
Eusebius
Gelasius
Heliodor
Irenaeus
Makarius
Nikolaus
Oleander
Onesimus
Osiander
Philemon
Theophil
Zenobius

9
Achilleus
Alexander
Ambrosius
Antiochus
Archelaus
Aristobul
Basilides
Christian
Christoph
Demetrius
Eutropius
Eutychius
Hesychius
Makrobius
Nikodemus
Sebastian
Symachius
Thrasybul

10
Anastasius
Athanasius
Hermogenes
Hieronymus
Pamphilius
Theodosius

11
Apollinaris
Hippokrates
Philalethes

12
Chrysostomus

b weiblich

4
Dora
Iris
Kora

5
Ellin

6
Agathe
Helene
Monika
Selene
Semele
Sophia
Thalia
Thekla

7
Alkeste
Aretine
Eugenia
Eulalia
Eusebia
Gedalja

Gelasia
Horatia
Melanie
Melitta
Olympia
Pelagia
Polybia
Sibylle
Therese
Zenobia

8
Amarante
Baptista
Berenike
Eutropia
Eutychia
Georgine
Harmonia
Theodora
Veronika

9
Anastasia
Apollonia
Athanasia
Christine
Eustachia
Euthychia
Heliodora
Iphigenia
Katharina
Kleopatra
Margareta
Pamphilia
Philomele
Sophronia
Theodosia
Theophila
Zephyrine

10
Christiane
Euphrosyne
Philippine

3 Namen aus dem Lateinischen

a männlich

4
Emil
Naso
Piso
Pius
Tiro

5
Alban
Anton
Caius
Catus
Faber
Faust
Felix
Ignaz
Labeo
Lento
Lukas
Macer
Marco
Nepos
Niger
Ovius
Pansa
Papus
Rufus
Silus
Titus
Urban
Varus
Vetus

6
Amatus
August
Baldus
Beatus
Brutus
Burrus
Caecus
Caesar
Calvus
Celsus
Fabian
Fuscus
Gallus
Iccius
Julian
Julius
Junius
Justus
Lorenz
Magnus
Manius
Marcus
Marius
Martin
Mucius
Paulus
Probus
Valens
Verres
Viktor
Xenius

7
Amandus
Blandus
Crassus
Crispin
Donatus
Duilius
Fidelis
Firmian
Flavius
Florian
Geminus
Hirtius
Klemens
Krispus
Licinus
Marcius
Pilatus
Plautus
Porcius
Publius
Renatus
Sergius
Severus
Spurius
Statius
Tullius
Ursinus
Vinzenz
Vitulus
Vulpius

8
Aemilius
Antonius
Aurelius
Benignus
Camillus
Claudius
Constans
Domitian
Fortunat
Gracchus
Honorius
Innozenz
Leontius
Liberius
Longinus
Lukullus
Metellus
Octavian
Octavius
Paulinus
Placitus
Pompeius
Quirinus
Remigius
Salvator
Speratus
Tiberius
Valentin
Valerius

9
Caecilius
Coelestin
Cornelius
Dominicus
Faustinus

Flaminius
Florentin
Grabianus
Kornelius
Laetitius
Liberatus
Marcellus
Sertorius
Servatius
Silverius
Silvester
Terentius
Torquatus
Tranquill
Venantius
Virgilius
Virginius

10
Benediktus
Bonifacius
Constantin
Desiderius
Laurentius
Peregrinus

b weiblich

3
Pia

4
Alma
Bona
Cara
Maja
Rosa

5
Amata
Beata
Fabia
Flora
Livia
Lucia
Paula
Vesta
Viola

6
Amanda
Aurora
Blanda
Donata
Emilia
Fausta
Flavia
Fulvia
Prisca
Regine
Regula
Renata
Rosine
Rufine
Sabine
Salvia
Servia
Silvia
Undine
Ursula

7
Aemilia
Antonia
Augusta
Aurelia
Aurelie
Balbine
Beatrix
Bellona
Benigna
Camilla
Claudia
Columba
Fabiana
Facunda
Felicia
Felicie
Fortuna
Juliane
Lavinia
Liberia
Livilla
Locusta
Lucinde
Lutwine
Miranda
Natalie
Pauline
Rosalie
Sperata
Valerie
Viviane

8
Angelika
Blandina
Caecilie
Claudine
Cordelia
Faustine
Firmiane
Fusciane
Gratiane
Kornelia
Moderata
Perpetua
Severina
Venantia
Viktoria

9
Agrippina
Benedikta
Constanze
Desideria
Felicitas
Fortunata
Hortensia
Laurentia
Modestine
Patientia
Peregrina
Priscilla
Pulcheria
Simplicia
Valentine

10
Coelestine
Crescentia
Florentine
Klementine
Marcelline
Tranquilla

11
Scholastica

4 Namen aus dem Hebräischen

a männlich

3
Dan
Eli

4
Abel
Adam
Baal
Boas
Esra
Jehu
Joah
Joas
Joel
Kain
Lais
Levi
Noah
Obed
Onan
Saul
Seth

5
Aaron
Ammon
Ariel
David
Hagar
Isaak
Jakob
Jonas
Josia
Laban
Ruben
Simon
Urias
Uriel
Zadok

6
Adonai
Daniel
Gerson
Gideon
Henoch
Lamech
Melech
Naaman
Nathan
Obadja
Sakkai
Salomo
Samson
Samuel
Sargon
Simeon
Simson
Sirach
Thomas
Tobias

7
Abraham
Absalom
Eleasar
Ephraim
Gabriel
Goliath
Joachim
Malchus
Michael
Raphael
Reinalt
Sebulon

8
Barnabas
Belsazar
Benjamin
Ezechiel
Immanuel
Jerobeam
Jochebet
Johannes
Jojachin
Jonathan
Josaphat
Melchior
Seraphin

9
Abimelech
Ahitophel
Balthasar
Matthaeus
Nathanael
Thaddaeus
Zacharias

10
Matthatias

11
Melchisedek

13
Bartholomaeus

b weiblich

3
Eva

4
Dina
Ruth
Sara

5
Maria
Marie
Milka

6
Esther
Josefa
Judith
Martha
Rachel
Salome

7
Abigail
Athalie
Johanna
Rebekka
Sidonie
Susanna

8
Gabriele
Michaela
Sulamith

9
Elisabeth
Josephine
Magdalena
Seraphine
Thomasine

II Fremdländische Namen

1 Englische Namen

a männlich

3
Ben
Bob
Gus
Guy
Jim
Job
Sam
Ted
Tim
Tom

4
Dick
Eric
Fred
Hugh
Jack
John
Luke
Mark
Otho
Toby
Will

5
Dicky
Harry
Henry
James
Jimmy
Lewis
Louis
Paddy
Teddy
Tommy
Ulric

6
Andrew
Antony
Caspar
Dickey
Edward
Ernest
Eugene
Freddy
George
Godwin
Johnny
Joshua
Mathew
Oliver
Samson

7
Anthony
Bernard
Charles
Douglas
Francis
Gregory
Lincoln
Lothair
Matthew
Maurice
Patrick
Rodolph
Timothy
William

8
Adolphus
Frederic
Geoffrey
Laurence
Lawrence
Nicholas

9
Frederick

b weiblich

3
Bab
Mab
May

4
Bess
Jane
Joan
Kate
Lucy
Mary
Maud

5
Bessy
Betty
Dolly
Emily
Fanny
Janet
Jenny
Kitty
Molly
Nelly
Wally

6
Betsey
Edwiga
Elinor
Hannah
Isabel
Ottily

7
Bridget
Felicia
Frances
Ghisela
Harriet

8
Cordelia
Margaret

9
Catharine
Elizabeth

2 Französische Namen

a männlich

3
Gui
Guy

4
Edme
Eric
Jean
Léon
Marc
René
Yves

5
André
Émile
Gille
Henry
Jules
Louis
Ogier
Othon
Raoul
Roger
Ulric

6
Armand
Aurèle
Claude
Didier
Edmond
Eugène
George
Honoré
Hugues
Jérôme
Lorent
Michel
Pierre
Romain
Xavier

7
Adolphe
Antoine
Auguste
Édouard
Erneste
Étienne
Gaspard
Gautier
Georges
Gérault
Jacques
Josephe
Léonard
Maurice
Raymond
Thibaut
Vincent

8
Anastase
Aurélien
François
Frédéric
Geoffroi
Gonthier
Rodolphe

9
Frederick
Guillaume
Theophile

b weiblich

4
Anne
Rose

5
Catin
Manon
Odile
Paule
Renée
Suson

6
Claire
Gisèle
Hélène
Jeanne
Margot
Marion
Mignon

7
Annette
Armande
Babette
Blanche
Didière
Eugénie
Hedwige
Isabeau
Lisette
Thérèse
Ulrique

8
Béatrice
Hortense
Isabelle
Jeanette
Léonarde

9
Angélique
Catherine
Françoise
Jeannette
Madeleine

10
Antoinette
Frédérique
Marguerite

11
Guillemette

3 Italienische Namen

a männlich

3
Ugo

4
Luca
Vito

5
Carlo
Erico
Guido
Luigi
Marco
Mario
Paolo
Piero

6
Adolfo
Amedeo
Andrea
Cunone
Emilio
Enrico
Ervino
Felice
Giulio
Nicola
Orazio
Ottone
Pietro

7
Antonio
Edmondo
Eduardo
Ernesto
Filippo
Gaspare
Giacomo
Giorgio
Gustavo
Lorenzo
Lotario
Micaele
Michele
Niccolo
Orlando
Rinaldo
Roberto
Rodolfo
Stefano
Teodoro
Umberto
Valerio
Vittore

8
Emanuele
Federico
Ghebardo
Giacobbe
Giovanni
Giuseppe
Maurizio
Raimondo
Ruggiero
Teobaldo

9
Benedetto
Beniamino
Francesco
Gualtiero
Guglielmo
Teodorico

10
Alessandro
Bartolomeo
Gioacchino
Giovannino

b weiblich

4
Rita

5
Elena
Lucia
Lugia
Luisa
Paola
Tecla
Viola

6
Agnese
Bianca
Catina
Editta
Edvige
Giulia
Teresa

7
Bettina
Brigida
Erminia
Gionata
Paolina

8
Beatrice
Betianca
Carlotta
Fiametta
Giannina
Giovanna
Giuditta
Richetta

9
Francesca
Maddalena
Mirabella

10
Annunciata
Elisabetta
Giovannina
Guiseppina
Margherita

4 Spanische Namen

a männlich

4
Cuno
José
Juan
Luis
Otón
Vito

5
Erico
Guido
Jorge
Julio
Pablo
Pedro
Roger

6
Adolfo
Amadeo
Andrés
Carlos
Emilio
Gaspar
Jacobo
Javier
Manuel
Miguel
Sancho
Ulrico

7
Conrado
Eduardo
Enrique
Ernesto
Joaquin
Lorenzo
Lotario
Rodolfo
Sanchez
Teodoro

8
Federico
Gregorio
Guebardo
Mauricio
Raimundo

9
Francisco
Gualtiero
Guillermo

b weiblich

4
Ines

5
Bella
Edita
Elena
Juana

6
Blanca
Elvira
Isabel
Ulrica

7
Beatriz
Brigida
Carlota
Juanita
Manuela

8
Catalina
Hedvigia
Herminia
Isabella

9
Enriqueta
Felicidad
Francisca
Margarita

11
Guiliermina

5 Namen in anderen Ländern

a männlich

3
Jan *niederländisch*

4
Egil *skandinavisch*
Iwan *russisch*
Iwar *schwedisch*
Nils *dänisch*
Olaf *nordisch*
Omar *arabisch*

5
Fedor *russisch*
Janez *slovenisch*
Janos *ungarisch*
Tibur *arabisch*
Wasil *slawisch*
Xaver *arabisch*

6
Alexej *russisch*
Feodor *russisch*
Gustav *schwedisch*
Harald *nordisch*
Jansen *niederländisch*
Jussuf *arabisch*
Kaspar *persisch*
Sandor *ungarisch*
Sigurd *nordisch*
Wenzel *slawisch*

7
Ibrahim *arabisch*
Kasimir *polnisch*
Nepomuk *slawisch*

8
Boleslav *slawisch*

9
Bogislaus *slawisch*
Ladislaus *slawisch*
Wenzelaus *slawisch*
Wladislaw *slawisch*
Zoroaster *persisch*

10
Stanislaus *slawisch*
Wladislaus *slawisch*

13
Wasiljewitsch *slawisch*

b weiblich

4
Olga *russisch*

5
Fatme *arabisch*
Zaide *arabisch*
Zaira *arabisch*

6
Fatima *arabisch*
Frigga *nordisch*
Zalika *slawisch*

7
Feodora *russisch*
Valeska *polnisch*

8
Feodosia *russisch*
Iwanowna *russisch*
Ludmilla *slawisch*

10
Feodorowna *russisch*

III Kurz- und Kosenamen

a männlich

3
Adi
Ede
Edi
Leo
Max
Uli

4
Alex
Arno
Axel
Fred
Gerd
Hans
Hein
Jupp
Kuno
Kurt
Lutz
Pepi
Rolf
Rudi
Theo
Toni
Wolf

5
Achim
Berti
Claus
Dietz
Gerth
Gustl
Heini
Heinz
Karli
Klaus
Odilo
Seppl
Silas
Willi
Willy

6
Franzl
Michel

7
Friedel
Joergel

b weiblich

3
Ina
Isa
Lea
Lia
Mia
Ria
Ute

4
Anni
Dora
Ella
Elly
Elsa
Emma
Emmy
Erna
Gisa
Gisi
Hedi
Irma
Irmi
Lena
Lili
Lilo
Lina
Line
Lisa
Lise
Lola
Lona
Loni
Lony
Lore
Meta
Mire
Nina
Reni
Resi
Rita
Sala
Sali
Suse
Susi
Thea
Tila
Tina
Toni

5
Berta
Betti
Betty
Doris
Ellen
Fanni
Fanny
Frida
Gerda
Gerti
Gitta
Gitti
Greta
Grete
Gundi
Gusti
Hanna
Hanni
Hedda
Heidi
Hilde
Julia
Karla
Laura
Liese
Liesi
Lilli
Linda
Lolli

Vornamen

Lonny
Lotte
Lucie
Luzia
Marga
Minna
Mizzi
Poldi
Selma
Tilde
Tilla
Tilli
Trude
Ursel
Uschi
Vroni
Wetti
Zenzi

6
Amalie
Britta
Gundel
Kaethe
Karola
Liesel
Thilde
Traute

7
Baerbel
Christa
Elsbeth
Friedel
Linchen

8
Aennchen
Christel
Gretchen

9
Klaerchen

Währungen und Münzen

1 Geltende Währungen und Münzen

3

Leu *Rumänien*
Pul *Afghanistan*
Sen *Indonesien*
Sen *Japan*
Sol *Peru*
Yen *Japan*

4

Bani *Rumänien*
Bath *Thailand*
Cent *Abessinien*
Cent *Ceylon*
Cent *Kanada*
Cent *Niederlande*
Cent *USA*
Fils *Irak*
Lewa *Bulgarien*
Lira *Italien*
Mark *Deutschland*
Mark *Finnland*
Oere *Dänemark*
Oere *Norwegen*
Oere *Schweden*
Para *Jugoslawien*
Peso *Argentinien*
Peso *Chile*
Peso *Kolumbien*
Peso *Mexiko*
Peso *Uruguay*
Rial *Iran*

5

Annas *Indien*
Annas *Pakistan*
Dinar *Irak*
Dinar *Iran*
Dinar *Jugoslawien*
Franc *Belgien*
Franc *Frankreich*
Franc *Luxemburg*
Krone *Dänemark*
Krone *Norwegen*
Krone *Schweden*
Krone *Tschechoslowakei*
Lepta *Griechenland*
Pence *England*
Penni *Finnland*
Pfund *Ägypten*
Pfund *Australien*
Pfund *England*
Pfund *Irland*
Pfund *Island*
Pfund *Südafrikanische Union*
Pfund *Türkei*
Pices *Indien*
Rubel *Sowjetunion*
Rupie *Ceylon*
Rupie *Indien*
Rupie *Pakistan*
Sucre *Ecuador*
Zloty *Polen*

6

Balbao *Panama*
Dollar *Abessinien*
Dollar *Kanada*
Dollar *USA*
Escudo *Portugal*
Filler *Ungarn*

Forint *Ungarn*
Gulden *Niederlande*
Heller *Tschechoslowakei*
Kopeke *Sowjetunion*
Peseta *Spanien*
Rappen *Schweiz*
Rupiah *Indonesien*
Satang *Thailand*

Cordoba *Nicaragua*
Drachme *Griechenland*
Franken *Schweiz*
Lempira *Honduras*
Pfennig *Deutschland*
Piaster *Ägypten*
Piaster *Türkei*
Quetzal *Guatemala*

7

Afghani *Afghanistan*
Bolivar *Venezuela*
Centavo *Argentinien*
Centavo *Bolivien*
Centavo *Brasilien*
Centavo *Chile*
Centavo *Ecuador*
Centavo *Guatemala*
Centavo *Honduras*
Centavo *Mexiko*
Centavo *Portugal*
Centime *Belgien*
Centime *Frankreich*
Centime *Luxemburg*
Centimo *Spanien*

8

Cruzeiro *Brasilien*
Groschen *Österreich*
Groschen *Polen*
Shilling *England*
Shilling *Südafrikanische Union*
Shilling *Irland*
Stotinki *Bulgarien*

9

Boliviano *Bolivien*
Centesimo *Panama*
Centesimo *Uruguay*
Centesimo *Venezuela*
Schilling *Österreich*

2 Alte Währungen und Münzen

2

As *röm. Kupfermünze*

3

Ath *siam. Bronzemünze*
Bai *siam. Münze*
Bit *Silbermünze in den USA*
Ecu *französ. Kupfermünze*
Rei *brasil. Kupfermünze*
Rei *portug. Kupfermünze*
Sou *französ. Kupfermünze*

4

Deut *niederl. Kupfermünze*
Dime *Silbermünze in den USA*
Duit *niederl. Kupfermünze*
Kran *pers. Münze*
Mine *altgriech. Münze*
Onza *span. Goldmünze*
Real *brit. Münze*
Real *port. Münze*
Real *span. Münze*
Teal *chin. Geldeinheit*

5

Agnel *französ. Goldmünze*
Altin *russ. Kupfermünze*
Altyn *russ. Kupfermünze*
Aurur *isländ. Münze*
Bumia *tunes. Münze*
Denar *isländ. Silbermünze*
Dobra *port. Goldmünze*
Eagle *Goldmünze in den USA*
Fuang *siam. Geldeinheit*
Liang *chines. Geldeinheit*
Livre *französ. Münzeinheit*
Medio *span. Münze*
Scudo *ital. Taler*
Sekel *hbr. Münze*
Soldo *ital. Scheidemünze*
Taler *deutsche Münzeinheit*
Taler *österr. Münzeinheit*
Toman *pers. Goldmünze*

6

Aureus *röm. Goldmünze*
Batzen *deutsche Silbermünze*
Batzen *schweiz. Silbermünze*
Condor *südamer. Goldmünze*
Doblon *span. Goldmünze*
Double *französ. Kupfermünze*
Double *französ. Silbermünze*
Florin *ital. Goldmünze*
Fonduk *türk. Goldmünze*
Guinea *engl. Goldmünze*
Gulden *niederl., österr. und pers. Silbermünze*
Heller *deutsche Scheidemünze*
Heller *österr. Bronzemünze*
Kaesch *chines. Münze*
Obolos *griech. Kupfer- oder Silbermünze*
Pengoe *ungar. Geldeinheit*
Rijder *niederl. Goldmünze*
Schahi *pers. Kupfermünze*
Scherf *sächs. Scheidemünze*

7

Altelik *türk. Silbermünze*
Dublone *span. Goldmünze*
Ducaton *niederl. Silbermünze*
Dukaten *deutsche Münze*
Dukaten *niederl. Münze*
Dukaten *österr. Münze*
Filippo *Mailänder Silbermünze*
Hidalgo *mexik. Goldmünze*
Kreuzer *niederl. Scheidemünze*
Kreuzer *österr. Scheidemünze*
Kreuzer *poln. Scheidemünze*
Pistole *deutsches Fünftalerstück*
Pistole *span. Goldmünze*
Sesterz *röm. Silbermünze*
Solidus *altröm. Goldmünze*
Stuiver *holländ. Silbermünze*
Zechine *venez. Goldmünze*

8

Bedidlik *ägypt. Goldmünze*
Caroldor *rumän. Goldstück*
Dareikos *altpers. Goldmünze*
Dareikos *altpers. Silbermünze*

9

Cuartillo *span. Kupfermünze*
Rigsdaler *dän. Silbermünze*
Sovereign *engl. Goldmünze*
Zermahlud *türk. Goldmünze*

10

Dreissiger *österr. Münze*
Sestertius *röm. Silbermünze*

11

Adlerdollar *mexik. Münze*
Medschidije *türk. Goldmünze*
Napoleondor *französ. Goldmünze*

12

Christiandor *dän. Goldmünze*
Drachentaler *chines. Silbermünze*
Kaiserthaler *deutsche Münze*
Rijksdaalder *niederl. Silbermünze*

Berühmte Personen

Die Buchstaben nach den Namen sind Abkürzungen der Nationalitäten. Es bedeuten: a amerikanisch, ä ägyptisch, ag argentinisch, b britisch, ba bayerisch, be belgisch, br brasilianisch, bu bulgarisch, c chinesisch, d deutsch, da deutschamerikanisch u. ä. Zusammensetzungen, dä dänisch, e englisch, f französisch, fi finnisch, fl flämisch, ger germanisch, gr griechisch, h holländisch, i italienisch, ind indisch, ir irisch, is isländisch, ja japanisch, k kanadisch, na US-amerikanisch, nd niederländisch, no norwegisch, ö österreichisch, p polnisch, pr preußisch, ps persisch, pt portugiesisch, r russisch, rö römisch, ru rumänisch, s Schweizer, sc schottisch, so sowjetisch, sp spanisch, sr sowjetrussisch, sw schwedisch, t tschechisch, tü türkisch, u ungarisch, US US-amerikanisch

Geschichte und Politik

(ath: athenisch; bd: badisch; hs: hessisch; isr: israelisch; sä: sächsisch; saf: südafrikanisch; sb: serbisch; wü: württembergisch)

a Präsidenten

(B: Bundespräsident; M: Ministerpräsident; S: Staatspräsident)

4
Ador *s B*
Beck *ö M*
Blum *f M*
Carp *ru M*
Dato *sp M*
Frey *s B*
Haab *s B*
Heer *s B*
Held *ba M*
Kahr *ba M*
Lutz *ba M*
Ryti *fi S*
Tiso *slow M*
Tito *jugosl M*
Tojo *ja M*
Zemp *s B*

5
Azana *sp M*
Bauer *d M*
Beust *sä/ö M*
Braun *pr M*
Danew *bu M*
Dupuy *f M*
Ebert *d R*
Ehard *ba M*
Geiss *bd S*
Hacha *t-slow S*
Hatta *indon M*
Heuss *d B*
Laval *f M*
Maniu *ru M*
Mathy *bd M*
Maura *sp M*
Montt *d. chil Rep.*
Nagib *ä M*
Nehru *ind M*
Pašic *sb M*
Peron *ag S*
Ruffy *s B*
Seitz *ö S*
Simić *sb M*
Smuts *saf M*
Spaak *be M*
Sucre *d. boliv Rep.*
Tisza *u M*
Welti *s B*
Zahle *dä M*

6
Arnold *d M*
Auriol *d. f Rep.*
Badeni *ö M*
Banffy *u M*
Bodman *bd M*
Bonomi *i M*
Briand *f M*
Carnot *d. f Rep.*
Cavour *sardin M*
Colijn *h M*
Combes *f M*
Doumer *d. f Rep.*
Eisner *ba M*
Forrer *s B*
Franco *sp S*
Geiler *hs M*
Hammer *s B*
Hughes *austr M*
Jaspar *be M*
Lebrun *f S*
Luebke *d B*
Miklas *ö B*
Nasser *ä M*
Pétain *f M*
Petkow *bu M*
Renner *ö B*
Ruchet *s B*
Schenk *s B*
Stalin *sr M*
Teleki *u M*
Tirard *f M*
Ulrich *hs M*
Zaimis *gr M*

7
Arriaga *pt*
Asquith *e M*
Baldwin *e M*
Balfour *b M*
Barthou *f M*
Bazille *wü S*
Benesch *t S*
Boselli *i M*
Brisson *f M*
Cairoli *i M*
Caprivi *pr M*
Dalwigk *d M*
Dufauve *f M*

Flandin *f M*
Friesen *sä M*
Hoegner *ba M*
Koerner *ö B*
Masaryk *t-slow S*
Reynaud *f M*
Salazar *pt M*
Tardieu *f M*
Zeeland *be M*

8
Adenauer *d M*
Badoglio *i M*
Bulganin *sr M*
Caillaux *f M*
Daladier *f M*
de Gaulle *f S*

Giolitti *i M*
Gottwald *t S*
Hellpach *bd M*
Poincaré *f M*
Queuille *f M*
Scharett *isr M*
Strijdom *saf M*

9
Ben Gurion *i M*
Delyannis *gr M*
Dimitroff *bu M*
Gladstone *e M*
Hohenlohe *ba M*
Millerand *d. f Rep.*
Pilsudski *p M*
Venizelos *gr M*

10
Clemenceau *f M*
Hindenburg *d R*
Paderewski *p M*
Tschu En-lai *c M*

11
Lloyd George *b M*

12
Mendes-France *f M*

13
Schwarzenberg *ö M*

b Präsidenten der USA

4
Polk
Taft

5
Adams
Buren
Grant
Hayes
Tyler

6
Arthur
Hoover
Monroe
Pierce
Taylor
Truman
Wilson

7
Harding
Jackson
Johnson
Kennedy
Lincoln
Madison

8
Buchanan
Coolidge
Fillmore
Garfield
Harrison

9
Cleveland
Jefferson
Mac Kinley
Roosevelt

10
Eisenhower
Washington

c Staatsmänner

3
Fox *e*
Ito *ja*
Law *e*
Lie *no*

4
Ador *s*
Alba *sp*
Bach *ö*
Cato *rö*
Clay *na*
Dato *sp*
Deák *u*
Dohm *pr*
Droz *s*
Eden *b*
Falk *pr*
Grey *e*
Hall *dä*
Kahr *ba*
More *e*
Peel *e*
Pitt *e*
Roca *ag*
Roon *pr*
Root *na*
Solf *d*
Suhr *d*
Taft *na*
Tito *jugosl*
Tojo *ja*
Witt *nd*

5
Ayala *sp*
Bacon *e*
Balbo *i*
Beust *ö*
Beuth *pr*
Bevin *b*
Biron *r*
Bonin *pr*
Casso *rö*
Cinna *rö*

Crewe *e*
Danew *bu*
Derby *e*
Doria *genues.*
Etter *s*
Faure *f*
Hoorn *nd*
Jorga *ru*
Kimon *ath*
Kleon *gr*
Leeds *e*
Lesly *e*
Mende *d*
Motta *s*
Nehru *ind*
Nitti *i*
North *e*
Pašić *sb*
Rivas *sp*
Ruffy *s*
Smuts *saf*
Solon *ath*
Stein *d*
Sulla *rö*
Sydow *d*
Tisza *u*
Vujić *sb*
Welti *s*
Witte *r*

6

Abeken *pr*
Aëtius *rö*
Attlee *b*
Badeni *ö*
Banffy *u*
Banzan *ja*
Brandt *d*
Briand *f*
Bruehl *kur-sä*
Bunsen *d*
Caesar *rö*
Carnot *f*
Cicero *rö*
Crispi *i*
Erhard *d*
Escher *s*
Fleury *f*
Flores *saf*
Fouché *f*
Franco *sp*
Goertz *pr*
Guizot *f*
Hoover *a*
Horthy *u*
Hymans *be*
Juarez *m*
Keynes *e*
Kineas *gr*
Komura *ja*
Latini *forent.*
Lebrun *f*
Motley *a*
Necker *f*
Pahlen *r*
Pétain *f*
Petkow *bu*
Renner *ö*
Reuter *d*
Rhodes *saf*
Schmid *d*
Schoen *pr*
Seipel *ö*
Sforza *i*
Staaff *sw*
Stalin *so*
Taaffe *ö*
Talaat *tü*
Turgot *f*
Uwarow *r*
Vargas *br*
Wolsey *e*

7

Agrippa *rö*
Apponyi *u*
Asquith *b*
Baldwin *b*
Balfour *b*
Benesch *t*
Borries *ha*
Bowring *e*
Brandes *dä*
Calhoun *na*
Canning *e*
Caprivi *d*
Carmona *pt*
Chatham *e*
Clayton *na*
Colbert *f*
Comines *f*
Crassus *rö*
Curtius *d*
Czernin *öu*
Dalwigk *d*
Dandolo *venez.*
Durnowo *r*
Einaudi *i*
Francke *d*
Golther *wü*
Grotius *nd*
Halifax *e*
Hertzog *saf*
Jameson *e*
Janescu *ru*
Kanaris *gr*
Katsura *ja*
Kaunitz *ö*
Kellogg *a*
Knudsen *no*
Kossuth *u*
Louvois *f*
Mancini *i*
Mazarin *f*
Narvaez *sp*
Ritchie *e*
Roedern *pr*
Sagasta *sp*
Salazar *pt*
Schober *ö*
Stadion *ö*
Strauss *d*
Tirpitz *d*
Walpole *e*
Zedlitz *pr*

8

Aberdeen *e*
Andrássy *u*
Atatuerk *tü*
Berntsen *dä*
Boethius *rö*
Bratianu *ru*
Brentano *d*
Burleigh *e*
Camillus *rö*
Cromwell *e*
Disraeli *e*
Dollfuss *ö*
Franklin *na*
Gambetta *f*
Gardiner *e*
Giolitti *i*
Hamilton *na*
Hastings *e*
Hertling *d*
Humboldt *d*
Iswolski *r*
Kolettis *gr*
Loucheur *f*
Macaulay *e*
MacMahon *f*
Malenkow *so*
Mirabeau *f*
Moscicki *p*
Olivarez *sp*
Perikles *gr*
Poincaré *f*
Pompejus *rö*
Potemkin *r*
Radowitz *pr*
Richmond *e*
Stanhope *e*
Stolypin *r*
Terceira *pt*
Watzdorf *d*

Yamagata *ja*

9

Achenbach *pr*
Antonescu *ru*
Aristides *gr*
Brouckère *be*
Cavendish *e*
Churchill *b*
Clarendon *e*
Delbrueck *d*
Fabricius *rö*
Gladstone *e*
Gleispach *ö*
Hansemann *pr*
Henderson *b*
Jefferson *na*
Ladenberg *pr*
Lafayette *f*
Lansdowne *b*
Macdonald *b*
Melbourne *e*
Paasikivi *fi*
Pelopidas *theban.*
Pilsudski *p*
Richelieu *f*
Roosevelt *a*
Struensee *dä*
Sun Yatsen *c*
Széchenyi *u*
Venizelos *gr*
Wellesley *e*

10

Alkibiades *ath*
Armansperg *ba*
Hardenberg *pr*
Mao Tsetung *c*
Menschikow *r*
Metternich *ö*
Ollenhauer *d*
Palmerston *e*
Paschitsch *sb*
Schulthess *s*
Stresemann *d*
Talleyrand *f*

11

Bartenstein *ö*
Bolingbroke *e*
Chamberlain *b*
Cincinnatus *rö*
Danckelmann *brandenb.*
Enver Pascha *tü*
Kleisthenes *gr*
Lloyd George *b*
Marlborough *e*
Oxenstierna *sw*

12

Beaconsfield *e*
Chesterfield *e*
Gerstenmaier *d*
Pillersdorff *ö*
Themistokles *ath*

13

Bodelschwingh *pr*
Gyllenstierna *sw*
Hammarskjoeld *sw*
Khevenhueller *ö*
Schwarzenberg *ö*
Wintzingerode *wü*

14

Bischoffwerder *pr*
Oldenbarnevelt *nd*

15

Snorri Sturluson *is*

Kunst

(Frauen in Schrägschrift)

1 Maler

3

Alt ö
Ast h
Dix d
Dou nd
Nay d

4

Adam d
Asam ba
Dahl no
Doré f
Dyck nd
Eyck nd
Fohr d
Fuhr d
Goes nd
Gogh nd
Goya sp
Hals nd
Klee s
Koch d
Marc d
Miró sp
Reni i
Rosa i
Uhde d
Witz d
Wols d
Zorn sw

5

Aelst nd
Blake e
Bosch nd
Bouts nd
Busch d
Carra i
Carus d
Corot f
David nd
David f
Degas f
Ensor be
Erler d
Ernst d
Graff d
Greco sp
Grosz d
Hofer d
Hoogh nd
Kampf d
Kruse d
Kubin ö
Léger f
Leibl d
Lippi i
Lucas nd
Manet f
Maris h
Mengs d
Monet f
Munch no
Nauen d
Nolde d
Notke d
Oeser d
Palma i
Pesne f
Puvis f
Runge d
Sarto i
Steen nd
Stuck d
Thoma d
Velde nd
Zille d

6

Braque f
Camaro d
Caspar d
Clouet f
Denner d
Derain f
Duerer d
Gilles d
Giotto i
Haider ba
Heckel d
Hecker d
Hodler s
Ingres f
Isabey f
Kobell d
Koenig d
Lebrun f
Lebrun f
Makart ö
Manuel s
Marées d
Mataré d
Menzel d
Millet f
Ostade nd
Pacher ö
Pankok d
Piloty d
Piombo i
Potter nd
Renoir f
Rethel d
Ribera sp
Romney e
Rubens fl
Schick d
Sesshu ja
Signac f
Sisley f
Sodoma i
Tizian i
Turner e
Vasari i
Werner d
Weyden d
Zeuxis gr

7

Apelles gr
Baldung d
Bazille f
Bellini i
Bertram d
Blechen d
Bonnard f
Boucher f

Kunst

Brouwer *nd*
Cézanne *f*
Chagall *r*
Chardin *f*
Chirico *i*
Cimabuë *i*
Corinth *d*
Courbet *f*
Cranach *d*
Daumier *f*
Francke *d*
Fuessli *s*
Gauguin *f*
Gentile *i*
Gessner *s*
Hobbema *nd*
Hoelzel *d*
Hogarth *e*
Holbein *d*
Kanoldt *d*
Klinger *d*
Kopisch *d*
Krueger *d*
Larsson *sw*
Lenbach *d*
Lewitan *r*
Lochner *d*
Lorrain *f*
Matisse *f*
Melozzo *i*
Memling *nd*
Meunier *be*
Millais *e*
Mueller *d*
Murillo *sp*
Picasso *sp*
Pissaro *f*
Poussin *f*
Preller *d*
Raffael *i*
Reinick *d*
Richter *d*
Rouault *f*
Sargent *a*
Schnorr *d*
Schwind *ö*
Seghers *nd*
Slevogt *d*
Snyders *nd*
Steinle *ö*
Stieler *d*
Teniers *nd*
Tiepolo *i*
Uccello *i*
Utamaro *ja*
Vermeer *nd*
Watteau *f*
Wauters *be*

8

Angelico *i*
Beckmann *d*
Boecklin *s*
Bramante *i*
Breughel *nd*
Carstens *d*
Carracci *i*
Daguerre *f*
Gebhardt *d*
Hosemann *d*
Jordaens *fl*
Kaulbach *d*
Kersting *d*
Kirchner *d*
Kollwitz d
Lawrence *e*
Mantegna *i*
Masaccio *i*
Masereel *be*
Mondrian *nd*
Munkacsy *u*
Overbeck *d*
Penzoldt *d*
Perugino *i*
Reynolds *e*
Ridinger *d*
Rossetti *e*
Rottmann *d*
Rottmayr *d*
Ruisdael *h*
Sandrart *d*
Schinkel *d*
Schrimpf *d*
Spitzweg *d*
Terborch *nd*
Truebner *d*
Veronese *i*
Whistler *a*
Willmann *d*
Wolgemut *d*
Zeitblom *d*

9

Altdorfer *d*
Antonello *i*
Burgkmair *d*
Canaletto *i*
Constable *e*
Cornelius *d*
Correggio *i*
Daffinger *ö*
Danhauser *ö*
Defregger *ö*
Delacroix *f*
Elsheimer *d*
Feininger *d*
Feuerbach *d*
Fragonard *f*
Francesca *i*
Friedrich *d*
Géricault *f*
Giorgione *i*
Hiroshige *ja*
Jawlensky *r*
Kandinsky *r*
Kauffmann s
Kokoschka *ö*
Kuegelgen *d*
Modersohn *d*
Multscher *d*
Navarrete *sp*
Pechstein *d*
Rembrandt *h*
Schaumann d
Segantini *i*
Tischbein *d*
Velazquez *sp*
Wouwerman *nd*

10

Aldegrever *d*
Baumeister *d*
Botticelli *i*
Burne-Jones *e*
Campendonk *d*
Caravaggio *i*
Egger-Lienz *ö*
Gruenewald *d*
Kalckreuth *d*
Liebermann *d*
Schongauer *d*
Signorelli *i*
Timmermans *fl*
Tintoretto *i*
Verrocchio *i*
Wyspianski *p*

11

Bartolommeo *i*
Chodowiecki *d*
Ghirlandajo *i*
Gulbransson *no*
Hasenclever *d*
Maulpertsch *ö*
Oberlaender *d*
Vigée-Lebrun f
Waldmueller *ö*

12

Fantin-Latour *f*
Gainsborough *e*
Michelangelo *i*
Pinturicchio *i*
Schaeufelein *d*
Stauffer-Bern *s*

15
Leonardo da Vinci *i*
Schmidt-Rottluff *d*
Toulouse-Lautrec *f*

2 Bildhauer

4
Doré *f*
Gaul *d*
Otto *d*
Rosa *i*
Vela *s*
Ward *a*

5
Begas *d*
Cauer *d*
Dalou *f*
Hofer *d*
Kluge *d*
Kolbe *d*
Moore *e*
Myron *gr*
Oeser *d*
Opitz *ö*
Paggi *i*
Pilon *f*
Puget *f*
Rauch *d*
Rodin *f*
Seger *d*
Stoss *d*
Stuck *d*
Unger *d*
Vigne *be*
Vries *nd*
Wauer *d*
Witte *fl*
Wolff *d*
Zuern *ö*

6
Amadeo *i*
Agnelo *i*
Bandel *d*
Bewick *e*
Brandt *d*
Braque *f*
Breker *d*
Calder *a*
Canova *i*
Chares *gr*
Cortot *f*
Dantan *f*
Donner *ö*
Dubois *f*
Eggers *h*
Fehrle *d*
Floris *nd*
Gasser *ö*
Gibson *e*
Goertz *d*
Haller *s*
Herlin *d*
Julien *f*
Knappe *d*
Koenig *d*
Krafft *d*
Legros *f*
Majano *i*
Marcks *d*
Marini *i*
Mataré *d*
Mercié *f*
Miller *d*
Millet *f*
Palmer *a*
Parodi *i*
Pisano *i*
Powers *a*
Robbia *i*
Sambin *f*
Schott *d*
Skopas *gr*
Sluter *nd*
Steell *sc*
Straub *d*
Thomas *f*
Thorak *d*
Wittig *d*
Wredow *d*
Zauner *ö*
Zocchi *i*

7
Afinger *d*
Alberti *i*
Alvarez *sp*
Ambrosi *ö*
Antenor *gr*
Baratta *i*
Barlach *d*
Belling *d*
Bernini *i*
Bleeker *d*
Boucher *f*
Cellini *f*
Chaudet *f*
Dalmata *i*
Despiau *f*
Fiesole *i*
Flaxman *e*
Frémiet *f*
Gauguin *f*
Giorgio *i*
Grasser *d*
Haehnel *d*
Jonsson *is*
Kalamis *gr*
Klimsch *d*
Klinger *d*
Lalaing *be*
Launitz *d*
Laurens *f*
Lederer *d*
Ligorio *i*
Maderna *i*
Maillol *f*
Matisse *f*
Meunier *be*
Onasias *gr*
Pevsner *f*
Phidias *gr*
Pigalle *f*
Quercia *i*
Reichel *d*
Roberts *a*
Sarazin *f*
Schadwo *d*
Scharff *d*
Sergell *sw*
Simonis *be*
Sinding *no*
Tilgner *ö*
Vazquez *sp*
Wotruba *ö*
Ximenes *gr*

8
Ageladas *gr*
Ammanati *i*
Barbella *i*
Barzaghi *i*
Baumbach *d*
Campagna *i*
Caporali *i*
Carpeaux *f*
Crawford *a*
Donndorf *d*
Eberlein *d*
Echteler *d*
Falconet *f*
Fernkorn *d*
Filarete *i*
Floetner *d*
Ghiberti *i*
Girardon *f*
Guenther *d*
Jerichau *f*
Kaendler *d*
Kollwitz d
Kresilas *gr*
Lambeaux *be*
Lamberti *i*
Leighton *e*
Lysippos *gr*
Marchesi *i*
Massegne *i*
Montanez *sp*
Olivieri *sp*
Paionios *gr*
Permoser *ö*
Polyklet *gr*
Richmond *e*
Sangallo *i*
Sartorio *i*
Schaller *ö*
Sintenis d
Strassen *d*
Tadolini *i*
Taschner *d*
Tassaert *nd*
Verhulst *h*
Vigeland *no*
Volkmann *d*
Volterra *i*
Wedgwood *e*
Wichmann *d*
Zumbusch *d*

9
Agesander *gr*
Backhofen *d*
Balduccio *i*
Bartholdi *f*
Bartolini *f*
Borromini *i*
Bourdelle *f*
Calverley *e*
Dannecker *d*
Donatello *i*
Engelmann *d*
Fogelberg *sw*
Greenough *a*
Hagenauer *ö*
Kaschauer *ö*
Kjellberg *sw*
Kleomenes *gr*
Labenwolf *d*
Lehmbruck *d*
Lipschitz *a*
Luxberger *ö*
Magnussen *d*
Marqueste *f*
Mauracher *ö*
Mestrović *kroat*
Michelsen *sw*
Moratillo *sp*
Multscher *d*
Pasiteles *gr*
Pernegger *ö*
Polydoros *gr*
Quellinus *h*
Rastrelli *i*
Rietschel *d*
Rovezzano *i*
Rosselino *i*
Sansovino *i*
Schaumann *d*
Schlueter *d*
Simonetti *i*
Tauriskos *gr*
Theodorus *gr*
Veldevira *sp*
Wenzinger *d*

10
Antokolski *d*
Archipenko *r*
Bandinelli *i*
Bartholomé *f*
Bitterlich *d*
Blumenthal *d*
Cacciatori *i*
Feichtmayr *ba*
Giacometti *s*
Godecharle *be*
Hasselberg *sw*
Hildebrand *d*
Liebermann *d*
Martinelli *i*
Michelozzo *i*
Monteverde *i*
Prandtauer *ö*
Praxiteles *gr*
Pythagoras *gr*
Schweinitz *d*
Tautenhayn *ö*
Torregiani *i*
Verrocchio *i*
Wagmueller *d*
Westmacott *e*

11
Brueggemann *d*
Calandrelli *i*
Charpentier *f*
Churriguera *sp*
Delaplanche *f*
Echtermeier *d*

Lysistratos *gr*
Quarnstroem *sw*
Schletterer *ö*
Thornycroft *e*
Thorwaldsen *dä*
Valckenauer *ö*

12
Brandstetter *ö*

Brunelleschi *i*
Finkenberger *d*
Michelangelo *i*
Muenstermann *d*
Schwanthaler *d*
Vantongerloo *be*

13
Faistenberger *ö*

15
Leonardo da Vinci *i*
Riemenschneider *d*

Literatur

1 Dichter

(F: Fabeldichter; L: Lyriker. Frauen in Schrägschrift)

3

Ady *u*
Gay *e*
Hey *d F*
Poe *na*

4

Bahr *ö*
Benn *d L*
Dach *d*
Dahn *d*
Feth *r*
Flex *d*
Fock *d*
Heym *d L*
Holz *d L*
Huch *d*
Hugo *f*
Kivi *fi*
Kolb d
Kurz *d*
Kurz d
Labé f
Lenz *d*
Munk *dä*
Ovid *rö*
Pope *e*
Rosa *i*
Ruiz *sp*
Saar *ö*
Spee *d*
Tu Fu *c*
Voss *d*

5

Aesop *gr F*
Arany *u*
Arion *gr*
Arndt *d*
Arnim *d*
Auden *e L*
Bacon *e*
Blake *e*
Block *r*
Boito *i*
Brant *elsäss*
Burns *sc*
Busch *d*
Byron *e*
Dante *i*
Eliot *e L*
Ernst *d*
Ewald *dä*
Faesi *s*
Gerok *d*
Gleim *d*
Gogol *r*
Gozzi *i*
Green *f*
Greif *d*
Groth *d*
Gruen *ö*
Hafis *ps*
Halbe *d*
Hauff *d*
Hebel *s*
Heine *d*
Hesse *d*
Heyse *d*
Homer *gr*
Horaz *rö*
Ibsen *no*
Jokai *u*
Keats *e L*
Lenau *ö L*
Loens *d*
Logau *d*
Marot *f*
Meyer *s*
Moore *ir*
Negri *i*
Opitz *d*
Pocci *i L*
Pound *na L*
Ramuz *s*
Rilke *d L*
Saadi *ps*
Sachs *d*
Stehr *d*
Storm *d*
Tasso *i*
Tieck *d*
Trakl *ö L*
Unruh *d*
Vigny *f*
Vring *d*
Wasow *bu*
Weber *d*
Wilde *e*
Yeats *ir*
Young *e*

6

Aragon *f*
Babits *u*
Butler *e*
Camoes *pt*
Celtis *d*
Daudet *f*
Dehmel *d L*
Dryden *e*
Ennius *rö*
Fouqué *d*
France *f*
Franck *d*
Geibel *d*
Geijer *sw*
George *d L*
Goethe *d*
Grabbe *d*
Haller *s*
Hamsun *no*
Hebbel *d*
Heinse *d*
Hensel d
Herder *d*
Hesiod *gr*
Hoelty *d L*
Holtei *d*
Ibykos *gr L*
Jammes *f*
Jensen *dä*
Jonson *e*

Karsch d
Katull *rö*
Keller *s*
Kleist *d*
Knebel *d*
Krylow *r F*
Kugler *d*
Le Fort d
Lersch *d L*
Lesage *f*
Leskow *r*
Loerke *d*
Ludwig *d*
Lukrez *rö*
Madách *u*
Miegel d
Milton *e*
Moricz *u*
Morris *e*
Murner *d*
Musset *f*
Pindar *gr L*
Platen *d L*
Po Kuei *c*
Ponten *d*
Reuter *d*
Sappho gr
Schack *d*
Schlaf *d*
Scholz *d*
Schwab *d*
Seidel d
Seneca *rö*
Sidney *e*
Tagore *ind*
Tegnér *sw*
Thomas *e L*
Tibull *rö*
Uhland *d*
Undset no
Valéry *f*
Vergil *rö*
Villon *f*
Vondel *nd*
Wagner *d*
Werner *d*

7

Alkaeus *gr L*
Ariosto *i*
Babrius *gr F*
Bellman *sw L*
Brockes *d*
Broeger *d*
Buerger *d*
Carlyle *e*
Carossa *d*
Chaucer *e*
Chirico *i*
Claudel *f*
Duhamel *f*
Engelke *d*
Fadejew *r*
Federer *s*
Fleming *d*
Fontane *d*
Garborg *no*
Gautier *f*
Gellert *d*
Gessner *s*
Gezelle *fl*
Goldoni *i*
Herczeg *u*
Herrera *sp L*
Herwegh *d*
Holberg *dä*
Juvenal *rö*
Kipling *e*
Klabund *d L*
Klinger *d*
Koerner *d*
Kopisch *d*
Lessing *d*
Li Taipo *c*
Luserke *d*
Manzoni *i*
Martial *rö*
Mauriac *f*
Merimée *f*
Mistral *provenz*
Moerike *d*
Mombert *d*
Mueller *d*
Naevius *rö*
Novalis *d*
Pascoli *f*
Petoefi *u*
Properz *rö*
Reinick *d*
Rimbaud *f L*
Romains *f*
Ronsard *f*
Shelley *e L*
Simrock *d*
Sologub *r*
Spenser *e*
Stadler *d L*
Stieler *d*
Stifter *ö*
Thespis *gr*
Tolstoi *r*
Vischer *d*
Waggerl *ö*
Watzlik *d*
Whitman *a L*
Wichert *d*
Wickram *d*
Wieland *d*
Zillich *d*

8

Anakreon *gr*
Andersen *dä*
Anderson *a*
Apulejus *rö*
Atterbom *sw*
Béranger *f*
Bierbaum *d*
Brentano *d*
Britting *d*
Browning *e L*
Buechner *d*
Carducci *i*
Chamisso *d L*
Claudius *d*
Eminescu *ru*
Fiedling *e*
Firdausi *ps*
Fischart *d*
Flaubert *f*
Froeding *sw*
Gerhardt *d*
Gotthelf *s*
Gryphius *d*
Guenther *d*
Hagedorn *d*
Hoffmann *d*
Jacobsen *dä*
Jean Paul *d*
Kielland *no*
Leopardi *i*
Lienhard *d*
Naogeorg *d*
Penzoldt *d*
Perrault *f*
Petrarca *i L*
Phaedrus *rö*
Puschkin *r*
Rinckart *d*
Robinson *na*
Rossetti *e*
Rueckert *d L*
Sandburg *na L*
Schaefer *d*
Schaukal *ö*
Scheffel *d*
Schiller *d*
Schlegel *d*
Schleich *d*
Schnabel *d*
Schubart *d*
Slowacki *p*
Solowjew *r*
Tennyson *e*
Theokrit *gr*
Thompson *e*

Verlaine *f L*
Wedekind *d*
Wiechert *d*
Wildgans *ö*
Zschokke *d*

9
Aeschylos *gr*
Billinger *ö*
Bjoernson *no*
Boccaccio *i*
Cervantes *sp*
Coleridge *e*
Cornelius *d*
Drachmann *dä*
Findeisen *d L*
Goldsmith *e*
Grundtvig *dä*
Hauptmann *d*
Holzapfel *d*
Immermann *d*
Karlfeldt *sw*
Kernstock *ö*
Klopstock *d*
Kokoschka *ö*
Krasinski *p*
Lagerloef sw
Lamartine *f*
Lamprecht *d*
Leisewitz *d*
Lermontow *r*
Masefield *e*
Mungenast *elsäss*
Nekrassow *r*
Sannazaro *i*
Schaeffer *d*
Schaumann d
Schickele *df*
Slawejkow *bu*
Sophokles *gr*
Spitteler *s*
Sudermann *d*

Swinburne *e L*
Tschechow *r*
Turgenjew *r*
Verhaeren *be L*
Wagenfeld *d*
Weinheber *ö L*
Wolfskehl *d*

10
Baudelaire *f L*
Brinckmann *d*
Dauthendey *d*
Guenderode d L
Hallstroem *sw*
Heidenstam *sw*
Hoelderlin *d*
La Fontaine *f*
Lagerkvist *sw*
Liliencron *d L*
Lohenstein *d*
Longfellow *na*
Lope de Vega *sp*
Macpherson *sc*
Matthisson *d L*
Metastasio *i*
Mickiewicz *p*
Niebergall *d*
Oberkofler *d*
Prudentius *rö*
Schoenherr *ö*
Schukowski *r*
Strachwitz *d L*
Strindberg *sw*
Timmermans *fl*
Waiblinger *d*
Wordsworth *e*
Xenophanes *gr*

11
Anzengruber *ö*
Bergengruen *d*
Dostojewski *r*
Eichendorff *d*
Freiligrath *d*
Garcia Lorca *sp L*
Hagelstange *d*
Harsdoerfer *d*
Hasenclever *d*
Koskenniemi *fi*
Lautréamont *f*
Maeterlinck *be*
Morgenstern *d*
Shakespeare *e*
Stavenhagen *d*
Wildenbruch *d*

12
Aristophanes *gr*
Eratosthenes *gr*
Hofmannsthal *ö*
Huggenberger *s*
Muenchhausen *d*
Schenkendorf *d*
Voeroesmarty *u*

13
Lernet-Holenia *ö*
Mereschkowski *r*
Schewtschenko *r*
Soschtschenko *r*

14
Gongora y Argote *sp*
Grimmelshausen *d*
Scheibelreiter *ö*

15
Droste-Huelshoff d
Ebner-Eschenbach ö
Oehlenschlaeger *dä*

2 Erzähler und Schriftsteller

(Es: Essayist; J: Jugendschriftsteller; K: Kirchenschriftsteller; Ku: Kunstschriftsteller; Kr: Kriminalschriftsteller)

3

Aho *fi*
Dor *öu*
Kay *ö*
Lie *no*
May *d J*
Poe *a*
Sue *f*

4

Anet *f*
Asch *p*
Bang *dä*
Baum a
Benn *d Es*
Blei *d*
Bloy *f*
Brod *ö*
Buck *a*
Eyth *d*
Gide *f*
Heer *s*
Huch d
Kolb d
Lamb *e*
Leip *d*
Loti *f*
Mann *d*
Muhr *ö*
Prus *p*
Renn *d*
Roth *d*
Roth *ö*
Ruge *d*
Sand *f*
Voss *d*
Webb *e*
Zola *f*

5

Allen *a*
Bauer *d*
Beyle *f*
Brehm *ö*
Bunin *r*
Busse *d*
Campe *d J*
Camus *f Es*
Čapek *t*
Ceram *d*
Corti *ö*
Defoe *e*
Doyle *e Kr*
Dumas *f*
Ebers *d*
Eliot *e*
Ernst *d*
Ewers *d*
Falke *d*
Flake *d*
Frank *d*
Fulda *d*
Giono *f*
Goett *d*
Goetz *d*
Gorki *r*
Grimm *d*
Hardt *d*
Hardy *e*
Harte *na*
Herzi *d*
James *na*
Joyce *ir*
Kafka *ö*
Kluge *d*
Kneip *d*
Kraus *ö Es*
Kyber *d*
Laube *d*
Lewis *a*
Merck *d*
Mundt *a*
Paine *e*
Péguy *f*
Raabe *d*
Ramuz *f*
Sagan f
Scott *sc*
Seume *d*
Spyri s J
Staël f
Swift *e*
Taube *d*
Thoma *d*
Twain *na*
Verne *f*
Wells *e*
Wolfe *na*
Woolf e
Zweig *ö*

6

Alexis *d*
Amicis *i*
Andres *d*
Balzac *f*
Barrès *f*
Becher *d*
Berger *d*
Blunck *d*
Boerne *d*
Brecht *d*
Brontë e
Bulwer *e*
Bunyan *e*
Butler *e*
Carnot *s*
Conrad *e*
Cooper *a J*
Cronin *e*
Daudet *f*
Dreyer *d*
France *f*
Gagern
Greene *e*
Greinz *ö*
Griese *d*
Guitry *f*
Harden *d*
Hartog *nd*
Herzog *d*
Huxley *e E*
Inglin *s*
Irving *na*
Jacobi *d*
Jerome *e*
Kasack *d*
Keller a
Kinkel *d*
Knigge *d*
Knight a
Kusmin *r*
Larsen *dä*
London *na*
Lukian *gr*
Marcel *f*
Mechow *d*
Moeser *d*
Molnár *u*
Morgan *e*
Moritz *d*
Mostar *d*
Murger *f*

Pechel *d Es*
Picard *s Es*
Polgar *ö Es*
Proust *f*
Reuter *d*
Rinser d
Salten *d*
Sartre *f*
Sayers e Kr
Schmid *d*
Seidel d
Silone *f*
Steele *e*
Sterne *e*
Stinde *d*
Supper *d*
Thiess *d*
Vasari *i Ku*
Walser *s*
Warner *a*
Werfel *ö*
Wilder *na*
Wittig *d*

7

Addison *e*
Baeumer d
Bartsch *ö*
Bennett *e*
Benrath *d*
Binding *d*
Boehlau d
Bonsels *d*
Bourget *f*
Braeker *s*
Carlyle *e*
Colette f
Conradi *d*
Deeping *e*
Deledda i
Dickens *e*
Doeblin *d*
Dominik *d*
Dreiser *na*
Dwinger *d*
Erskine *a*
Fallada *f*
Farrère *f*
Fechter *d*
Fleuron *dä*
Forster *e Es*
Freytag *d*
Geisler *d*
Gerlach *d*
Goerres *d*
Grogger ö
Gundolf *d*
Gutzkow *d*
Haensel *d*
Haldane *e*
Hoecker *d*
Johnson *d*
Johnson *e*
Juenger *d Es*
Kapherr *d*
Kassner *d Es*
Katajew *r*
Klabund *d*
Knittel *s*
Kreuder *d*
Kroeger *d*
Lavater *s*
Malraux *f*
Marryat *e J*
Maugham *e*
Maurois *f*
Maurras *f*
Meyrink *ö*
Moeller *ö*
Musaeus *d*
Nicolai *d*
Nossack *d*
Prévost *f*
Raleigh *e*
Reymont *p*
Rolland *f*
Saroyan *na*
Schaper *d*
Schnack *d*
Seghers d
Simpson *d*
Southey *e*
Steiner *d*
Strauss *d*
Tillier *f*
Turmayr *ba*
Unamuno *sp Es*
Vulpius *d*
Wallace *e Kr*
Walpole *e*
Waltari *fi*
Willems *fl*
Ziegler *d*

8

Auerbach *d*
Barbusse *f*
Bernanos *f*
Boelsche *d*
Borchert *d*
Caldwell *a*
Campbell *e*
Chamfort *f*
Christie e Kr
Doerfler *d*
Edschmid *d*
Eichthal *ö*
Faulkner *a*
Flaubert *f*
Forester *e*
François d
Frenssen *d*
Gauthier *f*
Geissler *d*
Gobineau *f*
Gollancz *e Es*
Gorbatow *r*
Gotthelf *s*
Guenther d
Hanstein *d*
Harsányi *u*
Hatzfeld *ö*
Sinclair *na*
Smollett *e*
Stendhal *f*
Svensson *is*
Vegesack *d*
Voltaire *f*
Wiechert *d*
Williams *na*
Winckler *d*
Wolzogen *d*
Xenophon *gr*
Zeromski *p*
Zschokke *s*

9

Altenberg *ö*
Arnoldson *sw*
Hausmann *d*
Heiseler *d*
Hohlbaum *d*
Huysmans *f*
Jelusich *ö*
Kaestner *d*
Kayssler *d*
Kingsley *e*
Koestler *öu*
Kotzebue *d*
Langbehn *d*
Lawrence *e*
Macaulay *e*
Melville *na*
Meredith *e*
Mitchell na
Mumelter *ö*
Muschler *d*
Perkonig *ö*
Plievier *d*
Plutarch *gr*
Rabelais *f*
Remarque *d*
Reynolds *e*
Roda Roda *ö*
Rosegger *ö*
Schendel *nd*

Avenarius *d*
Bernstein *d*
Billinger *ö*
Boettcher *d*
Borchardt *d*
Bromfield *a*
Dos Passos *na*
Ebermayer *d*
Eckermann *d*
Ehrenburg *so*
Ganghofer *ba*
Giraudoux *f*
Guareschi *i*
Hansjakob *d*
Hartleben *d*
Hawhtorne *na*
Hemingway *a*
Hollander *d*
Isherwood *e*
Kaschnitz d
Korolenko *r*
Kratzmann *ö*
Kuegelgen *d*
La Bruyère *f*
Lamennais *f*
Lin Yutang *c*
Mansfield e
Marinetti *i*
Meysenburg d
Michaelis dä
Montaigne *f*
Muthesius *d KU*
O'Flaherty *ir*
Ossietzky *d*
Priestley *e*
Rainalter *ö*
Reventlow d
Rodenberg *d*
Santayana *sp*
Schaffner *s*
Schlosser *d*
Schneider *d*
Schroeder *d*
Stegemann *d*
Steguweit *d*
Steinbeck *na*
Sterneder *ö*
Stevenson *e*
Thackeray *e*
Tucholsky *d*
Varnhagen *d*
Vermeylen *fl*
Wodehouse *e*
Zuckmayer *d*

10
Beumelburg *d*
Blumenthal *d*
Bodenstedt *d*
Brachvogel *d*
Breitinger *s*
Chesterton *e*
Conscience *fl*
Dauthendey *d*
Galsworthy *e*
Hollaender *d*
Kellermann *d*
Kuerschner *d*
Lactantius *lat K*
Lomonossow *r*
Maupassant *f*
Pirandello *i*
Rachmanowa r
Richardson *e*
Ringelnatz *d*
Schnitzler *ö*
Scholochow *r*
Schuecking *d*
Sealsfield *e*
Spielhagen *d*
Tertullian *lat K*
Washington *na*
Wassermann *d*
Weisenborn *d*
Weismantel *d*
Wickenburg *ö*
Wildermuth d

11
Bergengruen *d*
Bolingbroke *e*
Brunngraber *ö*
Castiglione *i*
Chamberlain *e*
Duerrenmatt *s*
Gerstaecker *d*
Gontscharow *r*
Gregorovius *d*
Gulbranssen *no*
Hausenstein *d Ku*
Kazantzakis *gr*
Kolbenheyer *d*
Langgaesser d
Lichtenberg *d*
Mendelssohn *d*
Montesquieu *f*
Moscherosch *d*
Rollenhagen *d*
Sainte-Beuve *f*
Saint-Pierre *f*
Schenzinger *d*
Schmidtbonn *d*
Sienkiewicz *p*
Wackenroder *d*

12
Beecher-Stowe a
Hergesheimer *a*
Jung-Stilling *d*
Saint-Exupéry *f*

13
Chateaubriand *f*
Courths-Mahler d
Ortega y Gasset *sp*
Palacio Valdés *sp*

Schreckenbach *d*

14
Handel-Mazzetti ö
Lasker-Schueler d
Wang Tschingwei *c*

15
Larochefoucauld *f*

3 Bühnendichter

(D: Drama; K: Komödie; L: Lustspiel; T: Tragödie; V: Volksstück; S: Schauspiel)

3
Fry *e D*
Kyd *e*

4
Bahr *ö*
Eich *d S*
Halm *ö*
Mell *ö*
Shaw *e D*

5
Eliot *e*
Fulda *d K*
Genet *f S*
Goetz *d K*
Gogol *r*
Halbe *d*
Ibsen *no*
Jahnn *d S*
Synge *ir D*
Thoma *d*
Unruh *d*
Wilde *e K*

6
Brecht *d*
Frisch *s S*
Goethe *d*
Grabbe *d*
Hebbel *d*
Jonson *e D*
Kaiser *d*
Kleist *d*
Ludwig *d*
Miller *a*
Molnár *u L*
Pagnol *f K*
Racine *f*
Sardou *f*
Sartre *f*
Scribe *f L*
Thomas *e*
Toller *d D*
Wagner *d D*
Wilder *a*

7
Alfieri *i T*
Anouilh *f S*
Barlach *d D*
Beckett *e*
Claudel *f*
Cocteau *f*
Diderot *f L*
Freytag *d*
Garrick *e*
Goldoni *i*
Heiberg *dä D*
Holberg *sw*
Iffland *d S*
Ionesco *ru S*
Lessing *d*
Marlowe *e D*
Maugham *e D*
Molière *f L*
Nestroy *ö*
Plautus *rö L*
Raimund *ö*
Rostand *f*
Ustinov *e*
Vicente *pt*
Vydunas *litau*

8
Bruckner *ö*
Buechner *d*
Calderon *sp D*
Kâlidâsa *ind D*
Menander *gr L*
Rattigan *e*
Schiller *d*
Sheridan *e L*
Wedekind *d*
Williams *a*

9
Aeschylos *gr S*
Benavente *sp*
Corneille *f*
Euripides *gr T*
Giraudoux *f*
Hauptmann *d*
Immermann *d D*
Sophokles *gr*
Sudermann *d*
Tschechow *r*
Zuckmayer *d D*

10
Bauernfeld *ö*
Brachvogel *d*
Drinkwater *e D*
Hoelderlin *d T*
Lope de Vega *sp*
Pirandello *i*
Schnitzler *ö*
Schoenherr *ö*
Strindberg *sw*
Wyspianski *p D*

11
Anzengruber *ö V*
Duerrenmatt *s S*
Garcia Lorca *sp*
Grillparzer *ö*
Hochwaelder *s*
Montherlant *f*
Shakespeare *e*

12
Aristophanes *gr L*
Beaumarchais *f*
Hofmannsthal *ö*

Theater

1 Regisseure

(B: Bühne; F: Film)

3
Roy *US F*

4
Baky *u F*
Ford *US F*
King *US F*
Lang *ö F*
Lean *e F*
Reed *e F*

5
Braun *d F*
Brown *US F*
Capra *a F*
Carné *f F*
Clair *f F*
Cukor *a F*
Ebert *d B*
Engel *d F*
Forst *ö F*
Kazan *US F*
Mille *US F*
Pabst *ö F*
Vidor *US F*
Walsh *a F*
Wyler *a F*
Zampa *i F*

6
Barlog *d B*
Becker *f F*
Berger *d BF*
Bunuel *sp F*
Curtiz *a F*
Dreyer *dä F*
Feyder *be F*
Guitry *f F*
Harlan *d F*
Huston *US F*
Jugert *d F*
Litvak *r F*
Oertel *d F*
Renoir *f F*
Ucicky *ö F*
Welles *US F*
Wilder *a F*

7
Begović *kroat. B*
Benedix *d B*
Bergman *sw F*
Cayatte *f F*
Clément *f F*
Clouzot *f F*
Cocteau *f F*
Dmytryk *k F*
Donskoj *r F*
Hilpert *d B*
Olivier *e F*
Ophuels *d F*
Sellner *d B*
Siodmak *US F*
Staudte *d F*
Stemmle *d F*
Trenker *ö F*

8
Allégret *f F*
Barrault *f B*
Delannoy *f F*
Dieterle *a F*
Duvivier *f F*
Froelich *d F*
Goulding *e F*
Kaeutner *d F*
Lattuada *i F*
Lubitsch *d F*
Pudowkin *r F*
Rabenalt *ö F*
Sjoeberg *sw F u B*

9
Hitchcock *e F*
Lindtberg *ö F*
Negulesco *ru F*
Reinhardt *ö B*

10
Castellani *i F*
Eisenstein *r F*
Gruendgens *d B*
Rossellini *i F*
Tourjansky *r F*
Weidenmann *d F*

11
Liebeneiner *d F*

12
Stanislawsky *r B*

2 Schauspieler

(wr: Wiener)

4
Baur *f*
Carl *wr*
Kean *e*
Kemp *d*
Koch *d*
Kowa *d*
Tree *e*

5
Booth *a*
Craig *a*
Ekhof *d*
Geyer *d*
Goetz *d*
Haase *d*
Hasse *d*
Kainz *ö*
Kolar *t*
Moser *ö*
Payne *a*
Ponto *d*
Raabe *d*
Raimu *f*
Rossi *i*
Talma *f*

6
Albers *d*
Balser *d*
Barnay *u*
Birgel *d*
George *d*
Guitry *f*
Kemble *e*
Krauss *d*
Moissi *ö*
Neuert *d*
Raeder *d*
Thimig *wr*
Velten *d*

7
Benedix *d*
Dessoir *d*
Deutsch *d*
Forrest *a*
Forster *d*
Garrick *e*
Girardi *wr*
Hilpert *d*
Iffland *d*
Kortner *ö*
La Roche *d*
Molière *f*
Nestroy *ö*
Novelli *i*
Olivier *e*
Possart *d*
Raimund *ö*
Reimers *ö*
Rittner *d*
Roscius *rö*
Salvini *i*
Thespis *gr*
Vollmer *d*
Wegener *d*

8
Coquelin *f*
Delaunay *f*
Devrient *d*
Hartmann *d*
Henckels *d*
Jannings *d*
Kayssler *d*
Lewinsky *ö*
Tressler *ö*

9
Ackermann *d*
Anschuetz *d*
Hoerbiger *ö*
Matkowsky *d*
Reinhardt *ö*
Schroeder *d*
Unzelmann *d*

10
Bassermann *d*
Gruendgens *d*
Junkermann *d*
Kraussneck *d*
Pallenberg *ö*
Schoenthan *ö*
Seydelmann *d*
Sonnenthal *wr*
Steinrueck *d*
Stranitzky *ö*
Szigligeti *u*

11
Boguslawski *p*
Schikaneder *wr*
Schildkraut *d*
Schoenemann *d*
Winterstein *d*

12
Mitterwurzer *wr*
Sommerstorff *d*

3 Schauspielerinnen

4
Duse *i*
Gold *d*
Knef *d*
Matz *ö*

5
Braun *d*
Drews *d*
Hoppe *d*
Leigh *e*
Niese *wr*
Terry *e*

6
Dorsch *d*
Genast *d*
Gorvin *d*
Krones *ö*
Neuber *d*
Odilon *ö*
Planer *d*
Rachel *f*
Thimig *wr*
Ulrich *d*
Weiser *d*
Wolter *d*

7
Bergner *ö*
Enghaus *d*
Hoeflich *d*
Koerner *d*
Ristori *i*
Schratt *ö*
Seebach *d*
Siddons *e*
Wessely *ö*
Ziegler *d*

8
Bethmann *d*
Sandrock *d*
Willemer *d*

9
Bernhardt *f*
Bleibtreu *ö*
Gallmeyer *wr*
Schroeter *d*
Wolgemuth *d*

10
Adamberger *wr*
Geistinger *wr*

Musik

(bö: böhmisch)

1 Komponisten

a Opern, Musikdramen

3
Cui *r*
Egk *d*
Feo *i*
Fux *wr*
Gui *i*
Hol *h*

4
Adam *f*
Berg *ö*
Orff *d*
Paër *i*
Peri *i*
Wolf *ö*

5
Auber *f*
Bizet *f*
Boito *i*
Cesti *i*
Dukas *f*
Einem *d*
Gluck *ö*
Goetz *d*
Graun *d*
Grimm *d*
Hasse *d*
Henze *d*
Lotti *i*
Lully *f*
Mehul *f*
Sarti *i*
Spohr *d*
Verdi *i*
Weber *d*
Weill *d*
Ziani *i*

6
Bruell *ö*
Dubois *f*
Dupuis *be*
Dvořák *t*
Fibich *t*
Flotow *d*
Franck *be*
Glinka *r*
Gounod *f*
Grétry *f*
Hadley *a*
Halévy *f*
Herold *f*
Keiser *d*
Kienzl *ö*
Kodaly *u*
Křenek *t*
Kusser *d*
Martin *s*
Mozart *ö*
Pacini *i*
Rameau *f*
Thomas *f*
Wagner *d*
Zillig *d*

7
Arensky *r*
Bellini *i*
Bittner *ö*
Borodin *r*
Britten *e*
Caccini *i*
Casella *i*
Cavalli *i*
Debussy *f*
Delibes *f*
Galuppi *i*
Gerster *d*
Gotovac *j*
Grabner *ö*
Graener *d*
Haendel *d*
Janáček *t*
Krieger *d*
Loehner *d*
Menotti *i (a)*
Milhaud *f*
Nessler *d*
Nicolai *d*
Petyrek *ö*
Piccini *i*
Puccini *i*
Purcell *e*
Reutter *d*
Rossini *i*
Salieri *i*
Schmidt *ö*
Schoeck *s*
Smetana *t*
Strauss *d*
Tanejew *r*
Traëtta *i*
Woyrsch *t*

8
Albinoni *i*
Assafiew *r*
Cimarosa *i*
Gagliano *i*
Gassmann *be*
Giordano *i*
Goldmark *ö*
Graupner *d*
Honegger *s*
Kaminski *d*
Korngold *ö*
Kreutzer *d*
Legrenzi *i*
Lortzing *d*
Maillart *f*
Mascagni *f*
Massenet *f*
Pasquini *i*
Pfitzner *d*
Pizzetti *i*
Reznicek *ö*
Sacchini *i*
Schreker *ö*
Schultze *d*
Spontini *i*
Steffani *i*

Weismann *d*

9
Beethoven *d*
Boieldieu *f*
Bononcini *i*
Braunfels *d*
Cherubini *i*
Cornelius *d*
Donizetti *i*
Hindemith *d*
Holzbauer *d*
Malipiero *i*
Marinuzzi *i*
Marschner *d*
Meyerbeer *df*
Moniuszko *p*
Offenbach *df*
Païsiello *i*
Palmgreen *fi*
Pergolesi *i*
Reichardt *d*
Rosenberg *sw*
Salmhofer *ö*
Scarlatti *i*
Stradella *i*
Wagenseil *bö*

10
Andriessen *nd*
Destouches *f*
Franchetti *i*
Hallstroem *sw*
Kabalewsky *r*
Liebermann *d*
Mercadante *i*
Monteverdi *i*
Moszkowski *p*
Mussorgsky *r*
Planquette *f*
Ponchielli *i*
Prokofieff *r*
Rangstroem *sw*
Saint-Saëns *f*
Sammartini *i*
Schillings *d*
Schoenberg *ö*
Schuermann *d*
Schweitzer *d*
Seydelmann *d*
Strawinsky *r (a)*
Weinberger *t*
Zingarelli *f*

11
Brueggemann *d*
Charpentier *f*
Courvoisier *f*
Humperdinck *d*
Leoncavallo *i*
Pallavicino *i*
Rachmaninow *r*
Rheinberger *d*
Schjelderup *no*
Tscherepnin *r*
Weingartner *ö*
Wolf-Ferrari *di*

12
Santoliquido *f*
Sutermeister *s*
Tschaikowski *r*
Wagner-Régeny *d*

13
Gretschaninow *r*

15
Rimsky-Korssakow *r*

b Musicals, Operetten, Singspiele

4
Fall *ö*

5
Beneš *t*
Berté *ö*
Genée *d*
Hervé *f*
Jarno *ö*
Jones *e*
Kollo *d*
Lehár *ö*
Stolz *ö*
Suppé *ö*
Vives *sp*
Weigl *d*

6
Ascher *ö*
Berlin *a*
Coffey *ir*
Dostal *d*
Eysler *ö*
Goetze *d*
Hiller *d*
Jessel *d*
Kálmán *u*
Lanner *ö*
Lecocq *f*
Lincke *d*
Bromme *d*
Meisel *d*
Nedbal *t*
Porter *a*
Schenk *ö*
Straus *ö*
Zeller *ö*

7
Abraham *u*
Gilbert *da*
Kattnig *ö*
Pepoeck *ö*
Raymond *d*
Strauss *ö*
Winkler *d*
Youmans *a*
Ziehrer *ö*

8
Benatzky *ö*
Burkhard *s*
Gershwin *a*
Kreisler *ö*
Strecker *ö*
Sullivan *e*

9
Bernstein *a*
Dellinger *d*
Heuberger *ö*
Kuennecke *d*
Offenbach *df*
Schanzara *ö*
Schroeder *d*

10
Milloecker *ö*
Vetterling *d*

11
Dittersdorf *d*
Schmidseder *d*

13
Hellmesberger *ö*

15
Granichstaedten *ö*

c verschiedene Kompositionen

3
Abt *d*
Egk *d*
Fux *ö*

4
Arne *e*
Bach *d*
Berg *sw*
Byrd *e*
Diez *d*
Enna *dä*
Gade *dä*
Gast *d*
Haas *s*
Haba *t*
Kaun *d*
Knab *d*
Marx *ö*
Raff *d*
Rein *d*
Toch *d*
Wolf *ö*

5
Abaco *i*
Balfe *e*
Blech *d*
Bloch *d*
Boito *i*
Bruch *d*
Busch *d*
David *d*
Dukas *f*
Einem *d*
Elgar *e*
Erkel *u*
Field *sc*
Finck *d*
Franz *d*
Goetz *d*
Graun *d*
Grieg *no*
Haydn *ö*
Hegar *s*
Ibert *f*
Isaac *nd*
Lasso *nd*
Liszt *d*
Loewe *d*
Ravel *f*
Reger *d*
Senfl *d*
Trunk *d*
Weber *d*

6
Anerio *i*
Bartók *u*
Bériot *f*
Bialas *d*
Bleyle *d*
Borris *d*
Brahms *d*
Busoni *i*
Chopin *p*
Cramer *d*
Czerny *ö*
Delius *d*
Dvořák *t*
Fibich *t*
Franck *be*
Geiser *d*
Glinka *r*
Godard *f*
Gruber *ö*
Hiller *d*
Hummel *d*
Jensen *d*
Keiser *d*
Kempff *d*
Klenau *d*
Kodály *u*
Křenek *t*
Kuhnau *d*
Lassen *dä*
Mahler *ö*
Martin *s*
Mozart *ö*
Quantz *d*
Rameau *f*
Schein *d*
Schenk *ö*
Schulz *d*
Thomas *d*
Walton *e*
Zelter *d*

7
Bazzini *i*
Berlioz *f*
Bertini *i*
Blacher *d*
Borodin *r*
Bresgen *d*
Bruneau *f*
Casella *i*
Cassado *sp*
Cavalli *i*
Copland *a*
Corelli *i*
Crueger *d*
Debussy *f*
Delibes *f*
Durante *i*
Fortner *d*
Gibbons *e*
Gilbert *da*
Grabner *ö*
Graener *d*

Haendel *d*
Hassler *d*
Janáček *t*
Lachner *d*
Messner *d*
Milhaud *f*
Mosonyi *u*
Nardini *i*
Nessler *d*
Niemann *d*
Pepping *d*
Poulenc *f*
Purcell *e*
Reimann *d*
Reutter *d*
Roussel *f*
Salieri *i*
Scheidt *d*
Schoeck *s*
Schuetz *d*
Silcher *d*
Sinding *no*
Smetana *t*
Stamitz *ö*
Tartini *i*
Thuille *d*
Toselli *i*
Vivaldi *i*
Wellesz *ö*
Zilcher *ö*

8

Benedict *d*
Bruckner *ö*
Chablier *f*
Clementi *ö*
Couperin *f*
Czibulka *ö*
Diabelli *ö*
Dohnányi *u*
Françaix *t*
Gabrieli *i*
Gershwin *a*
Glasunow *r*
Hoffmann *d*
Honegger *s*
Kaminski *d*
Kilpinen *fi*
Kreisler *ö*
Kreutzer *f*
Paganini *i*
Pfitzner *d*
Respighi *i*
Sarasate *sp*
Schubert *ö*
Schumann *d*
Sibelius *fi*
Skrjabin *r*
Spontini *i*
Svendsen *no*
Telemann *d*
Volkmann *d*
Willaert *nd*
Wuellner *d*
Zumsteeg *d*

9

Beethoven *d*
Boerreson *dä*
Buxtehude *d*
Cavalieri *i*
Cherubini *i*
Dunstable *e*
Fairchild *a*
Hausegger *d*
Hofhaimer *ö*
Malipiero *i*
Moniuszko *p*
Pachelbel *d*
Pergolesi *i*
Reichardt *d*
Scarlatti *i*

10

Boccherini *i*
Mussorgski *r*
Othegraven *d*
Paderewski *p*
Palestrina *i*
Praetorius *d*
Rubinstein *r*
Schoemaker *be*
Schoenberg *ö*
Strawinsky *r*
Waldteufel *d*

11

Bortnjanski *r*
Charpentier *f*
Frescobaldi *i*
Rachmaninow *r*
Scheinpflug *d*

13

Dargomyschski *r*
Waltershausen *d*

15

Schostakowitsch *sr*

2 Dirigenten

4

Gade *dä*
Jahn *ö*
Levi *d*
Muck *d*
Wood *e*

5

Abert *d*
Benda *d*
Blech *d*
Boehm *ö*
Boult *e*
Bruch *d*
Busch *d*
Hasse *d*
Haydn *ö*
Heger *d*
Krips *ö*
Liszt *d*
Lotti *i*
Mottl *ö*
Solti *u*
Szell *u*

6

Alfven *sw*
Beinum *h*
Buelow *d*
Jochum *d*
Kempen *h*
Klenau *dä*
Krauss *ö*
Mahler *ö*
Muench *s*
Rother *d*
Sabata *i*
Schalk *ö*
Schuch *ö*
Wagner *d*

Walter *ö*
Zecchi *i*

7
Andreae *s*
Beecham *e*
Bennett *e*
Cambert *f*
Cavalli *i*
Colonne *f*
Fricsay *u*
Kabasta *ö*
Karajan *ö*
Kleiber *ö*
Krauss *ö*
Kubelik *t*
Leitner *d*
Nicolai *d*
Nikisch *d*
Ormandy *u*
Richter *u*
Rosbaud *d*
Sargent *e*
Schoeck *s*
Strauss *d*

8
Ansermet *s*
Dohnanyi *u*
Pfitzner *d*
Reznicek *ö*
Svendsen *no*
Wuellner *d*

9
Abendroth *d*
Atterberg *sw*
Cannabich *d*
Georgesu *ru*
Hausegger *d*
Keilberth *d*
Klemperer *d*
Lamoureux *f*
Matzerath *d*
Scherchen *d*
Schuricht *d*
Stokowski *e*
Toscanini *i*
Zemlinsky *ö*

10
Barbirolli *e*
Chevillard *f*
Elmendorff *d*
Jaernefelt *fi*
Mengelberg *nd*
Methfessel *d*
Weinberger *d*

11
Celibidache *ru*
Gaensbacher *ö*
Markevitsch *russ./s*
Mitropoulos *gr*
Muenchinger *d*
Paumgartner *ö*
Weingartner *ö*

12
Furtwaengler *d*

14
Knappertsbusch *d*

3 Opern- und Konzertsänger

(S: Sopran; KS: Koloratursopran; MS: Mezzosopran; A: Alt; T: Tenor; B: Baß; Ba: Bariton; K: Kastrat)

3
Erb *d T*

4
Alda *i S*
Betz *d B*
Dyck *be T*
Gura *d B*
Hann *d B*
Hopf *d T*
Kunz *ö Ba*
Lind *sw KS*
List *ö B*
Mara *d S*
Mayr *ö B*
Pons *f KS*
Ralf *sw T*
Rode *d B*
Rooy *h T*
Sack *d KS*
Tosi *i K*
Uhde *d Ba*
Vogl *d T*

5
Albot *a S*
Amato *i B*
Artôt *f S*
Barbi *i MS*
Beeth *d S*
Calvé *f S*
Eames *a S*
Frick *d B*
Gigli *i T*
Gilly *e B*
Joern *a T*
Klose *d A*
Lanza *a T*
Lucca *ö S*
Melba *austral KS*
Moedl *d S*
Moore *a S*
Patti *i KS*
Pears *e T*
Pinza *i B*
Popow *r T*
Rethy *u S*
Roger *f T*
Rossi *i T*
Ruffo *i Ba*
Siems *d S*
Weber *ö B*
Zadek *d S*

6
Agnesi *i B*
Alboni *i S*
Anders *d T*
Austin *e Ba*
Berger *d KS*
Bohnen *d B*
Cahier *f MS*
Callas *i S*
Caruso *i T*

Coates *e T*
Demuth *ö B*
Duprèz *f T*
Farrar *a S*
Frantz *d Ba*
Garden *e S*
Goltz *d S*
Gueden *ö S*
Hempel *d S*
Hotter *d Ba*
Kellog *e S*
Kipnis *r B*
London *k Ba*
Lorenz *d T*
Ludwig *d T*
Onegin *sw A*
Papier *ö MS*
Pataky *u T*
Renard *ö MS*
Rizzio *i T*
Schock *d T*
Slezak *ö T*
Sontag *d KS*
Taddei *i Ba*
Tauber *ö T*

7
Agniari *i S*
Andrade *pt B*
Bebucci *i B*
Bordoni *i MS*
Caccini *i T*
Desmond *e MS*
Destinn *ö S*
Ivoguen *u KS*
Jeritza *a S*
Kiepura *p T*
Kiurina *ö S*
Lehmann *d KS*
Leisner *d A*
Niemann *d T*
Novotna *t S*
Reining *ö S*
Stabile *i B*
Tebaldi *i S*
Traubel *a S*
Voelker *d T*

8
Anderson *a MS*
Belletti *i B*
Bordogni *i T*
Catalani *i S*
Cebotari *ru S*
Dal Monte *i KS*
Feinhals *d Ba*
Flagstad *no S*
Giannini *a S*
Guadagni *i K*
Konetzni *ö S*
Lablache *i B*
Malibran *f A*
Marchesi *i S*
Melchior *da T*
Pattiera *i T*
Piccaver *e T*
Rethberg *d S*
Schmedes *dä T*
Schumann *d KS*
Svanholm *sw T*
Tenducci *i K*

9
Baklanoff *r Ba*
Bernacchi *i K*
Bjoerling *sw T*
Cavalieri *ö S*
Farinelli *i K*
Manowarda *dBa*
Olszewska *d A*
Pistocchi *i K*
Reichmann *d B*
Roswaenge *dä T*
Schlaeger *ö S*
Schlusnus *d Ba*
Schroeter *d S*
Stradella *i T*
Whitehall *e B*
Wittrisch *be T*

10
Battistini *i Ba*
Bockelmann *d B*
Caffarelli *i K*
Galli-Curci *i KS*
Grosavescu *ru T*
Kindermann *d Ba*
Messchaert *h B*
Metternich *d Ba*
Monticelli *i K*
Rokitansky *ö B*
Schaljapin *r B*
Tetrazzini *i KS*
Windgassen *d T*
Winkelmann *d T*

11
Bellincioni *i K*
Crescentini *i K*
Schwarzkopf *d KS*
Tichatschek *bö T*

12
Mitterwurzer *ö Ba*

13
Scheidemantel *d Ba*

14
Bahr-Mildenburg *ö S*

17
Schroeder-Devrient *d S*

4 Operetten- und Schlagersänger

(O: Operettensänger; S: Schlagersänger)

3
Ray *a S*

4
Anka *a S*
Boon *a S*
Como *a S*
Kuhn *d S*
Reno *i S*

5
Duval *d S*
Engel *d S*
Haley *a S*
Kraus *d S*
Laine *a S*
Quinn *d S*
Sauer *d S*

6
Buhlan *d S*
Crosby *a S*
Freddy *d S*
Hagara *d S*
Jolson *a S*
Ramsey *a S*

7
Boswell *e S*
Granata *i S*
Howland *e S*
Presley *a S*
Sinatra *a S*

8
Heesters *h O*
Torriani *s S*
Wendland *d S*

9
Alexander *d S*
Belafonte *a S*
Chevalier *f S*
Schuricke *d S*

10
Bertelmann *d S*

5 Operetten- und Schlagersängerinnen

3
Day *a S*

4
Babs *sw S*
Holm *d O*
Lind *d S*
Lynn *e S*

5
Boyer *f S*
Conny *d S*
Duval *d S*
Johns *sw S*

6
Bruehl *d S*
Durand *be S*

7
Francis *a S*
Leander *sw S*
Valente *d S*

8
Andersen *d S*
Froboess *d S*
Kuenneke *d S*
Lys Assia *s S*
Williams *d S*

10
Geistinger *ö O*
Fitzgerald *a S*

Nobelpreisträger

a Physik

4
Bohr *dä*
Born *d*
Hess *ö*
Lamb *a*
Laue *d*
Rabi *US*
Tamm *r*
Wien *d*
Yang *c*

5
Bloch *US*
Bothe *d*
Bragg *e*
Braun *d*
Curie p
Curie *f*
Dalen *sw*
Dirac *f*
Fermi *i*
Frank *r*
Hertz *d*
Kusch *d*
Pauli *ö-a*
Raman *ind*
Segré *i*
Stark *d*
Stern *US*
Waals *h*

6
Barkla *sc*
Franck *d*
Lenard *d*
Perrin *f*
Planck *d*
Powell *e*
Walton *ir*
Wilson *e*
Yukawa *ja*
Zeeman *h*

7
Bardeen *a*
Broglie *f*
Compton *US*
Lorentz *h*
Marconi *i*
Purcell *US*
Thomson *e*
Zernike *nd*

8
Anderson *US*
Appleton *e*
Blackett *e*
Brattein *c*
Bridgman *US*
Chadwick *e*
Cockroft *e*
Davisson *US*
Einstein *d*
Lawrence *US*
Lippmann *f*
Millikan *US*
Rayleigh *e*
Roentgen *d*
Siegbahn *sw*
Shockley *b*

9
Becquerel *f*
Guillaume *f*
Michelson *US*

10
Heisenberg *d*
Richardson *e*

11
Chamberlain *a*
Tsung Dao Lee *c*

12
Schroedinger *d*
Tscherenkoff *r*

15
Kamerlingh-Onnes *h*

b Chemie

4
Hahn *d*
Hoff *d*
Kuhn *d*
Todd *b*
Urey *US*

5
Alder *d*
Aston *dä*
Bosch *d*
Curie p
Debye *d*
Diels *d*
Haber *d*
Pregl *ö*
Soddy *e*
Synge *e*

6
Baeyer *d*
Harden *e*
Joliot *f*
Karrer *s*
Martin *e*
Nernst *d*
Ramsay *e*
Sanger *b*
Sumner *US*
Werner *s*

7
Bergius *d*
Buchner *d*
Fischer *d*
Giauque *f*
Haworth *e*

Moissan *f*
Ostwald *d*
Pauling *US*
Ruzicka *s*
Seaborg *US*
Stanley *US*
Wallach *d*
Wieland *d*
Windaus *d*

8
Grignard *f*

Langmuir *US*
McMillan *US*
Northrop *US*
Richards *US*
Robinson *e*
Sabatier *f*
Svedberg *sw*
Tiselius *sw*
Virtanen *fi*

9
Arrhenius *sw*
Butenandt *d*
Semjonoff *r*
Zsigmondy *ö*

10
Heyrosvsky *t*
Rutherford *e*
Staudinger *d*

11
Joliot-Curie f
Hinshelwood *b*

12
Euler-Chelpin *d*
Willstaetter *d*

c **Medizin**

3
Dam *dä*

4
Cori *US*
Dale *e*
Hess *s*
Hill *e*
Koch *d*
Ross *e*

5
Bovet *s*
Chain *e*
Doisy *US*
Golgi *i*
Hench *US*
Krebs *e*
Krogh *dä*
Loewi *ö*
Minot *US*
Monitz *pt*
Ochoa *sp*
Tatum *a*

6
Adrian *b*
Barany *ö*
Beadle *a*
Bekesy *u*
Bordet *be*
Carrel *US*
Domagk *d*
Enders *US*
Finsen *dä*
Florey *e*
Gasser *US*
Kocher *s*
Kossel *d*
Morgan *US*
Muller *US*
Murphy *US*
Pawlow *r*
Richet *f*
Speman *d*
Weller *US*

7
Banting *k*
Behring *d*
Ehrlich *d*
Eijkman *be*
Fibiger *dä*
Fleming *e*
Heymans *be*
Hopkins *b*
Houssay *ag*
Kendall *US*
Laveran *f*
Lipmann *US*
Macleod *k*
Mueller *s*
Nicolle *f*
Robbins *US*
Theiler *US*
Waksman *US*
Whipple *US*

8
Cournand *US*
Erlanger *US*
Kornberg *a*
Meyerhof *d*
Richards *US*
Theorell *sw*

9
Einthoven *be*
Forssmann *d*
Lederberg *a*

10
Gullstrand *s*
Reichstein *s*

11
Landsteiner *ö*
Ramon y Cajal *sp*
Sherrington *e*

12
Metschnikoff *r*

13
Szent-Gyoergyi *u*
Wagner-Jauregg *ö*

d Literatur

4
Buck US
Gide *f*
Mann *d*
Shaw *e*

5
Bunin *r*
Camus *f*
Eliot *e*
Hesse *d*
Heyse *d*
Lewis *US*
Yeats *b*

6
Andric *jugosl.*
Eucken *d*
France *f*
Hamsun *no*
Jensen *dä*
O'Neill *US*
Tagore *ps*
Undset no

7
Bergson *f*
Deledda *i*
Jiménez
Kipling *b*
Laxness *is*
Mauriac *f*
Mistral chilen.
Mommsen *d*
Reymont *p*
Rolland *f*
Russell *b*

8
Carducci *i*
Faulkner *US*

9
Benavente *sp*
Bjoernson *no*
Churchill *e*
Echegaray *sp*
Gjellerup *dä*
Hauptmann *d*
Hemingway *US*
Karlfeldt *sw*
Lagerloef sw
Pasternack *r*
Quasimodo *i*
Silanpää *ft*
Spitteler *s*

10
Galsworthy *e*
Heidenstam *sw*
Lagerkvist *sw*
Pirandello *i*

11
Maeterlinck *be*
Pontoppidan *dä*
Sienkiewicz *p*

14
Sully-Prudhomme *f*
Saint-Jon Perse *f*

e Friedensnobelpreis

4
Hull *US*
Mott *US*
Pire *be*
Root *US*

5
Asser *nd*
Bajer *dä*
Balch *US*
Dawes *US*
Fried *ö*
Gobat *s*
Lamas *ag*
Lange *s*
Passy *f*

6
Addams US
Angell *e*
Briand *f*
Bunche *US*
Butler *US*
Cremer *b*
Dunant *s*
Kellog *US*
Moneta *i*
Nansen *no*
Quidde *d*
Wilson *US*

7
Boyd Orr *e*
Buisson *f*
Jouhaux *f*
Luthuli *s/afr.*
Pearson *K*
Renault *f*
Suttner ö

8
Branting *sw*
Chelwood *b*
Ducommun *s*
Marshall *US*

9
Beernaert *be*
Burgeois *f*
Henderson *e*
Noël-Baker *b*
Ossietzky *d*
Roosevelt *US*

10
Schweitzer *d*
Soederblom *sw*
Stresemann *d*

11
Chamberlain *e*

13
Hammarskjoeld *sw*

Inhaltsverzeichnis

Erster Teil: Wissenschaften

Zweiter Teil: Religion, Mythologie und Sagenwelt

Dritter Teil: Theater, Kunst, Musik, Literatur

Vierter Teil: Gerichtswesen, Wehrwesen, Schulwesen, Sprachenkunde, Verkehrswesen, Wirtschaft

Fünfter Teil: Bekleidung, Ernährung, Spiel und Sport, Tanz

Sechster Teil: Abkürzungen, Berufe und Berufsränge, Maße und Gewichte, Titel, Vornamen, Währungen und Münzen

Siebenter Teil: Berühmte Personen

Sachregister

f.(f.) = und folgende Seite(n)